三吉慎蔵日記 上

三吉治敬◎監修
古城春樹・中曽根孝一◎編

国書刊行会

三吉慎蔵（満48歳）
明治12年（1879）12月14日、明治天皇の思召しにより印刷局にて撮影（上巻122頁）。
（宮内庁三の丸尚蔵館蔵）

［右ページ右上］三吉慎蔵。撮影時期は明治14年（1881）頃カ。撮影は東京九段坂の鈴木真一写真館。

［右ページ左上］三吉米熊。明治18年（1885）1月に長野市にて撮影。

［右ページ下］北白川宮能久親王（弘化4年〈1847〉～明治28年〈1895〉）。伏見宮邦家親王第9王子。三吉慎蔵が、明治10年から明治23年まで仕えていた北白川宮家の当主。

［左ページ上］明治22年（1889）2月24日に撮影した写真カ（上巻526頁）。向かって右から、三吉米熊、江本泰二、三吉慎蔵、三吉イヨ、栢貞香、三吉トモ。撮影は東京芝新シ橋角の丸木利陽写真館。

［左ページ下］明治22年（1889）蚕業事情調査のため渡欧した三吉米熊一行が、イタリアのミラノ郊外で撮影した写真。向かって右から、三吉米熊、木村九蔵、高嶋得三（北海）、大里忠一郎、田中甚平。

三吉米熊
埼玉県児玉郡児玉町 木村九蔵
農商務省技師 高島得三
長野県埴科郡松代町 大里忠一郎
群馬県吾妻郡中之條町 田中甚平
明治廿二年伊太利ミラン府郊外ニ於テ撮影
農商務省之囑託ニ依リ蚕業調査トシテ欧州ヘ派遣ヲ命ゼラレタル一行記念

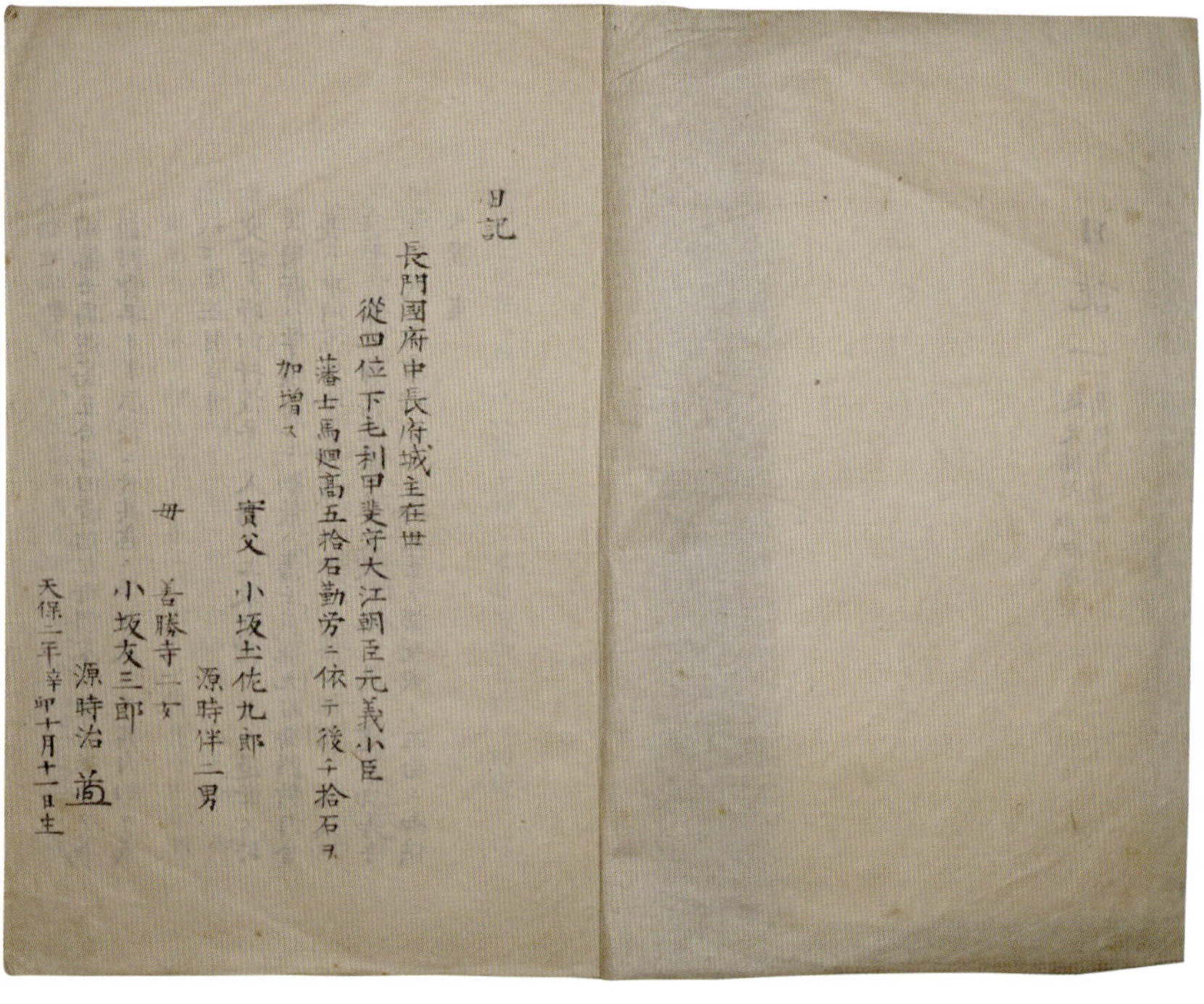

［上］三吉慎蔵日記第１巻～第10巻。
［下］三吉慎蔵日記第１巻の本文冒頭部分。

目次

下巻目次

凡例

一、本書の翻刻にあたっては、三吉治敬の所有で、下関市立歴史博物館に寄託されている「三吉慎蔵日記」を原本とした。

一、漢字の字体は、現行の常用漢字に従い、常用漢字以外は原本の字体とした。

一、「ゟ」は「より」、「茂」は「も」、「者」は「は」とした。

一、変体仮名は平仮名に改めた。

一、〔 〕内の注記は、編者が施したものである。

一、〔 〕内の肩書きに異動があった場合は、異動後の最初の登場箇所に異動後の肩書きを施した。

一、人名等の当て字や明らかな誤字には傍注〔ママ〕を施した。明らかな脱字については、〔 〕内に施した。

一、〔 〕内の藩名は、旧国名ではなく、「薩摩藩」→「鹿児島藩」、「土佐藩」→「高知藩」のように藩庁所在地とした。

一、藩庁所在地が途中で移動した藩については、「萩（山口）藩」のように、当初の藩庁所在地の下に移動先の地名を（ ）内に入れて記した。但し、「長府藩」については、明治二年改称の「豊浦藩」の名称は（ ）内に記さず、「長府藩」のみとした。

一、空欄箇所は空欄のままとした。

一、原本で「〇」や「〇〇」と記された箇所は、そのまま表記した。

一、原本には句読点はないが、読みやすくするため、編者においてこれを施した。

一、読者の便宜を考え、年のはじめに年次を示す見出しを、その日の記事の冒頭に日付を補った。但し、年次を示す見出しは、改元の日次にかかわらず新年号により表示した。

一、現在の人権感覚からみて不適切と思われる表現については、本日記が歴史資料であることを考慮して、原文のまま掲載することを原則とした。

一、「一巻」から「一九巻」及び「日記抄録」、「日記附録」の翻刻は、中曽根孝一が担当した。「明治三十三年日載」、「明治三十四年日載」の翻刻は、田中洋一氏（下関市立歴史博物館学芸員）の協力を得て、古城春樹が担当した。

一、翻刻の校訂、人物注記、人名索引、解題については、古城春樹が担当し、監修を三吉治敬がおこなった。

日記　一

従天保七丙申年至
万延元庚申年了

日記

長門国府中長府城主在世
従四位下毛利甲斐守大江朝臣元義〔毛利元義、長府藩一一代藩主〕小臣
藩士馬廻高五拾石勤労に依て後ち拾石を加増す
実父　小坂土佐九郎〔長府藩士、馬廻、高六五石、今枝流剣術〕
源時伴二男
母　善勝寺〔稲積山善勝寺、豊東郡員光村〕二女〔かつ子〕
小坂友三郎
源時治　花押
天保二年辛卯十月十一日生

天保七年

天保七年丙申
一　同藩士馬廻高五拾石田辺惣左衛門〔長府藩士、馬廻、高五〇石〕方へ聟子養子の義、植村雲平〔長府藩士、馬廻、高一二〇石〕より示談に付、其意に任せ父より其内約を成す

天保八年

一月

同八丁酉正月より
一　文学の師臼杵俊平〔長府藩儒、馬廻、高四〇石、古賀侗庵に学ぶ〕へ入門の上、敬業館に日々通学す、時に同師は学頭にして、助教は藩士武藤九右衛門〔真、長府藩士、馬廻、高九〇石〕、館内舎長は中川深平〔好門、長府藩士、馬廻、高一七〇石〕、今藤増蔵〔長府藩士、馬廻、高四〇石〕の二氏なり、蓋し此館は寛政四壬子の年五月藩主匡芳公〔毛利匡芳、長府藩一〇代藩主〕文武引立の為め建築御着手に相成り、敬業館と称し、御直筆の額聖殿の正面に御供へ置の事
同年
一　田辺惣左衛門方へ養子願出之通被仰付、姓を田辺と改む
同年
一　今枝流剱術師範小坂土佐九郎門人となる、九月於敬業館元義公文武御内覧之節、御内命に依て今枝流仕合、君覧終て御用人板原九郎左ェ門〔長府藩士、馬廻、高一四〇石〕を以御賞詞を蒙る

八月

同年八月

一　二ノ宮〔長門二ノ宮、忌宮神社、長府宮の内〕大祭古今稀なる賑に付、社内西側に元義公の御内覧場を設け、御社参より直に同所にて諸興行の奉納を御内覧の事

天保一〇年

同十年己亥

一　藩士山田助三小笠原流礼式師範〔常恵、長府藩士、中扈従、高四〇石〕、藩士小嶋権之進日置流射術師範〔延重、長府藩士、馬廻、高四〇石〕、藩士工藤八右ヱ門人見流馬術師範〔祐忠、長府藩士、馬廻、高六〇石〕、藩士中村忍平宝蔵院流槍術師範〔友邦、長府藩士、馬廻、高七〇石〕、藩士小一原長蔵算術師範〔尚伝、長府藩士、馬廻、高四〇石〕等の諸芸に入門す

一月一四日

同十己亥正月十四日

一　　　　田辺友三郎

右入門以来於館中学問心懸宜出精仕候段承届候に付可達御聞候以上

亥正月十四日　加判　細　織部〔細川義部、長府藩家老、高二五〇〇石〕

加判　毛　勘解由〔毛利元忠、長府藩家老、高八五〇石〕

加判　桂　縫殿〔桂義臣、長府藩家老、高一〇〇〇石〕

職役　伊　右膳〔伊秩義儔、長府藩家老、高一〇〇〇石〕

加判文武掛　迫　伊勢之助〔迫田義教、長府藩家老、高五〇〇石〕

右敬業館於講堂文武掛加判読渡す、此時は文武掛目付教師列席なり、終て在名の職役加判中へ御請として廻勤す

天保一三年

一月一九日

同十三壬寅正月十九日　　　袋一本

一　　　　田辺友三郎

右於館中、今枝流剱術無懈怠心掛宜出精仕候に付、肩書之通り被下之

天保一四年

一月一五日

同十四癸卯正月十五日　脇差木刀一本
一　田辺友三郎
右今枝流剣術無懈怠出精仕候に付、肩書之通被下之旨候
以上

同年　並太刀
一　田辺友三郎
右小笠原流礼式稽古心掛宜出精仕候に付、肩書之通被下
之旨候、以上

弘化元年

一月一四日

弘化元甲辰正月十四日　稽古十文字槍一本
一　田辺友三郎
右於館中、宝蔵院流槍術入門以来別而出精上達出精候に
付、肩書之通被下之旨候、以上

同年日　弦十筋
一　小島権之進門弟　田辺友三郎
右於館中、日置流射術近年相続至而心掛宜無懈怠業合
追々上達仕、巻藁別而出精仕候に付、肩書之通被下之旨
候、以上

同年日　木刀一本
一　田辺友三郎
右於館中、今枝流鎗術無懈怠出精仕候に付、肩書之通被
下之旨候、以上

同年日
一　田辺友三郎
右於館中、笹尾流算術稽古心掛宜出精仕候段承届候に付、
可達　御聞候、以上
細　織部
毛　勘解由
桂　縫殿
伊　右膳
迫　伊勢之助

一月一九日

同年正月十九日　太刀二腰
一　田辺友三郎

右於館中、小笠原流諸礼式近年別而心掛宜業合追々上達、
書物等出精仕候に付、肩書之通被下之旨候、以上

毛　勘解由
桂　縫殿
伊　右膳
田　内記〔田代義重、長府藩家老、高七〇〇石〕

弘化二年

一二月九日

同二乙巳十二月九日　　金三百匹
一　　　　田辺友三郎
右今枝流剣術別而心掛宜出精仕候之段被　聞召一段思召
候、依之肩書之通被下之旨候、以上

弘化三年

一月一四日

同三丙午正月十四日
一　　　　田辺友三郎
右於館中、笹尾流算術稽古出精仕候段承届候に付、可達
御聞候、以上
　　　　細　織部

弘化四年

同丁未年
一　山賀流兵学師範植村雲平より兵学伝授之旨示談に付、同
人門人となる

九月

同年九月
一　従五位元運公〔毛利元運、長府藩一二代藩主〕御城内於御対
所文武諸芸上覧有之、御式御覧後今枝流多勢切御内覧之
命に依て同流之段取り多勢切致し、上覧終て御直命の御
賞詞を蒙り尚於御用部屋木刀一本拝領す

嘉永元年

一月一七日

嘉永元戊申正月十七日　　金三百匹
一　　　　　　　　　　　田辺友三郎
右今枝流剣術志厚勝ち出精之段被　聞召一段思召候、依之肩書之通被下旨候、以上

嘉永二年

一月一四日

同二年己酉正月十四日　　手綱一筋
一　　　　　　　　　　　田辺友三郎
右人見流馬術稽古打続心掛宜出精仕候に付、肩書之通被下之旨候、以上

同年日　　　　　　　　　木刀一本
一　　　　　　　　　　　田辺友三郎
右今枝流剣術稽古打続出精仕候に付、肩書之通被下之旨候、以上

二月

同年二月
一　養家田辺氏不熟に付再応に及ひ、熟談之上出願致し、実家へ引取る願之通り被仰付候事
一　是より姓小坂に復す

閏四月三日

同年閏四月三日
一　　　　　　　　　　　小坂友三郎
右学文心掛宜追々相進候に付、館中入込被仰付、入込中一人扶持被下置旨候、以上
右御沙汰後病気に付、其次第出願之上御免被仰付候事

五月六日

同年五月六日
一　元運公長府御発駕にて同十日萩御着、御家督後始めて宗家へ御代替りの礼を以て御出萩、本末重き大礼なり、尤も長府之儀は別段の御次第も有之由、夫々御式相済み同年六月八日長府へ御帰城の事
右に付吉岡与次兵衛〔乗直、長府藩士、馬廻、高八〇石〕萩在番助役被仰付御供に被召連、依て同人附属にて見習の為め出萩す
此年宗家文武館を建築、明倫館と称し開校相成り御滞萩中君公文武之諸芸左の通御覧之事
一　講釈学頭山県半七〔半蔵、太華、萩藩士、大組、儒者、高一四七

石五斗、明倫館一一代学頭〕、御側儒小倉尚蔵〔萩藩士、儒者、高七七石五斗〕、同中村伊介〔萩藩士、一代遠近付、一代儒役、高二一石五斗〕、中村宇兵衛〔萩藩士、大組、高九一石〕、片山嘉兵衛〔ママ〕〔喜之助、萩藩士、寺社組、儒者、高二〇石〕

一 射術日置流粟屋源蔵〔ママ〕〔弾蔵、萩藩士、高七二石五斗〕、バン流山県十蔵〔萩藩士、大組、高四〇石、伴流射術、一安流騎射術〕、日置流岩崎壬生助〔半之助、萩藩士、高四〇石〕

一 剣術片山流抜方北川万蔵〔萩藩士、大組、高四八石二斗九升四合、片山流居合立合術〕、新影流平岡弥兵衛〔ママ〕〔弥三兵衛、萩藩士、高五七石二斗、新蔭流剣術〕、柳生流馬木宗吉〔平馬、萩藩士、高四四石六斗九升、新蔭流剣術〕、新影流内藤作兵衛〔萩藩士、大組、高四七石五斗、新蔭流剣術〕

一 鎗術宝蔵院流岡部右内〔萩藩士、大組、高八七石六斗四升六合、宝蔵院流槍術〕、夢相流横地長左衛門〔萩藩士、大組、高四〇石、夢相流鉤槍術〕、宝蔵院流小幡源右衛門〔萩藩士、高四〇石、宝蔵院流槍術〕

一 馬術　木馬共十流之内　二流

一 兵学甲州流多田藤五郎〔萩藩士、大組、高四八石、北条流兵学〕、武田流吉田大次郎〔寅次郎、矩方、松陰、萩藩士、高五七石六斗、山本流兵学〕、北条流大西喜一〔ママ〕郎〔喜太郎、萩藩士、遠近付、高四〇石〕

一 礼式　小笠原次郎太郎〔治郎太郎、萩藩士、大組、高四〇石、小笠原流礼式〕、緒方十郎右衛門〔十郎左衛門、萩藩士、高四七石五斗、小笠原流礼式〕

一 船軍大砲小筒共森重政之進〔萩藩士、寺社組、高二五石〕

一 天文　算術　地理

一 小学　手跡　木村茂兵衛〔治右衛門、萩藩士、一代遠近付、高六二石五斗〕

一 神器練場

右御参堂後別日拝見を願ひ、槍術の師小幡源左〔ママ〕衛門稽古場にて同師の請ひにて槍術の試合す、終て又同師の宅へ尋ね館内の様子色々尋問し、文武為修業入校等の次第を聞合せ置、不日出萩の節同師の宅に入塾し、素志の道相立度様万事依頼致置候事

九月

同年九月

一 吉岡与次兵衛萩在番役の命あり、依て同人へ随従の儀示談し一同出萩す、然るに旅費其外素志を遂くへき修業の手当金無之、依て萩の長府屋敷同人の玄関番となり、其間を以て文学の師口羽の家臣坂上忠介の教授を受く、又同処より日々明倫館に出席す

嘉永三年

一月三〇日

同三庚戌年正月晦日

一　小坂友三郎儀其御方へ入門仕稽古致し、至て御深切に御取立被下候由、且又此度友三郎滞萩中専執行可仕候間、弥以御引立被下候様旁長府当役中より御挨拶且御頼之趣程能申述候之様申越候事

在番吉岡与次兵衛を以て小幡源左〔ママ〕衛門先生へ依頼相成候事

　但し長府御職役田代内記殿

二月一一日

同二月十一日

　中村忍平門人　小坂友三郎

右宝蔵院流槍術稽古、不相替心掛宜出精達者仕、目録状附属仕候段被　聞召御祝着被　思召候、依之被成　御意候、以上

右は萩より帰府中御沙汰の事

二月

同年二月

一　小幡先生より入宿の義願出有之、其節組頭役根来帯刀〔ママ〕〔主馬、萩藩士、寄組、高一五九一石余〕より同居致し、稽古勝手に任すと先生へ沙汰有之、同師の厚情を以て其宅へ引受可致との事に付当月より同家へ入塾す、然るに元運公思召之旨被為在、滞萩中一人扶持被下御密用御内命を蒙る

一　大膳〔毛利敬親、慶親、萩（山口）藩一三代藩主、毛利宗家六七代当主〕様明倫館に於て稽古講釈等御覧之節も、萩御家中同様に罷出て諸作業合可仕候様被差許候事

一　明倫館掛り惣奉行毛利能登殿〔元美、厚狭毛利家一〇代当主、高八三七一石余〕手先〔元〕役中谷市左衛門〔章貞、武明、忠兵衛、萩藩士、大組、高一一三石五斗、明倫館惣奉行手元役並用談役〕、御目代役日野良蔵〔太郎吉、萩藩士、大組、高二〇〇石五斗九升三合〕、小寺留之丞〔ママ〕〔留之介、萩藩士、大組、高二五七石六斗四升八合四勺四才〕、御用人井原孫右衛門〔隼人、萩藩士、寄組、高七八六石余〕、御奥御番頭長井雅楽之丞〔ママ〕〔長井雅楽、時庸、萩藩士、大組、高一五〇石〕、其外国司吉右衛門〔二郎三郎、萩藩士、大組、高四二六石五升七合〕等同し掛り其後ち稽古掛り江戸地方御職役両人となる其他は掛りあれとも記せす

一　小幡師の差引を以て文学中井順平先生に入門す、先生後小﨑九郎兵衛と改名す

一　手跡は当時明倫館手跡の師範小川甚兵衛先生へ入門す

四月一二日

同年四月十二日

一　大膳様二月十八日江戸御発駕にて三月廿二日御帰城、文武八度目の御覧四月二日朝五ッ時之御供揃にて明倫館へ御出、東門通り東稽古場御物見へ御出有之

同日直番且稽古掛記録所役井原孫右衛門　非番より御先供稽古掛りにて奥番頭湯浅東水〔ママ〕〔速水、徹之介、萩藩士、大組、高一四八石〕

一　朝之内剣術北川万蔵、槍術小幡源右衛門、講釈片山喜兵〔ママ〕衛〔喜之助〕、甲冑早着吉松惣左衛門、槍術小幡稽古　御覧四ッ時形を遣ふ、終て試合となる、初達者の分は一行にて、中程は二行、後は三行となる、此日二行にて内藤熊次郎と試合す

右の外　大膳様　縣尉様〔毛利広封、定広、元徳、萩（山口）藩世嗣、萩（山口）藩一四代藩主、毛利宗家六八代当主〕文武御引立に付、時々御覧有之其都度滞萩中出席業合等す、是より以下略す

八月四日

同年八月四日

一　金三百疋　小幡源右衛門

同　与惣

右過る朔日洪水之節、明倫館へ早速駿付引請之稽古場へ水揚令心配、心掛神妙之事に付、前書之通被就御気候事

右は宗家毛利能登殿より達し有之候事

但し、嘉永三戌六月朔日夜九時萩地洪水にて、明倫館稽古場の座上深さ一尺余の満水となる時に、小幡先生父子友三郎一同馳付心配致候段被聞届候て、先生迄右之通能登殿より御達し挨拶有之候事

一　金五百匹　為目録小幡先生へ被下候事

但し、在番吉岡与次兵衛を以て嘉永三戌年十二月より稽古中小幡氏へ御目録被下候事

嘉永五年

閏二月一七日

同五壬子閏二月十七日　金五百疋

一　小坂友三郎

右萩表へ罷越、文武格別出精仕候段被　聞召一段被　思召候、依之肩書之通被下之旨候、以上

閏二月一三日〔記述位置は原史料のママ〕

同月十三日

一　小幡師より俗名友三郎を改め慎蔵と名けらる、依て是より小坂慎蔵と称ふ

閏二月二七日

同月廿七日

一　　　　　　　　　　　小坂土佐九郎

右次男慎蔵儀、於萩表慎蔵文武稽古仕候処、師家より追々奥儀伝来、文学等稽古為仕度由に付、今一ヶ年自力にて稽古為仕度旨願出候、願之通被　仰付候条、此段可被及沙汰候、以上

三月

同年三月

一　元運公御大病にて、閏二月廿七日御養生不被為叶候段、江戸表より番士金子友槌〔蔀、忠尚、長府藩士、馬廻、高二〇〇石〕を以て長府表へ被差下候旨、父土佐九郎より報知有之、依て休業致し小幡師の塾にて当分謹慎す

四月

同五子年四月

一　吉岡与次兵衛転役に付、代り大久保五郎左衛門在番役なり

五月一七日

同年五月十七日

一　大膳様御噂書之写

此内演武場諸稽古場幷練兵場より申合、少壮之輩所々へ令疾走、試合其外其術を相試み、帰り候ても孰れも身体健に有之候様子追々被　聞召上心掛之程神妙に被　思召候、此往不怠候様脩行候者、異変之節は御手当にも可相成と被遊御噂候間、此段連々申伝候様にとの御事

一　防州山口伊勢両社へ為武運長久早道遠足

于時嘉永五辛〔ママ〕〔壬〕子三月十日

長府本藩　萩住

小坂慎蔵源時治

右里数往来五十丁十五里

但し、朝六ッ三分出立山口着五ッ七分萩帰着昼九ッ九分着　同刻の者五人　其余は八ッ時八ッ半時七ッ時六ッ時頃迄着揃ふ、尤も始社参の節前文の札を両社へ付け、夫より大神宮御守を請ひ帰り候事

一　浦賀出張等武備厳重之時勢となる、依て日増文武御引立不浅、就ては宗家重役よりも深く素志神妙に付、此上出精致し候様小幡先生を以伝達有之

嘉永六年

同六癸丑年　月

一　御代替り　元周〔毛利元周、長府藩一三代藩主〕公始めて
　御入部江戸表　御発駕

同年四月晦日御道中御惣陸にて御下りの事

一　五月廿七日御家老細川織部、御手廻頭粟屋族〔景恒、長府藩士、馬廻のち一代番頭、高三〇〇石〕、御目付役岩間角蔵〔長府藩士、馬廻、高一〇〇石〕、御弓頭生駒伝兵〔利執、長府藩士、馬廻、高一〇〇石〕、御鉄炮頭阿曽沼荒太郎〔郷安、長府藩士、馬廻、高二五〇石〕、御長柄頭林仲助〔長府藩士、馬廻、高七〇石〕、右之通吉田宿迄御迎として被差出候事

一　六月朔日吉田宿御泊りにて二日昼九ッ時御帰城の事

一　江戸より御供の人々左の通
御道中計御用人井上丹下〔信貫、長府藩士、馬廻、高二三〇石、時田（井上）少輔の養父〕、御家老代り兼勤御目付桂助左衛門〔久澄、長府藩士、馬廻、高二三〇石〕、御供頭尾崎市三郎〔清盈、長府藩士、馬廻、高一八〇石〕、中川作左衛門〔作七、好行、長府藩士、馬廻、高一〇〇石〕、御側横目原田金弥〔則郎、長府藩士、馬廻、高八〇石、原田隼二（高山鴻輔）の実父〕、御次御供頭品川又助〔長府藩士、馬廻、高八〇石、長府藩士品川管吾の養子、家督相続前に没す〕、江本牧太〔重直、長府藩士、馬廻、高五〇石〕、御小納戸正岡渥〔ママ〕之助〔篤之助、乗通、長府藩士、馬廻、高五〇石〕

六月九日

同六月九日

一　始めての　御目見被　仰付尤差上物年始之通青銅三匹差上候事

一　同月廿五日　殿様御式之御社参被為在候
右に付、定の御役人中不残登城有之候事

一　同月廿七日　殿様御式之御仏参の事

一　同月廿九日　殿様敬業館へ御式之御出之事

九月七日

一　同年九月七日四ッ時御用之処於御城被仰渡候事左の通

小坂慎蔵へ申渡覚

其方儀武芸稽古数年心掛能勝て出精仕候段被　聞召御祝着被　思召候依之以御吟味一代御中扈従被　召出御心付之儀は弐人扶持御切米四石高弐拾石被　仰付在江戸之節は御切米八石高三拾五石被下置旨候、以上

其筋出座之御役人御職役細川織部殿、読渡之御加判三吉

酒造〔ママ〕〔造酒、義書、長府藩家老、高一五〇〇石〕、同三沢帯刀〔運為、長府藩家老、高八〇〇石〕、御番頭村上衛士〔長府藩士、番頭、高二五〇石〕、御目付松名半之允〔邦昭、長府藩士、馬廻、高一七〇石〕、右相済候而番頭より少々控居候様達し候処、口達書を以て左之通有之、右先々宜有付等有之候得者、勝手次第願出候而も不苦候段沙汰之事
右達し相済候に付、御書出写御番頭へ差出申候、夫より当日麻上下にて御家老中御番頭中廻勤致し候事

一　右に付明細書左之通認め御番頭へ差出す

土佐九郎時伴二男母善勝寺二女
高にして三拾五石　小坂慎蔵
一　弐人扶持御切米八石　源時治
在府之時は高にして弐拾石　嘉永六丑廿三歳
一　弐人扶持御切米四石

九月二一日

一　同月廿一日御用之儀有之候段御番頭より触参り候に付、御城落間に於て四、五人宛相揃御達之趣、是迄士大将へ被差留置候床机、此度士大将へ御免被仰付候之段御意書を以て一統へ御達し有之候に付、其節一統御請申上候事
右御達し御番頭村上衛士、御触役熊野三右衛門〔盛明、長府藩士、中扈従、高三五石〕

九月二九日

一　同月廿九日御番入被仰付候段御触参り候事
御番帳左の通

十六番
井上彦左衛門〔忠厚、長府藩士、馬廻、高二〇〇石〕
十月四日詰番　土居　織江〔長府藩士、馬廻、高一〇〇石〕
弓削田　新七〔忠重、長府藩士、馬廻、高四〇石〕
清水　麻之丞〔佃、長府藩士、馬廻、高四〇石〕
沢村幸左衛門〔方真、長府藩士、中扈従、高二五石〕
小坂　慎蔵
都合廿三番

一　御番入為頼御奏者中へ参り候、其節の御奏者長井織太郎〔実書、長府藩士、番頭、高二五〇石〕、原田権之進〔長府藩士、番頭、高三〇〇石〕、粟屋増太郎〔四郎兵衛、景貞、長府藩士、馬廻、高三〇〇石〕、松田間〔永清、長府藩士、馬廻、高二〇〇石〕、尾崎市三郎、内藤道之助〔正書、長府藩士、馬廻、高二〇〇石〕、野村源太郎〔長府藩士、馬廻、高二〇〇石〕、井上愛

助〔重賢、長府藩士、馬廻、高一八〇石〕、井上三蔵〔清定、長府藩士、馬廻、高一五〇石〕、中村惣之助〔聡之助、久重、長府藩士、馬廻、高一五〇石〕、山県寿作〔鎮実、長府藩士、馬廻、高一五〇石〕、荻野駒太郎〔長府藩士、馬廻、高一五〇石、野々村勘九郎（泉十郎）実兄〕、庄原恂太郎〔荘原繁邦、半左衛門、長府藩士、馬廻、高一五〇石〕、植村嶋之允〔惟信、長府藩士、馬廻、高一〇〇石〕、中川作左ヱ門、飯田右源太〔信宜、長府藩士、馬廻、高一〇〇石〕なり

一　相番中へ為頼参り候、尤在居之人へは定宿へ相頼置候
且詰前旁筆頭井上彦左ヱ門へ聞合候事

一〇月一日

一　十月朔日初而式日之登城致し候、且御帳付へ名前書記させ控居候、尤揃刻朝正五ッ時御定時に付、半時早めに登城致し候事
　但し御留守年は御帳限り退出之事

一〇月三日

一　同月三日玄猪御触参る、其控左の通
右は玄猪御祝儀、来る四日、当年之儀は府内居計正八ッ半時登城可有之候、以上
　但し御番頭　滝川友三郎〔速水、資致、長府藩士、馬廻、高二五〇石〕

一〇月四日

十月四日
一　御番初て相勤候、尤夕詰に出勤致し候、此日玄猪に付夕上下着用且宿番之儀は平服にて此夜は相済候事
一　玄猪御目見初て仕候事
　松本熊作殿〔高茂、長府藩士、中扈従、高三五石〕
　小坂慎蔵殿
明朝六ッ時半之御供揃にて被遊　御仏参候に付、御留守加番可被相勤候、以上
　十月六日　滝川友三郎
　各中
右之通御触参り候に付加番相勤候事

一〇月三日〔記述位置は原史料のママ〕

十月三日
一　碓井三太郎〔三太左衛門、信喬、長府藩士、馬廻、高九〇石〕より御番昼夜被相頼候に付、右之段月番桂久兵衛〔辰道、長府藩士、番頭、高三〇〇石〕宅に参り届致し、猶三太郎よりの届をも兼致し候事
　但し出勤之上被相頼候段相番中へ夫々承知に入れ候事

十一月七日、八日

十一月七日より八日両日

一　御霊社御祭礼毎年是日に有之候に付、右は両日の内一日
御拝に出候事

一　御霊社御拝席之覚之通

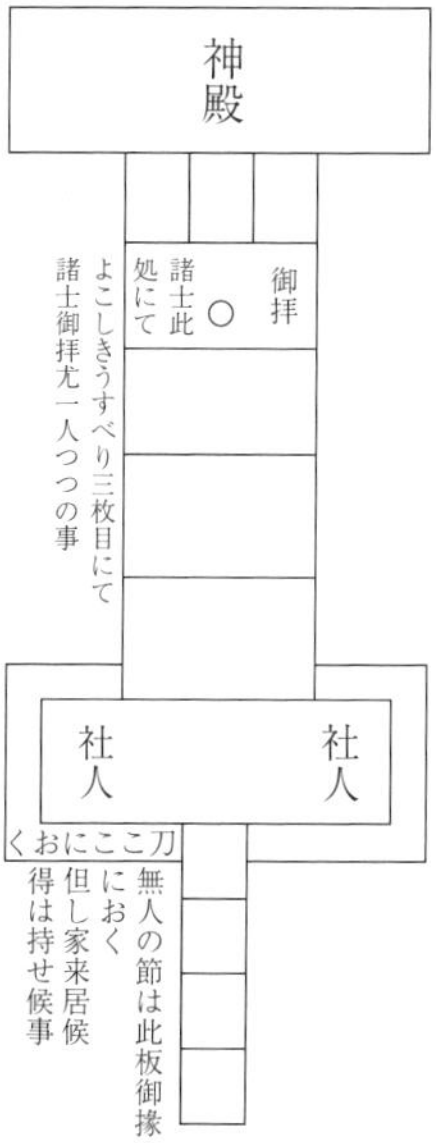

御社外浦東正面御城後に御造営あり

一　於萩表稽古中積る厚謝として出萩に付左之通

十一月十九日

十一月十九日

一　萩御暇願書桂久兵衛月番に差出す　但し出立願の事

一　萩御暇願相済候段、なり田主税〔成田尚勝、長府藩士、番頭、高二〇〇石〕月番より達し有之候事

十二月五日

十二月五日

一　此日出立に付前日出萩の段月番へ届候事、猶又留主中の儀は何某へ相頼当番旁万事之処届置候て出立致し候事

一　帰府致し候節早速月番へ届致事
帰府の段成田主税月番に付届致し、猶又御暇日残り有之に付返上の段も届致候

十二月二十五日

十二月廿五日

一　惣御用有之朝正四ッ時揃一統麻上下之事
殿様被遊　出御候て御右筆読渡有之候事
右御代替り御条目節倹等の事なり

同日

一　御入部に付、一統へ被下物御仕組に付被差止之段、番頭達しにて有之候事　但し、御請御役之御家老且月番之御番頭へも此度参り候、其節月番成田主税

十二月二十八日

十二月廿八日

一　歳暮之登城致し候事

七月三日〔記述位置は原史料のママ〕

嘉永六年丑七月三日

一　当夏旱魃に付、吉見村より花踊り雨乞として有之尤両社へ参る、右に付両社へ警固有之、御目付御組頭御中間頭御郡代御手廻横目各一人宛
殿様御船手御物見より御覧有之

七月二三日〔記述位置は原史料のママ〕

同年七月廿三日
一　安岡浦よりも右雨乞として両社へ踊有之
右旱魃六月より八十日間

安政元年

一月一日

安政元甲寅正月元日
一　御目見登城致し候、御定刻六ッ半時揃に付六ッ時登城す、
差上物御帳付へ出し書記致させ候事
但し差上物左の通半紙にて
進上ノシ
青銅三百疋
小坂慎蔵
右之通認め其儘差出す

一　年始御目見申上御盃頂戴有之、夫より御霊社御寺々へ参拝、然る後廻札相済せ候事
一　七日当番夕詰に出勤す
但し平番被露有之候、当番中へ触参り候に付申合、清水麻之允〔ママ〕相勤候事
一　案書左の通認差出す、半紙横折にして
私儀被　召出御礼未申上候、以上
正月七日　小坂慎蔵
右之通御番頭へ差出候、其節月番井上蔵主〔屯、清高、長府藩士、番頭、高三〇〇石〕
小坂慎蔵
右宝蔵院流槍術不怠出精数入仕心掛厚業合達者、稽古場諸用向心得克世話仕候段承届候に付、可達　御聞候、以上
寅正月十四日
細　織部
三　造酒
三　帯刀
西　図書〔運年、小豊後、長府藩家老、高七〇〇石〕
迫　刑部〔迫田運教、長府藩家老、高五〇〇石〕
小坂慎蔵
右人見流馬術心掛克出精業合上達仕候段承届候に付、可達

御聞候、以上

右　同日

二月一日

二月朔日

一　召出之御礼御目見仕候事

但し当日正朝五ッ時揃差上物銀二両へぎに載せ折熨斗の事、尤包紙熨斗共に半紙にして差出す、認め様左之通り

進上

銀　二両　　小坂慎蔵

右御目見之節御塗盃にて頂戴、尤も下り退出口へ置候事

但し御目見一人宛手前之筋に差上物有之候間先の筋にて仕候事

同日

一　当番相勤候且初午に付、上下着用之段触に相成候、尤昼夜共に上下着用す

同日夕

一　大膳様より年始之御使者被差越候に付、平番披露相勤

但し披露は大書院御二の間上の御敷居側に出置、手前の御畳より二枚目之筋

殿様出御の間《アイタ》は下の間に控居る

披露村上衛士、御奏者原田権之進、庄原恂太郎、御組頭案内田辺伝内、右相済御送りの節は、御家老、御番頭、御用人、御組頭、御奏者御式台迄、尤下の御縁通り左右にて引取の事

但し萩御使者　張　弛

二月三日

同三日

一　四ッ時御用の儀番頭より沙汰有之候に付登城仕候処、於御当役番所異国船為御手当御籏本備戦士被　仰付候書出細川織部殿より読渡し有之、御加判三吉造酒、同三沢帯刀、御目付松名半之允、御番頭井上蔵主

右御手当向左に記載す

一　嘉永七寅二月三日於　御城御用之処左之通被　仰付候事

能勢友之允〔喜右衛門、辰喬、長府藩士、馬廻、高一五〇石〕、土生十兵衛〔好保、長府藩士、馬廻、高一〇〇石〕、小笠原仙之助〔道遠、長府藩士、馬廻、高八〇石〕、村井源次郎〔長府藩士、馬廻、高八〇石〕、吉岡力〔乗照、長府藩士、馬廻、高八〇石〕、吉田恕次郎〔胤治、長府藩士、馬廻、高六〇石〕、渡辺太郎兵衛〔清盈、長府藩士、馬廻、高五〇石〕、江本牧太、布施木工之助〔幸作、安美、長府藩士、馬廻、高四五石〕、今藤市左衛門〔長府藩士、馬廻、高四〇石〕、八田棟吉〔節貞、長府藩士、馬廻、高四〇石〕、財満小太郎〔久格、長府藩士、馬廻、高六〇石〕、丸山勝三郎〔貞堅、長府藩士、中扈従、高四〇石〕、

梶山栄作〔茂延、長府藩士、中扈従、高三五石〕、弘中小右衛門〔長府藩士、中扈従、高三五石〕、清水麻之允《ママ》、原茂太郎〔古重、長府藩士、中扈従、高三五石〕、布施三喜之助〔長府藩士、中扈従、高三五石〕、江見忠八郎〔実武、長府藩士、中扈従、高三五石〕、野村用之進〔勝正、長府藩士、中扈従、高三五石〕、江本新吾〔常成、長府藩士、馬廻、高四五石〕、栗山寿三郎〔惟貞、長府藩士、中扈従、高三五石〕、小坂慎蔵、中村安積〔友房、長府藩士、馬廻、高七〇石、宝蔵院流槍術〕

右御領海へ異国舩渡来に付被遊　御出馬候節、御旗本備為戦士被　召連候旨、以上

　寅二月三日

右の通横折にて御達し有之候事

前断の人数追々後に至り入替り有之

一賢徳院〔毛利元運〕様御三回忌御法事に付御寺詰被　仰付相勤候事

但し惣奉行毛利珪次郎〔長府藩家老、高八五〇石〕、御作膳奉行村上衛士、御奏者上田多仲〔直貫、長府藩士、馬廻、高二三〇石〕、山県寿作、荻野駒太郎、御詰衆板原林之助〔之賢、長府藩士、馬廻、高一四〇石〕、国弘孫太郎《ママ》〔国弘孫九郎、長府藩士、馬廻、高四〇石〕、江見忠八郎、小坂慎蔵

一十二日午の刻より御初り

同十三日卯中刻より御初り　同十四日卯中刻より御初り

被　仰付候、尤諸寺院諷経御家中惣御拝等も有之候に付、早めに功山寺〔曹洞宗、金山功山寺、長府毛利家菩提寺の一つ、長府川端〕へ可罷出候、以上

右御初り之刻御作膳奉行より達有之候に付右之時刻に罷出る

一惣奉行へ御寺詰蒙り候段早速承知に入候事、且御寺詰之御奏者へ頼聞合致し出入可相勤事

一御法事済引取候節は惣奉行御作膳奉行へ届候事

　但し宅へ参り候也

一於御寺惣奉行御法事済之相対有之

一殿様被遊　御仏参候事

一御名代毛利丹宮〔長府藩家老、高七〇〇石〕、長井織太郎

一御職役細川織部、御加判三吉造酒

一御評議役武藤九右衛門、御用方内藤半助〔通方、長府藩士、馬廻、高二〇〇石〕、寺社奉行栗山右作〔惟寄、長府藩士、馬廻、高一〇〇石〕

一右者御法事嘉永七寅二月十二日より十四日まで　賢徳院様御三回忌御寺詰衆相勤候事

　但し詰所旁万事旁記之猶図面左之通

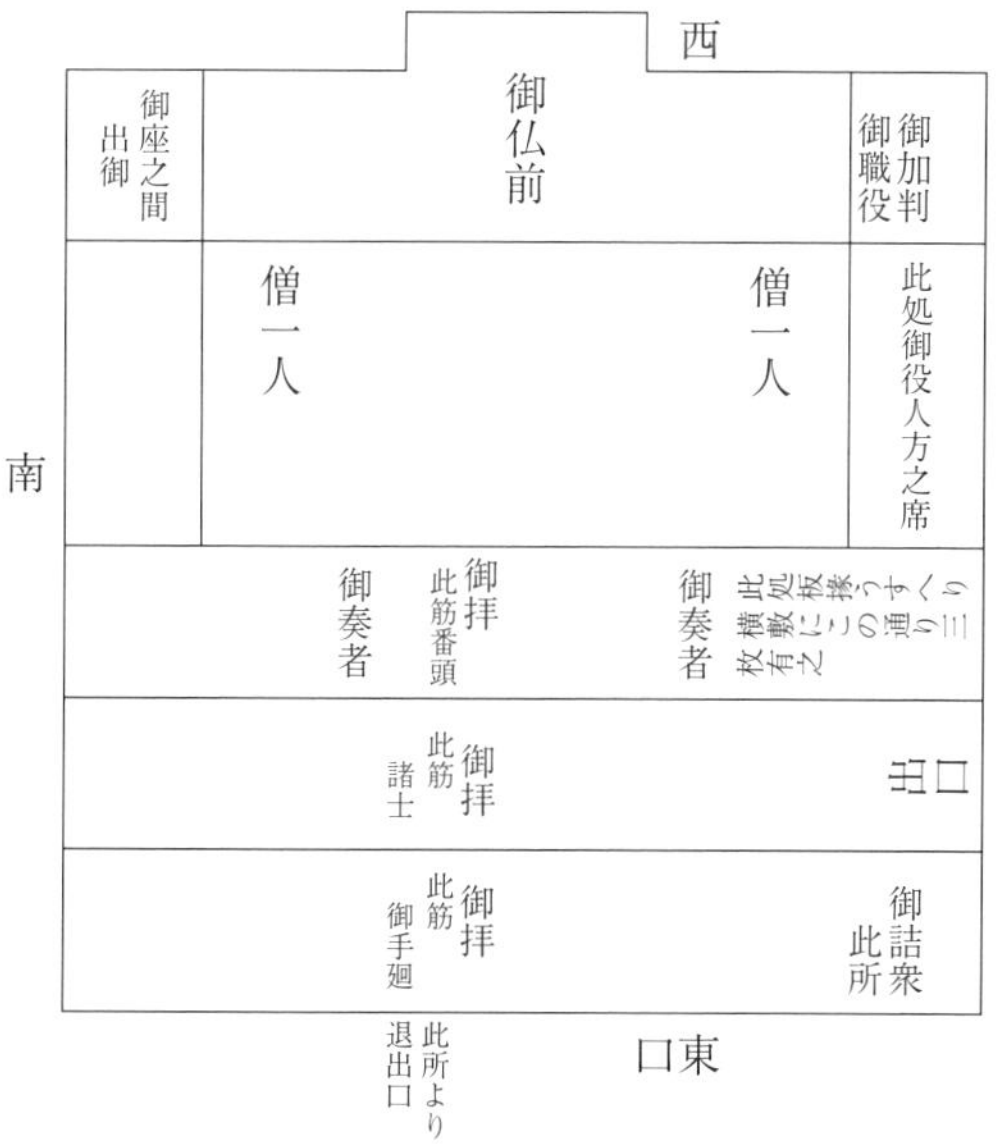

右凡列座之次第荒増印置尤其筋聞合可勤事

二月一二日

二月十二日

一　番頭組頭之一件、御書下け二通以廻状申談之趣有之候処、
　追々会合も有之、何分之儀は別紙に委細記置候、以上

覚

荻野駒太郎殿

栗山寿三郎殿
小坂　慎蔵殿

右者来る廿一日若風波強赤間関より被遊　御乗船候節は、同所　御本陣へ可被相詰候、尤諸事前々之通可被相心得候、以上

二月十九日　　滝川友三郎

各中

右之通御沙汰有之候に付荻野駒太郎へ承り合、且御付人之所へ御用所罷出　御用方内藤半助乞合致し、雨天之節は宅へ参り候様頼置候処、廿一日晴天に付外浦より　御乗船御座候事

一　殿様　嘉永七寅二月廿一日長府御発駕にて同月廿九日大坂へ御着、左候て三月三日より御揚陸にて江戸御着は三月十七日

安政二年

一月一日

安政二乙卯正月元

一　年始登城致し候、尤　御留守年に付御帳限り退出
　但し、御礼銭差出し、且夫より廻勤致し候

一月一一日

同十一日

一　萩御暇願差出す、月番桂久兵衛
右願済に付同月十六日より出立
但し前日出立之段且万事之処届置

一月二八日

同年正月廿八日

一　殿様江戸表　御暇済にて二月二日　御発駕　御早下り御入部より二度目之　御入城三月朔日　御帰城の事

一　長岡和三郎〔栄守、長府藩士、馬廻、高五〇石、馬術〕、丸山勝三郎、財満小太郎、河崎虎吉〔董、頼房、長府藩士、馬廻、高八〇石、西洋流砲術〕、原茂太郎、江見忠八郎、弘中小右ェ門、布施三喜之助、野村用之進、赤沢四郎左ェ門〔董清、長府藩士、馬廻、高四〇石〕、宇原教〔長府藩士、中扈従、高三人扶持八石〕、小坂慎蔵
右異国船若渡来之節出張被　仰付置候処、所持之具足大破にて火急に取繕難相成候に付て、御具足一領宛拝借願出候、願之通御貸渡被　仰付候、尤諸鼻出張之節御具足数多御入用之儀に付、銘々取持之具足追々取繕相用候様沙汰之事
右之通御番頭より御口達一紙相廻り候事

二月三〇日

安政二卯二月卅日御達有之候事

一　殿様御早下り御船中頃異国船相見へ申候風聞に付、御旗本備戦士中申談左之通演説差出し候

演説

此度被遊　御下向候処、異国船御領海近辺へ相見候風聞仕候に付、御通船にも可相成様奉存候間、左候得者御座船為警固罷出度奉存候間、此段宜様被仰上可被下候奉願候、以上

卯二月廿八日　　御旗本
戦士中

成田主税様

右之通願候処即刻左之通御　答

一　異国船御領海近辺へ相見候風聞有之候に付、御座船為御警固罷出度由被願出候処、此上之趣次第にては願之通可被差出儀も可有之候、此段可被得其意候、以上

覚

一　異国船御領海へ致渡来出張被仰付候節、其外於　御城内外調練被仰付候節、諸頭馬上にて被差出候得者、戦士之儀も同様可被仰付儀と奉存候得共、孰れも手当馬無御座候得者、其節御貸馬被仰付候哉、兼て相心得度奉存候此段奉伺候、以上　　御旗本

卯二月廿九日　　戦士中

此伺書は御目付桂助左ェ門へ差出す
演説
異国船若渡来に付出張被　仰付、其外於　御城内外調練
被　仰付候節、召連候人御定之通にて、其諸道具相運不
申至て難渋仕候、何卒物持夫一人宛増被下候者難有仕合
と奉存候、此段御序之節宜様被　仰上可被下候奉願候、
以上
御旗本
卯二月廿九日　　戦士中
成田主税様
右人夫之処は御返答無之

三月三日

三月三日
一　上巳之御祝儀登城致し候
但し御帳限りにて退出す

三月六日

同六日
一　御式之御社参有之

三月七日

同七日
一　同御仏参有之

三月九日

同九日
一　惣御目見登城致し候事

三月一一日

同十一日
一　敬業館御式之　御出有之

三月二五日

同廿五日
一　萩御暇願差出す、尤小幡より免状伝授に付、其趣別紙演
説差出す
但し月番　滝川友三郎
小坂慎蔵
右萩表小幡源右衛門より此度宝蔵院流免許附属之儀申
越候処、兼て内証逼迫仕、師家付届、高弟中仕向等自
力に不得仕難渋仕候段委曲歎出候之間、以御吟味銀百
八拾目被下候条、此段可被及沙汰候、以上
卯四月十四日　　細　織部
村上衛士殿

三月二六日

三月廿六日

一　金子友槌、江見後藤兵衛〔後当兵衛、実章、長府藩士、馬廻、高一〇〇石〕両人江戸表へ罷り登り、一統より之惣代右両人にて組頭一件御直に申上候処、被差やめ候段　御意之旨承五月廿一日両人帰着、何分之処者別紙に記置候得共不用に付火中す

一　出萩四月廿日より

一　萩於小幡源右衛門宅伝来之式、五月廿日其節梨羽衛門〔萩藩士、大組、高四三一石五斗〕、取持且在番正岡藤右衛門〔乗通、長府藩士、馬廻、高五〇石〕参集候事

一　五月三日高弟中へ於小幡宅酒肴を出す
右相済五月廿二日帰府之事
但し、免状印可伝来之届書之処は、文武掛り御目付桂助左衛門へ出す、即ち書面左之通
私儀、宝蔵院流免許印可萩表小幡源右衛門より附属仕候段御届申上候、以上
五月廿七日　　小坂慎蔵
羽織袴　金子友槌殿
吉田恕次郎殿

右

鏻姫様〔毛利元運長女、家老細川周崔に嫁す、周崔没後細川正頼に嫁すも離縁復籍〕、明廿七日九半時之御供揃にて功山寺へ被遊御仏参候に付、御供可被相勤候、以上
五月廿六日　　成田主税
各中
右者五月廿六日金子友槌より被相頼相勤候被頼之段、御番頭へ届候事
但し御供「ツマミモ、タチ」にて致し候例なり

六月三日

同六月三日　　金三百匹
小坂慎蔵
右人見流馬術稽古打続出精目録附属、且騎射心掛厚業合出来立目録附属仕候段被　聞召一段被　思召候、依之肩書之通被下之旨候以上
右御用之処於　御城御沙汰之事
御意之旨

一　殿様御着後、卯四月六日戦士中へ御番頭より御意之趣達有之、御船中為警固罷出度段願出候段、及　御聞心掛宜神妙之段御意御座候に付、御旗本備戦士中之処、土生十兵衛、村井源次郎両人より御請申上候

一　異国船御手当　御旗本備足並稽古之節、出席之面々着到に付候様被　仰付候間、罷出候者早速御目付に申出候様

一　出張之面々へ沙汰の事
御旗本備へ被差出候者面々出張之節為持候荷物に銘々名前相記、御用所へ差出候者、出張所へ上より送方被仰付候間、箇数有無共書付、早々着出候様沙汰之事
右之通被　仰出条可被得其意候、以上
卯六月九日　　原田権之進
右に付、箇数書出し左の通
覚
一　跡附　壱ツ
一　箇　壱ツ
右者異国船渡来に付出張被　仰付候節、両人にて荷物
一　書之辻為持候間、其節御用所へ差出申候以上
熊野弾作〔長府藩士〕
小坂慎蔵
右之通六月廿九日原田権之進へ差出し置申候事

一〇月一三日

同十月十三日
一　今枝流釼術稽古於　御城　上覧之節、別段居残り於　御小書院出精之段　御直命夫より御用部屋にて木刀一本被下候段、御用人飯田又兵衛〔信時、長府藩士、馬廻、高二三〇石〕より達し、御側横目原田金弥出座なり

安政三年

一月一日

安政三辰正月元日
一　右年始登城致し候事
但し御仕組に付差上物無之、且御盃事も被差止候、尤御仕組中之御沙汰右に付ては一統廻　無之、御家老中御番頭中近親師家計廻勤致し候様被　仰出候に付、御法之通回勤致し候事
一　朔日登城之儀も当年より御仕組中被差止候

一月一五日

同十五日
一　御城当番相勤候相替儀無之
但し夕詰出勤す、尤此日御具足祝之御祝被下候に付、昼前に出勤之事
御祝シ、ノ間に於て頂戴す
一具鞢壱差
小坂慎蔵
右騎射稽古至て心掛宜出精仕候に付、肩書之通被下之候

以上
辰正月十四日

一月二四日

同年正月廿四日
一　萩表小幡師より面会之儀申越出発す、二月五日帰府之事
一　御城当番相勤候、尤相替儀無之

三月一日

三月朔日
一　御仕組に付一統登城無之

三月三日

同三日
一　節句に付式日之通にて御逢有之
　但し御仕組中に付一統廻勤無之
一　亮姫様〔長府藩一一代藩主毛利元義四女〕御死去に付、今日より来る廿四日迄御領内御停止被　仰出候事
但し普請今日より明後七日まて、鳴物音曲今日より来る廿四日迄、家業之外殺生右同断
御家中末々迄月代今日より来る廿四日迄遠慮可仕候、
但し陪臣不及遠慮百姓町人同断
右之通被　仰出候に付記置

三月六日

同六日
一　御城当番相勤候、相替所無之

三月七日

同七日
一　亮姫様御死去に付、五日より十四日迄之内　御機嫌伺登城致し候様被　仰出候に付登城相済せ候事

三月一〇日

同十日
一　右同断
　但し今日より髪剃候ても宜段御沙汰有之

四月二日

四月二日
一　御城当番相勤候事

四月一一日〔記述位置は原史料のママ〕

同十一日
一　殿様館中今枝流稽古場へ被遊　御下御内覧に付業合す
一　文武御引立之儀に付、文武掛り西図書殿より師家中へ御

達し書を以て諸流門弟中附属以上の人へも気付筋無遠慮申出候様師家より談し有之、右御達左之通
文武両道修行之儀者、御奉公専務之事に付、兼て御法も有之、殊に　功篤院〔毛利匡芳〕様御代、御家中之面々文武之芸道相進候様被遊度、厚　思召を以て敬業館御造営被　仰付、其後　御代々様御世話被為在、追々出来立候仁も有之候得共、昇平虚飾之弊風押移、人気自然惰弱に相成、文武之修行致忘却候ものも有之、心得違之事に付急度御詮議之上御沙汰にも可被掛候得共、先其儘に被差置、此度深　思召を以て一統文武之芸道格別出来立候様、且当時外冦御手当厳重之折柄に付、老少共に是迄之弊風令一新、実心に稽古出精仕、百錬之功相見候様被　仰付度、御役人夫々掛りをも被　仰付、追々被　仰出方も可有之処、是迄御引立方御手を被為尽候儀に付ては、此上御吟味筋不容易事に付、御家中二、三男に至迄一統格別出来立候様心附も有之候者、聊も無遠慮、封書にして御目付桂助左衛門、半野極人〔簡廉、長府藩士、馬廻、高二五〇石〕へ来月五日限り有無共差出候様、門弟目録附属以上面々へも不洩様早々可被申談候事

四月二日

四月二日
一　於二ノ宮角力興行有之其節、殿様被遊　御覧候、且角力見物所御掛け渡しに相成、東西桟敷にて見物す
右当日警固有之

四月四日

四月四日
一　森脇浩太郎〔克明、長府藩士、馬廻、高五〇石〕当番之処、昼夜被相頼右に付相勤候、尤詰前昼の中出届滝川へ致し出勤す

四月一〇日

四月十日
一　赤間関出火之節走附御触参り候事
但し上田多仲、八幡原伝作〔長府藩士、馬廻、高六〇石〕、森脇浩太郎、布施半右衛門〔行渥、長府藩士、中扈従、高三五石〕、小坂慎蔵以上五人
右安政三年辰十一月走附番

四月一一日

同十一日
一　館中今枝流稽古場へ被遊　御下に付業合す

四月一二日

同十二日

一　騎射稽古為　御覧、桜ヶ馬場へ被遊　御下業合す

四月一八日

同十八日

一　六ッ半時の御供揃にて功山寺へ　殿様被遊　御仏参候に付、御供相勤候事

但し御供頭中川作左衛門、平番之内財満栄次郎〔峯次、長府藩士、中扈従、高四〇石〕、小坂慎蔵両人

右同日当番相勤候事

四月一九日

同十九日

一　御仕組御年限中は暑気見廻勤無之、尤師匠親近は格別、尤去冬御沙汰有之

一　松崎社、三王社〔山王社〕、稲荷社、御霊社、御祭礼之節、当番之面々御仕組中に付、上下着用に不及候段御達しに相成今日御触参り候事

四月二一日

同廿一日

一　三王社御祭礼に付、諸稽古休業

五月五日

五月五日

一　節句に付登城致し候、尤今日は御在国にても御帳限り退出之事

五月一一日

同十一日

一　騎射稽古被遊　御覧其節出席業合仕候事

五月二〇日

同廿日

一　今枝流稽古於館中被遊　御覧候事

但し業合仕候事

五月二二日

同廿二日

一　御城当番夕詰出勤す

七月七日

七月七日

一　節句に付登城候事　但し御仕組中に付廻礼無之

七月一三日

同十三日
一　御城当番夕交代出勤す、相替儀無之

七月一四日

同十四日
一　御仏参有之候に付、内藤安兵衛〔春茂、長府藩士、馬廻、高三五石〕、財満栄次郎、小坂慎蔵御留守加番被　仰付候事

七月二三日

七月廿三日
一　宗門血判御定則之通寺請を以て血判す
但し出座御番頭長井織太郎、宗門奉行藤田八右衛門〔直澄、長府藩士、馬廻、高七〇石〕

八月一日

八月朔日
一　登城致し候事、尤御仕組中に付月頭朔日之通尚又廻礼無之

八月七日

八月七日
一　人見流馬術稽古場諸用方村野小一郎〔長府藩士、番頭、高二二〇石、村野勝左衛門の嫡子、家督相続前に没す〕、磯谷謙蔵〔和智格、春富、長府藩士、馬廻、高五〇石〕、是迄諸世話仕候処、御問之節有之候に付、御吟味を以被差免、右代り荻野駒太郎、小坂慎蔵へ被　仰付候間、申談諸世話仕候様可被申談候、以上
　　八月六日

八月九日

右之段文武掛り西図書殿より馬術師家中へ手紙にて達し有之候段、工藤より談に相成り候事

八月九日
一　御城当番夕詰出勤致し候事

八月一一日

同十一日
一　御祭礼に付休業相替儀無之

八月一九日

同十九日
一　殿様為　御参勤被遊　御発駕候事
但し五ッ時之御供揃にて外浦より昼後被遊　御乗船候事

同日

右見送り外浦へ出る　御出舩を窺ひ退出、夫より登城致し御帳に附け退出、尤恐悦之廻勤有之候得共御仕組中に付無之

覚

御供頭　津田市郎平殿〔忠教、長府藩士、馬廻、高一三三石三斗四升〕

財満又三郎殿〔長府藩士、馬廻、高八〇石〕

小田　常吉殿〔知至、長府藩士、馬廻、高七〇石、儒者〕

粟山寿三郎殿

小坂　慎蔵殿

右は、来る十九日朝五ッ時の御供揃にて外浦より被遊御乗舩候に付、麻上下着用にて御供可被相勤候
若風波強赤間関より被遊　御乗舩候得は旅装束にて御供可被相勤候、以上

八月十七日　　原田権之進

各中

右に付、当日御番所へ控居候処御役被差免候事

八月二一日

八月廿一日

一　惣御用に付、麻上下着用にて四ッ時登城致し候事

右御用之趣御家中一統末々に至迄難渋に付、御救方之儀連年被遊　御心痛、此度格別之御吟味を以米札少々宛御貸渡被　仰付、猶引取之儀は利なしにて拾ヶ年之間御売米にて御引取被　仰付、尤是迄借財仕居候面々者右之年限中は御引取不被　仰付候事

但し委細之儀は御触に相成候段被　仰渡候

右　御意書尚委細之儀は別に御仕法を以て御達し之事

一　右当日廻勤之儀は御役御家老中の事

安政三辰年　控左之通

一　御旗本備毛利勘兵衛〔長府藩家老、高八〇〇石〕江戸御番手に付被差免、右代り備三吉内匠〔彝太郎、周亮、長府藩家老、高一六五〇石〕被　仰付候之段御達有之

一　御旗本備持掛りの内より一、二手足並稽古度々当分被差出候段御達有之

右罷出入数清水麻之允〔ママ〕、原茂太郎、小坂慎蔵、伊秩安之助〔久香、長府藩士、馬廻、高二五〇石〕、桂専太郎〔信澄、長府藩士、馬廻、高一〇〇石〕

一　二之手伊秩主馬〔運尭、長府藩家老、高一〇〇〇石〕足痛に付、右代り桂縫殿被差出候段御達し有之

右者八月廿一日御触に相成参り候事

但し番頭原田権之進

八月二三日

八月廿三日
一　御旗本備持掛り之内より一、二之手足並稽古之度々当分
　被差出段、御触参り候事

八月二五日

同　廿五日
一　御旗本備足並稽古松原にて被　仰付候段、御触参り候事
　　但し番頭原田権之進

九月四日

九月四日
一　御城当番朝交代に出勤す

九月九日

同　九日
一　節句に付登城致し候事

九月二一日

同　廿一日
一　吉岡力当番之処、昼夜被相頼候事
　但し月番井上蔵主且御仕組中に付、平服にて相勤候事

九月三〇日

同　晦日
一　替合之宿番相勤候事
　　覚
一　足並稽古一、二之手被差出候処被差免、持掛り御旗本備
　計に相成候事
　　右之段番頭より触にて御達し有之、月番滝川友三郎
　　但し十月七日

一〇月九日

十月九日
一　山田瀬兵衛〔道信、長府藩士、馬廻、高一〇〇石〕、浅埜常太
郎〔浅野教、為規、長府藩士、馬廻、高一〇〇石〕両人参り候
処、三吉十蔵〔三吉慎蔵の養父〕不快に付、養子之儀相談
に預り縁組致し候事、右に付同日願出両家より一同に差
出し申候、尤願書は実父より差出し候事
　　但し、死後に付、右当日より入家す
一　右に付、忌中之儀伺出候処、被　召出中之儀に付、自身
届に相成候て忌中可致との事に付申出候事

一〇月二四日

同廿四日

一　忌中に付、当番之処出勤不仕候事

一一月五日

十一月五日

一　宗五郎様〔毛利元懋、元敏、長府藩世嗣、長府藩一四代藩主〕、平六郎様〔毛利元功、宗五郎弟、徳山毛利家世嗣、徳山毛利家一〇代当主〕御帰国御着船之事

一一月二九日

同　廿九日

一　忌明家督不致候得共、被　召出中に付、是迄之通り小坂姓にて諸勤す

一二月一五日

十二月十五日

一　御城当番昼詰中出に出勤す、宿番出勤す

一二月一八日

同　十八日

一　小坂孫助当番昼夜被相頼出勤す、月番原田権之進詰前朝交代に出勤す

一二月二八日

同　廿八日

一　歳暮登城相済す、御仕組に付廻勤無之

一　荻野駒太郎、小坂慎蔵、右馬術稽古場諸用方被　仰付候に付、以御吟味為御心付一ヶ年一人銀四拾目宛、尤当年之儀は割方にして二拾目宛被下候間、此段可被申請候事

　辰十二月廿二日

右之通工藤先生より宅にて請有之

安政四年

一月一日

安政四巳正月元日

一　登城相済せ夫より廻礼す、尤御仕組中に付先年御達し之通なり

一月一四日

正月十四日

一　敬業館御熨斗頂戴、朝正六ッ時揃出席す

一月一八日

同十八日

一　三吉家祖父〔三吉半次〕死去に付、御番頭滝川友三郎へ浅野常太郎を以て忌中之儀相伺候処、後式願未相済候由に付、忌中無之候得共、其日数内願済有之節は残り之日数忌中致し候様答有之

二月六日

同二月六日
一　当番之処昼夜返勤有之、小坂孫助へ夕交代詰前相頼候事

三月一日

同三月朔日
一　御用之処左之通御達し有之

小坂慎蔵へ申渡覚

其方儀、三吉十蔵病中願置候通、申伺候処如願養子被
仰付、後式無相違其方へ被下置旨候、以上

巳三月朔日

右之通於御用所細川織部殿より御達し有之、其節御加判伊秩主馬殿、西図書殿、出座之御番頭長井織太郎、御目付庄原恂太郎、御触役弘中小右衛門
但し、御用済廻勤上下にて御家老中御番頭中之事
右同日当番に付是迄御番組之通相勤候也
御触役を以御番頭へ申伺候処、直様是迄之通相勤候様答有之に付相勤候事

三月三日

同三日
一　節句に付登城致し候事

三月五日

同五日
一　大膳様当月朔日萩表　御発駕にて山口御泊り、夫より三日四日三田尻、五日小郡、六日吉田、七日長府御通行尤本陣へ御休、同日下ノ関新地へ御泊り、夫より西市へ御泊り、尤萩御領之方へ御泊りに相成候事
右に付、七日長府火之廻りとして被差出候段、番頭長井織太郎より於宅御達し有之左之通り

七日
府町
火事装束　吉岡　力
三吉慎蔵
野村弾助〔勝親、長府藩士、中扈従、高三五石〕

大膳様御巡見として御通行に付肩書之場所へ火之廻り
被差出候以上
三月五日

右に付、諸事申合御手元役松岡精次郎〔俊方、長府藩士、

馬廻、高五〇石〕を以て相伺候処、左之通御答

一　鐺持　一人

一　立宿之儀は寺社奉行へ直談仕候様にとの事故、拙者宅へ何れも控居火之廻り相勤候

一　場所之儀は府町六丁を一人宛相廻り候様
　但し、一人朝五時頃吉岡四ッ時頃慎蔵御着之上野村三人申合候事

一　廻り掛り　大膳様御見請仕候は場所を替へ用捨致し候事

一　御着之上は御本陣前鐺伏せ候事

一　若党一人宛御付人有之、左に記す

山田瀬兵衛
吉岡　力
三吉　慎蔵
井上　藤蔵〔長府藩士、馬廻、高二〇〇石〕
野村　弾介

右は　大膳様御通行之節関府火之廻りとして被差出候に付、右之面々へ足軽一人宛御附被成候段被　仰出候条可被得其意候、以上

三月五日

右番頭長府より触に相成候事

一　上下四人

一　雨具之儀は、雨天之節は合羽家来之分計にて、主人は手笠に草鞋之事

右之心得伺済にて七日相勤之事

一　大膳様御立越伺御職役細川織部殿退散を見合勤候段届、夫より番頭長井織太郎へ届候事
　但し、引之儀は両家へ有之候事

三月一二日

同十二日

一　番頭より御達し之儀有之、御呼出し相成候処左之通り

三吉慎蔵

右御領海へ異国船渡来に付被遊　御出馬候節、御旗本備へ為戦士被　召連候段　仰付置候処、是迄之通相心得候様沙汰之事

右之通月番長井織太郎より達し有之候事

三月一八日

同　十八日

一　明細書御目付役半野極人へ差出す
　但し、文例は被　召出之振を以相認む

一　御城番吉岡力より昼夜相頼れ出勤す
　但し、長井織太郎月番に付届致し候事

三月二六日

同廿六日
一　御城当番朝交代出勤す

四月三日

四月三日
一　宗五郎様、平六郎様御一同今枝流稽古　御覧に付業合す

四月二四日

同廿四日
一　今枝流稽古惣見分之都合にて、於館中有之御役人、御職役細川織部、御加判迫田刑部、評議役武藤九右ェ門、同役井上禎助〔禎介とも、長府藩士、馬廻、高一〇〇石〕、御目付役桂助左ェ門、半野極人、御手元役布施杢之助此日業合す
同　日
一　宗五郎様、平六郎様の御二方今枝流稽古御覧有之

五月五日

五月五日
一　節句に付登城致し候、尤御帳限り退出

五月一三日

同十三日
一　員光村知行所へ家督後初めて見分として巡廻す
　但し、百姓中名前寄水帳を以て夫々付合検査す

五月一九日

同十九日
一　今日より今枝流万本抜方始め候事
　但し、廿五日にて万本満日に付終て先師の霊所に参拝す

五月二三日より二五日

同廿三日より廿五日迄之内
一　殿様江戸表にて御国御暇済に付、御歓登城之御触参り候に付恐悦登城す
　五月三日　殿様江戸表御暇済にて被遊　御発駕

五月三〇日

同晦日
一　昼正九ッ時の御供揃にて　御帰城、尤　御入部より三度目の　御入城なり
　但し、同日御迎として外浦へ罷出、夫より御城にて恐悦出仕御帳に附き候事

閏五月四日

閏五月四日
一　大膳様　御巡見之為め御通行の節火の廻罷出
　右に付、御目録として銀三両拝領被仰付候段、萩表より
　御銀御送りに相成候由、御触役弘中小右ェ門より通達有
　之に付、於御用所同六日請取候

閏五月六日

同月六日
一　御着初て之　御社参

閏五月七日

同　七日
一　同初て之　御仏参
一　御番頭、同並、御手廻頭御役目通、御中扈従、御手廻
一　同嫡子
　右来る九日　御目見被　仰付候条、去江戸御番手之面々
　除之、朝六ッ半時登城候様、各支配中へ可被相触候以
　上

御番頭
巳五月朔日　　滝川友三郎

閏五月九日

同月九日
一　御帰城初而之御目見登城す
　但し、御仕組中に付、御盃無之　挟之間にて御礼限り
　退出之事

覚

時服上下　野村　源太郎
平服　土生　十兵衛
江本治左ェ門〔長府藩士、中扈従、高四五石〕
三吉　慎蔵

右明朝五時之御供揃にて館中聖像　御拝として被遊　御
下候に付、早めに被罷出御供可被相勤候、以上
閏五月十日　　滝川友三郎

右に付十一日御式之　御下り御供相勤候

閏五月一四日

同月十四日
一　御城於御座間、今枝流多勢切被遊　御覧相済、切り手於
　御場所被遊　御意、引続惣人数へも被遊　御意候に付、
　於　御用部屋御請申上候事
　其節御用人　内藤半助

六月四日

六月四日
一　当番朝交代出勤す

六月五日

同　五日
一　御仏参に付、留守加番相済勤候事
一　養母〔三吉喜久〕之続清末〔清末毛利〕御家中船越教〔南部太平次、三吉慎蔵の養母喜久の兄〕果申候処、伯父に相当り候に付、忌中届月番井上蔵主へ届候、忌中五日間相慎候事

六月二四日

同　廿四日
一　宗五郎様、平六郎様方今枝流稽古　御覧有之

六月二六日

同　廿六日
一　当番昼の中出勤す

七月七日

七月七日
一　節句に付登城す

七月一二日

同　十二日
一　来る十五日二ノ宮能に付、桟敷御用相成候段御触達に付差出す

七月一四日

同　十四日
一　盆に付御寺々へ参拝として罷出候事

七月一八日

同　十八日
一　御城当番出勤す

八月一日

八月朔日
一　八朔登城す、尤日蝕に付御逢無之御帳限り之事

八月一六日

八月十六日
一　殿様初て　御出萩被遊　御発駕候、尤暁七ツ時御供揃御家老西図書、御目付竹田久左衛門〔有陣、長府藩士、馬廻、

高一二〇石〕、評議役武藤九右衛門、御用人村埜勝左ェ門〔村野勝左衛門、長府藩士、番頭、高二二〇石〕
但此度は御役廻万端御倹約に付、御先例之儀都て被差止候事

九月二日

九月二日
一　殿様萩より御帰府掛け御領内　御巡見被遊、同日　御帰城の事
但し、右為御歓　御着掛府内居之面々計登城有之出仕致し候事

九月三日

同　三日
一　御出萩に付、御礼使者として大膳様より寄組宍戸伸被差越候に付、平番披露相勤む、武藤彦太郎〔文邦、長府藩士、馬廻、高一〇〇石〕申合両人にて相勤む
図面左之通相記す

一　出御無之内差上物組付置、左候て入御無之内、番頭太刀折紙取下り直様出口にて一寸御仕儀仕披露物取下る
其節御職役細川織部、御加判伊秩主馬、御用人飯田又兵衛、御目付野村源太郎、御番頭滝川友三郎、御手廻頭山中杢兵衛〔永方、長府藩士、馬廻、高一五〇石〕、御奏者桂季十郎〔長府藩士、番頭、高三〇〇石〕、粟屋主税〔長府藩士、馬廻、高一三〇石〕、御客屋預り案内人上田多仲
但右当日番頭披露に付番頭御奏者両人へ万端差図を請相勤む

九月九日

九月九日
一　節句に付登城す

九月一二日

同　十二日

一　人見流稽古　上覧有之罷出

九月二四日

同　廿四日

一　今枝流稽古　上覧に付罷出、尤当年は　御城之処御吟味替にて於館中被遊　上覧候事

右御式は御城之通りなり

一〇月一〇日

十月十日

一　御城に於て小笠原流礼式稽古　上覧に付罷出

一〇月二五日

同　廿五日

一　賢徳院様　御七回忌　御法事御取越、於功山寺今日より二夜、三日廿七日迄有之

右に付、御参拝に罷出　但し三日間共参拝す

一一月三日

十一月三日

一　御城四ツ時御用之処、文武掛り西図書殿より左之通り読渡し有之

三吉慎蔵

右今枝流鎗術数年不相替実学別而出精、初門之面々引立等宜、且人見流馬術相続心掛能業合上達諸用方をも致苦労、猶又騎射至而出精仕候段被　聞召御祝着被思召候、依之被成　御意候、以上

巳十一月三日

右に付、出座之御役人、御番頭原田権之進、御目付井上彦左衛門右相済廻勤之事

但し、御家老中、御番頭中、猶又師家同断

一一月七日

同　七日

一　御霊社御祭礼に付参拝罷出候事

一一月一三日

同十三日

一　龍沢院様〔毛利綱元、長府藩三代藩主〕百五拾回　御忌、来る二月御当り之処、御取越　御法事、今日より十四日迄於覚苑寺〔黄檗宗、法輪山覚苑寺、長府毛利家菩提寺の一つ、長府安養寺〕有之

右に付、府内居之面々両日共御拝に罷出候様御触に相成候事

覚

御門

各中

中村　聡之助〔久重、長府藩士、馬廻、高一九〇石〕
伊佐源左ェ門〔包高、長府藩士、馬廻、高五〇石〕

御奏者

能勢　遊〔ママ〕之允〔友之允〕
江良　文太郎〔長府藩士、馬廻、高一〇〇石〕
中丸　小四郎〔勝照、長府藩士、馬廻、高一〇〇石〕

御詰士

長谷川　貢〔季憲、長府藩士、馬廻、高二〇〇石〕
小野　諫三郎〔常明、長府藩士、馬廻、高五〇石〕
森脇　浩太郎
三吉　慎蔵

右は
龍沢院様百五拾回御忌、来る二月御相当之処、御取越
御法事、十三日より十四日迄於覚苑寺執行被　仰付候
に付、別紙之通御寺詰被　仰付候段被　仰出候条可被
得其意候、以上
十月廿九日　長井織太郎

右に付、左之通り
一　惣奉行へ御寺詰被　仰付候、早速届け候事
一　御作繕奉行は触出し有之に付、届け不及候事
一　御寺掛り之御奏者へ為頼参り候事
一　御寺御始り之時附御作繕奉行より御触にて中参り候事
　右に付、御定之時より早めに申合罷出候事
一　御寺御法事済引届之儀は、御職役御惣奉行御作繕奉行直様引届け右三家へ致し候事
　但荒増控置候得共、其節々之向々へ承合相勤候事肝要なり
一　覚苑寺図面左之通

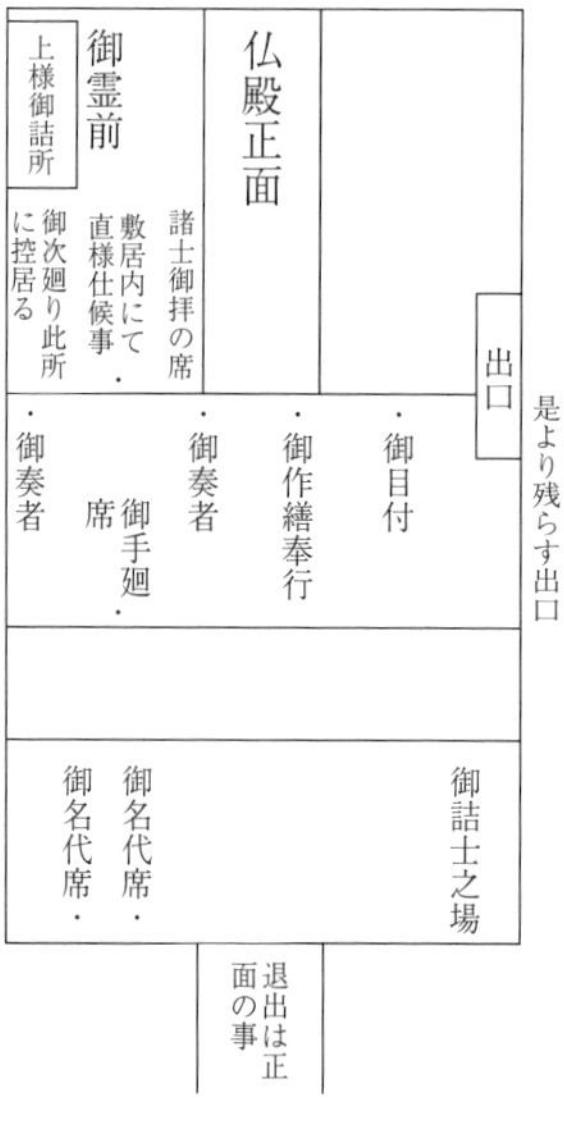

一　御帳場坂下左に有之
一　御定役人方御奏者御詰士溜り所玄関に相成る

右御寺詰相勤候事

一一月一五日

同 十五日

一 御法事済恐悦として登城有之に付御歓に罷出る、尤御帳限り退出之事

同日

一 御法事済に付、御祝儀能有之

一 覚苑寺登城相成る

一 御法事掛り之御詰士迄御能拝見伺済に付拝見す

一二月一三日

十二月十三日

一 十一月廿七日　大膳様御通行之節火之廻り相勤候、勤書御手元役へ相頼差出す

一二月一五日

同十五日

一 昨日田代殿へ案内に付参り候処、先年より中村十〔ママ〕郎右衛門〔重郎右衛門、友邦、宝蔵院流槍術、中村安積の父〕師と云々有之に付出席之儀中止致候処、今般大夫田代内記殿より挨拶に付、此度和儀相伺候事

　但田代殿於宅中村父子と懇会す

一二月二五日

十二月廿五日

一 御城御用之処左之通

三吉慎蔵へ申渡覚

其方儀御近習御扈従役被　仰付旨候、以上

巳十二月廿五日

一 御用之処御近習役被　仰付候に付、御側家老細川織部殿支配之儀に付、在勤中は御側家老へ直に諸願届等差出し候、尚又諸触等も御直触に相成候事

　右に付御用人御側横目幷に御近習中へ吹聴願旁廻勤す

一 三日間日々見習として終日相詰候也

一二月二八日

同廿八日

一 御沙汰左之通

来る午年江戸御番手被　仰付候事

一二月二九日

同廿九日

一 本日より御番入被　仰付候事

　但し一昼夜詰御番なり

安政五年

一月二三日

安政五年午正月廿三日

一　同藩士正村喜三郎藤原忠起〔長府藩士、中扈従、高三五石〕

三女〔正村イヨ〕を縁組婚姻す

天保十一子四月五日生

伊予女

正村喜三郎三女

三吉慎蔵へ

右縁組願之通被　仰付候、以上

但し午六月九日の御沙汰なり

一月二五日

同月廿五日

一　元周公江戸表へ　御参勤に付、御先着とし御近習栗山寿三郎、国弘泰十郎、三吉慎蔵一同江戸表へ御仕出し之儀被　仰出候事

二月九日

同二月九日

一　御近習役成り、起請文前書別紙の通相認め御当役番所へ持参し、奥書神文姓名書き判致し血判す

右職役細川織部見届、御用人、御側横目出座なり

別紙写

起請文前書之事

一　今度私御小姓役被　召仕候、軽　上御奉公踈奉存間敷候、尤　心相勤可申候事

一　御隠密之儀は勿論少之、御用にても不被　仰出内、惣而御側御次廻り之儀、他所人者不及申、親子、兄弟此外如何様之好身之者たり共他言仕間敷候、御手廻りに御坐候御文から万書物等、邪之心得にて自見仕間敷候事

一　諸旁輩中如何様之意趣御座候共、於　殿中致堪忍可申候事

一　男色女色御法度相背申間敷候事

一　万に付、依怙贔負、侫奸、結徒党間敷候事

右偽於申上者

同　日

一　江戸表へ御仕出しに付、宗門御改御達に付、寺判を請御当役番所へ持参之上神文に姓名書判を認め血判す、右職役細川織部見届、御用人、御側横目出座なり

二月二五日

二月廿五日

一　此日乗船出立に付、昼前　君公御目見被　仰付、終て於当役番所細川織部逢待に相成り、大坂江戸両表へ之引合状御渡し

右に付参着之上引合候筈なり

前条御制規夫々相済、昼後外浦より三名一同乗船す

一　大坂迄海上、同所より東海道陸地麻布日ヶ窪御屋敷へ三月十七日着す

一　御座之間始め御待受之御用意日々相勤候事

三月三日

三月三日

一　殿様長府表御発途、外浦より御乗船之事

三月二九日

同月廿九日

一　江戸日ヶ久保御本邸へ　君公御着被遊候事

右御当日御老中龍土宗家御屋敷〔麻布龍土、萩藩下屋敷〕へ　御参勤として御着之御廻勤に付御供相勤む

四月二三日

四月廿三日

一　井伊掃部頭〔直弼、彦根藩一五代藩主〕大老職下命あり

四月二五日

同　廿五日

一　亜米利加条約之儀に付、惣御登城京都よりの勅答の件なり

勅答の書付写

一　墨夷之事

神州之大患、国家之安危に係り、誠不用意奉始

神宮御代々へ被対恐多被　思召、東照宮〔徳川家康、江戸幕府初代将軍〕已来之良法を変革之儀は、闔国人心之帰向にも相拘り、永世安全難量深被悩

叡慮候、尤往年下田開港之条約不容易之上、今度仮条約之趣にて御国威難立被

思召候、且諸臣群議にも今度之条々殊に御国体に拘り後患難量之由言上候、猶三家以下諸大名へも被下台命再応衆議之上可有言上被　仰出候事

伝奏、議奏、備中守〔堀田正睦、老中、佐倉藩五代藩主〕旅宿へ持参之書付

一　永世安全可被安

叡慮之事

一　不拘国体後患無之方略之事

一　下田条約之外御許容不被遊候節は、自然異変に及候も

難計に付、防禦之処置被
聞食度候事
右之条々衆議可有言上事
一　衆議言上之上
叡慮、猶難被決着候は、伊勢
神宮　神慮可被伺儀も可有之哉之事
右は衆議に不及候事

御意書
亜墨利加人扱之儀　勅答之趣も有之、不容易儀に付、今一応存寄申立候様に委細は年寄共より書付を以可相達候
御老中備中守殿より
先年神奈川幷下田に於て取結候亜墨利加国条約之趣は、具に京都へ被　仰進候得共、此度之儀は、存寄をも御尋被遊衆議　御参考之上条約御取替之方に御決着、別段御使者を以
叡慮御伺相成候、別紙之通
勅答被　仰出候、素より戦争之叡慮は、不被為在趣には候得共、方今万国形勢一変之折柄、御処置之次第に寄候ては忽仇讐之姿と相成、御全国之大事に及ひ、国家之御為不相成可奉休
宸襟期も被為在間敷候に付、先般京都へ被　仰立候外、御扱方無之被　思召候、且今度衆議被
聞食度と之儀は、既に昨年来各存寄御尋之上之儀には候得共、
勅諚之趣も有之候間、猶篤被勘弁各在寄之趣早々可申立候事
安政五午四月廿五日
右之通御登城御坐候て御渡しに相成候事

六月二一日

六月廿一日
一　大膳様御用召浦賀御固の御免にて兵庫表御固め御沙汰有之

八月八日

八月八日
一　公方様〔徳川家定、江戸幕府一三代将軍〕御不例之処、今巳ノ刻薨去に付停止の達し有之

九月

九月
一　西丸様〔徳川慶福、家茂〕御事、上様と奉称候様御達有之

九月二四日

同廿四日
一　流行病有之、御老中より保養方薬能書御渡有之

一一月五日

十一月五日

一　公方様御代替に付、御誓約御血判として御老中内藤紀伊守〔信親、村上藩七代藩主〕役宅へ御出相成候事

一一月一二日

同十二日

一　赤坂より出火、西北風強狸穴辺焼失、追々風並悪敷、依て御殿御山原へ君公を始め御上向御立退き御道具不残出す

　大膳様より御同勢其他御見廻来る

一一月一五日

同十五日

一　朝七ッ半時頃下谷より出火、外神田日本橋之外通筋不残京橋外迄焼失、夜五ッ半時鎮火

一二月一日

十二月朔日

一　将軍〔徳川家茂、江戸幕府一四代将軍〕宣下に付御登城、尤御大礼に付　殿様御召方御装束なり、此時御供相勤む、勅使万里小路大納言〔正房、武家伝奏〕二条大納言〔斉敬〕、近衛大納言〔忠房〕

一　御衛紋高倉　御身固土御門

安政六年

一月一日

安政六未年正月元日

一　本日より三日迄御式有之

一月二日

同　二日

一　大紋御着用にて年始御登城之事

四月三日

四月三日

一　西洋銃術練兵として江川稽古場へ出席之儀相願右江川より伝習す、依て御山原にて河崎虎吉と申合練兵稽古相始候事

五月五日

五月五日

一　君公江戸表御発途御供被　仰付候事
　　但大坂迄東海道通り大坂より御乗船御座船住吉丸なり

一二月一日

十二月朔日御沙汰
　　　　　三吉慎蔵へ申渡覚
　其方儀、来正月　御加役被　仰付旨候、以上

万延元年

二月二八日

万延元申年二月廿八日御沙汰
一　此度　御参勤之節以　思召為　御供帰被　召連候条、可
　被得其意候、以上
　　　　　　　　　　　細　織部
一　御城へ御用召にて左之通
　　　　銀　五百目
　　　　　　　三吉慎蔵
　右為御供帰急に江戸表へ被　召連、内証難儀可仕候に
　付、此度之儀は、格別之御吟味を以肩書之通被下之旨
　に候、以上
　　　　　　　　　　　細　織部

閏三月三日

閏三月三日
一　元周公御参勤として御乗船御供申上候事
一　三月三日桜田変動に付、御道中諸固め厳重なり

四月六日

四月六日江戸表に於て
此度　御参勤為御供帰被　召連候処、直様当申年御番手被
仰付候条、可被得其意候、以上
　　　　　　　　　　　細　織部

六月一〇日

六月十日
一　男子出生、米熊〔三吉米熊、三吉慎蔵長男〕と名付候由申来
　る
一　人気穏ならす、依て御供廻りは不及申、御供外にて申合、
　前後相守候事

日記　二

従文久元年至
明治四年了

文久元年

一月一九日

文久元酉年正月十九日

一　御達　　　三吉慎蔵

右今度御番手明御在所へ被差下候之節、伊勢大神宮へ御代参被　仰付旨候、尤御初穂金弐百疋神納被　仰付候、以上

二月二八日

二月廿八日

一　御願立にて当春御帰国早御暇にて江戸　御発駕相成候

三月一〇日

三月十日

一　伊勢宮司村山方へ着の上、服紗上下着用村山へ申入れ、夫より両宮へ両名案内の者付添御名代相勤候事

三月二五日

三月廿五日

一　帰府之上直に登城す

御目見被　仰付夫より下宿す

八月三日

八月三日

一　　　三吉慎蔵

右平六郎様〔毛利元功〕当春徳山表へ御引越無御滞被為済候之処、先年より御同人様御用弁被仰付、長々出精相勤苦労仕候段被　聞召、御祝着被　思召候、依之被成　御意候、以上

一二月二六日

十二月廿六日御達

一　御近習御扈従役不都束諸事不行届に付、退役之儀願出候処、先可相勤旨御沙汰之事

文久二年

四月一九日

同二年戊四月十九日

一　女子出生、茂〔三吉茂、三吉慎蔵長女〕と名付

九月二〇日

九月廿日

一　兼而御近習御扈従役退役之儀再願致置候処、左之通

三吉慎蔵へ申渡覚

其方儀御近習御扈従役被差代候、御役中出精相勤候に付、
白銀壱枚被下之旨候、以上

三吉慎蔵

右御領海へ異国舩渡来之節、被遊御出馬候節、御旗本備
へ召連候条此段可被相触候、以上

一二月二〇日

同十二月廿日

一　江戸表御住居　欽麗院様〔欽子、毛利元運正室、土浦藩九代藩主土屋相模守彦直長女〕始め、御奥様〔千賀子、智鏡院、毛利元周正室、大洲藩一一代藩主加藤遠江守泰幹長女〕御一同御帰府之事

一二月二一日

同廿一日

一　君公〔毛利元周〕御上京として御発途被為在候事

文久三年

一月一日

同三年亥正月元日

一　君公御入京引続き御参内之事

二月九日

二月九日

一　京都へ至急御用向有之、仕廻次第被差登候旨御達に付、十三日出発す、村上百合勝〔長府藩士村上通虎三男、のち福原和勝、馬廻、高一五〇石〕、熊野陣〔ママ〕太郎〔陳太郎、直介、則之、長府藩士熊野吉右衛門長男、のち集童場の場長となる〕同行す、尤両名共文武志厚く、当今の御時節深く恐察仕、往々忠勤可仕見込に付、別而懇切に協議す

但百合勝事後ち福原家へ養子と為り、官陸軍大佐に至り名を和勝と称す、陣太郎事直介と改名す、両氏同志之処熊野氏は北越に戦死す、福原大佐は明治十年西南大乱の節三月廿三日戦死す熊野氏は明治元年六月二日越後今町駅に戦死す、時に報国隊〔元治二年二月に結成された長府藩士を中心とする壮士隊〕軍監たり

二月二一日

同廿一日

一　京都　御旅館へ到着す、夫より直に金子蔀〔忠尚、長府藩士、馬廻、高二〇〇石〕へ内外の事状を尋問す

一　攘夷
勅諚之儀に付、御国元の儀は接海第一の場所に付、速に御下向手当無之ては期限も差迫候事故、其辺御申立二月廿八日京都御出発なり

二月二八日

二月廿八日

一　京都御出発　天盃御守衛被　仰付候、各手鐺にて守衛なり、村上衛士〔長府藩士、番頭、高二五〇石〕騎馬にて後衛す

一　大坂川口滞船中異船通行等之風聞も有之に付、協議の上建白書相認め京都へ仕出置候事

三月八日

三月八日

一　下ノ関へ御着船、同所より御揚陸御入城に付、御行列御馬印天盃引続き　君公御乗馬なり

一　即日豊功神社へ御参拝并御仏参有之候事

三月九日

同九日

一　御用召に付登城候処至急殿様御出萩に付、其節御供被　仰付候段、内達有之候事

三月一〇日

同十日

一　明十一日朝七ッ時の御供揃にて御出萩被遊候に付、御供被　仰付候段、蒙御沙汰候也

三月一一日

同十一日

一　此度　若殿様〔毛利宗五郎、元懋、元敏〕御同道御出萩之上、文武御脩業万事御見習の為め、明倫館へ御通学之思召を以、本日御出発之事

一　当度　御出萩之儀は、攘夷期限当兵役之儀大膳様〔毛利

敬親」へ御伺、且要路の者被　召連万事御協議御決定の
御旨意なり
一　旧冬
勅諚を以被　仰出候攘夷之趣、於　将軍家最早御請に相
成候処、追々御参内も有之、期限何月に御一決相成候儀
に御座候哉、奉伺度候
　御付札　四月中旬御決定之事
右此度攘夷之儀に付、此御方より於京都前書之通御書面
被差出候処、四月中旬御決定御附札相成、過る十三日御
渡相成候との事なり
　　三月

三月二七日

三月廿七日
一　万事御評決済にて、本日萩表長府屋敷暁七ツ時の御供揃
にて御乗馬御乗切にて即日御帰府に付、乗馬の者限り御
供之事
右御召馬は此度　大膳様より御拝領之黒鹿毛の良馬なり
同日七時頃　御帰城なり

三月二八日

一　明廿八日四ツ時御用部屋へ出頭之儀御用人より奉札来る
同廿八日
一　御紋服　　壱着
　　三吉慎蔵へ
右は、昨廿七日萩表より御乗切にて即日御帰城之節、徒
にて御供馬脇付添、御道筋乗馬御供絶し候節も色々御用
弁致し、御帰城迄御馬脇付添候段深御祝着　思召、依て
拝領被　仰付候事
右　思召之旨御用人粟屋族より達す

四月六日

四月六日
一　萩表より別紙之通申来候に付、火急に出張被　仰付候儀
も可有之、尤御下知無之内猥に開兵端候儀は堅被　差留
候条、此段各支配中へ早々可被相触候、以上
　　別紙写
叡慮御伺幕議御参預被遊、攘夷之御国是御一定之上は、向
後御領海へ繋泊之夷舩は是迄之御和親之御取扱には難被
仰付候に付、仮令拒絶之申渡は無之内とは乍申候ても薪
水食糧之外、闕乏之品御渡被成候様には難相成次第、及
応接承引不仕節は御武威相立候様取計被　仰付候、尤四
月中旬以後は弥夷舩と見極め候へは、右応接にも不及討
払被　仰付候事
一　人数、器械等早速要衝之場所へ差出候様、沙汰被　仰付
候事

一　異船渡来之節、当分之内文久元酉五月及沙汰置候相図次第、家中之嫡子、二、三男速に御城へ可罷出候趣に寄出張被　仰付候儀も可有之候間、兼て心得居候様と御沙汰有之

一　御軍役被差出候面々以来、足軽、中間御貸渡不被　仰付候段、御沙汰之事

一　本軒十五歳以上、尤二、三男に至迄、前髪執候様、御沙汰之事

一　御改正に付、元日　御出之外都て平服に被　仰付候間、御供之節脚半相用候様尤十一月及沙汰置候之処、以来脚半を当て撮股立にて御供仕候様被仰出候事

四月一四日

四月〔十〕四日

一　別紙之通大坂御城代より御達有之、尚又於京都御伺相成候処、攘夷御決定之趣御附札を以て御渡相成候段萩より申来候間、先達より追々被　仰出候通弥銘々其覚悟にて出張之用意向厳重に相心得居候様被仰出候条、各支配中へ手堅可被相触候、以上

一　昨戌年八月嶋津三郎〔島津久光、鹿児島藩国父、島津家二七代当主〔鹿児島藩一〇代藩主〕島津斉興五男、島津家二九代当主〔鹿児島藩一二代藩主〕島津忠義実父〕儀江戸出立之節、於生麦英吉利人両名〔チャールズ・レノックス・リチャードソン（Charles Lennox Richardson）、ウッドソープ・チャールズ・クラーク（Woodthope Charles Clark）、但し殺害されたのは、リチャードソンのみ〕打果候に付、同国より此度横浜へ軍艦差向難聞届節に付、其旨及応接候間、遅々戦争可相成、此段相達候

右之通過る十三日大坂御城代松平伊豆守殿〔大河内信古、吉田藩七代藩主、間部詮勝二男、文久二年六月より大坂城代〕より御達有之候に付触沙汰被　仰付候事

四月一六日

同十六日　御沙汰

一　中山侍従殿〔忠光、権大納言中山忠能七男〕攘夷期限に付萩表御下向之処、宗藩宮城彦助〔萩藩士、大組、高四〇〇石〕御附と相成馬関台場実地御出張御見分に付、右中山殿へ為御守衛御附添可仕段御沙汰に付、本日より馬関新地白石〔正一郎、商人、竹崎大年寄〕方へ出張致し、宮城と申合相勤候事

一　馬関より萩山口へ御出に付引続き御附致し、山口表に於て前田孫右衛門〔萩藩士、大組、高一七三石五斗五升三合、目付役〕へ示談致し、何時着船通行も難計、依て御附添御免相成候様申入、山口表より帰府す

五月一〇日

同五月十日夜

三吉慎蔵

一　亜米利加舩〔商船「ペンブローク（Pembroke）」〕馬関沖通舩、初て戦となる、其節軍役職務之儀御城詰にて諸台場海上共内外之軍議に預り尽力可致段被　仰付候事

六月

同　六月

三吉慎蔵

右此度大炮鋳造掛り御締方被　仰付候に付、御用間之節御表御番御引せ被　仰候段御沙汰を受く

七月

同　七月

一　勅使御下向に付山口表へ君公御出迎に付、至急御供被　召連候段御沙汰之事

七月一二日

同七月十二日

三吉慎蔵

右今度勅使正親町少将〔公董、国事寄人、中山忠光兄〕殿御下向に付ては、道奉行加番被　仰付候段御沙汰之事

右即日山ノ井へ出張す、本日吉田駅御着御延引、明十三日同所御着御一泊、十四日一ノ宮にて山田大宮司〔盛実、摂津守、住吉神社大宮司〕方御止宿、十五日馬関御巡行なり右諸道御案内相勤候事

七月一七日

同月十七日

一　山口表へ、至急御内用にて即刻御仕出被　仰付候段御沙汰に付、出発す

七月二三日

同月廿三日

一　筆申入候御自分儀様子次第、山口より直様京都へ被差登候儀も可有之候間、右様可被相心得候、磯谷謙蔵儀、今日御仕出其元へ被差越候に付、委細同人と可被申談候

恐々謹言

西　蔵人〔小豊後、運年〕

三　内蔵介〔三吉周亮〕

三吉慎蔵殿

右小田村文助〔伊之助、素太郎、楫取素彦、萩藩士、大組、儒者、高四七石六斗二升、松島剛蔵実弟、吉田松陰義弟〕同行にて

登京の上御用向尽力取計方可致旨也
同廿五日徳山外海より磯谷謙蔵一同乗船す、着京の上小田村氏と御用向之次第協議相決し、八月十八日御沙汰を奉命し可申事に御内意之処、同日暁方炮声有之異動も難計、直ちに木屋町宗藩の本邸へ走付候処、三条公〔実美、従三位権中納言、八月二四日官位剥奪される〕を始め御乗馬御出張に付御馬脇に相添堺町御門に至る、変動容易ならさる次第、此場に宗家の留守居村田次郎三郎〔大津唯雪、萩藩士、大組、高一六一石、村田清風二男〕堺町御門内に入り応接何分御門内に入る事を得す、是より程過き宗末の人数残らす大仏へ纏め、公卿方正議の七卿〔三条実美、三条西季知、四条隆謌、東久世通禧、壬生基修、錦小路頼徳、沢宣嘉〕長州表へ御下向と御決し、依て今暁より目今の次第速に大膳様を始め君公へ御注進致し可申と同行の磯谷謙蔵一同下坂直に乗船す、然るに大風波の為めに淡路島辺へ至る、何分海上にては遅々致し依て兵庫より上陸し昼夜兼行、小者共早馬追切にして陸地山口表へ廿四日昼着す、直に御屋形へ出頭致候処、　大膳様御逢於御前実地其次第上申す、不取敢御注進仕段御満足に被思召於御屋形御手厚の御料理被下頂戴相済、即刻長府表へ向ひ、廿五日昼前着直に　君公へ上申し、山口表にての御都合も夫々上申致置候て退出す

九月一五日

同九月十五日　御用召にて御沙汰

三吉慎蔵へ申渡覚

其方儀、以　思召一代　御馬廻被　仰付、御近習御扈従、御小納戸役被仰付候条、船越次郎三郎〔茂栄、長府藩士、馬廻、高四〇石〕、清水武八〔惟汎、長府藩士、中扈従、高三五石〕、田辺茂十郎〔清方、長府藩士、馬廻、高六〇石〕、中村徳之助〔勝包、長府藩士、馬廻、高一〇〇石〕申談可相勤候、尤御心附之儀は持掛り之通被下置旨候、以上

亥九月十五日

一一月

同十一月

三吉慎蔵

右精兵隊諸事肝煎幷締り向等相心得御用之間合出席仕候様、尤有川恒槌〔長府藩士、中扈従、高三五石、有川乃右衛門長男〕留守中助長之御用弁をも相心得候様被　仰付候事
右方今之時勢に付、有志申合尚又　思召相伺精兵隊取立つ、尤野々村勘九郎〔茂次、泉十郎、長府藩士、馬廻、高一三〇石〕尽力なり

規則

一　忠孝を本とし文武両道可相励事

一　於内外乱防狼藉可相慎事
一　場中一和肝要之事
一　雑話酒宴禁止之事
一　他出夜行用捨之事
右之条々可相守候、若違背之輩は屹度可処厳科者也
　亥十二月
右西蔵人殿より御渡に付金子四郎〔忠至、長府藩士、馬廻金子蔀長男、文久三年三月部屋住の内より召し出される〕へ相頼、功山寺へ掲示相成候事
一　右此度　思召被為在精兵隊被差止、功山寺練武場御取立相成候間、文武励精心胆練熟致し候様被　仰出候に付、右肝煎幷締方被　仰付候間、此段篤と可被申合候事、別紙之通り御直達振りに御心得可被成と之儀に御坐候、以上
　十一月廿八日
　　勘九郎様
　　慎蔵様
　　四郎様

一二月四日

同十二月四日
一　御内々にて御酒御肴二種功山寺入込へ被下候段御用人より被　仰出候て、不残於功山寺頂戴仕候事

御達申儀御座候間被仰合御一人　御城へ御出可被成と存候、以上
　十二月四日　　村野勝左衛門
　　野々村勘九郎様
　　三吉慎蔵様

元治元年

一月二二日

元治元子正月廿二日
一　練武場此度御吟味を以て　御城御次廻りへ引越被　仰付候間、是迄入込之面々早々引移候様御沙汰有之

二月二〇日

元治元年二月廿日
一　敬業館文武所　御城へ御移に相成り候に付、於　御城御目見之通りにて改て　御熨斗頂戴被　仰付候事
右に付、文学場は講文堂と唱替相成、武芸場は練武場と
同断

三月四日

元治元年三月四日
一　長女茂病死す

四月二四日

同四月廿四日　御用召御沙汰
其方儀持掛り御役之内より山口在番役被　仰付旨候、以
上
三吉慎蔵
子四月廿四日
同日
右持掛御役之内より山口在番役被　仰付候に付、於同所
若殿様御附御用弁をも被　仰付候間、乃木十郎〔希次、
長府藩士、馬廻、高一〇〇石、乃木希典父〕申談之取計可有之
候事

五月六日

同五月六日
一　長府出立之事

五月七日

同月七日
一　山口俊流寺長府在番宿に御貸渡に付同処へ着、先役松岡
精次郎

一　宗家役員左の如し
番頭出頭兼務上山縫殿〔萩藩士、大組〕、榎本隼人〔萩藩士、
大組〕、大和国之助〔萩藩士、大組、高六四五石〕、杉徳輔〔孫
七郎、萩藩士、大組、高一五六石七斗五升八合〕
手元役前田孫右衛門、麻田公輔〔周布政之助、萩藩士、高六
八石二斗七升五合〕
政務座渡辺内蔵太〔萩藩士、大組、高一三六石〕、天野謙吉
〔萩藩士、大組、高一〇〇石〕、渡辺伊兵衛〔清、萩藩士〕
筆者藤井又次郎〔政矩、萩藩士〕、宮城直之〔ママ〕進〔直蔵〕、佐
田新一郎〔友之進、萩藩士、無給通、高二一石二斗五升六合〕
一　山口御屋形内政事堂を被設置候事
一　若殿様御止宿平蓮寺は、故秀元公〔毛利秀元、長府藩祖〕
出丸御縄張と聞伝候也
一　平六郎様御止宿安部嘉右衛門〔山口道場門前の大年寄安部家
の一族カ〕方なり

五月一〇日

同十日
一　政事堂より呼出之処、長崎より英夷軍鑑襲来之由達し、
直に長府へ報知す
一　久世殿〔東久世〕、錦小路殿御着山、直に相伺候事

五月二五日

同廿五日

一　本日楠公〔楠木正成、鎌倉末期から南北朝期にかけての武将〕御忌日に付、於明倫館御祭事有之、大膳様引続き若殿様〔毛利広封、定広、元徳〕御拝終て文武銃庫騎馬隊等の御覧有之、一統御拝之上御酒頂戴す

右に付若殿様御付添申上候事

五月二七日

同廿七日

一　英舩十五艘江戸より馬関へ差向け候由、京都御留守居より注進有之

六月二日

六月二日

一　山口出立にて萩長府屋敷へ諸道具改として出張す

六月八日

同月八日

一　萩大津沖へ亜米利加通船〔商船「モニター（Monitor）」〕之処、薪水を求む、直に炮発有之

一　熊野清右衛門〔保寿、精一、長府藩士、馬廻、高二二〇石〕京師河原町変動之儀に付罷下る、依て十六日勝山御出発十七日御出山に付、夫々御待受御用意を為す

一　三条殿は井上次郎三郎方御止宿、久我〔東久世〕殿、四条殿は龍泉寺に、同く西三条〔三条西〕殿、壬生殿は草刈に御止宿

六月二五日

同廿五日

一　清〔清末、毛利元純〕、徳〔徳山、毛利元蕃〕、岩〔岩国、吉川経幹〕、長〔長府、毛利元周〕御出山御四末御揃なり

右に付、御会議御揃之上、於御屋形　大膳御父子様御協議被為在、之に参預す

但各君随行の重役不残御附上り之事

六月二六日

同廿六日

一　殿様御帰府御出発之事

一　益田右衛門〔ママ〕之介〔右衛門介、親施、弾正、萩藩永代家老、須佐益田家当主、高一万二〇六二石三斗六合〕京師より着山

七月一日

同七月朔日

一　清水清太郎〔親春、萩藩士、寄組、高三七一〇石八斗三合、当時

〔加判役〕私邸へ来訪す、当今御内用向之儀は直に尋問可致に付、其心得取計候様内達あり

七月二日

七月二日
一　至急御用向にて出府す

七月一〇日

同月十日
一　萩出立帰山す
此度　若殿様御進発之儀は延引相成候得共、向後之処篤と上申可仕段御内意之旨御直に申上候事

七月一三日

同月十三日
一　公卿方、長門様〔毛利広封、定広、元徳〕御一同御進発に付、御供揃暁七ツ時発砲にて御出発なり
右に付長府より西小豊後御見送りとして出山に付、今市迄一同御送り申上候事
一　讃岐守〔毛利元純、清末藩八代藩主〕御出発御延引に付、大膳様御父子様思召に協はせられす、依て御暇之使者平野郷右衛門〔清末藩家老、高二〇〇石〕へは御目見不被付候事
一　清水清太郎より面会之儀申越候、右は京師より報知書の件なり
一　平野郷右衛〔門〕追て御見目被　仰付候也

七月二二日

同月廿二日
一　中村文右衛門〔萩藩士、政務座御用掛〕より面談之儀申越即刻政事堂へ出頭す、此度英仏蘭二十艘程横浜出帆内海通船之次第、尚又急御内用向有之、即刻出府致候様文右衛門示談に付出立す
一　宍戸備前〔親基、三丘宍戸家当主、高一万一三二九石三升四合〕、杉徳輔、井上聞多〔馨、萩藩士、大組、高一〇三石六斗七升一合、政務座〕夷艦襲来一件に付出張之次第上申す

七月二四日

同月廿四日
一　過る十九日京師変動之趣有之、依て即刻出足致し山口へ罷帰り、其辺早々可申出段達に付出立

七月二五日

同月廿五日
一　帰山直に御屋形に出頭、此度京師変動之儀に付御機嫌伺、尚政事堂にて山県九右衛門〔貴速、喜久槌、松原音三、萩藩士、大組、高二五〇石、当役用談役〕へ入々引合候事

七月二六日

同月廿六日

一　大膳様三田尻辺御巡廻被遊候也

一　殿様昨廿五日御出発昼夜通御出山有之候事

七月二七日

同廿七日

一　三田尻御茶屋へ御出大膳様へ御逢、此日清末〔毛利元純〕、徳山〔毛利元蕃、徳山藩九代藩主〕両公御出也

一　長門様其外惣御供廻り今朝三田尻へ御着船、直に御茶屋にて御会議に付御前へ何れも被　召出、協議に参預す

一　京師より同藩士松田良蔵〔長府藩士〕罷帰り、直に御前へ被　召出候事

七月二八日

同月廿八日

一　殿様御出発御帰府なり
右相済帰山政事堂へ出頭す
但し御会議之事件なり

八月二日

同八月二日

一　政事堂より呼出に付出頭す、中村文右衛門より至急御内用之儀相達即刻山口出立にて出府す

一　前田孫右衛門、山県弥八〔和至、萩藩士、大組、高一一三石九斗五升〕へ御用向有之出関之上両人同行にて登城す

八月五日

同月五日

一　夕刻より外浦沖へ追々異国軍艦数艘来着之処、関見台より砲発す、依て開戦と為り軍艦より台場を指し頻りに発砲す、夜に入り休砲す、此日り〔ママ〕昼夜関見台へ出張す

一　暁方より前田台場へ向け数発打掛け、昼後に至り陸戦となる、夜分休戦す、此夜御船手辺より外浦通り地雷火を所々に埋置
今夜右実状出兵等之御内用に付出山の命を受け即刻出立す

一　長門様黒川迄御出馬に相成候に付、此所にて言上し且毛利登人〔貞武、萩藩士、大組、高六〇〇石〕、前田孫右衛門、柏村数馬〔信、萩藩士、大組、高一〇七石五斗、広沢真臣実兄〕三名へも申入置、直に七日昼出府す

八月七日

同月七日

一　三吉内蔵介、林郡平〔長府藩士、中扈従、三人扶持八石〕関

見台より又々長門様御本陣へ急御用にて出頭す

八月八日

同月八日

一　陸戦前日同断

一　御直目付毛利登人其外大和国之助、渡辺内蔵太、波多野金吾〔広沢真臣、兵助、藤右衛門、萩藩士、大組、高一〇〇石四斗三升二合〕、井上聞多出張被　仰付夕刻出府す

右之人々大膳様御直命を以て軍艦へ応接として乗艦す、暫時砲留となる

八月九日

同月九日

一　本日より止戦なり

一　洋人諸台場へ巡回す、依て井上聞多、金子蔀諸台場引合に付、拙者付添被　仰付候事

八月一一日

同月十一日

一　大膳様　思召之旨被為在出陣之人数一先本日より休戦の命あり、依て前田台場へ　君公より御達命之御使被　仰付奉命す

八月一二日

同月十二日

一　兼て出張の場所々々へ少々宛人数被　召出回番す

八月一四日

同月十四日

一　馬関に於て井上聞多洋人へ応接を開く

八月一七日

同月十七日

一　止戦後追々平常に付、出立にて山口表に帰山す

八月一九日

同月十九日

一　政事堂へ呼出に付出頭す、右は馬関御替地一件之次第渡辺伊兵衛より申聞候に付、直に書面府へ仕出候事

一　先般戦争に付御助力米として千石長府へ被為進候事

一　津和野亀井殿〔茲監、津和野藩一一代藩主〕より戦争御尋問として火縄送り来る

八月二一日

同月廿一日

一　大膳様より御意書御渡に付即刻出立にて出府す、直に君公へ奉呈す、御謹慎の件なり

八月廿日

大膳様御意書写

今度京師変動ありしより尊
王の微志は却て朝敵の姿と為り、攘夷も一己の攘夷と為り、尊霊へ対し奉りても恐懼限りなし、されは是迄覚悟せし事なれとも、此際に当り二州の人民尽果るまて掃攘せしむるは実に遺憾之至り也、依て今和を講するは、外患を緩めて再ひ尊
王の大義を天下に貫徹せんと欲する所以なり、汝等此深意を熟考し、愈謹慎勉励し、父子の指揮に随ひ進退肝要に候也

八月二四日

同月廿四日

一　長府出立にて帰山す

一　御手当方金重譲蔵〔ママ〕〔兼重、慎一、萩藩士、大組、高八〇石〕より他国人出入取締向御国内厳重に可致段打合有之

九月二日

九月二日

一　政事堂に於て赤根武人〔ママ〕〔赤禰貞一、萩藩士浦靭負臣、高三石二斗、奇兵隊総督〕御手当向之儀に付出関之内達有之、此件御手元役林常太郎〔萩藩士〕へ打合候事

九月三日

同月三日

一　福原越後〔元僴、萩藩永代家老、宇部福原家当主、高一万一三一四石三斗四升一合〕御預け之件内蔵介殿へ引合す

九月五日

同五日

一　若殿様御帰府に付、文学の師境栄蔵御雇入に相成り出府す

九月一五日

同月十五日

一　岩国公〔吉川経幹、岩国吉川家当主〕御出山、御屋形に於て御会議有之其議に参預す
但し方今の儀御取計方同公へ御頼み相決し候事

九月一八日

同月十八日

一　至急御内用に付山口出立、同夜出府す

九月二六日

同月廿六日
一　長府出立にて同日帰山す

一〇月二日

十月二日
一　讃岐様〔毛利元純、清末藩八代藩主〕御逢相成度由御用人を以て被仰越候に付、即刻山口出立同夜帰府致し着掛け内蔵介殿へ打合之事

一〇月三日

同月三日
一　勝山御殿へ出勤即刻御用向にて内蔵介殿、少輔〔井上（時田）少輔、信嵩、実、光介、長府藩士、馬廻、高二三〇石〕一同出立にて出山す
一　大膳様三日御出萩、長門様四日御出萩に付、同月五日山口出立にて長府屋敷へ滞在致候事

一〇月七日

同月七日
一　岩、清両公御出萩相成候事

一〇月二六日

同月廿六日
一　岩国人山県権左衛門〔岩国吉川家家臣〕来る
公儀御目付戸川半三郎〔ママ〕〔鉾三郎、安愛、伊豆守、幕臣、高三〇〇〇石〕廿三日頃芸州迄下り、宗家々老之内両人彼地へ呼出之由
右一件に付、芸州より御使として政事寺尾生十郎〔小八郎、広島藩士、高一八〇石〕、御目付寺西　書〔ママ〕〔寺西盛登、広島藩士〕萩表へ被差越由談有之

一一月三日

十一月三日
一　昨夜芸公〔浅野茂勲、広島藩一二代藩主〕よりの御使両人着あり
一　大膳様御滞萩中、山口在番之儀も萩、長府屋敷へ相詰御用取計候様御達に付、是より長府屋敷にて御用相勤候事

一一月六日

同月六日
一　御城へ呼出し、長府、清末へ御預けの大夫被差止候段達し有之
同日

一　急御用向に付、萩出立、七日出府す

一一月一〇日

同月十日

一　若殿様来る十一日より御出萩之御決し相成、即日長府出立にて帰萩す

一一月一二日

同月十二日

一　長、清両公へ諸隊鎮撫方の件、御依頼之事

一一月一三日

同月十三日

一　若殿様萩御屋敷御着之事、即刻御城へ御出御逢済、直に御仕廻立明十四日萩表御発程なり

一一月一六日

同月十六日

一　追討使御差向に付、宗末共書面一様にして差出し、右弁解人粟屋帯刀〔萩藩士、寄組、高四九一五石五斗五升二合〕、寺内弥右衛門〔弥次右衛門、萩藩士、高二一〇石七斗〕、山県与兵衛〔与一兵衛、萩藩士〕、井上源右衛門〔萩藩士、大組、高二三九石六斗五升〕被　召出候事

一一月二六日

同月廿六日

一　三吉内蔵介、桂縫殿〔周辰、長府藩家老、高一〇〇〇石〕、金子蔀、林仲介、時田少輔、野々村勘九郎宗家御呼出之事

一　五卿方諸隊長府へ被差置候に付、御警衛向鎮撫御引受に付、米銀等運送万事手筈政事堂へ照会す

一一月二七日

同月廿七日

一　若殿様昨日府御出立、伊佐御泊り、本日御出萩相成候、此度は御客屋借用致し、総て宗家之引受に依頼す

一一月二八日

同月廿八日

一　若殿様御登城之事

一二月二日

十二月二日

一　御同断

一二月六日

同月六日

一　御同断

一二月七日

同月七日

一　御登城之上、大膳様御前にて御会議被仰付、出萩之内蔵介始め一同被召出、其議に参預す

一二月一二日

同月十二日

一　大膳様より若殿様へ此度御鎮撫御名代御依頼相成り候事

一二月一四日

同月十四日

一　若殿様本日より明倫館へ御転住之事

一　大膳御父子様弥萩御居住之儀被　仰出候事

一二月一五日

同月十五日

一　尾州公〔徳川慶勝、尾張藩一四代藩主、征長総督〕へ附添の御目付、山口表へ出張之由、政事堂より達し之事

一二月一九日

同月十九日

一　若殿様御用済にて御出発之事

一二月二一日

同月廿一日

一　今度鎮静筋等見届之趣督府へ可申達候、尚此上とも油断有之間敷事

一　三条実美始め其他之輩等所置方之儀に付、申達有之候通り無猶予早々引渡方尽力可有之候事

右尾州御名代出萩にて宍戸備前、毛利能登、毛利上野〔広悌、佐世晋十郎、阿川毛利家当主毛利熙徳実弟〕へ御客屋に於て達有之候事

右に付、御答之次第

只今御見分として門前御通行成され御苦労之儀に御座候、就而は父子共所労故致失敬候、右に付謹慎尚気分不相勝候得共、差押為御挨拶致参上候

長門様御客屋へ御出之上、石河佐渡守〔光晃、尾張藩家老、征長総督名代〕へ御申入相成候事

一二月二二日

同月廿二日

一　尾州御名代其外御目付今朝出立之事

一　五卿方筑前へ御渡りに付、長府へ御召船其外御供船万事御頼之儀申入之次第急報す

一二月二三日

同月廿三日

一　大膳様御名代鎮撫方御差除き之儀、若殿様より御内願之処御願通り相成り、向後御都合次第長門様へ御名代と御答相成候事

一　五卿方御引分けに付、廿六日より夫々出張御手当方之儀達有之急報す

一　諸御会議等之件数多有之候得共、政府関係之件に付、一身現勤のみ相記候事

慶応元年

一月

慶応元丑年正月

一　殿様御出萩、清公同断
右御入城にて御会議、且諸隊御鎮撫方御尽力之事

三月

同年三月

一　山口表に於て　大膳御父子様御出張　長、清、徳の御三末御会議御国政御確定、御先霊へ御誓ひ之事
右に付御内用兼御廻附す

四月七日

同四月七日

一　御用呼出に付出府之節左之通り
御近習御扈従役并山口在番役被差代、於　御前御直命郡代役被　仰渡候、其節出座之職役へ御請申上候事

一　後役在番清水武八へ御沙汰に付、在務中之件夫々交代す

一　滞萩の家族帰府す

四月二八日

同年四月廿八日

一　山口表へ御内用有之仕廻次第被差越候段御沙汰に付、即日出立す

五月三日

同五月三日

一　女子出生、友〔三吉トモ、三吉慎蔵二女〕と名つく

五月五日

同月五日

一　御国情の要件にて御用向相済帰府す

九月二三日

同九月廿三日
一　御国情之儀に付、芸州表へ御内用にて被差越候段御達に付、即日出立す

一〇月九日

同十月九日
一　芸州御用向相済帰府す

一二月二八日

同十二月廿八日　御達

三吉慎蔵へ申渡覚

其方儀鼻々御役出精相勤候に付、一代御馬廻之処居被仰付、御心附之儀は持掛之通被下置旨候、以上

丑十二月廿　日

慶応二年

一月一日

同二寅年正月元日
一　御内命を以て当時勢為探索土州藩坂本良馬〔龍馬、直柔、高知藩郷士、（亀山）社中、のち海援隊長〕へ被差添出京之儀被　仰付候に付、即刻府出立にして馬関に至り福永専助〔下関（馬関、赤間関）の商人〕方に於て初めて坂本氏へ面会に付、印藤聿〔朗宣、豊永長吉、長府藩士、馬廻、高四〇石〕より引合三名一同方今の事情懇談一夜にして足らす、翌二日より同宿し至急に上京之儀決し出船の事を計る、時に急便なく止を得す五日迄滞関す

一月六日

同月六日
一　日切り船へ乗組み十日出帆す、海上不順同十六日神戸へ着船直ちに上陸す、此地へ一泊し色々入京の事を計る

一月一七日

同月十七日
一　神戸湊川には岡藩中川氏〔豊後竹田、藩主（一二代）は中川久昭、津藩一一代藩主藤堂高猷実弟〕の固めあり神戸より通船にて上坂す、細川左馬介〔左馬助、池内蔵太、土佐藩士、（亀山）社中〕、寺内新〔ママ〕左衛門〔信左衛門、新宮馬之助、土佐の人、（亀山）社中〕は坂本氏へ随行に付同伴す、両人も土佐の人なり

一月一八日

同十八日

一　大坂薩邸へ坂本氏一同に至る、留守居木馬伝内〔木場伝内、諱は清生、鹿児島藩士〕へ面会し色々情事聞取候、入京六ツヶ敷趣に依て坂本氏を始め同行共に薩藩と唱へ木馬氏より同藩の船印を借り受け入京の用意を為す、夜に入り大坂城代大久保越中守〔忠寛、一翁、幕臣〕宿所へ坂本氏の尋問に付同行す、越中守より内密坂本氏探索厳重の由加之目今坂本氏上坂外に長州人同行にて入京の事相知れ其沙汰に付手配り致候間、早々立退候方可然事談有之、坂本氏一同切迫に付宿所へ帰り用意の短銃は坂本氏、本込銃は細川氏、拙者は寺町地方にて手鎗を求め各約を定め速に上京と相決す

一月一九日

同月十九日

一　薩州藩士坂本良馬上下四人と船宿へ達し、川船印し相建て伏見へ通船す

一　八軒屋へ新撰組〔新選組とも〕出張にて人別を改む

一　八幡淀の間淀藩〔藩主（一二代）は稲葉正邦、陸奥二本松藩主丹羽長富二男〕より固め有之

一　山崎の方藤堂藩〔津藩、藩主（一一代）は藤堂高猷〕より固め有之

一　川中へは所々船番所を設け改む

一　伏見豊後橋辺は水口加藤藩〔藩主（一〇代）は加藤明軌〕より固む

右厳重之処一同無事に伏見寺田屋方へ着す

一月二〇日

同月廿日

一　坂本氏、細川、寺内先達て入京し、目今の事情探索し、其上拙者は上京の事に約し三名出立す、依て拙者は薩藩士の都合にして寺田屋へ潜伏し、京情の報を待つ

一月二一日

同月廿一日

一　新撰組廻番昼夜厳重人別を改む、依て此時は二階夜具入物置等に潜み其場を避る

一月二二日

同月廿二日

一　一橋公〔慶喜、禁裏御守衛総督〕宇治へ進発用意として伏見市中宿調へ厳重に相成進退切迫之処、弥一名潜伏と探索見認を受けしか、寺田屋へ薩人一名止宿之様子に付追々取調へ候得共不審無之者に付差置可然と内達有之候由報

知に付、益寸暇も油断不相成、依て用意の銃槍夜具中に手当致し覚悟す

一月二三日

正月廿三日

一　坂本氏のみ京師より来着に付、兼て約し置候通り手当致し、夜半迄京師の様子尚過る廿一日桂小五郎〔木戸寛治、孝允、萩藩士、毛利筑前用談役兼御用所役兼蔵元役〕、西郷〔吉之助、隆永、隆盛、鹿児島藩士、側役、代々小番〕との談判約決之次第全く国情之儀を坂本氏より聞取、此上は明廿四日出立にて入京の上薩邸へ同道と談決したり、時に此上は王道回復と賀し一酌開く可き用意を為し、懇談終り夜半八時頃に至り坂本氏妾〔楢崎龍〕二階の下より走り上り店口より捕縛之者入込むと告く、直に用意之短銃を坂本氏へ渡し拙者は手槍を伏せ覚悟す、此時一名士刀を携へ両人の休所へ来り両人に向ひ不審之儀有之尋問すと案内なく押入る、両人答て云ふ何者なるや薩藩士の止宿へ不礼なりと云ふに、彼れは偽名なりと云ふ、答て若し疑あれは当所の薩邸へ引合ふへし明白なりと云ふに、又彼者云ふに両人共武器を携へ居るは如何と、我等武士たる者の常なりと答ふに彼者階下へ去る、此機に乗し楼上の建具を一目に打放ち拙者手槍を構へ坂本氏を後ろに立て必死となる、俄かに階下より数人の者押上り各々得ものを携へ来り、肥後守〔松平容保、会津藩九代藩主、京都守護職〕よりの上意に付慎み居れと声高く申立るにより、上意を受くる薩人に無之と云ふを相図に兼て約せる覚悟之通り一同銃槍を以て発打し突き立る内死傷之者有之二階下に引退く、其際一名坂本氏之左脇に来り刀を以て拇指より持銃に切り付く、坂本傷を負ふ、此時槍を以て防きしも坂本氏玉込み不叶由を告くるにより、此上は拙者必死に打込んと云ふを坂本氏引止め彼等退きし猶予の間に裏手に下り此場を切り抜け去るへしと、其意に任せ直ちに坂本氏を肩に掛け、裏口の物置を切り抜け両家程の戸締りを切り破り挨拶して小路に遁れ出て暫時両人共意気を休め、夫より又走る途中一寺あり此囲を飛越んとするに近傍多数探索するの様子有之、甚た切迫に付路を変し走出て川端の材木の貯積を見付け其の架際に両人共密かに忍込み、種々生死を語り、最早逃れ路もなく河岸には夫々出張手配の様子に付此上は迚も遁れ難く此処にて割腹彼れの手に死せさる事を謀るに如かすと云ふ、坂本氏曰く死は覚悟の事なれは君は是より薩邸に走附け若し途に於て敵人に遇はゝ必死夫迄なり僕も亦た此処にて死せんのみ、時既に暁なれは猶予六ヶ敷と云ふ其言に従ひ直に川端にて染血を洗ひ草鞋を拾ふて尋常の容貌となり走出す、其際最早市中の店頭も既に戸を開くものあるを以て尚心急きに二町余り行く、折りしも商人体の者に出会

ひ薩邸の在る所を問ふに此より真一筋通り三町余なりと云ふに付直ちに一目に薩邸に到る、留守居大山彦八〔成美、鹿児島藩士、御小姓与、大山巌実兄、西郷隆盛従兄弟〕出迎来り、昨夜の様子坂本氏の妾来りて注進す、行衛如何哉と煩念の処天幸なる哉此に遁れ来るとは今に坂本氏は無事に連れ帰る可し三吉姓はこゝに止まり居るへしと云ひ捨て、坂本を迎ふの用意を為し、大山氏自ら船に印幟を建て其時居合せの有志の士両三名と一同舩にて間も無く坂本氏を邸に迎へ一同関然愉快の声を発す、爾る後邸門の出入厳重に取締められたり、夫より急に西郷大人の許に報せらる、因て吉井耕介〔ママ〕〔幸輔、友実、徳春、鹿児島藩士〕乗馬にて走附来り尋問に遭ひ具さに昨夜の事状を語る、又西郷大人より兵士一小隊医師一人差添、坂本氏の治療手当方両人守衛の為め人数を下すと之由にて来ると実に此仕向けの厚き言語に尽す能はず、夕刻に至り両人共に衣服の仕向け有之、然る処午後に至り薩邸へ走込候段奉行所より留守居所に尋問になり両人共可相渡と申来り候得共、右様の人は邸内には無之と申切り候処、人数の手配りを為し探索更に厳重なり、或は京坂へ人相書を廻し色々薩邸を窺ひ候得共、邸内には一小隊兵士の守衛も有之故手を出すこと能はす、此日出張の兵士四、五名寺田屋方へ参り昨夜の変動の状を探索の為め寺田屋内輪取調へ候処、銃鎗其他手道具類を拾ひ集め奉行所へ取り帰り候由、寺田屋儀も引合と為り取糺厳重の由帰邸の上報告す、坂本氏追々快方、本月廿九日迄伏水薩邸に滞在す

二月一日

二月一日

一 西郷大人の命にて両人共上京可致との事、依て吉井耕介乗馬にて兵士一小隊を率ひ迎として来る、同夜坂本一同幷に妾附添京師薩邸西郷君の宿処に至る、西郷君出迎直に居間に座し色々事情を物語る、拙者は初めて面会すと雖も其懇切なる事親子の情の如し、又一室を設け坂本両人幷妾共三名の休処を作す、是より日々時勢の動静或は諸建白尚西郷君の他人へ尋問等之件々懇篤に談有之、諸有志の士昼夜二、三名当休所へ来り慰労して相語る、此時小松帯刀〔清廉、鹿児島藩士、京都居付、表御勝手方、御軍役方、唐物取締掛、造士館演武館掛、御改革御内用掛、蒸気船掛など、高七〇〇石〕、島津伊勢〔諏訪甚六、広兼、鹿児島藩士、家老、高七五九石〕、桂右衛門〔久武、鹿児島藩士、御家老職、谷山地頭、御勝手方掛、家老島津久徴実弟〕三名は大夫、西郷吉之助は中老の取扱なり、大久保市蔵〔一蔵、利通、鹿児島藩士、一代新番、御小納戸頭取兼御側役〕、岩下左次衛門〔ママ〕〔左次右衛門、方平、鹿児島藩士、家老職カ〕、伊秩将二〔伊地知正治カ、鹿児島藩士〕、村田新八〔桐野

利秋、鹿児島藩士〕、西郷新吾〔ママ〕〔信吾（慎吾）、従道、鹿児島藩士、西郷隆盛実弟〕、大山弥助〔巌、鹿児島藩士、西郷隆盛従兄弟〕、内田忠之助〔仲之助、政風、鹿児島藩士〕、伊集院金次郎〔鹿児島藩士〕、中路権右衛門〔延年、旧名古屋藩士、弘化三年脱藩し浪人となる〕、野津七左ヱ門〔鎮雄、鹿児島藩士、野津道貫実兄〕、児玉四郎吉〔鹿児島藩士〕、医師木原泰雲〔蘭学医東郷泰玄門下カ〕右日々来り晤し懇情至らさるなし

于時薩長和解弥王政復古の事に尽力兵備手当と決し西郷、小松、桂を始め一と先帰国の儀に決し、二月廿九日夜京師出立に付坂本両二人妾共同船にて拙者は馬関へ坂本は薩国へ同行すへきとのこと也、依て附添同夜伏見へ着す、数人の有志者伏見まて送り大坂蔵屋敷へ三月朔日着す、四日朝川船にて下り薩船三邦丸へ乗組む、此船は蒸気船なり、同五日朝大坂沖出帆なり、同七日夜馬関へ着直に通船にて拙者は上陸し、鶏其外赤間関硯を求め西郷を始め小松、桂、坂本へ離別の寸志として船へ持参す、既に出船となる時厚謝して相離散す、又坂本へは他日馬関に来ることを約す、夫より拙者揚陸し常宮屋六左衛門方へ暫時休息の内伊藤九三〔助太夫、下関の大年寄、本陣主〕直に尋問として来る、夜半府迄の通船を雇ひ同夜帰府す

三月八日

同〔ママ〕月八日

一　因藤聿へ着を報知し、直に勝山御殿へ出勤之上三吉大夫〔周亮、当職〕始政事関係之諸員へ京師之事情薩長和親事実之件々を告け、君公へ御直に大事件夫々言上し且つ要旨の件重役のみに談す、前条実事の要件因藤聿限り別段談置候事

三月九日

同月九日

一　山口表へ御用向有之長府出立

三月一二日

同　十二日

一　於政事堂山田宇右衛門〔頼毅、萩藩士、大組、高一〇〇石、手元役、参政首座〕へ相対し尚小田村素太郎へ面会す、京師之事情詳細に語る、又小田村氏より別段尋問之儀有之、同氏宅に至る

三月一四日

同月十四日

一　朝五半時御屋形へ出頭可致旨御達に付、同刻出頭す、左之通り

一　大膳様御前に被　召出、京師之事情探索を遂け、不取敢出山致し詳細に申出候段、尚又御直に被　聞召候て於御

前左之通

新身刀一振

長府　三吉慎蔵

右先達而時情探索として　藩坂本龍馬同道京摂間へ罷登、種々苦辛之折柄、於伏見不慮之儀出来、其砌別而艱難を経、龍馬と〔を〕〔ママ〕も相扶け無恙罷帰、上国之模様委細に及于報知、不容易遂苦労神妙之事に候、依て右之通拝領被　仰付候事

前条御旨意書新刀へ御添に相成り、番頭御前へ持出し拝領被　仰付候事

但現書別に所蔵す

三月一五日

同月十五日

一　山口表御用済にて出立し同十六日帰府す

三月一九日

同十九日

一　勝山御殿へ御用召左之通

三吉慎蔵へ申渡覚

其方儀、当正月御内用に付京師へ被差登候途中、於伏見宿危難有之候処、遂其節候段被　聞召、不辱　御家名全く兼而武門之嗜宜奇特之至被　思召候、依之御蔵米弐拾石被増下都合高六拾石被　仰付旨候、以上

寅三月十九日

右之通り御前へ被　召出職役より読渡之事

五月一〇日

同五月十日

一　勝山御殿へ御用召左之通り

三吉慎蔵へ申渡覚

其方儀東豊浦御郡代被差代旨候、以上

寅五月十日

右御沙汰有之、直に於　御前御直に目付役申附けると御直命被　仰付候事

右に付出坐之職役へ御請申上る

一　御目付役中は四拾石増し、高百石にして被下候事

一　御側横目兼務被　仰付候事

六月

同六月

一　今般国家大事件の儀に付、宗家幷御四藩共岩国表に於て御会議御開き、御国論一途之儀に付、同所へ出張被　仰付候事

右議決記事は略す、詳細は宗家幷御家記にて明白なり

七月

同　七月

右持掛り御側横目之内より、　若殿様御附役兼務被　仰付候、以上

寅七月十四日　　三吉慎蔵

同　七月

右五番大隊毛利伊織〔長府藩士、家老、高七〇〇石〕軍監応接兼被　仰付候事

三吉慎蔵

右持掛り御役之内より、六番遊軍大隊三吉内蔵介　軍監被　仰付候事

同　人

右御目付座御少人、別而御多用に付、御側横目御番之儀は被差除候、尤節々御側向へ罷出、　若殿様御行状等之儀は、是迄之通り可申上候事

三吉慎蔵

八月一七日

同八月十七日

一　小倉口戦争起り追々出張大里へ出張す、此時小倉城落つる、依て宗家より民事取締りとして湯川平馬〔萩藩士、大組、高一四七石八斗九升三合〕出張す、就ては長府より三吉慎蔵儀も同様出張被　仰付候に付、大橋脇へ民事取扱出張所を設け湯川両名談合し取計候に付、御目付手付の者両名宛交番にして長府より出張為致、且目明等探索方の者馬関より呼寄候事

右民事関係は企救郡一円の事務を計るなり

同八月廿九日より十一月迄預る

湯川平馬被差免野村右仲〔素介、素軒、萩藩士、大組、高三一六石八斗四升五合〕宗家より出張に付交代し諸引合済之上帰府す

三吉慎蔵

右此度　若殿様御具足御召初に付て諸事被申談御式帳之通可被相心得候事

慶応三年

四月

慶応三卯年四月

三吉慎蔵へ申渡覚

其方儀、去夏以来豊前地戦争之刻度々渡海、格別心配仕、同所民政被　仰付候に付ては、不一方苦労仕候段

被　聞召御祝着被　思召候、依之白銀七枚被下之旨候、

以上

慶応三卯四月十七日

一二月一三日

同十二月十三日　山口より報知書写

一　今般大樹〔徳川慶喜〕奉帰政権

朝政一新之折柄、弥以天下人心居合不相付候而は追々復

古之典難被行深被悩

宸襟、且来春

御元服并立　后定追々御大礼被為行、且

先帝〔孝明天皇〕御一周忌に相成、尚又人心一和専要に被

思召候に付、先年来防長之事件彼是混雑有之候得共、寛

大之御処置被為在大膳父子末家等被免入京官位被復旨被

仰出候事

丁卯極月十日芸邸より伝達

一　積年精忠貫徹、且尖に入京御満足被　思食候由、尚御守

衛之儀は追而可被　仰遣候事

一　右中山公〔忠能、議定〕より御口達之由

宗家御小性《ママ》志道貫治〔貫一郎、萩藩士〕昨十二日暁七時京

師出立、今夜半帰着、御注進左之通

一　過る九日に

以前之通　御復位且急に御上京之儀被　仰出候事

一　内匠〔毛利親信、藤内、右田毛利家一一代当主、高一万五九八五

石八斗二升五合〕同日参内之事

一　守護職諸司代廃止被　仰付候事

一　尾越薩芸

議定掛り被　仰出五藩之内家来予参被　仰付候

一　五卿方宰府へ御迎被差越候由

前条之通り山口表より報知有之、時に晴天白日上下一般

歓謳踊躍怡忻涯無し

明治元年

一月

明治元戊辰元《ママ》　紀元二千五百二十八年

一　元周公昨年来御所労に付、先般御隠居御願立相成候処、

左之通

三月五日

同三月五日

一　元敏公へ御家督御願之通り

朝廷より御沙汰被　仰出候事

三月一四日

同月十四日

右今度　殿様御家督被為済候に付、御附之儀は被差免候、以上

辰三月十四日

三吉慎蔵

右御附役之儀は被差免候得共、是迄之通節々御側向へ罷出気付之儀申上候様被　仰付候事

三吉慎蔵

五月一六日

同五月十六日

一　元周公御病気御差重り終に御逝去

右に付、御常式之御服忌被為請候事

七月三日

同七月三日

一　元敏公御家督済積る御礼として御上京、本日勝山御発駕にて山口表へ御出相成、三田尻より御乗船直に御上京之儀被　仰出候事

右に付、御目付御側横目兼持掛りり〔ママ〕御役之内より御用方兼御供被　仰付候事

七月一三日

同月十三日

一　御入京大膳様へ御伺、徳山様へ御吹聴、岩倉殿〔岩倉具視、議定兼輔相〕へ御届御直勤之事

一　御旅館松屋町宗家の御本陣所御借受なり

七月一四日

同十四日

一　御参　朝無滞被為済候事

一　今般御上京御行列其他御次第書は、御家乗に譲り略す

七月二八日

同廿八日

一　山陵泉涌寺へ初て御参拝之事

但御召衣は御直垂御供軍服なり

八月一一日

同八月十一日

一　御用召にて御参　内之所初めて

龍顔御拝之事

八月二五日

同月廿五日

一　江口信〔長府藩士、馬廻、高五〇石、三吉家親類〕本月十七日
北越出立にて着京之処、越後平定之儀報知なり

八月三〇日

同月三十日

一　河東操練所へ　行幸にて諸侯兵隊操練
天覧に付、宗家、徳山、長府諸隊を合し、天兵として
被差出候事

一　関東表へ　行幸九月中旬と被　仰出候事

一　以来毎年九月廿二日　御嘉吉万民と共に御祝之段御達有
之

九月三日

同九月三日

一　大膳様当御旅館へ御出にて遊撃軍陣屋御巡覧、夫より同
隊長府御供之小隊を合し銃練御覧相成候事

九月一四日

同月十四日即刻御用召左之通り

毛利宗五郎

任左京亮
叙従五位下

右

宣下候事

九月十四日　行政官

九月一八日

同月十八日

一　長門様御着京なり

同　日

一　即剋御用召御参　内之処、於　小御所
龍顔御拝、此度
御東幸に付、御仮建に於て御酒肴賜候事

同　日

一　大膳様、左近衛中将従三位に任叙せらるゝ旨、於　御所
被蒙　仰候事

九月二二日

同月廿二日

一　本日早天卯の剋
御出輦東京へ　行幸の事

九月二五日

同月廿五日
一 丹波地へ非常之節は援兵可差出段御達有之候事

一〇月二日

十月二日
一 安近脇差　壱刀
右筑前公〔黒田長溥、福岡藩一一代藩主〕より　三吉慎蔵へ御送り藤四郎〔茂親、福岡藩士〕持参す
右は兼て同藩士の為に尽力致し候御謝礼の由なり

一〇月一一日

同月十一日
一 北越出張報国隊へ御詩作御送り相成り候事

一〇月二一日

同月廿一日
一 山県狂介〔有朋、萩藩士、奇兵隊軍監、北陸道鎮撫総督兼会津征討越後口総督参謀〕及ひ報国隊軍監福原往弥一同北越より着京、直に宿へ尋問す、又福原氏は御旅館へ来り、　君公御逢なり、戦地の事実詳細に承知す
一 君公御藩地へ御暇御願之処、御暇被下候段御沙汰之事
一 宗家野村右仲、宇佐川甚七郎〔萩藩士、一代無給、高二二石五斗〕へ打合せ、此度報国隊屯所用意金万事手当之儀、福原氏と談決す

一一月二日

十一月二日
一 北越より奇兵隊、報国隊一同本日着京に付、六条陣屋へ出張致し、夫々仕向手筈調置陣門外に出迎し引合之上直に　君公へ上申す
一 酒三梃　肴二種
右殿様より不取敢帰陣の祝酒と為て被下候に付、報国隊惣督三沢氏〔聾蔵、東市介、長府藩家老、高八〇〇石〕へ申入御使相勤候事
一 梶山鼎介〔長府藩士、中扈従、高二〇石〕儀、兼て志願の通り於戦地其功を遂け候段御祝着に思召、前体之通り被召遣候段御直命の事
　但桂縫殿三吉慎蔵出座す、惣督三沢氏へは其旨同達す
一 奇〔奇兵隊〕、報〔報国隊〕両隊巳刻揃御所へ召出され御門内にて弁事より色々御労ひ被仰付候事
右相済、少将様〔毛利元徳〕、殿様御一同に河東操練所に於て御逢之上、入々御懇情之御意被　仰出候事

一一月三日

同　三日

一　酒五梃　肴釣台一差

右奇兵隊へ君公より御送り、村上彦左衛門〔景通、長府藩士、番頭、三〇〇石〕御使相勤候事

一一月五日

同月五日

一　殿様御願済にて京師発途御帰国被遊候事

同日

一　報国隊今朝より出発帰国に付、右引合として居残り同所へ出張被　仰付候に付、同隊出立後の取始末致し、消防方賄方等へ御目録夫々へ相渡す

一　木屋町角之倉邸へ　君公御滞京中の挨拶等に廻勤し、夫より御旅館へ参り御借受の場夫々公用人へ引合置、直に出発し六日夕伏見宿　殿様御宿所へ参着す

一　滞京中小松大夫、岩本〔岩下カ〕等薩藩の士先年の懇情に付挨拶として折々尋問す

一　大山彦八、服部政次郎〔鹿児島藩士〕両名へ先年の挨拶として反物持参す、于時大山氏は伏見奉行にて宇治へ出役に付同所へ尋問す、大山氏の許に一泊し酒宴盛なり、前夜より翌昼迄色々相語り酒宴す、夫より同船にて伏見へ帰る

一　滞京中木戸氏、大津四郎右衛門、坪井惣右衛門〔宗右衛門、萩藩士〕、楫取素彦、久保松太郎〔清太郎、断三、久清、萩藩士、大組、高五〇石〕、椙原治人〔恒幹、貞幹、木梨彦右衛門、萩藩士、大組、高六三石四斗、木梨精一郎父〕、広沢兵介、御堀耕介〔太田市之進、萩藩士、大組、高四〇石、御楯隊総督〕、野村右仲へ時々懇会引合す

一　此度一般徴兵之儀御沙汰被　仰出之処、先般北越出兵に付御宥免相成候事

一一月八日

同月八日

一　大坂御屋敷下より御通船にて御本船へ被為召候、此度は御召船御供船都合九艘不残下ノ関日切船なり

一一月一四日

同月十四日

一　御手洗へ御碇泊之処、夜中田代音門〔周実、長府藩家老、高七〇〇石〕、庄原半左衛門〔繁邦、半哉、長府藩士、馬廻、高一五〇石〕御内用にて上京之処、折能此所にて君公御逢に付御逢に付〔ママ〕御本舩へ慎蔵被為召候に付罷出、御用之件々協議之次第相伺思召之旨被　仰聞、依て両人共是より帰府す

一一月二三日

同月廿三日

一　長府外浦へ御着船、西小豊後御伺として出頭なり

一一月二四日

同月廿四日

一　御帰城被為在無御滞御供申上候事

一一月二五日

同月廿五日

一　今般京師御暇御願立之儀は、元敏公御家督後不取敢積る御礼御上京相成、藩政向半途に付一先帰国仕度との御事にて、御願之通り御許可、就ては山口表へ不取敢御礼として御出山相成り、夫より御領内御廻在被遊候旨御沙汰に付、右御供御附廻り三吉慎蔵可被　仰付旨御達し有之、同日より御供仕、夫々御廻在に付、養老之典農商共御目見御賞し等行はる

一二月七日

十二月七日

一　無滞勝山御殿へ御肴御供申上候、尚其節思召之旨御施行之件々は藩政書記に譲り略す

明治二年

六月

同二年巳

毛利左京亮

一　豊浦藩〔明治二年六月二〇日長府藩より豊浦藩に改称〕知事被

仰付候事

明治二年己巳六月廿六日

右御沙汰なり

同年　月

一　少将様御一同御東行之事

一　御賞典之事

一　藩籍御奉還之事

一〇月一日

同年十月朔日

一　改正要路之件々

公より御意書其箇条御沙汰之次第は、毛利御家乗に譲る

一　公爵家職御取分之件々御沙汰、前条同断

明治三年

二月

同三年午二月

一　天朝より被　仰出たる　御趣意を以て、宗家御国内之御制度御改革被　仰出、両国を以て益天朝を輔翼被遊候　君上広大之御盛意に悖り、兵隊一時脱走、国家無限之騒擾を引出し、山口両道之関門を奪ひ、砲台を築き、君上に逼り奉り逆臣乱賊の次第、右豊浦君公御承知、即刻御領内山ノ井村へ御出馬に付御供被仰付御随従す、依て君公より御軍令兵備山ノ井村へ屯集し、山口表の御様子色々御煩念被遊候内、間道より木戸氏密に御本陣へ来り、御軍議相決し、打払御出山の御手配り御出馬相成り候処、終に砲戦に不及して山口御屋形へ御参着、御父子様御満足被遊、尚御評議之末追々檄文を伝へ重罪の者御処置、終に平定す

四月八日

同四月八日

一　府藩県総て何々庁と称し候様太政官より御達に付、更に豊浦藩庁と布告あり

五月八日

同五月八日

一　今般御改正に付明細書左之通

三吉慎蔵

十蔵高郡男母清末御家来南部宗哲女

実父小坂土佐九郎時伴実母善勝寺女

藤原時治

現米拾弐石

明治三午歳四十

家内合男二人

女三人

安政四年丁巳三月朔日跡式被　仰付候

五月七日

同月七日

一　監察被差免於　御前大参事御直達拝命すと雖も即日辞職す

一　御家扶拝命す

一　持掛り家扶之内より、権大参事民事督務兼掌申付との御直命に付、一と先拝命す

七月一一日

同七月十一日
一　民事督務被免候事
一　民事掛り被　仰付拝命す

閏一〇月一一日

同閏十月十一日
一　欽麗院様桂方へ御移り之事
一　半野極人居宅仮り藩庁と為る、依て　知事公日々御参庁之事

閏一〇月一八日

同十月十八日
一　依権大参事辞職願之趣先差許候也
一　民事掛り被差免候事
明治三年午閏十月十八日
家扶願之趣先差免候也
同日
一　家扶申付候也
同日
一　家扶之内より権大参事座の事務可相心得候也
同日
右御沙汰に付両通之旨拝命す

閏一〇月二八日

同月廿八日
一　勝山御殿御引払相成り、知事公始め桂一樹方へ御住居被遊候事

一二月一一日

同十二月十一日
一　知事公来春
朝集御順番に付、本日豊浦地御出発御東行に付、御家扶にて御随従被　仰付拝命御供之事

一二月二〇日

同月廿日
一　神戸より米国アラコンヤ舩へ御乗船海上御登京之事
私儀来春
朝集順番に付、過る十一日藩地登程一昨廿日京着仕候、此段御届申上候、以上
庚午十二月廿二日豊浦藩知事毛利元敏
弁官御中
右御着御滞京中神田内旧酒井邸宗家の本邸内へ御滞在なり

明治四年

二月

御親兵御沙汰に付左之通

此度当藩兵三大隊

御親兵に被　召出候に付、精撰之上差出候様御沙汰相成候、就ては先年以来豊浦、徳山、清末と万事合心協力仕候に付、今後四藩兵隊之内をも加入仕度奉存候、此段御聞済被成下候奉願候、以上

明治四年未二月十四日　山口藩

御附札

願之通聞届候事

私儀、為洋学修行、当滞京中公用の余暇を以て時々大学南校へ出席仕度奉存候間、此段御聞届被成下候様奉願候、以上

明治四年未二月廿八日豊浦藩知事毛利元敏

弁官御中

御附札

願之通

一　御滞京中公務之儀は、別に御家来有之に付略す

同年

一　御朝集御順番四月中にて御詰前御満期に付、左之通り

五月

三吉慎蔵

同五月

一　東京御暇済御帰藩之事

七月一五日

同七月十五日御沙汰

一　於東京、藩知事御免之儀一般御沙汰有之、引続き御華族中へ御帰東之御達に付、東京詰参事時田実より御告令之趣報知書七月廿一日到来有之、直に県庁御家職区別夫々御詮議、且九月中御出京之期限に付、御藩一般へ御布告相成候事

右に付、集議見込之廉御尋問之上、不取敢御出京御決定被　仰出、右に付、梶山鼎介東京表へ御内用向にて仕廻立御仕出被　仰付候事

一　御家族附御人撰之儀、集議投票之上御勘合を以て御決定被　仰出候事

右東京表へ御随従御供被　仰付候事
井上　屯〔長府毛利家従〕
小坂住也〔三吉慎蔵実兄、長府毛利家従〕

右祭祠掛り
豊永　聿
坂野信次郎〔難波舟平、満珠丸艦長、実業家〕

右会計掛り
右九月朔日於　御住居所
従五位公〔毛利元敏〕より御直達之事
中村三四郎〔旧長府藩士、馬廻、高一〇〇石、公用人〕

右会計之儀申上取計之儀同断
品川省吾〔氏章、長府藩士、馬廻、高八〇石〕
梶山鼎介

右両人此度御帰東に付、於東京御直談被遊度儀有之
御一同乗船御頼相成候事
家丁
和田藤七〔旧長府藩士、高一〇石、のち印刷会社起業〕
渡辺源六〔旧長府藩士、豊浦藩寺務聴訟所諸務方〕
新中間
関屋
弥助

右御供被　仰付候事
従五位公　御告諭書左之通
諸藩を廃し県と為す
勅書之儀は各相知る処なり、猶又知事免職被　仰付、
厳然文明開化、郡県之御政体進むは則
皇国之美事と謂ふへし、余日ならす
天機伺の為上京せんとす、然りと雖とも数年来の縁糸
何を以て之断するに忍ひん、汝等も亦相同しからん、
則上下止むを得さるの情実なり、今ま情に耽り遅々因
循する可んや、故断然上京し、不日洋行を願ひ、勤学
勉励、
皇国の柱石と為り、日夜
玉体を輔助し奉らは、是余か宿意なり、汝等今ま紛々
の論を為すは則ち天下の為めにあらす、又余か為めに
非す、是余か汝等に腹心を布く所なり、必らすしも汝
等を顧みさるに非らす、身は万里外を隔つとも、志は
猶ほ近にあり、何を難する事之れあらん、能々余か意
を聴けよ、余も亦老後は再ひ豊浦に還り、汝と共に戸
籍に結はれん事を願ふ、必す其節を待つへし、又此後

は猶ほ県知事の命を受各能相用ゆへし、衆や衆や、余
か遺意を熟聴せよ、衆や衆や

日記　三

自明治四年九月至
同十五年十二月

明治四年

九月

明治四未年九月
一　豊栄神社
一　豊功神社
右御出京に付、御大祭九月八、九両日於松崎御自祭被遊、士族幷に平民迄参拝被　仰付於神前神酒頂戴、引続き此度御帰郷の廉に付、一統へ御盃被遊候所、御場所無之其上多人数之儀に付御酒御流にして御下け被　仰付各頂戴す

同日
一　常備兵隊列を成し参拝す
但し、日割にして老臣始一統松崎坂本より大手松原へ相揃、此処にて御直達被遊候に付、御附添被仰付夫々御合致し候事

九月九日

同月九日
一　御住居所にて、兼て関府御仕成しの者、御家職向御世話申上候者共へ夫々被下物有之候事
一　此度御帰京に付、士族、卒、平民に至る迄、是迄之御恩義により米金其他各志を以て種々献上致候事

九月一二日

同月十二日
一　正午豊浦仮り御住居所桂一樹方より御乗馬にて御発途、夫より外浦にて御通船へ御召し、一統御見送りとして同所へ出一同へ御直に御会釈相済、御通船にて馬関伊藤九三前より御揚陸、徳永源右衛門〔西南部町の富商「菊屋」の主人、倉庫兼貸金業〕方へ御小休、此所へ常備兵士官出張之事
一　県庁より熊野清右衛門〔精一、豊浦藩権大参事〕、嶋山堅之三〔鳥山堅三、重信、旧長府藩士、狩野芳崖義弟〕、其外豊永聿蔵〔長吉〕始御見送り、満珠丸御用意調坂野信次郎即御迎として揚陸致し、午後六時同船へ御乗船之事
一　元純様〔毛利元純〕御同船御頼に付、御同一之事
一　倅米熊〔三吉米熊〕、諸葛小弥太〔官立師範学校長諸葛一郎（信澄）実弟〕為脩業出京に付同断

九月一七日

同月十七日
一　神戸より米国「コスタリヤ」号へ御乗船にて同十九日横

浜へ御着、是より御馬車にて東京愛宕下御邸へ御着遊さ
れ候事
前条の次第、詳細は御家乗に譲り略す

九月二四日

同月廿四日
一 当府之事情夫々品川〔省吾、氏章〕、梶山〔鼎介〕、三吉連
名にして熊野参事〔精一〕宛一書を出す

一〇月一七日

十月十七日
一 今般華族中帰京に付
勅書御拝誦就ては　従五位公〔毛利元敏〕深く御推考之上
御洋行思召立被為在、本日御出願東京府へ御持参なり

一〇月一八日

同月十八日
一 保姫様〔毛利保子、毛利元敏正室、正親町（嵯峨）三条実愛五女、
毛利敬親養女〕御入嫁御取極め御打合、嵯峨家へ本日より
御引合に取掛り候事

一〇月二三日

同月廿三日
一 本日保姫様午後四時御供揃にて六時三十分御入嫁被遊候
事
右御引受是迄之旧格を省き別格之御省略にて御内輪限り
にして取調御内式取計候事

一〇月二七日

同月廿七日
一 御洋行御願通り御許可相成り候事

一一月一二日

十一月十二日
一 岩倉殿〔具視、外務卿、右大臣〕始め木戸〔孝允、参議〕、伊
藤〔博文、工部大輔〕両官各国へ使節として今日乗船に付、
従五位公御同船引合木戸、伊藤両官へ御依頼、尚梶山よ
り御持参金其他へ万事英国までの御引合諸始末として、
横浜迄梶山出張之事
右無御滞御出帆なり
同月十一日の御直達
三吉慎蔵へ
一 此度官之允裁を得航海之日より当邸家禄丸に汝に相頼候
事
但家内引越帰朝迄は当地に滞在可致居事
右従五位公より御直書御渡し

三吉慎蔵へ

此度
従五位様被遊御帰京候に付、銭廿八貫七百拾壱文、米壱石三斗九升三合三勺献上仕度由申出之趣、神妙之事に候、依て被召上候事
四年未十一月　　内務局
三吉慎蔵殿

明治五年

二月

明治五年申二月
一　米壱俵
右祖先の霊牌を一筥に納め法華寺に安置す、仍て同寺へ預け料として寄附す
一　従五位公御内命に付、家族出京引纏の為め出豊す

三月

同年三月
一　家族引纏め御邸へ、出京家内〔三吉イヨ〕事御留守中御奥様御用弁相勤候事
一　御留守中御無人旁に付、御殿内へ相詰候事
一　御家職向要用件総て御家乗に譲り略す
一　従五位公御洋行英国府「ロンドン」にて御留学の事
一　御留守内外共異情無之

明治七年

六月九日

同七年戌六月九日
一　従五位公御帰朝、梶山鼎介彼地より御随従にて帰朝之事
一　豊永長吉御家職御用出京中に付、追々御家政向協議、尚夫々伺之上御決定之件豊浦表へも引合同人へ御依頼にて帰豊す

八月一二日

同年八月十二日
一　従五位公御帰京引続き御同行相成候に付、今般御帰朝之上御奥様御同道にて欽麗院様〔欽子〕へ御相対として本日御出発に付、御供被　仰付且家内儀も被召連両人共御供申上候事

八月二四日

同月廿四日
一　豊浦御部屋御住居へ御着之事
一　御滞在中御社参御仏参諸学校へ御巡覧相済、夫より九月三日三田尻表へ御出にて興丸様〔毛利元昭、毛利元徳長男〕、三郎様〔小早川三郎、毛利元徳三男〕へ御尋問、山口表へ御廻りに相成り、県令中野梧一〔初代山口県令、旧幕臣〕へ御対面にて旧政之引合彼是之御挨拶等被遊候て御帰豊之事
一　金弐千円
右当県内人民為撫育勧業局資本金へ御加金相成候事

九月一四日

九月十四日
一　豊浦貫属中へ御逢之上銘々へ御酒料として被下候事
一　旧家老中へ金七拾五銭宛
一　拾四石より七石迄同五拾銭宛
一　五石以下同廿五銭宛
右戸長許田杏平〔豊浦戸長、旧長府藩士〕より配分取計候事
一　許田杏平、細川頼彬〔旧長府藩家老、毛利元敏義兄〕、村田耕作、立野友吉〔旧豊浦藩施事局権掌吏〕、弘中勇平、下田久之助夫々へ此度貫属中へ被下物等諸世話向御頼に付、御目録金員御挨拶として被下候事
一　旧官員中へ金拾五円宛より人々割方にして壱円宛迄此度御帰朝に付彼是之御挨拶として被下候事
一　金拾五円　　三吉慎蔵
右旧官之廉を以て被下候事

九月二二日

九月廿二日
一　今般従五位公御家族東京表へ御一同御引纏にて、欽麗院様、於暢様〔暢子、毛利元敏長女、のち清末毛利家九代当主毛利元忠に嫁す〕本日豊浦表御出発にて同廿四日馬関より満珠丸へ御乗船之事

一〇月二日

十月二日
一　東京愛宕下御邸へ上々様御一同に御着御供申上候事

明治八年

三月一一日

明治八年三月十一日
一　御奥様御分娩御女子御誕生の事

須女〔毛利須女子、毛利元敏二女〕と称せらるゝ事

五月一二日

同五月十二日

一　中村勝三〔長府毛利家家従〕、豊永長吉、難波舟平〔坂野信次郎〕着之事

五月一三日

同月十三日

一　難波舟平是迄会計掛り休息之処、毛利家会計現勤候段御直に被　仰付候事

右に付、五月十三日、十四日現金諸帳簿不残難波舟平へ勘定引合致し、尚中村勝三、豊永長吉立会検証を請け候事

証

御家職会計向、明治四年より同八年四月迄御依頼相成候処、此度交代諸勘定決算検正無相違候也

明治八年第五月十四日　東京詰　中村勝三　印

三吉慎蔵殿

前書之通承知候也

同日　　毛利元敏　印

六月一七日

同　六月十七日

一　於龍動府芳山〔福原芳山、芳山五郎介、良通、親徳、鈴尾駒之進、養父は旧宇部領主福原越後〕、正木〔退蔵、旧萩藩士、のち東京職工学校（現東京工業大学）初代校長〕、国司〔純行、養父は萩藩寄組国司信濃親相〕三名拝借金証書類、難波舟平へ引渡済之事

七月二〇日

同　七月廿日

一　従五位公北陸道地方へ御巡回御暇御願済にて本日御発足に付、難波舟平随行千住駅迄見送りす

七月三一日

同月三十一日

一　豊浦表へ御家職御用為検査出豊被仰付候に付出発し、八月四日着す

但倅子米熊儀、出京後初て出豊に付、同行す

八月

八月

一　金拾弐円

右忌宮神社に寄附す

八月二四日

八月廿四日

一　梶山鼎介出京に付、米熊儀同行を依頼し、本日同人出立す

九月一五日

九月十五日

一　豊浦表にて御用向夫々引合済に付、本日馬関より乗船にて同十九日東京御邸へ参着す

一〇月一日

十月一日

一　深井地御引受中村勝三一同立会し、同月二日より同抱地に出張す

一〇月二日

同月二日

一　従五位公北陸道より御帰府

第拾六大区士族
三吉慎蔵

右先般小学校へ対し、金三円八拾壱銭三厘令寄附候段、奇特之事候

明治八年十一月十九日　山口県令中野梧一

明治九年

三月

同九年三月

一　是迄御邸内御長屋へ家族共一同寄留之処、都合に依て西久保桜川町九番地本多家長屋へ転居致候事

五月二日

同五月二日

一　実父〔小坂土佐九郎〕儀本月一日午后七時頃より不快、夜半一時過養生不相叶死去之報知あり

五月三〇日

同五月三十日

寄留届　山口県士族
三吉慎蔵
家禄現米拾四石（実印）
天保二辛卯十月十一日生
宿所　東京第二大区四小区
西久保桜川町九番地寄留

右御邸外へ同年五月卅日転居に付、府庁に出す

第二大区四小区西久保桜川町九番地

山口県士族

三吉慎蔵

自明治四辛未九月、第二大区四小区芝愛宕町一町目二番地へ寄留之処、今般当処へ移転

右御届仕候也　　右

明治九年五月三十日　　三吉慎蔵

但し、府庁へ一枚区役所へ一枚出す

七月一五日

同七月十五日

一　従五位様御家族中様本日より染井御控邸へ御移転相成候事

九月二日

同九月二日

一　従五位公豊浦表へ向け御発途に付、御供被仰付候事

九月五日

同月五日

一　従五位公馬関豊永長吉方へ御滞在

九月七日

同月七日

一　従五位公本日より梶山鼎介方へ御止宿之事

同年

一　第百八号御布告　家禄、賞典禄之儀、永世或一代或は年限等を以て給与有之候処、其制限を改め、来明治十年より別紙条例之通公債証書を以て一時下賜候条、此旨布告候事

明治九年第八月五日　太政大臣三条実美

但し、金禄公債発行条例は略す

右東京詰難波舟平より報知す

右に付、御家事向御改正等之件々、集議之儀被　仰付候事

同九月七日

一　君公於御前御随従一同会議被　仰付、是迄豊浦地へ御残し相成候御武器之内一通り忌宮神社へ御寄附相成り、御不用の雑物御分配不残御取片付之事　被仰付候事

但し、御寄付品は河村光三〔長府毛利家出仕、豊浦用達所に勤務、のち会計掛となる〕へ目録にして御引渡の事

九月一八日

同九月十八日

一　旧大夫桂、田代〔一二郎、周実、音門、旧長府藩家老〕両人、西太郎次郎〔房至、旧長府藩士〕御用達所へ出頭之上、御先霊様今般御旧地へ御欽請仕度志願に付、御許可相成候様慎蔵へ申出候事

一　前三名より今般禄制被仰出候に付、彼是之実情御吟味之儀県令へ申立度段、熊野精一、時田光介〔井上少輔、山口県第一六大区区長〕へ示談致候処、県令へ取次相成兼との答に付、今般従五位様へ以前御所置相成候御次第相何卒御吟味御申立之儀拙者へ示談に付、君公藩知事職其職務御取行方之儀は一般へ御意書を以て御達し、尚大蔵省太政官へ御引合済之儀を今日に至り拙者御取次は不相成、其上重て君公へ御直に御伺と有之節は、拙者より其趣意政府へ不申伺内は、決て右等之事件御引合方不致と其次第尋問に及候処、終に三名より取消し之儀示談に付、向後絶意と申訳に候へは、取消し申と決答す

九月二〇日

同九月廿日

一　君公本日御出発御出関相成候事

一　須女様御事本月十八日御死去之段、難波氏より電報来る

九月二四日

同廿四日

一　馬関より御乗船御帰京之事

九月二八日

同廿八日

一　染井御邸へ御帰着、御随従申上候事

一〇月二日

十月二日

一　故須女姫様御尊体、染井墓所へ御埋葬之事

一〇月七日

十月七日

一　故須女姫様御病中苦労致候旨を以て、御配分金一円廿五銭被下候事

一二月二三日

十二月廿三日

一　福原和勝、三吉周亮、諏訪好和〔維新後陸軍出仕、当時歩兵第一連隊第一大隊長〕、梶山鼎介、諸葛信澄〔一郎、初代官立（東京）師範学校長、大阪師範学校長、『小学校教師必携』の著者〕、高山則道〔則恒、原田隼二、高山鴻輔〕、桂弥一郎〔ママ〕〔弥一、のち長門尊攘堂を建立〕、三吉慎蔵、難波舟平

右君公より旧報国隊之御談話として於外席御肴被下候事

明治一〇年

二月二〇日

明治十年二月廿日
一　君公より御下問有之左之通御決定
　今般鹿児島県下暴徒征討被　仰出西京へ
　御駐輦不容易儀と深く奉存候、追々
　天気伺上京可仕儀に御坐候得共、何分即今難安、就ては
　輦下へ為御伺迅速出京仕度奉存候間、何卒往復を除き三
　十日間御暇頂戴度、此段御採用奉願上候也

二月二一日

同月廿一日
一　右御出願即日御願之通り御沙汰有之に就ては、当度御留
　守御煩念之御次第有之別而三吉家扶へ万事依頼に付、右
　様相心得候様御随従中へ御直書を以て被仰置候事

二月二二日

二月廿二日
一　染井御邸御発途西京表へ御陸行之事
一　御旧地へ御直書を以て粗暴無之様一統へ被仰遣候事

二月二五日

二月廿五日
一　旧幕若年寄立花家〔立花種恭カ、学習院初代院長〕より、拙
　者へ国事危難の旧話致度由にて、諸葛を以て申入有之、
　同邸へ至る、御一新前水戸公〔徳川斉昭〕の件々、或は同
　氏の動静、伏見一件の物語を尋問有之、今日に至り実に
　四海皆兄弟と相談す

三月一日

三月一日
一　本日より愛宕町二丁目一番地森家邸内へ転居す
　　　　山口県士族
　　　　　三吉慎蔵
　　　天保二辛卯十月十一日出生
　　　　妻　伊代〔ママ〕
　　　天保十一庚子四月五日生
　　　　長男　米熊
　　　万延元庚申六月十日生
　　　　長女〔ママ〕　登茂
　　　慶応元乙丑五月三日生
　右御届仕候也

第二大区四小区芝愛宕町二丁目
一番地寄留
十年三月七日　三吉慎蔵
右に付東京府へ

家禄現米拾四石㊞　山口県貫属士族
宿所第二大区四小区芝愛宕町二丁目一番地寄留　三吉慎蔵

但短冊二枚出す

三月一〇日

三月十日
一　西京御滞在所中左之通
君公過る御用召御参内之処、今般不取敢
天機伺出京に付、
天顔〔明治天皇〕を拝し、卒て於小御所御酒肴下賜ひ、宮内卿〔徳大寺実則〕より出京御満足　御思召候段御口達之旨、石津〔幾助〕より報知

三月一三日

三月十三日
一　福原大佐〔和勝〕於岩村深手生死無覚束、依て清水〔蛙、長府毛利家家従〕至急出張之事、陸軍卿山県〔有朋〕より電報有之、直に福原留守へ至り協議之事
但此件は福家記に譲る

三月一七日

三月十七日
一　君公西京表過る十四日御出発にて今日無御滞御帰邸之事

三月二三日

三月廿三日
一　本日福原大佐養生不叶死去之段、電報来る
右に付、家事向色々協議に与り候也

六月一四日

六月十四日
一　毛利元徳殿、毛利元敏殿、宍戸環〔ママ〕〔璣、元老院議官〕三人、西京表にて太政官伝達所より御用召之事
右に付、当度は三吉慎蔵随行致候様と之事伝達之旨宍戸より申入有之、依て従五位公より随行之儀御直達被仰付候事

六月一五日

同月十五日
一　従三位〔毛利元徳〕、従五位両公、宍戸本日出発に付随従す

但横浜より御乗船にて十七日神戸へ御着船、直に西京新門前豊盛堂御止宿所へ御着之事

一 三条公、伊藤参議、杉少輔〔孫七郎、宮内少輔、明治一〇年一二月宮内大輔〕へ御面会の事

六月一八日

同月十八日

一 御用召に付御着京御届出す

一 天機伺参内之事

一 伊藤参議より御用召之次第、梶山出張等之事、且福原傷死、直に承り候事

六月一九日

同月十九日

一 三条公より此度御用召之次第、従三位、従五位両公へ御直達之事

六月二一日

同月廿一日

一 品川大書記官〔弥二郎、内務省宮中顧問官〕へ西南之事情、山口県之様子を聞く、午後六時より於自由亭伊藤参議、宍戸、品川、杉、児玉〔愛二郎、宮内省権大書記官、旧萩藩士〕、竹中一同、従三位、従五位両公より御招御懇会に付、慎蔵儀も御陪席に出てたり

六月二二日

同月廿二日

一 御用向に付、山口県へ両公御出発之旨御沙汰に付、西京表本日御出立御随従す、神戸より御乗船にて廿四日馬関へ御着船、徳永源右衛門方へ御小休、直に赤間宮へ御参詣、夫より山口表へ御出発、同廿五日山口表蔵重善兵衛方へ御同宿之事

右に付関口県令〔隆吉、第二代山口県令、旧幕臣〕始め各名御伺出頭なり

一 午後関口県令宿所安部平右衛門方へ御出に付、従五位公へ御陪従にて西南之様子尋問す、尚又協議之上君公には豊浦表へ御滞在、従三位公には萩表と議決す

一 於東京本月廿五日御奥様御分娩御男子〔毛利元雄、毛利元敏長男〕御誕生之由、難波より電報来る

一 山口表御滞在中、従三位公御同伴にて鴻城学舎其他学校へ御巡覧之事

七月一日

七月一日

一 元敏様御出山に付、三公御一同に御会し相成り候て、君公には本日山口表御発途なり

七月二日

七月二日

一 豊浦中村勝三方へ御着にて同家に御滞在

一 時田光介、庄原好一〔荘原とも、豊浦学舎幹事、明治一一年四月より長府毛利家家従として東京在勤〕、林洋三〔樵、旧長府藩士、のち長府毛利家史編纂に携わる〕御呼出にて、今般御内意を以御出豊相成候御趣意、右三名より一統へ心得違無之様伝達之儀、御依頼之事

七月六日

七月六日

一 西南出張之御旧臣へ御慰問御直書、乃木希典〔陸軍中佐、熊本鎮台参謀〕宛にして御使岸田十之助〔旧長府藩士〕被差向候事

但御直書は御家乗に譲る

一 西南にて死傷之御旧臣留守老人者へ御逢之上御慰御意、又旧報国隊中より西南へ出張之者へ御酒料等被下候事

一 諸学校へ御巡廻、少々宛被下金被仰付候事

七月一四日

七月十四日

一 西南より報知死傷附

福原和勝　中村敬三　内田為蔵　楢崎恭助　西村安直

内藤包来　宮崎正教　木下又五郎　戦死

乃木希典　高山則道　井上次郎　近木某　磯谷一助　木村茂久　白石四郎　倉光次郎　一柳直茂　傷なり

八月一七日

八月十七日

一 豊浦御出発にて山口表従三位公へ御用向に付、君公被為成候事

八月一八日

同月十八日

一 今般西南の事情、山口県内鎮定異議無之上は、御帰京の御都合御示談、且県令へも入々御協議相成候事

前条御談決に付、即日山口表御出発にて同十九日又々中村方へ御帰着之事

九月六日

九月六日

一 御帰京と御決に付、本日豊浦中村方御発途、馬関豊永方へ御滞在之事

九月九日

同月九日
一　豊永方御発、直に名古屋丸へ御乗船の事

九月一三日

同月十三日
一　横浜へ御着船、夫より染井御邸へ御帰殿の事

九月一九日

同月十九日
一　君公御旅中諸引合勘定等、夫々難波舟平へ引合済なり
同日
一　御用之儀有之候条、明廿日午前第十時出頭可有之候也
明治十年九月十九日　　宮内省
山口県士族
三吉慎造〔ママ〕

九月二〇日

同月廿日
一　昨日宮内省より書面到来に付参省之処、左之通
三吉慎蔵
宮内省御用掛被
仰付候事
但奏任官に準し取扱候事

明治十年九月廿日　　宮内省
宮内省御用掛
三吉慎蔵
北白川宮〔能久親王、伏見宮邦家親王第九王子、最後の輪王寺宮〕御附被
仰付候事
明治十年九月二十日　　宮内省
宮内省御用掛
三吉慎蔵
一ヶ月金四拾五円下
賜候事
明治十年九月二十日　　宮内省
右三通宮内省にて大丞山岡鉄太郎〔鉄舟、高歩、地方行政に携わった後宮内省に出仕〕宮内卿代理にて御渡に付、左之通り申出
御沙汰之旨不肖私誠に身に余り候次第謹て拝誦候、然る処現今毛利元敏家扶在勤罷在右御達面之儀は元敏承知に御座候哉、又は私より元敏へ申出候而可然哉、此段相伺候と大丞山岡へ尋問致候処、同官之答左之通り
一　慎蔵殿儀は御非職の訳と心得、右御達し相成り候得共、御在役に候得は、宮内省より元敏殿へ御掛合に及候間、

先御達書は取下け置き請書之儀は当省より何分御通知之上可差出との差図に付、右御沙汰書預り退出す

前条之次第、従五位公へ如何相心得可然哉之段御伺申上候処、是迄宮内省より照会之儀も無之、其上家職向半途中差出候とは当惑致候間、相断可申との御趣意に付、何分之儀思召次第進退可仕段申上置候処、杉氏より従五位公へ御掛合之儀往違之儀も有之、彼是之次第書面を以公へ被申出候処、家扶御暇之儀は難被下段御手紙を以御直答之処、又々杉氏より御聞済無之内御沙汰相成候段は誠に万々御尤之儀に候得共、実は昨九年十一月宮内省御改正之節、慎蔵儀御人選之上調印済相成居之上今般奏上に相成り被　仰出候事故、今日に至り其辺詮議落にて彼是と相成候ては省中不都合之儀不少趣、杉少輔より再応之掛合と成り、何分共現勤丈け御免被仰付候而、御家事向は是迄之通り取計方被仰付御沙汰之旨奉命之儀御許容相成り候様同官より御示談之処、彼是と混雑致候ては奏上後不都合相成候ても不本意之儀に付、御沙汰通り可然段杉少輔へ御決答之旨慎蔵へも奉命可仕段被仰聞候に付、尚君公へ重て御伺申上候て、廿二日宮内省へ出頭致し、請書調印之上差出候事

九月二三日

九月廿三日

一　染井御邸へ午前六時出頭之上、公之御沙汰通り奉命仕候段上申す

一　公より御直書を以左之通り

先年来当家随従家扶座相頼置候処、今般宮内省より登庸相成候、就而は無余儀随従差免候間、此段御達申上候也

毛利元敏　印

三吉慎蔵殿

宮内省より登庸に相成候得共、当家之儀に付、何角気付之廉も有之候は丶、是迄之通り無服蔵御示談に預り度、此段御依頼に及候也

毛利元敏　印

三吉慎蔵殿

一　前条之次第、豊浦御家職掛り豊永長吉へ報知、尚御家職掛中へ豊永氏より通知之儀、手紙仕出し石津へ托し候事

一　梶山鼎介〔陸軍歩兵少佐〕へ同断

一　小坂住也へ報知、山口県庁へ届有無之儀、取計方之儀書面仕出す

一　御家職御用向総て難波舟平へ協議取計候事故、別に引合無之筈に候得共、尚万事引合別に異義無之、依て一応之諸引合本日相済退出之事

右之通り、是より以下宮内省北白川宮現勤となる

一　明治十年第九月廿四日より日載にて取調之事

一　御請

宮内省御用掛り北白川宮御附被
仰附難有御請申上候也

宮内省御用掛
三吉慎蔵

宮内卿徳大寺実則殿

一　宮内卿始書記官中へ拝命之段吹聴す

一　権大書記官児玉愛二郎〔旧萩藩士、宮内省出仕〕北白川宮取締掛に付万事心得方尋問す、尚又各宮御家政向之儀は、先般皇族御附職制章程御定相成候に付、其旨を以て取計可申との事、且又先般中村修〔宮内省御用掛、のち裁判所検事や名古屋市長を歴任、旧名古屋藩士〕と申入御家令在勤に付、是迄行掛り之儀は同人へ引合打合様差図に付、同人同道致し宮へ出頭す

一　当宮御儀明治三年十二月より独逸国へ御留学、十年七月御帰朝の上七月廿二日より東京御発し、西京表へ同廿六日御着にて、御留守中に付、電報を以て御附拝命之段上申す

一　当宮御家政向諸引合中村修立会にて夫々取調候、右は日載会計諸帳簿引合別に異儀無之、詳細之儀は家扶局書記に付余は略す

一　宮内大書記官香川〔敬三、茨城出身〕、山岡権大書記官、児玉、堤〔正誼、宮内省権大書記官、旧福井藩士〕、御附武田〔敬孝、宮内省御用掛、華頂宮御付〕、藤井〔希璞、宮内省御用掛、有栖川宮御付〕、浅田〔熙光、進五郎、宮内省御用掛、伏見宮家令〕、西尾〔為忠、宮内省御用掛〕、三吉各宮御附中一同西洋軒に於て午後四時より万事協議の為め懇会之事

九月二三日

同月廿三日御達

今廿三日正午十二時権典侍柳原愛子〔明治天皇の典侍、大正天皇の生母、柳原前光妹〕分娩、
皇子〔建宮敬仁親王〕御降誕被遊候条、此段相達候也

明治十年九月廿三日　宮内卿徳大寺実則

北白川宮御附
三吉慎蔵殿

右に付、三日間参賀可致段宮内卿より廻達有之
但通常礼服着用之事

九月二八日

同月廿八日　御達

明廿九日
皇子御命名に付通常礼服着用、同日午前十一時参賀可有之、此段相達候也
但御祝酒下賜候事

十年九月廿八日　宮内卿

御用掛
三吉慎蔵殿

九月二九日

九月廿九日
一　御命名
敬仁《ユキヒト》
建《タケ》宮
於宮内省拝見す

十月五日御達
明六日午前十一時拝謁被
仰付候条同持参
内可有之此段相達候也
十年十月五日　宮内卿
宮内省御用掛
三吉慎蔵殿

一〇月六日

同月六日
一　参
内於　御学問所拝謁す

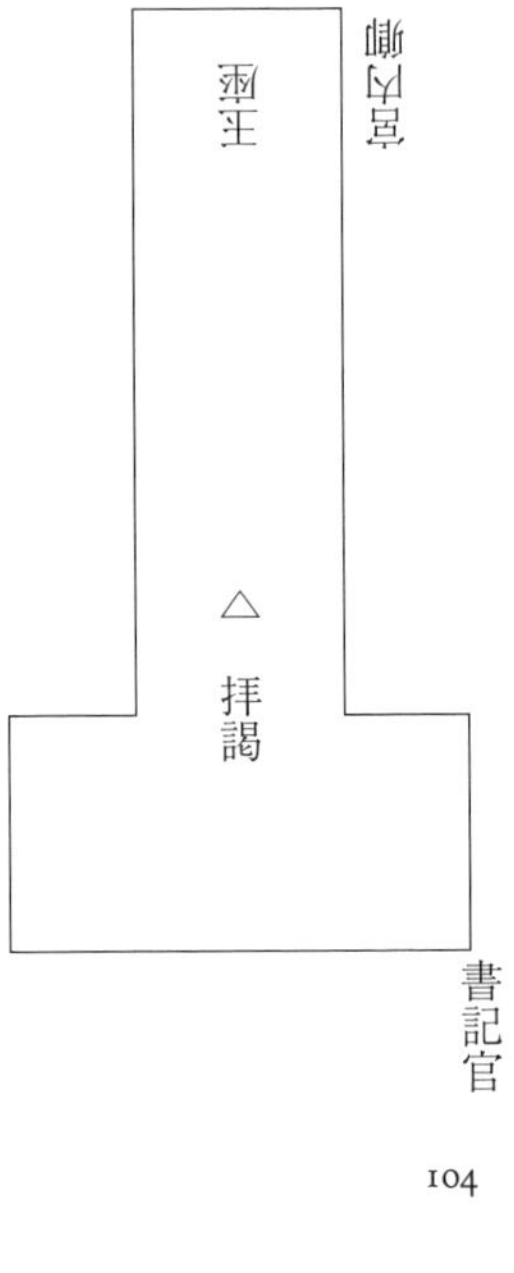

右相済宮内卿へ御礼申上候事
但着服之儀伺出候処、着掛り袴羽織にて可然段答あり

一〇月八日

十月八日
一　聖上〔明治天皇〕、皇太后宮〔英照皇太后、孝明天皇女御、九条夙子〕、皇后宮〔明治天皇皇后、一条美子、昭憲皇太后〕御
写真一枚宛於宮内省下賜候也
右御礼宮内卿へ申上候事
一　当宮西京御滞在に付色々御内用之件有之、出京之儀宮内
省にて協議之上左之通書面出す
西京に罷越候に付伺
先般当宮御附被　仰付候処、当宮御儀当時西京御滞在
に付、拝謁不申候間、一応出京之上御機嫌伺、且御家
政向万端、直に御伺申上度儀御座候間、近々之内彼地

へ罷越度存候条可然御指揮被下度、此段相伺申候也

十年十月十五日　北白川宮御附

三吉慎蔵

宮内卿徳大寺実則殿

伺之通

明治十年十月十五日 印

一〇月二二日

同月廿二日　御達

来る廿四日午前十時

建宮初而御参　内被為在候間、同日午後四時御祝酒下

賜候に付、参省可有之此段相達候也

十年十月廿二日

宮内省

御用掛

三吉慎蔵殿

右に付、同日参省之上御祝酒頂戴す

一〇月二七日

十月廿七日　届書

今般伺済に付西京へ来る廿八日より出発仕候間、此段及

御届候也

北白川宮御附

十年十月廿七日

三吉慎蔵

宮内卿徳大寺実則殿

一〇月二八日

同月廿八日

一　東京府出発陸地西京表へ十一月二日着

一　京都梶井町梨本宮〔守脩親王、伏見宮貞敬親王第九王子、伏見宮邦家親王弟〕御邸へ北白川宮御止宿に付直に参殿す

一一月三日

十一月三日

一　御家政向尚御内用之件々御直に上申す

一　本日

天長節に付、御酒肴被下候事

一一月四日

同月四日

一　桂〔桂宮淑子内親王、仁孝天皇第三皇女〕、山階〔山階宮晃親王、伏見宮邦家親王第一王子〕、久邇〔久邇宮朝彦親王、中川宮、伏見宮邦家親王第四王子〕、三宮方へ御伺として参殿

一一月五日

同月五日

一　天長節に付酒饌料下賜、東京宮内省より送達之事

一一月六日

同月六日

一 本日宮御方梨本宮御邸御発途にて御帰京に付、神戸より名古屋丸へ御乗舩御陪従申上る、御随従世続陳貞〔北白川宮家扶〕、麻生三郎〔北白川宮家扶〕、老女吉野〔北白川宮家老女〕一同御随行申上候事

一一月八日

同月八日

一 横浜港へ御着、東京表より家従山本辰之助御迎として出張、少し御小休直に汽車にて御帰京新橋ステーションへ御着、桜井少書記官〔能監、太政官兼内務省少書記官、寺社局長、島根県出身〕御伺として出張、雑掌附添出張す、少し御休息、取締児玉大書記官より直に御参内被為在候様報知に付、御迎馬車にて御参内之事

右之通り御着京御陪従申上候事

一二月一四日

十二月十四日御達

御用之儀有之候条明十五日午前十時参省可有之候也

同　日　　　宮内省

御用掛

三吉慎蔵殿

一二月一五日

同月十五日

一 御用召に付、参省左之通

一 金弐拾五円

右 思召を以下賜候事

但御礼宮内卿へ申上候也

一 用服地羅紗一着

一 莨袋　一ッ

右は宮様独逸より御取帰り品として被下候事

一 金壱万疋 糸織一反 鏡餅一重

右年末に付宮様より被下候事

一二月二七日

十二月廿七日御達し

来る廿九日より卅一日迄三ヶ日の間歳末御祝詞として参賀可有之候事

来る一月一日午前六時三十分拝謁被　仰付候に付、参内可有之候事

来る一月五日新年宴会に付、酒饌下賜候条同日午前十一時参省可有之候事

右之通り候条此段及御廻達候也

同年十二月廿七日　　宮内省
御用掛
三吉慎蔵殿

一二月三〇日

同月三十日
一　明治孝節録　一部四冊
思召を以下賜候事
右御礼書記官迄申出候事

一二月三一日

同月三十一日
一　歳末御祝詞として参賀、児玉書記官へ申出候事

明治一一年

一月一日

明治十一年第一月一日
一　本日
朝拝御達之通同刻参
内拝謁申上候事

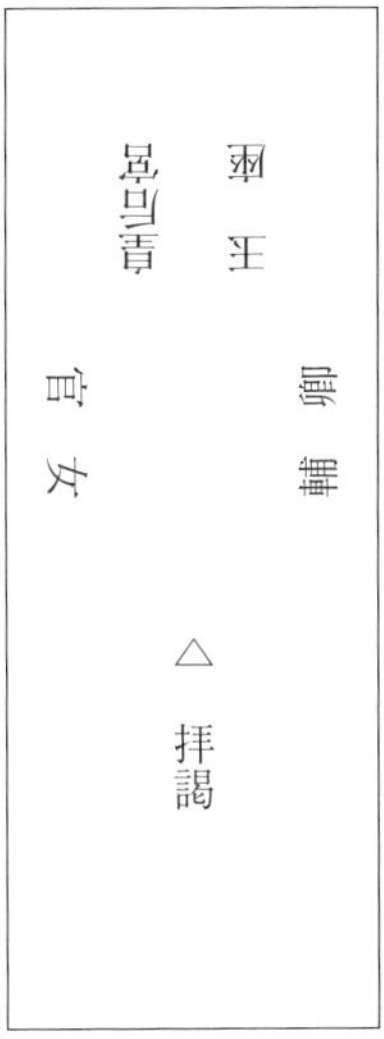

右終て卿輔書記官中へ祝詞申述、夫より
大宮御所へ参賀夫より
建宮御殿へ同断
一　宮御殿へ参殿拝謁済
染井御邸へ従五位様上々様方へ御祝詞申上、各家へ廻礼
す

一月四日

同月四日
一　政事始此日集会定日に無之、依て本日は参省不致候事

一月五日

同月五日
一　御達之通本日新年宴会に付参　内す、酒饌下賜候事
右相済宮内省へ御礼申出候也

一月二三日

同月廿三日

一　皇太后宮本日
御誕辰に付青山於
御所御祝酒下賜候に付九時参賀す
但通常礼服なり

一月三一日

同月三十一日

一　従五位公より杉大輔へ慎蔵事家扶再勤為致度、退身之都合御照会被為在候処、宮取締児玉権大書記官協議之上宮御方彼是之御次第も有之、目今別人御入替と申す御詮議難相成、其上宮内省より免職と申す事は正規により達し相成兼候段を以、梶山鼎介へ杉大輔より書答其次第従五位公へ御答之儀相成候事

二月一〇日

二月十日

一　従五位御来車にて、毛利家へ再動之儀、先般杉大輔より答弁之上にては退身六ヶ敷、就ては慎蔵より辞表差出候様御頼有之候得共、何分宮之御都合六ヶ敷故、無拠御断り申上候事

二月一一日

同月十一日

一　紀元節に付御達之通十時参賀す、酒饌下賜候事
但礼服着用なり

二月一六日

同月十六日

一　平川町六丁目廿二番地楫取素彦邸久坂通時〔マヽ〕〔道明、粂次郎、楫取素彦二男、明治一二年久坂家を秀次郎に継がせ楫取に復籍〕住所長屋へ本日よ〔り〕御用弁の為め転居す
右に付、宮より色々御仕向有之

二月二七日

同月廿七日

一　宮御座所之儀是迄別に御間席も無之彼是御不都合に付、宮内省より仮り建築となる

三月二九日

三月廿九日

一　宮御方御回復の御決議に付、向後之為め宮内卿より其次第下官へ筆按を以て上申の件々申来る、依て御直書御調印之上宮内卿宛にして御執奏に付其取計仕候処、直に御

回復御帰後初めて御参
内御沙汰となる

三月三〇日

同月三十日
一　午前十時御参
内之上
聖上
皇后宮へ御拝謁被為済、尚同日青山御所へ御参　内
皇太后宮へ御拝謁同断

四月一日

四月一日
一　当宮御誕辰且つ御回復御内祝に付、下官幷家族中被為召
御祝酒被下候事
一　白縮緬一反　袴地一着
右思召を以宮より被下候事

四月四日

同月四日
一　取締児玉権大書記官当宮へ参殿之上　宮殿下へ御直に上
申有之候は、往先御品行御実際之儀、別而御勉励、御交
際等へ御注意相成り候様、且又他より何事に寄〔ママ〕らす御依
頼申上候共、決して御即答無之様、為是宮内省より三吉
慎蔵被差置候に付、万事御相談可被遊様との事、右之旨
宮御前にて慎蔵へ相心得候様伝達之事

五月三日

五月三日
一　先般清国餓民へ
朝廷より御救恤被為在、随て御交際上にも関係不尠候に付、
有〔有栖川宮家、当主は熾仁親王〕、東〔東伏見宮家、当主は彰仁親王、のち小松宮〕、伏〔伏見宮家、当主は貞愛親王〕、北〔北白川宮家〕、四宮方よりも金五百円御救恤金被差出度段出
願之処、宮内省より御下渡し相成、依て彼国へ御送付之
事

五月

同月
一　金弐円五拾銭
右豊功神社に寄附す
但し、長門国豊浦鎮座
同月
一　金弐円五拾銭
右赤間関招魂社に寄付す

五月二八日

五月廿八日
皇后宮御誕辰に付、午前十時礼服着用参賀之儀御達に付参賀す
皇后宮拝謁被仰付、終て御酒饌下賜候事

六月二四日

六月廿四日
一　金廿五円
右思召を以て下賜、於宮内省香川大書記官より達御請、宮内卿へ申上候事

六月二九日

六月廿九日
一　金廿五円　外に白絽羽織地一着
右宮より被下候事

七月三日

七月三日御達
青山御所謁見所新築落成に付、同所に仮能舞台御取建、来る五日午後一時より
皇太后宮へ番能被進候間拝見被差許候条同　御所へ参内可有之、此段申入候也
十一年七月三日　　宮内省
御用掛
三吉慎蔵殿
追而能番組一葉御廻申入候也

七月五日

同月五日
一　御達に付本日青山御所へ能拝見として参　内す
右に付御菓子御酒肴晩食下賜、終て午後十時過き退出す
但着服は供奉服なり

七月六日

同月六日
一　昨日青山御所へ参　内被仰付候、御礼として本日宮内省へ出仕す
一　当宮昨日御参之御礼御附より宮内省にて上申済之事

七月二六日

七月廿六日
一　建宮御方御容体被為差重候御様子に付即刻建宮御殿へ御伺として参殿す
同日御達

一　建宮御病気御容体甚た御切迫被為在候条、此段及御通知
候也

宮内省

三吉慎蔵殿

同日御達

敬仁親王本日被叙三品條〔ママ〕条、此段相達候也

宮内卿徳大寺実則

御用掛

三吉慎蔵殿

同日

一　三品敬仁親王御儀、今廿六日午后二時三十分薨去被遊候
条、此段相達候也

宮内卿徳大寺実則

三吉慎蔵殿

同日

一　天機伺として参省す

七月二七日

同月廿七日御達

一　三品親王敬仁尊来る廿九日午前九時
御霊遷式同十時御入棺に付、同日午前八時三十分
建御殿へ参上可有之、此段相達候也

宮内省

三吉慎蔵殿

追而通常礼服着用之事

右拝礼玉串奉拝す

七月三〇日

同月三十日御達

一　別紙第三十三号之通り被相達候に付、公務の為出仕候節
は、中仕切御門外迄乗車被差許候条、此段相達候也

宮内卿徳大寺実則

三吉慎蔵殿

第三十三号

官院省府県

奏任官公務の為め出仕候節は、中仕切御門外まで乗車乗
馬被差許候条、此旨相達候事

但拝賀参拝等之節は、従前之通り門外に於下乗下馬可
致事

十一年七月廿九日

太政大臣三条実美

七月三一日

七月三十一日
一　三品親王敬仁尊来る二日府下第九大区二小区小石川豊島
　岡へ御葬相成候条、此旨布告候事
　　十一年七月三十日　　　太政大臣三条実美
　　　　　　　　　　　　官院省使府東京府
来る八月二日
三品親王敬仁尊御葬送に付、同日休暇候条此旨相達候事
　同　日　　　　　　　　太政大臣三条実美
同三十一日御達
三品親王敬仁尊御棺前為拝礼、奏任官以上来る一日午前
七時通常礼服着用
建御殿へ参上可有之、此段相達候也
　　　　　　　　　　　　　　宮内卿
　　　　　三吉慎蔵殿
三品親王敬仁尊御葬送来る二日午前第七時御出棺に付、
大礼服着用午前十時迄に豊嶋岡へ御先着可有之候、此段
相達候也
　同　日　　　　　　　　　　宮内卿
　　　三吉慎蔵殿
三品親王敬仁尊来る八月二日午前七時御出棺御葬送に付、
在京之奏任官以上麝香間祗候及華族之輩、当日より三日
之内
天機伺として宮内省へ参上可致、此旨相達候事
　十一年七月卅一日　　　太政大臣
別紙之通太政官より被相達候条、此段相達候事
　同　日　　　　　　　　　　宮内卿
　　　　　三吉慎蔵殿

八月一日

八月一日
一　建宮御殿御霊前参拝玉串を奉り拝礼す、但通常礼服也

八月二日

同月二日
一　三品親王敬仁尊御送葬〔ママ〕に付、御達之通御先着す
一　御著棺之節御門内へ御迎へ、夫より御埋棺前皇族、大臣、
　参議、勅奏任順々奉玉串拝礼之事
　　但大礼服着用黒紗を以帽子剣等飾糸を覆ふ、左腕を覆
　　ふ、左腕を纏ふ
　右相済直に
　天機伺として宮内省へ参上す

八月二四日

八月廿四日
一　昨夜半十二時頃非常砲声に付、直に宮へ参殿之上宮殿下御参　内之御用意上申致置宮内省へ参着之上御様子相伺候処、竹橋内近衛砲兵暴挙之由〔八月二三日発生の「竹橋事件」〕に付、至急宮殿下御参　内之儀御報知す、午前四時頃先鎮定に付宮殿下御退出に付下官儀も一応退出す
一　午前七時再参省之上相伺候処、弥鎮定之段大臣より上申有之、依て退出掛け右宮殿下へ上申す
右は、近衛砲兵隊卒の内徒党を企て兵営を毀ち聊発砲等致候者有之、直に討留且脱走之者大体捕縛及鎮定之趣陸軍卿山県有朋より届出に付、宮内省より廻達を以て宮へ上申之儀申来る
八月廿四日
一　御用候条明後廿六日午前十時礼服着用御参官可被成候也
　十一年八月廿四日　太政大臣三条実美
　三品能久王

八月二六日

同月廿六日
特旨を以て
　三品能久王
仁孝天皇御養子
親王に被復候事
明治十一年八月廿六日　太政大臣三条実美
右は総て被復に付、親王
宣下の御礼式等は御略礼に相成候事
一　越後縮　一反
右宮思召を以て被下候事

八月二八日

八月廿八日御達
一　北陸東海両道
御巡幸来る三十日午前三十分
御発輦被　仰出候条、供奉之輩は供奉服着用、自余之輩は、礼服着用午前六時三十分参
内可有之、此段相達候也
但奏任官以上は板橋駅へ御先着、同所に於て奉送、判任官以下は皇居御門外に於て奉送可致候事
十一年八月廿八日　宮内卿徳大寺実則
御用掛
三吉慎蔵殿
追て同日御祝酒下賜候事

八月三〇日

同月三十日
一　御発輦に付御達之通参　内す、八景之御間にて御祝酒下
賜
一　聖上
皇后宮
皇太后宮御同座拝謁被　仰付候事
一　板橋駅へ御先着致し、同所へ御着輦に付、直に
行在所へ
天機御伺申上、御門外にて奉送す
同　日
一　皇太后宮
皇后宮　行在所迄御送り被為在候事

一一月三日

十一月三日
一　天長節に付、御達之通午前十時参賀す、酒饌下賜候事
御巡幸に付拝謁無之

一一月八日

同月八日　御達
一　北陸東海両道
御巡幸明九日正午十二時三十分神奈川発之汽車
乗御東京
還幸被為在旨被
仰出候条、礼服着用新橋停車場にて奉迎可致、此段相達
候也
但宮中にて酒肴下賜候事
同　日　宮内卿代理
宮内権大書記官児玉愛二郎
御用掛
三吉慎蔵殿

一一月九日

同月九日
一　還幸に付、御達之通奉迎として新橋停車場へ十時出頭す
一　皇后宮御奉迎として被為　成候事
右相済直に宮内省に出頭す
聖上
皇太后宮
皇后宮
玉座拝謁被　仰付候事
一　御酒肴下賜候事

一一月一七日

同月十七日

一　北白川宮御縁女取調之儀、杉宮内大輔より申入に付、宮御方へ御内伺、両伏見宮へ伺、宮内卿始め取締へ協議致し、山内家〔土佐山内家、当主山内豊範は三条実美の従弟〕より御取組之儀御内決と成る

右に付、三条公御媒介可被成御式掛山岡大書記官、児玉権大書記官、青木行方〔宮内省八等属〕被　仰付候段宮内省より内達也

華族　山内豊範妹

光　安政六己未五月十一日誕生　明治十一年十二月十九日十九年七ヶ月

実父容堂〔山内豊信、土佐藩一五代藩主〕

母家女

右北白川宮へ御縁談御取極めに付、御式書御次第宮内省へ打合夫々御式帳調査之事

一一月二五日

十一月廿五日

一　北白川宮へ山内豊範妹御息所に御所望之旨御附三吉慎蔵を以て御使被差立候に付、午前十時宮内省より馬車御廻し相成、右乗車にて山内家へ到り従四位豊範殿へ申入候処、明廿六日御答参殿之上上申可仕との事

右終て吸物肴三種出る

同家々扶前野九朶挨拶す、退出より直に宮へ参殿之上上申、直に宮内省へ参著之上宮内卿取締児玉氏へ申出置候事

右に付、宮内卿より

聖上へ奏上之処、御差支無之旨被　仰出候事

御使者述案

今日依吉辰光姫様御方御結納為御祝儀、御目録之通被為贈之、目出度御祝儀被成度思召候に付、従四位殿〔山内豊範〕へも御目録之通為御祝儀被為贈之候旨、御使家扶へ現品持参す

一　被為贈候事

但大鷹檀紙三折　上包奉書

一　北白川宮御由緒書幷御附及家扶以下人名書出す

右結納品以下総て進典宮内省にて調製之事

同日

一　山内従四位殿使者述案

今日依吉辰御結納被為贈、幾久敷辱目出度祝納仕候、右に付、従四位始にも為御祝儀御目録之通被下之忝存候、為御祝答尚目録之通進上仕度旨申述る

一　本日御祝納被為済候に付、御附並家扶従小者迄一統へ御祝儀宮より被下候事

一二月七日

同月七日
一　華族従四位山内豊範妹光女、兼而御縁組御伺済に付、昨日御結納之式相済候間、此段御届申上候也
　　　　　　　　北白川宮御附
　同　日　　　　　　三吉慎蔵
　宮内卿徳大寺実則殿

一二月一一日

同月十一日
一　当宮御縁女山内光女、来る廿五日御入輿被為在即日御婚礼被成候、依て此段御届申上候也
　　　　　　　　北白川宮御附
　同　日　　　　　　三吉慎蔵
　宮内卿徳大寺実則殿

同　日　宮内省より左之通
一　北白川三品宮御縁女山内光子、廿五日正午十二時従四位山内豊範邸出門、同宮へ入輿相成候に付、為心得此段相達候也
　同　日　　　　　宮内卿徳大寺実則
　大警視〔川路利良〕
　東京府知事〔楠本正隆〕　宛

一二月一六日

十二月十六日御達
陸軍少佐三品親王能久
近衛局出仕被
仰付候事
　同　日　　　　　陸軍省
右御達有之候段宮内卿へ上申す

一二月一八日

同月十八日
一　宮殿下御用召に付御参内被為在、左之通
　勲一等賞牌御受与
聖上より御直に御拝受
一　御婚礼に付、御祝儀物土産物山内家使者を以て贈附の事

一二月二五日

同月廿五日
一　北白川宮御使者御附三吉慎蔵宮内省より出さる馬車にて山内従四位邸へ御迎として行向ひ、従四位殿御妹光姫殿御事当宮へ御息所に御所望之旨申入る、従四位殿へ面会相応の挨拶有之、式令の如く酒肴出る、右相済左之通り

騎馬 同　山内家従　同

御馬車は宮より出す　御縁女　老母陪乗

馬車　宮御附三吉慎蔵

家令　馬車　家令

騎馬 同　家従　家従

一　御入輿御出迎、是より御式帳の通宮内省より出張にて順々御大礼なり

一　御入輿三献御式相済直に
聖上
皇后宮より勅使参向御玄関へ御附出迎す、夫より外廊下へ宮御方幷御息所御出迎、御誘引御着席之上　勅使侍従御口上御目録賜物有之、御二方御礼御挨拶相済、於休所御式之通御仕向御附挨拶す

右御祝相済御送り前之通り
宮御二方御附幷に扶従一同御送り之事
御式着座
右相済勅奏官幷家扶従拝謁申上候事

一　御内祝御式有之
御二方三条公掛り書記官児玉、三吉、細川、広世及家扶
右相済

一　御内祝御色直御式有之
前条色々御式帳御次第有之候得共略す

一二月二六日

同月廿六日
当宮御息所光子御方昨廿五日御入輿、即日御婚礼被為済条、此段御届申上候也
同　日　北白川宮御附
三吉慎蔵
宮内卿徳大寺実則殿

一　御肴料　五百匹
一　仙台平　一　反
右御入輿御土産
光子御方より御附へ被下候事
一　金五円
右御祝として宮より御附へ被下候事
同月廿六日
一　宮幷御息所御同車にて御参　内之事

一二月二八日

同月廿八日
一　御里開御案内にて
　宮弁御息所被為成右に付、三条公御二方弁御附三吉慎蔵
　御招請之事

一二月三〇日

同月三十日
一　金時計　一箇
一　御殺料　拾円
　右今般御大礼に付積る御挨拶として　宮殿下より被下候
　事
一　金千疋　反物添
　右山内家より御挨拶として被下候事

一二月三一日

同月卅一日
一　歳末之参賀として宮内省へ参賀す
一　宮へ歳末参賀として参殿す
　右本年御用納なり

明治一二年

一月一日

明治十二年一月一日
一　御内儀に於て午前六時
　朝拝被　仰付候旨御達に付、同刻参　内例年之通拝謁す
　但礼服之事
一　宮内卿始省中へ祝詞す、夫より青山御所へ参賀す
　皇太后宮大夫〔元田永孚〕へ恐賀申出候事
一　北白川宮へ参殿御二方様へ拝謁之上御祝酒頂戴す
一　染井御邸従五位公始新年恐賀申上候事
一　各宮方各家へ廻礼す

一月四日

同月四日
一　本日は政事始

一月五日

同月五日
一　例年之通新年宴会に付酒饌下賜、依て十一時参賀す

一月一一日

同月十一日
一　宮御儀本日御用召之処陸軍中佐に被為任候事
一　宮に於て新年御宴会に付、家族中被召候事
一　所労に付不参す、尤家族は参殿す

一月二三日

同月廿三日
一　皇太后宮御誕辰に付、午前十時青山御所へ参賀す、御祝酒下賜候旨御達に付、同刻参上、但通常通礼服なり

二月一一日

二月十一日
一　紀元節に付午前十時参賀
　但酒饌下賜候旨御達有之、且大礼服之事

三月一一日

三月十一日
一　宮内省より御用之儀申越参省す、左之通り
　　皇族御附
　今般別紙之通り各長官へ御沙汰相成候に付ては、御家事向之儀も一層節倹を主とし、冗費を省き候様、厚く注意可致候、此旨相達候事
　　明治十二年三月十一日　　宮内卿徳大寺実則　印

各地方御巡幸親く民事を被　察、内政深く　御軫念被遊、今般左之条々被　仰出候事
一　凡百般の政揆勤倹を本とし、冗費を省務めて簡実に就き、専ら民生を厚くし、事業を勤むへき事
一　官省の建築其他一切の土木、既に着手したる分を除く外、可成省略致事
一　各地方官に於ても厚く旨意を奉体し、其費用を節略し、民力を愛養すへき事
　　十二年三月十日　　太政大臣三条実美
　前条之件々宮殿下へ上申す
　尚思召之旨相伺、有栖川宮に於て御附中協議す
一　今度深
　思召を以て勤倹之儀被
　仰出候、就ては
　供御之物料を始総て
　御手元より御省略可被遊旨
　御沙汰候条、為心得及内達候事
　　十二年三月十日　　宮内卿徳大寺実則
　前条宮殿下へ上申す

三月一四日

同月十四日
一　宮殿下に於ても深く御遵奉之旨被　仰出、御家政向注意

致候様家扶姑一統へ相達候事

五月二八日

五月廿八日

一　皇后宮御誕辰に付午前十時参賀す、拝謁被　仰付、終て御祝酒下賜候事

但通常礼服なり

一　聖上
皇太后宮
皇后宮
御定用御紋附御食器一枚宛内膳課に於て下賜り、依て同課長児玉権大書記官迄御礼申出候事

五月三一日

五月三十一日

一　独逸皇孫〔アルベルト・ヴィルヘルム・ハインリヒ（Albert Wilhelm Heinrich）、フリードリヒ三世二男〕来朝之処、北白川宮於彼国御留学中御因有之、依て滞京中御交際被遊候様御内達に付別て御招待等有之候に付其取計候事

六月一六日

六月十六日

一　金廿五円

思召を以て於宮内省下賜候事

六月三〇日

同月三十日

一　金廿五円　袴地一反
右宮殿下より被下候事

七月一日

七月一日

此頃虎列刺病之兆候有之候に付、虎列刺薬及薬用之書下賜候間及御廻候也

十二年七月一日　宮内書記官

御用掛
三吉慎蔵殿

七月一〇日

七月十日

一　御園御茶御調製に付、於宮内省思召を以て下賜候事御請、同省書記官迄申出候事

七月一七日

同月十七日

一　皇太后宮伊香保温泉へ本日より行啓御発輦に付、青山御

所御門内に奉送す

八月五日

八月五日
一　皇太后宮本日
還幸に付、青山御所御門内にて奉迎す、夫より直に拝謁
被　仰付終て退出す

八月七日

八月七日
一　先般米国前大統領クラント氏〔ユリシーズ・グラント（Ulysses Grant）、第一八代アメリカ合衆国大統領〕、各国公使其
他艦長雇人、勅任、奏任、陸海軍少佐以上、東京委員等
を各宮より芝離宮に於て夜会御招請に付、引請として同
所へ出頭す

八月二五日

八月廿五日
一　東京府民より情願に付上野公園へ午後二時より
聖上　臨幸被為在、就ては同所東京府より案内にて到る、
此日武術の諸芸
天覧に御桟敷第二場所より拝見す、終て晩餐、夫より夜
に入り花火有之　此日クラント氏各国公使出
右勅奏官各省より不残招に依り出張す

八月三一日

八月三十一日御達
今三十一日
皇子〔明宮嘉仁親王、のちの大正天皇〕御降誕に付、本日よ
り三日之間当省へ参賀可有之此段為達候也
十二年八月三十一日　宮内卿徳大寺実則
三吉慎蔵殿
今三十一日午前八時三十分権典侍柳原愛子分娩
皇子御降誕被遊候条此段相達候也
十二年八月三十一日　宮内卿徳大寺実則
三吉慎蔵殿

九月六日

九月六日
一　皇子御命名に付参賀之儀御達に付本日午前十時参賀す
嘉仁《ヨシ》と被　命
明宮《ハル》と奉称
右に付御祝酒下賜候事

一〇月一七日

十月十七日

一　夜半より胸痛熱気甚しく、医師吉田周利へ診察を請候処、大病に付宮へ上申、直に宮殿下より池田侍医〔謙斎、宮内省一等侍医、陸軍医監〕被差向両医申合色々薬用、同月廿一日に至り吐血軽く相成り、少々折合候方当宮始各宮方従五〔位〕公よりも時々御尋問有之、順々快方に趣く

一一月三日

十一月三日

一　天長節に付、参賀酒饌下賜候段御達之処、未た全快に至らす不参之段御附中村修を以て上申す

右に付、宮内省より酒饌書面添にて相廻り候事

一一月一〇日

十一月十日

一　本日より全快に付、宮御殿へ初て御礼として参殿す

一一月一六日

同月十六日

一　病中尋問に預り候挨拶として各家へ廻礼す

一二月一日

十二月一日

一　建築落成に付転住す、是は椙取地面内に自宅を造りたるなり

一二月一四日

十二月十四日

一　聖上思召を以て奏任官以上於印刷局写真為御取相成、御手元へ被差置候旨宮内省より達に付、此日同所にて写真致候事

一二月一九日

同月十九日

一　於青山御所番能被仰付、依て拝見として参上す

一二月二三日

同月廿三日

一　金弐拾五円

右思召を以て宮内省に於いて下賜候事

右御請宮内卿へ申出候なり

一　金弐拾五円　反物添

右当宮殿下より年末に付御直に被為下候事

一二月二四日

同月廿四日

一　御用之儀有之候条、廿五日第十時参省可有之、此段相達

候也
　同日　　　　　　　　　　　宮内省
　　　　御用掛
　　　　北白川宮御附
　　　　　三吉慎蔵殿

一二月二五日

同月廿五日
一　御達に付参省す、左之通り
　　　　　　宮内省御用掛
　　　　　　　三吉慎蔵
　右自今一ヶ月金五拾円下賜候事
　　明治十二年十二月廿五日　宮内省

一二月三〇日

同月三十日
一　歳末参賀として午前十時参　内之上宮内大書記官山岡へ
　申出候事

一二月三一日

十二月三十一日
一　御用仕廻宮へ参殿之上歳末御祝詞申上候事

明治一三年

一月一日

十三年第一月一日
一　午前七時三十分
　皇居御新殿に於て朝拝被　仰付候事、夫より
　青山御所に参賀申上、又
　明宮御殿へ同断
　　但大礼服なり
一　当宮始め旧主各家へ新年廻礼す

一月五日

同月五日
一　新年宴会御祝酒下賜候段宮内省より達に付、午前十一時
　参賀す　但大礼服之事

一月一八日

同月十八日
一　宮殿下より新年に付、家族一同被召御祝酒被下に付、午
後五時より参殿す

一月二三日

同月廿三日

一　皇太后宮御誕辰に付、省中奏任官以上午前第十時礼服着用

青山御所へ参賀可有之段相達候也

但同所に於て酒肴下賜候事

右宮内省より御達に付同日

青山御所へ参賀す

二月一〇日

二月十日

一　来る十一日紀元節に付、午前十時礼服着用参賀可有之此段相達候也

右達に付、同日

皇居へ参賀す

三月一五日

三月十五日

一　従五位元敏公より御内命として御使豊永長吉を以て左件

一　宗家柏村信の振合を以て御相談人御役之思召有之、就ては往先再随之儀御内々御尋問、実は御直に御来車之儀被仰聞候得共、先一応御使を以て尋問可致との事也

御内答

一　思召之旨深く恐縮之次第、素より今日迄兼ての素志相変儀は無之訳に付、再度之思召尊報可仕、乍去是迄御行掛り之御事情も有之旁、願くは御宗家始め篤と御協議相成候上御決し相成度段、豊永長吉へ申述、尚余は追て御答可申上と演説す

三月一九日

三月十九日

一　豊永長吉御使として左之件を内達す

昨十八日染井於御邸、乃木、梶山、諸葛、庄原、豊永一同集会有之、乃木高輪御邸へ出頭之上御家扶の内へ今般三吉慎蔵儀、柏村之振合を以て再随之儀、従五位様御内慮の趣、入々聞繕見候処、何も別に御異論無之由、尚又従五位様より従二位御夫婦様〔毛利元徳、安子〕へ御直に思召之旨御尋問被為在候処、当人退職後の事に候て、思召通りにて差支無之と御答相成り、且庄原へも御直に御同意にて異存無之と従二位様より御意有之候由、就ては豊永を以て御内情御取極め可相成段通達、尚此上は御直に入々可被仰聞との事に付、前条之思召御協議之次第委細敬承す、尚此上は参邸之上、従五位公へ上申可仕と相答候なり

三月二〇日

同月廿日
一　染井御邸へ参殿之上、左之御答を申出る
　従五位公へ御直に退職後は思召通り奉命可仕段上申す
　従五位公より一世保存之儀は陵方相成候様可致との御直
　命あり

三月二一日

同月廿一日
一　梶山鼎介より是迄御家職向之要件示談も有之、依て今般
　従五位公へ昨日上申致候段次第申入置候事
一　麻布御邸に於て御家職向之要件御集会有之、乃木、梶山、
　諸葛、豊永、庄原、河村相揃候に付、一同へ昨日上申仕
　候段申入置候事
一　是迄之御示談人被差止候事
一　庄原好一御家扶被仰付候事
一　慎蔵儀是迄之通万事御示談被仰付候に付、気附之件上申
　可仕旨尚重て公より被仰聞候事
　右に付、一統へも兎角気附之儀は懇会相成候様、一統へ
　申入置候事

三月二五日

同月廿五日
一　従五位公御招請申上候に付、梶山、林洋三、豊永、庄原
　一同相招き候事

三月二六日

同月廿六日
　　　　　　　　　　陸軍中佐三品能久親王
　内国勧業博覧会事務総裁被
　仰付候事
　　明治十三年三月廿六日　　太政官
　右御沙汰に付、品川内務少輔へ聞合、追々御用之御都合
　取計候事
　　　　　　　　　陸軍中佐三品能久親王
　近衛局出仕被免参謀本部出仕被
　仰付候事
　　明治十三年四月九日　　陸軍省

三月一六日

同月十六日
一　青山御所に於て番能御催に付拝見被　仰付候段御達に付
　参上す
　　但御酒肴弁当下賜候事

三月三〇日

同月三十日
一　宮内省より御用呼出に付参省之上左之通
一　今般
御巡幸に付伏見宮御供奉に付御附浅田熙光同宮へ差添られ候に付、留守中同宮御附之処相心得候様山岡大書記官より達に付、御請申出候事

五月六日

五月六日
一　当宮御本殿洋館附属家和製にて御建築之儀相決し、則製図を以て本日地所検査として、山尾工部卿〔庸三、旧萩藩士、のち法制局初代長官、宮中顧問官〕、営繕局長平岡〔通義、工部省大書記官、旧萩藩士、のち宮内省営繕御用掛〕、英人見分之事

五月九日

同月九日
一　旧地豊浦より出京の各名懇親会相開き候に付て、従五位公当度より御臨席相成候事

五月一七日

五月十七日
一　御用有之候条、明十八日午前第十時礼服着用御参官可有之候也
明治十三年五月十七日　太政官
三品能久親王殿下

五月一八日

五月十八日
三品勲一等能久親王
叙　二品
明治十三年五月十八日
太政大臣従一位勲一等三条実美奉

五月二〇日

詩歌詠進之儀に付御届
私儀
今般詩歌被為
召候に付、御題下賜候段御達之処、献納之儀行届不申、
此段御届申上候也
十三年五月廿日　宮内省御用掛
三吉慎蔵
宮内卿徳大寺実則殿

五月二六日

一　来る廿八日
皇后宮御誕辰に付、省中奏任官以上午前十時礼服着用参
賀可有之候也
　十三年五月廿六日　　宮内省
　　三吉慎蔵殿
同日
一　御達に付参賀す
皇后宮拝謁被　仰付、於控所酒饌下賜候事

六月八日

六月八日
一　米熊事農学卒業試験済に付、本日駒場農学校に於て卒業
式証書御渡し相成候事
　但現書別紙有之
一　同日午後六時貝坂上より出火に付直に宮へ出勤す
宮殿下横浜へ御出張御留守中に付、御息所伏見宮へ御立
除き諸御道具類不残持出し候得共、御邸内無異儀十時前
鎮火す、依て御息所御帰殿なり
右に付
聖上
両后宮より御尋問御見舞下賜候事
一　右諸始末致し、夜二時帰宿す
拙宅は麻布より庄原、河村又西源四郎〔旧長府藩士、のち外務省出仕、西太郎次郎房至二男、伊藤博文女婿〕走付、其外
兼て出入之者夫々走付、壱力に付無異儀相済候事
一　御所より尋問御使、各宮方始め染井より栢貞香〔三吉イヨの姉の夫、長府毛利家従〕、御使各名より御見舞尋問に予
り候事
一　金三百円
右は今般有栖川、伏見、北白川三宮より近火焼失之者へ
御救助金として府庁へ御廻し相成候事

六月一二日

六月十二日
一　山梨、三重両県、京都府へ
御巡幸、来る十六日午前七時
御発輦に付、午前五時三十分礼服着用
皇居へ参上恐悦申上、畢て植物御苑へ御先着、同所に於
て奉送可有之此段相達候也
　十三年六月十二日　　宮内卿徳大寺実則
　　三吉慎蔵殿
追而同日御祝酒下賜候事

六月一四日

同月十四日
一　本日午前九時御用呼出に付参省、左之通
一　金廿五円
　思召を以下賜候事
　右宮内卿へ御請申上候事

六月一六日

六月十六日
一　本日達之通
　聖上御発輦に付参
　内恐悦申上於
　御内儀拝謁被　仰付御祝酒下賜、夫より御先着植物御苑
　にて奉送申上両
　御所へ恐悦として参上す

六月一八日

同月十八日
一　米熊事今般奥羽地方へ卒業済実地見習として出張被仰付、
　依て本日当地出発にて明十九日横浜より乗船野蒜（仙台の海岸）
　迄海上、同所より揚陸之事

六月三〇日

同月三十日
一　金廿五円　紹羽織地一反
　右宮殿下より定例之通被下候事
同日
一　墓参、両親始め近親へ対面として、家内、本日賀田〔貞一、地質鉱山学者、ライマン（Benjamin Smith Lyman）に師事〕、
　高山、桂一同当府出足、横浜より広島丸へ乗込出豊す

七月五日

七月五日
一　本日皇族御附中呼出にて左之通
　　　　　　　　　　　　二品能久親王
　自今為賄料一ヶ年金壱万八千円被下候事
　　明治十三年七月五日
　　　　　　　　　　　北白川宮
　　　　　　　　　　　　御附
今般御賄料改正増額相成候に付ては、自今通常、臨時の
諸費は勿論、御隠居御子女方等一切の諸費を支弁し、贏
を以て永世の御家計相立候様、厚く可相心得此旨相達候
事
　但改正御賄料は、当七月より十二月に割り、出納課に

於て月々相渡候、就ては是迄別途御給与之廉々被止候
事
宮内卿徳大寺実則代理
明治十三年七月五日　宮内大輔杉孫七郎

今般皇族御賄料改正之儀、
御沙汰相成候に付ては、従前当省より渡方取計置候御附
月給之儀は、自今其御賄料之内を以て御支給相成候儀と
御承知有之、此段申進候也
宮内卿徳大寺実則代理
明治十三年七月五日　宮内大輔杉孫七郎
二品能久親王殿下

北白川宮
御附

今般皇族御賄料改正相成候に付ては、従前当省より渡来
候御附月給之儀は、該宮御賄料之内を以て支給候儀と可
相心得、此旨相達候事
宮内卿徳大寺実則代理
明治十三年七月五日　宮内大輔杉孫七郎

七月二三日

七月廿三日
一　山梨県、三重県、京都へ
御巡幸之処、海上横浜へ
御着艦、直に本日午後一時三十分新橋停車場へ御着に付、
同所へ奉迎申上夫より直に
皇居へ参上
還幸恐悦申上、終て御祝酒下賜候事
一　拝謁の儀、本日は無之
右着用礼服なり
一　当宮御儀、亀山表より京都へ天機御伺被為成御供奉にて
御帰殿之事
一　聖上還幸に付一般国旗を捧く

七月三〇日

七月三十日
一　米熊事仙台地方へ実地検査として出張の処、今日帰京す

八月二日

同八月二日
一　御用之儀候条明三日午前十時出頭可有之候也
宮内省
三吉慎蔵殿

八月三日

八月三日
一　皇族御附月給相廃し、更に年俸別紙之通り被下候条、為御承知、此段申進候也
十三年八月三日　　宮内卿徳大寺実則
北白川二品親王殿下

同日
一　北白川宮
右御附年俸金八百円
前条之通り御達しあり　但各宮御附夫々達有之

八月一六日

同月十六日
一　金六拾六円六拾六銭七厘
右今般改正年給月割にして本月より宮内省出納課にて相渡候事

八月三一日

同月卅一日
一　明宮御誕辰日に付、奏任官以上礼服着用
御住所有楽町二丁目三番地中山従一位〔忠能、麝香間祇候〕邸へ参賀可被致御達に付、参賀申上候事

一一月三日

十一月三日
一　天長節に付礼服着用参賀之儀達に付、本日午前十時参朝之上参賀申上、終て酒饌下賜候事

一一月五日

同月五日
一　青山御所に於て番能催に付、拝見被
仰付候段宮内省より廻達に付、本日午前九時より参上す、御酒肴下賜、拝見終て午後七時退出す

一一月八日

一　仮皇居御苑之菊花盛開に付、明九日拝見被差許候条家族同伴参入可有之、依て別紙心得書相添此段相達候也
十三年十一月八日　　宮内省
三吉慎蔵殿

一一月九日

同月九日
一　仮皇居へ十二時より菊花拝観として参上す

一二月一六日

十二月十六日
一　金廿五円
右思召を以て下賜候事
但宮内省にて書記官より伝達なり

一二月二二日

同月廿二日
一　金廿五円　八丈嶌一反
右宮より年末に付、思召を以て被下候事

一二月二九日

同月廿九日
一　歳末之参賀として仮
皇居へ参朝す
右本日より三日間参賀之儀宮内省より達有之

一二月三〇日

同月三十日
一　旧君従五位公歳末として御来車にて金弐百円品代り料として思召を以て被下候事

一二月三一日

同月三十一日
一　御用仕廻歳末御祝詞として参殿す

明治一四年

一月一日

十四年一月一日
一　午前六時於　御内儀新年朝拝被
仰付段御達に付、同刻参朝す
一　聖上
皇太后宮
皇后宮御一同　玉座にて拝謁被　仰付、終て於宮内省卿輔〔徳大寺実則（卿）、杉孫七郎（大輔）、土方久元（少輔）〕始め書記官中へ新年祝賀申入候事
一　青山御所へ参賀す
一　明宮御住所へ同断
一　北白川宮〔始〕め旧君公〔毛利元敏〕其他へ参賀す

一月四日

同月四日
一　従五位公新年祝賀として御来車、祝酒昼御膳を献上す

一月五日

同月五日
一　新年宴開に付、参賀之儀御達通午前十一時参朝す、酒饌下賜候事
　　但礼服着用
同日
一　北白川宮より新年御祝酒被下に付、家族一同御招請にて参殿す

一月二三日

同月廿三日
一　皇太后宮御誕辰に付、午前第十時礼服着用青山御所へ参賀之儀御達之処、本日所労に付不参之段書面を以申出候処、御料理折詰にして御廻し相成候事

一月二九日

同月廿九日
一　皇族方芝離宮御拝借にて新年御宴会に付御陪食被　仰付候処、所労にて不参す、依て御料理折詰にして被為贈候事

二月一一日

二月十一日
一　紀元節に付、午前十時礼服着用参賀之儀御達に付、本日仮皇居へ参賀す、酒饌下賜候事

二月一八日

二月十八日
一　今暁四時御所北側に当り御近火之様子に付直に皇居へ走付、夫々御手配り御用意に付、宮へ上申し御乗馬にて御参　内之儀申上又々参省す、午前六時鎮火見届に付退出す
一　午後八時頃四ツ谷より出火仮皇居へ走付候処、誠に近火風並悪く故、号炮御打せ諸隊兵其他消防御手当相成候処、異情無之午前二時鎮火に付退出す
一　皇族方不残御参　内被為在候事

三月一日

三月一日
一　博覧会開業式被為行聖上行幸、北白川宮総裁に付、御祝文御読上直に聖上へ御奉呈終て聖上より之御答弁北白川宮へ御直に被賜候事

此日宮御附之儀を以て拝観証持参し御場所へ出頭す
十一時前相済退出す
右御式無滞被為済候儀を以、宮殿下より酒饌料を頂戴す

三月七日

三月七日
一　従五位公先般市兵衛町十四番地を御本邸と御定め相成候処、御建築御落成に付本日染井御邸より御移転に付、午前七時染井邸へ出頭す
御神霊染井より御守護致し市兵衛町御本邸御書院へ御鎮座申上候事
一　午後二時従五位公始め御家族様御一同御本邸へ御転居に付、御待受申上候御客間へ御一同御揃之上御熨斗茶菓差上、御銘々様御居間へ被為入候事
右に付、交肴一折御祝として献上す　夜に入帰宿す

三月一二日

三月十二日
一　市兵衛町御廟御神霊御額面北白川宮へ御染筆先般御願に相成候処、御染筆一紙本日従五位公へ被為贈候に付持参之上呈上す
一　今般市兵衛町御邸内御神霊御社御建築落成に依て、本日御遷座に付出頭之上拝礼す

三月一六日

同月十六日
一　今般御本邸へ御移転に付、本日宗家を始め御同族方幷村始め各家之御家扶御招き之事

三月一七日

同月十七日
一　右同断に付、御親族方御招請に付参上す

三月一九日

同月十九日
一　右同断に付、平岡、佐藤、大野、前田、乃木御案内に付参上す

三月二〇日

同月廿日
一　今般市兵衛町御邸へ御転居に付、御旧臣中へ御祝酒且懇親会御役方御招請に付出頭す

四月二三日

四月廿三日
一　本日後四時より有栖川、北白川両宮幷御息所、三条公、

岩倉公〔具視、華族会館長、華族督部長〕、徳大寺宮内卿、杉大輔、市兵衛町御邸へ初めて御招請に付、御取持旁参邸之儀従五位公より御沙汰に付、御陪席す

五月八日

五月八日

一　今般大日本博覧会御総裁北白川宮御勤に付、本日上野美術館に於て午前第十時より御宴会酒肴被下候に付、副総裁〔佐野常民〕始め諸委員中へ拝謁に付出張致し、夫々御引合之儀取計候事

一　御酒肴折詰にして御盃添五百二拾人
酒饌料菓子添二百五拾人
右御招請案内状当日各名へ引合等総て取計方被仰付候事
右に付金二千円特旨を以て北白川宮へ下賜之事

五月二八日

同月廿八日

一　皇后宮御誕辰に付午前十時参賀拝謁被　仰付終て酒饌下賜候事
但礼服着用

六月一三日

六月十三日

一　一三の御紋付銀杯一個
右従五位公より今般市兵衛町御本邸御建築御落成御御〔ママ〕住居御満足に思召被下候事

六月一〇日〔記述位置は原史料のママ〕

同月十日

一　内国博覧会賞牌授与式に付
行幸　総裁北白川能久親王
右に付登茂女事レース製造伝習中に付、本日御式場へ参集す

六月二三日

同月廿三日

一　白絽羽織地一着　仙台平袴地一着
右思召を以下賜候旨宮内省にて御達あり

六月三〇日

同月三十日

一　金廿五円　帷子一反
右宮殿下より御直に被下候事

七月五日

七月五日

一　北白川宮御建築諸費金拾五万円を以支弁取計候様先般宮内卿より御達に付、本日実地検査之上地位相定取掛り候に付、宮御建築工部省へ御依頼相成り、掛り平岡通義幷造化師英人一人外に属役出張致し、洋和共着手に相決候事

七月三〇日

七月三十日
一　山形、秋田、北海地方へ
御巡幸に付本日
御発輦に付六時拝謁被　仰付、終て御祝酒下賜、夫より千住へ御先着奉送仕候なり
一　北白川宮御供奉に付御休所にて奉送す

八月三日

八月三日
一　皇女〔滋宮韶子内親王、明治天皇第三皇女〕御降誕之段御沙汰に付、参賀す

八月九日

同月九日
一　御命名に付、御祝酒下賜之御達に付、参賀す
韶子
滋宮　御命名之事

八月三一日

八月三十一日
一　明宮御誕辰に付、御住居所中山邸へ参賀す

一〇月一日

十月一日
一　市兵衛町御邸に於て秋季御例祭に付、参拝に出頭す

一〇月三日

同月三日
一　桂宮薨去に付、為伺
天機参上之旨御達に付、参省す
右に付、三日間鳴物、音曲停止被仰出候事

一〇月一一日

十月十一日
一　先般
聖上御巡幸之処、本日
還幸に付奉迎可申上御沙汰之処、甥小坂直三死去に付、本日迄忌中にて不参す

一〇月一二日

同月十二日
一　本日忌明に付、宮殿下無御滞御供奉にて御帰京、恐悦として参殿す

一一月三日

十一月三日
一　天長節に付参賀す、午前十時於
御内儀拝謁被　仰付、終て酒饌下賜候事

一一月一六日

同月十六日
一　米熊事本日出立にて長野県へ出張す、同人被任長野県八等属同県勧業課被申付候段報知来る
一　履歴書進達之儀宮内省より達に付左之通

履歴書

山口県貫属
旧豊浦士族
三吉慎蔵
天保二辛卯十月出生

明治元年より同三年春に至り旧藩監察所勤
同三年夏より同大参事拝命すと雖も即日辞職
同年秋毛利家職に雇はる
同十年九月二十日宮内省御用掛被　仰付
同日北白川宮御附被　仰付候事
右之通御座候也

麹町区麹町平川町六丁目廿二番地
十四年十二月十六日　三吉慎蔵

前条之通り認め宮内省へ出す、去明治元年よりの事也

一二月一八日

十二月十八日
一　故坂本良馬十五年祭相当祭事に付、佐々木参議〔高行、参議、工部卿、宮内省御用掛、旧土佐藩士〕、土方大輔〔久元、内務大輔、議定官、宮内省御用掛、旧土佐藩士〕其他旧縁有志者集会、依て坂本直〔高松太郎、坂本龍馬甥、坂本龍馬の家を継ぐ〕より案内に付参集す

一二月二二日

同月廿二日
一　金二拾五円幷に反物料
右宮殿下より被下候事
同日
一　七子羽織地一着　仙台平袴地一着
右於宮〔内〕省内

思召を以下賜候事

一二月二九日

十二月廿九日

一　歳末之参賀として通常礼服着用、本日参上す

一二月三一日

十二月三十一日

一　宮御用仕廻に付、歳末御祝儀として宮へ参殿す

一　金弐百五拾円

右従五位公より年末に付、思召を以御直に被下候事

明治一五年

一月一日

十五年一月一日

一　新年朝拝被仰付候段御達に付、本日午前六時前参省す

於

御内儀

聖上

皇后宮拝謁被　仰付候事

一　青山御所へ九時参賀す、夫より

明宮　滋宮両御住所へ同断

一　各宮方市兵衛町毛利御邸へ廻礼す

一月四日

同月四日

一　従五位公新年に付御来車、依て在宿御待受申上、午餐差上候事

一月五日

同月五日

一　本日新年宴会に付、午前十時三十分参　内之儀御達に付参　朝、酒饌下賜候事

但礼服着用

同日

一　北白川宮より新年御宴会御祝酒被下に付、家族一同御招請に付参殿す

一月二三日

同月廿三日

一　皇太后宮御誕辰に付御達之通参賀す、於　青山御所酒饌下賜候事

但通常礼服着用

二月八日

二月八日

一　御用候条明九日午前第十時礼服着用参官可有之候也

明治十五年二月八日　　内閣書記官

三吉慎蔵殿

二月九日

同　九日

叙　正七位

三吉慎蔵

太政大臣従一位勲一等三条実美宣

内閣大書記官従五位作間一介〔正臣、内閣大書記官〕奉

明治十五年二月九日

特旨を以て被叙正七位候事

三吉慎蔵

明治十五年二月九日　太政官

叙　正七位

三吉慎蔵

右御請仕候也

明治十五年二月九日　　三吉慎蔵

右相済退出す、夫より直に宮内省へ参省し御礼当直麻見書記官〔義脩、宮内省権少書記官〕へ申出退出す

前条御用之次第、北白川宮、従五位公へ御直に御吹聴申上候也

二月一一日

同月十一日

一　紀元節に付、午前十時参賀す、酒饌下賜候事

一　北白川宮御拝借地引合御用に付左之通

伺書

当宮御借地群馬県下吾妻郡へ引合之儀有之候に付、来る十九日より往返共二週間出張仕度候間、此段相伺候也

北白川宮御附

明治十五年三月十七日　三吉慎蔵

宮内卿徳大寺実則殿

伺之通

一　伺済にて十九日より当府出発にて地所引合照会、県令楫取素彦へ協議し実地境界立会、郡長初め土人引合之上図面調製致し四月三日帰京す

五月二八日

五月廿八日

一　皇后宮御誕辰に付、午前十時礼服着用参賀之儀御達に付

本日参賀す、拝謁被　仰付、終て酒饌下賜候事

六月一日

六月一日
一　於紅葉館、三条公御旧友会御設に付参集す、毎年御案内
　有之

六月二六日

六月廿六日
一　白絽羽織地一　仙台平袴地一
　右宮内省へ御用呼出にて下賜候事
同月廿八日御用に付参省左之通
　　宮内省御用掛
　　北白川宮御附
　　　三吉慎蔵
　梨本家事取扱兼勤被
　仰付候事
　　明治十五年六月廿八日　宮内省
一　金廿五円外に反物代り七円五拾銭
　右定例之通り宮殿下より被下候事
一　金五円
　右高杉東行師〔晋作、谷東行、旧萩藩士、慶応三年四月没〕
へ寄附す

七月二六日

七月廿六日
一　宮殿下幷御息所上野春性院へ御建築之都合有之当分之内
　御転居に付、御本邸両所にて御用弁す

七月三一日

七月卅一日
一　コレラ病流行に付於宮内省
　思召を以御手当之水薬下賜候事

八月三日

八月三日
一　滋宮御誕辰に付、礼服参賀之儀御達に付、本日参賀す

八月一七日

同月十七日
一　金三円
　右は麹町区役所へコレラ病流行に付、予防手当金として
寄附す
一　金六円
　右吉田松陰先師の一社を創建し、松蔭《〔ママ〕》神社と称し、有志
寄附金之幹事品川弥二郎〔農商務大輔、大日本山林会初代幹

事長、大日本水産会初代幹事長〕、野村靖〔駅逓総監〕より照会に付、一ッ書金員を神納す
但荏原若林先師墳墓地に設立なり

八月三一日

八月卅一日
一　明宮御誕辰に付、礼服着用参賀す

九月二二日

九月廿二日
一　北白川宮侍女〔申橋幸子〕分娩御男子〔恒久、北白川宮能久親王第一王子、のちの竹田宮恒久王〕御誕生之処、当宮御旅行中に付総て御附へ御依頼相成候に依り御命名之儀、尚又　勅使参向御引受総て御祝式取計被　仰付候事

九月二七日

同月廿七日
恒久《ツネヒサ》
易曰天地之道恒久而不已也
右御命名杉大輔へ協議之上　宮殿下へ電報を以て相伺候上御取極之事

一一月三日

十一月三日
一　天長節に付午前十時御内儀に於て拝謁被　仰付、酒饌下賜候段御達に付、礼服着用参賀す
但大礼服之儀は燕尾服にて代用相済

一一月六日

同月六日
一　市兵衛町御邸より御奥様御来車に付、晩餐差上夜に入御帰殿之事
一　来る十一日、十二日両日之内午前八時より午後四時迄之間御苑之菊花拝見被　仰付、依て観菊の証札一枚御渡相成候事

一一月一九日

同月十九日
一　今般御建築和製之落成に付、上野より本日御帰殿、仮り御住居相調、総て事務御本邸役所に引移候事

一一月二三日

同月廿三日

北白川宮御附

梨本宮家事取扱兼務

三吉慎蔵

梨本宮家事取扱兼勤被免候事

明治十五年十一月廿三日　宮内省

右同日梨本宮御附井関美清〔宮内省御用掛、旧萩藩士〕へ御沙汰に付、御家事向之儀夫々引合交代す

一二月一四日

十二月十四日

一　梶山鼎介清国より帰朝、即日祝賀として訪ひ面会す

一二月二五日

同月廿五日

一　袴地一　七子羽織地一

思召を以下賜候段於宮内省御達に付、宮内卿へ御請申上候事

一　金廿五円外に反物料七円五拾銭

右宮殿下より御直に例年之通被下候事

一　金五拾円　袴地一

右梨本宮御家事取扱、尚又御移転之際色々心配致候訳を以、御挨拶として被下候事

一　金弐百五拾円

右市兵衛町従五位公よ〔り〕思召を以下候事

一二月二九日

同月廿九日

一　歳末に付御達之通参賀す

一二月三一日

同月卅一日

一　宮御用仕廻に付、歳末之御祝儀御二方様へ申上退出す

日記　四　明治十六年

明治一六年

一月一日

明治十六年一月一日　晴

一　午前七時
　朝拝被仰付候に付、二十分前参　朝可仕段御達に付、大礼服着用六時三十分参省す、於　御内儀
　両陛下〔明治天皇、昭憲皇太后〕拝謁、終て本省一同へ新年祝賀申入候事

一　午前八時青山御所へ参賀拝謁被仰付、御祝酒下賜候事

一　明宮〔嘉仁親王、大正天皇〕滋宮〔韶子内親王〕両御住所へ参賀す

一　北白川宮御二方様〔能久親王、能久親王妃光子〕へ正午過参賀拝謁、御祝酒頂戴す

一　各宮方其他諸所新年廻礼す

一月二日

同月二日　晴

一　午前より諸所廻礼す

一月三日

同月三日　晴

一　午前従五位様〔毛利元敏〕新年に付御来車、依て在宿御待受申上午餐呈上す

一　午後より染井御別邸へ出頭す

一　多田王〔久邇宮朝彦親王第四王子、のちの梨本宮守正王〕御方御参　朝御拝謁被為在候事

一月四日

同月四日　晴

一　本日政事始、午前宮へ出勤す

一月五日

同月五日　晴

一　新年宴会御祝酒下賜に付、午前十時参　朝す
　但大礼服着用

一　午后四時より
　北白川宮新年宴会御祝酒被下候に付、参殿す
　　但家族中被召候得共不参す
　右に付、例年の通献上物幷家扶始め小者迄夫々遣物す

一　宮御方より慎蔵幷家族中へ被下物有之候事

一月六日

同月六日　晴

一　午前宮へ出勤す

一　来る八日午后四時より於紅葉館新年御宴会御決の事

右本年伏見宮御引受に付、人員書差出す

一　午後より牛込辺新年廻礼す

一月七日

同月七日　晴

一　休日に付不参す

一　午前より上野辺廻礼す

一月八日

同月八日　晴

一　本日陸軍始に付、本省へ集会不参の事に御附中申合置候得共、御用向有之参省す

一　午後四時より於紅葉館

各宮御一同新年御宴会に付、同刻出頭御陪席御相伴す

右昨年之振を以て本年は伏見宮に而御引受相成候事

一　軍談御設其他別に相変儀無之

一月九日

同月九日　晴

一　鳥山〔重信〕、水川〔正亮〕、米熊〔三吉米熊〕、賀田〔貞一〕、留守豊永〔長吉〕、栢〔貞香〕、河村〔光三〕、難波〔舟平〕、浅野〔一之、浅野教の子〕、大庭〔景明、紋平、三吉十蔵実弟〕、山田〔愛助、山田瀬兵衛の子〕、小坂〔三吉慎蔵の実家〕、楫取〔素彦〕、安尾へ過る六日年始状仕出置候事

一　本日米国賀田へ年始、尚留守異情無之段書面仕出候事

一　藤野へ年始状仕出す、西京宇田、小藤〔孝行、宮内省御用掛、久邇宮御付〕、群馬真野へ同断

一　午前宮へ出勤す

一月一〇日

同月十日　晴

一　午前宮へ出勤す

一月一一日

同月十一日　晴

一　午前宮へ出勤之上来る十四日開業式〔醱酵社、のち東京麦酒〕御来臨一件、桜井純造〔宮内省大書記官、皇居御造営事務局四等出仕、旧上田藩士〕より申出之次第、宮殿下へ御直に上申す

右浅田〔熙光、宮内省御用掛〕協議之上　両宮御出に決し即日上申す

一　本日宮内省集会定日に付参省す、御附中揃也
一　来る十八日御歌会御詠進御断り書面、宮内卿〔徳大寺実則〕へ宛て進達堤書記官〔正誼、宮内省大書記官兼皇太后宮亮〕へ差出置候事
一　各宮扶従懇会一件、浅田御附へ下官気附談決す、同人異義無之
一　午后宮へ出勤す、御建築所廻勤し本月御建築費請求延引之次第、出張所へ含置候事

家根改正葺御届

麹町平川町六丁目廿弐番地　三吉慎蔵

一　木造家根瓦葺　七坪五合

右者従来茅葺之処御布達に従ひ今般瓦葺に改葺落成致候に付実地御検査有之度此段及御届候也

右

十六年一月十一日　　三吉慎蔵

警視総監樺山資紀殿

東京府知事芳川顕正殿

右三枚当区長〔平松時厚〕調印之上東京府調査局へ郵便にて仕出候事

一月一二日

同月十二日　晴

一　徳大寺宮内卿より来る十九日案内状到来す
一　午前宮へ出勤す
一　工部省へ出頭、米岡退出に付毛利御邸へ伺として出頭す、夫より品川〔氏章、陸軍大佐〕、乃木〔希典、陸軍大佐、明治一六年二月五日より東京鎮台参謀長〕両家へ到る、品川不在、乃木面会之上各宮より之御使口上申入候事

一月一三日

同月十三日　晴

一　午前宮へ出勤す
一　午前警視庁東京府より家根改正葺検査として両名来る、依て為引合加藤立会相頼相済候事
一　毛利従二位殿〔元徳〕過日馬車より落馬之由に付、午後伺として参邸し嶋田〔誠介、毛利宗家出仕〕へ申入退出す

一月一四日

同月十四日　晴　雪少し

一　休暇に付在宿す

一月一五日

同月十五日　陰

一　午前宮へ出勤す、別に議無之、昨午后紅葉館にて醱酵社五回開業式被為成候由
一　本日宮内省集会定日に付参省す、御附浅田不参也

一　来る十九日宮内卿より招請に付参席可仕段、高松へ申入置候事
一　毛利御邸へ出頭す、従五位公少々御風気に付相伺候、先御異状被不為在候事

一月一六日

同月十六日　晴
一　午前宮へ出勤す
一　独逸公使〔カール・フォン・アイゼンデヒャー（Karl von Eisendecher）、特命全権公使〕参殿にて聖上御内覧云々内願之儀申出る
一　本月十三日、北佐久郡巡回先米熊より年始状来る、農務掛り免せられ、更に常務掛り兼商工務掛りを申付られ候由報知有之、尚又本月下旬頃帰県の都合加筆なり

一月一七日

一月十七日　晴
一　午前宮へ出勤之上御用向取調別に議無之依而直に工部省へ出頭、平岡大書記官〔通義〕へ面会し、洋館二階御間取仕切の都合申入置且和二階御品の都合是亦申入置候事
一　十二時前より梨本宮〔守脩親王〕へ七月以来十一月迄帳簿改正に付、夫々調印致候尚十二月より井関〔美清〕調印の引合に立会し、尚又諸勘定有金引合不残本日井関へ引合済之事

記

一　金弐万千参百四拾円参拾四銭九厘
右十四年度六月迄御蓄金精算之事
前条之通無異儀家扶鳥居川、家従竹原一同立会済也

一月一八日

同月十八日　晴
一　午前宮へ出勤す、伺之件無之
一　宮内省集会定日に付参省す、御附浅田不参也
一　来る廿六日金曜、故伏見宮御講義初三時より直に紅葉館へ御招請之由、柴山〔典、宮内省御用掛、旧久留米藩出身〕御附より承候事
一　午后麻生三郎来る
各宮扶従懇親会、伏見宮津田〔宗元、伏見宮家扶〕打合尚浅田へも異議無之由、右は兼て下官尽力致候故一応申入、明後廿日可致由示談に付明日上申致し、一会金拾円被下候ことに可相決尤一ヶ年二度相定め可申事
此次第上申済拾円宛被下候事、右御手元御贈与出の事、両扶へ達す
前条今会の儀は、伏見、北白川両宮のみ、此訳は是迄懇会仕来りに付当度発会致し、是迄の懇会へ各宮追々申合加入可仕積り之由なり

一月一九日

同月十九日　晴
一　午前宮へ出勤す
一　午後三時より宮内卿徳大寺殿より於紅葉館晩餐招請に付参席す、能三番外に仕舞等有之
一　当宮殿下被為成候事

一月二〇日

同月二十日　晴
一　藤井〔希璞、宮内省御用掛、内閣少書記官〕宅へ昨日の尋問旁到る、別に異情無之
一　午前宮へ出勤す
一　近藤由一〔彫刻家〕当宮御像本日取懸之由承知す
一　午后より伏、北両宮扶従懇会に付、浅田、三吉両御附招請に依て、三王社内川八支店へ抵る

一月二一日

同月廿一日　晴
一　本日休暇に付在宿す
一　午前梶山氏〔鼎介〕来る、右は廿七日夕刻より招請可致談に付、参席のことに答置く

一月二二日

同月廿二日　晴
一　午前宮へ出勤す
一　本日宮内省集会定日に付参省す、浅田不参なり
一　十二月中勘定帳簿桜井へ出置候事
一　午后宮へ出勤之上廿六日宮内卿御招請一件差支の段、夫々　宮へ上申す、別に伺之件無之
右之次第に付、廿六日紅葉館にて御発会御招請之事
一　午後独逸公使館へ　宮御方被為成候節、皇帝〔ヴィルヘルム一世〕御弟〔フリードリヒ・カール・アレクサンダー・フォン・プロイセン（Friedrich Carl Alexander von Preußen）、フリードリヒ・ヴィルヘルム三世（Friedrich Wilhelm Ⅲ）三男〕過る廿日薨去之由電報有之候段御承知にて御帰殿、右に付宮内省へ参省之上長田〔銈太郎、宮内省権大書記官、太政官権大書記官、式部寮御用掛〕へ電報御序之節北白川宮より其中へ御加筆御都合相成間敷哉之段尋問候処、香川少輔〔敬三、宮内少輔、皇后宮大夫〕へも示談相成右は聖上より之御序に御加筆と申訳にては御不都合に付、宮より別に御仕立可然との答、尚亦外務卿〔井上馨〕より申出も有之候はゞ、宮内卿の意見を相伺可申由に付前条の次第　宮御方へ上申す、尚明日重て聞合可仕段も上申す

一月二三日

同月廿三日　晴

一　午前宮へ出勤す、夫より宮内省へ参省之上宮内卿へも昨日の次第相伺候得共、御序と申す訳にては御不都合に付宮之思召次第直に御電報有之候方可然との答、尤御書面に相成候而も別に御不都合は有之間敷との儀も伺取置候事

前条之次第　宮御留守中に付、麻生〔三郎〕へ申入置候事

一　皇太后宮〔英照皇太后〕本日御誕辰参賀として青山御所へ十一時藤井同道にて出頭す、酒饌下賜候事
但通常礼服着用なり

一月二四日

同月廿四日　雪 午前より

一　午前宮へ出勤す、別に異儀無之又伺の件も無し

一月二五日

同月廿五日　陰 雨少々

一　午前宮へ出勤す、別に議事無之、夫より本日宮内省集会定日に付参省す、藤井、柴山、武田〔敬孝〕、浅田不参也議無之

一　服部〔潜蔵、海軍中佐、旧長府藩士〕へ見舞として抵る

一月二六日

同月廿六日　陰 雨

一　午前宮へ出勤す、別に議事無之、午後又出勤す、夫より伏見宮に於て根本先生〔通明、漢学者、旧秋田藩儒〕御講義御発会御設相済、直に於紅葉館根本、金子先生〔堅太郎、法律学者〕始め一統へ　三宮より御酒被下候、右小松宮〔彰仁親王〕御引受之事
但佐々木〔高行〕、松浦、中村〔修〕、柴山不参なり

一月二七日

同月廿七日　晴

今廿六日午后九時三十分権典侍千種任子分娩皇女〔増宮章子内親王、明治天皇第四皇女〕御降誕被遊候条此段申入候也
十六年一月廿六日　宮内卿徳大寺実則
三吉慎蔵殿

一　午前宮へ出勤す

一　当宮御方
皇女御降誕に付、午前御参賀相成候事

一　正午洋服黒通常にて左之通
皇女御降誕に付
北白川宮御息所より恐悦被申上候

三吉慎蔵

右之通相認め、宮内省へ参省之上、児玉書記官〔愛二郎〕へ御先例之振を以て御息所御名代相勤可然哉と照会之上、当番足立書記官〔正声、宮内省権大書記官〕へ申出置候事

一 未た参賀御達は無之候得共、自分恐悦手礼を以て同書記官へ申出候事

一 退去掛け伏見宮出頭之上参賀の次第浅田へ申通の儀、麻生へ相頼候事

一 午后梶山氏より招に付至る

従五位公、品川〔氏章〕、乃木、下村〔修介〕、荘原〔好一〕、石津〔幾助〕、前田一同なり

一 御降誕に付、三日の内参賀之儀達有之

一月二八日

同月廿八日　晴

一 午前九時より築地近源亭にて懇親会

従五位公、三太郎様〔毛利元雄〕御出席各出る、向後永続懇会、尚又質素を旨とし、是迄通りの出金にして余金を積立置き難事ある者へ助力可致ことに議決し、毛利御邸拝借の儀御聞済に付向会より御邸拝借之事

一月二九日

同月廿九日　晴

一 宮へ出勤す

織君様〔景子、伏見宮邦家親王妃、鷹司政熙娘〕昨夕御所労にて御帰殿相成候段承り右に付

伏見宮へ御伺として参殿す、追々御快方之由也、夫より本日宮内省集会定日に付参省す、藤井、柴山、浅田不参なり

一 御降誕に付、進献物先例之通有、伏両宮の内にて取計方之儀を談す、伏見宮家扶津田出省に付談置候事

右津田より書面来る、有栖川宮に於て取計進献之段申来候事

一月三〇日

同月三十日　陰　夜雨

一 孝明天皇御例祭に付休暇也

一 小松、北、伏三宮午后より横浜表へ有栖川宮〔熾仁親王〕御帰朝御迎として被為成、御都合に依り御一泊相成候段、本日宮内卿へ御直達相成候由、麻田より申来る

一 米熊より過る廿七日出、廿二日帰県且先般送物請書申来る、外に水川氏より内頼の儀申来る

一月三一日

同月三十一日

来る二月一日

皇女御命名に付、通常礼服着用午前十時参賀可有之此
段相達候也
十六年一月廿九日　宮内卿徳大寺実則
正七位三吉慎蔵殿
追而御祝酒下賜候事
一 午前宮へ出勤す
一 宮御方昨夜横浜へ御滞相成候御都合に依り、明朝御帰殿の筈なり

二月一日

二月一日
一 御降誕御命名に付、午前十時参賀す
右に付、御酒饌下賜候事
一 章子《フミ》
増宮《マス》
右　勅書御命名也、宮内省にて拝見す
一 毛利御邸へ伺として出頭す

二月二日

同月二日　暁より大雪
一 今暁宮より使有之
一 有栖川宮昨夜十時横浜へ御着船、夫より三時前御帰殿相成候由、右に付、当宮御方直に有栖川宮御邸へ被為成候事
一 右有栖川宮御着恐悦として参殿、山本家扶へ申入候事
一 午前宮へ出勤す
一 品川大輔〔弥二郎〕帰京に付見舞旁尋問す、不得面会候事

二月三日

同月三日　晴
一 午前宮へ出勤す
一 本日於紅葉館少将以上、小松、伏見、北白川三宮より御招請之事

二月四日

同月四日　晴
一 本日休暇に付在宿す

二月五日

同月五日　陰
一 午前宮へ出勤す
一 昨日平岡建築費金云々示談之事
右に付　宮殿下へ条公現場御覧の御都合上申す、尚御出之期限は不日可申上ことに添て申上置候事
一 宮内省集会定日に付参省す
一 午后毛利御邸へ出頭す

佐野善介〔長府毛利家勤務〕進退一件、梶山、荘原協議す、
右者
従五位公思召且又当人之決着次第にて御決し、可然こと
に答置候事
一　御買入地門之都合地所荘原一同見分す
右は夜に入り帰宿す

二月六日

同月六日　晴
一　午前宮へ出勤す、夫より御悔御機嫌伺として
伏見宮へ参殿し、午后二時過き退出す

二月七日

同月七日　朝より大雪、但近年稀なる積雪道路不通なり
一　来る十一日
紀元節に付、午前十時三十分酒饌下賜候に付、大礼服着
用参賀可仕段御達有之候事
一　午前宮へ出勤す

二月八日

同月八日　雪　午後止む　但本日も道路不通
一　宮内省集会定日に付参省す、浅香〔茂徳、宮内省御用掛、山階宮御附〕のみ、柴山断り、本日は大雪に付、御埋葬御都合等伺旁なり
一　午后宮へ出勤之上
伏見宮御仕向万端之儀、麻生申合候事

二月九日

同月九日　晴
一　午前宮へ出勤す、夫より　故昭徳御方〔徳川瑛子、水戸徳川家一一代徳川昭武正室〕本日正午御出棺豊島岡へ御埋葬に
付、御途中御埋葬御名代として馬車にて藤井、柴山、三
吉、浅香、井関参り候事
右に付於宮御弁当頂戴す、御埋棺相済み四時帰宿す、尤
宮へ参殿の上御名代相勤候段申出置候事

二月一〇日

同月十日　晴
一　昨金曜日御講義御延引なり
一　午前宮へ出勤す
一　殿下より延太郎〔麻生延太郎、北白川宮家従〕家従上申の儀
御沙汰に付、早々其取計可仕段御請す

二月一一日

同月十一日　晴　寒気強く三十五度也
一　午前宮へ出勤す、別に相変儀無之

一　午前十時三十分
　紀元節に付参賀す、御祝酒下賜候事

二月一二日

同月十二日　晴
一　午前宮へ出勤す
　多田王御方御不例に付御伺申上候、吉田〔周利、医師〕参殿先御快方之事
一　本日宮内省集会定日に付参省す、御附中揃、尤児玉〔源之丞、閑院宮御付〕忌掛り也
一　皇族方御目途一件、各気附協議会来る十九日藤井控邸にて集会のことに決す
一　午后市兵衛町御邸へ出頭す

二月一三日

同月十三日　晴
一　午前　華頂宮〔博厚親王、華頂宮博経親王第一王子〕御違例之段御知せに付、書面麻生より相廻候、依て直に宮へ出勤す
一　浅田御附参殿にて十九日集会打合済之処、至急明十四日会する件示談に付、宮より直に藤井へ照会候処、繰合可申談答に付、此書面浅田へ廻し、柴山、児玉、浅香へ書面仕出、井関へも同断之事
一　華頂宮へ　御息所〔郁子、華頂宮博経親王妃〕御見舞として午后被為成候事
一　同宮へ下官儀も御伺として同時より参殿す、先御折合相成候段入々伺候て退出す
一　武田御附へ十四日至急集会之儀申入候得共、宮御違例に付断りなり
一　午后品川氏来宿にて来る十六日午后より従五位公御招請申上、就ては御陪席案内之事

二月一四日

同月十四日　晴
一　従五位公より午前御用向之儀御直書昨日到来に付出頭す、右は御随従の内進退一件也、詳細は追而荘原へ協議のこと御答申上置候事
一　午前宮へ出勤す
一　午后三時より元園町一丁目卅五番地藤井九二吉〔『賀具乃木実』著者〕方にて御附中集会す、武田儀は　華頂宮御不例に付、不参也
　右は　皇族方向後の御目的之儀衆議す、三宮御方より有栖川宮へ御懇談幷御附被召候都合可然ことに議決す

二月一五日

同月十五日　陰
一　午前　華頂宮御大切之段御報知に付即刻

宮御方被為成候、実は薨去也、右に付直に当宮へ出勤す、柴山御附参殿にて　小松、北白川両宮より宮内卿幷少輔へ御連名にして　親王叙品　宣下勲章御沙汰相成候上御発表の御都合御直書、且御附両人より細々申出候旨御認めにて右両宮へ御使柴山、三吉被差立、依而宮内省にて両人より御書面差出候処、卿輔直に申出御詮議に取掛り可申段答に付

一　両宮御方へ御答当宮にて慎蔵より上申す

一　昨夜集会之儀小松宮より御尋問に付、向後　皇族方之御目的何卒相立度志願よりして会し申候、尚此後たりとも気附之儀は其都度御伺不申上、内外とも気付尽力可仕儀も御座候間、其辺は不悪御聞済置被下度と申上候処、別に思召不被為在段伺置候、余は柴山より上申可仕と申上直に御席を去る、此時　御二方様御前也

一　午後宮へ出勤す

小松宮より　宣下之御沙汰有之候様御直に被仰聞、尚亦右之通御沙汰之上は停止儀杖兵等之儀夫々次第相立候様其向へ聞合可申段　両宮より御内含に付、直に宮内省へ参省の上香川少輔へ引合候処、其次第夫々相立候段答に付直に退出す

右之件々華頂宮へ出頭之上

当宮御方へ御直に上申す

一　伏見宮へ御親族の廉を以て御用召之上、左の御沙汰

博厚王　華頂宮

聖上御養子　親王

宣下三品に被叙之旨被仰出候

但伏見宮直に華頂宮へ御持参、夫より宮内省へ御礼として御参　内之事

二月一六日

同二月十六日　暁より雪　小雨

一　午前宮へ出勤す

一　宮内省より華頂宮御養子親王

宣下三品被叙之件御附宛にして言上之儀、書面有之

一　当宮智成親王〔伏見宮邦家親王第一三王子、北白川宮家初代〕御養子之節の書類取調差出候様、書記官より書面来る

右於当宮御養子之書類無之、御相続丈け之訳に付、別に書類無之段答出す

一　当宮御忌服忌三日、服七日の御届差出可申段上申す

華頂宮博厚親王薨去に付而者、当宮御甥之御続に付、左之通定式之暇服御受に相成候間、此段御届申上候也

北白川宮御附

十六年二月十六日　三吉慎蔵　印

宮内卿徳大寺実則殿

暇三日　二月十五日より同十七日まで

服七日　二月十五日より同二十二日まで

第三号

三品博厚親王昨十五日午后九時薨去被遊候

右告示候事

十六年二月十六日　太政大臣三条実美

第四号

三品博厚親王薨去に付、東京府下は本日より、其他の
地方は布達到達之日より三日間歌舞音曲停止せしむ

右布達候事

十六年二月十六日　太政大臣三条実美

別紙弐葉之通御達相成候に付、右写を以及御通知候、
依之持廻申付候也

十六年二月十六日　宮内省

有、山、小、伏、北、閑、華、梨

各令扶御中

一　午后三時より従五位公、欽麗院様〔毛利欽子〕、於暢様〔毛利暢子〕御一同品川大佐より御招請に付、家族一同招に依て出頭す

二月一七日

同月十七日　陰　晴

一　午前御用向に付参省す

博厚親王御埋葬之節　都君〔華頂宮博経親王妃郁子〕御方各御息所御送之次第、昨日鍋島式部頭〔直大、肥前佐賀鍋島家当主、元老院議官〕へ御尋問に付、本日橋本より左の答

東伏見宮には先宮御葬之節御送の例も有之又　御息所之儀は各宮思召次第何も差間無之儀と相心得、乍去総て宮内卿へ引合の上取極め可然との儀に付、尚又卿及ひ香川少輔へ引合候処左之答

一　父母たる御方は、先達而御会場に被為成候に決候事

一　各宮甥の御続には候得共、親王御同体之訳にして御送之御例にて被為成候儀、御差間無之と決候事

一　御息所には、都君御同様に先達而其御場所へ被為成候方御都合可然、尤此儀は　各宮方之思召次第、御同車にても御別車にて御送相成候とも、別に異儀無之と決候事、

前条之次第、夫々御直に再度上申致置候事

但御着服等之儀は、小松宮より御取調之由なり

一　梶山より書類云々之件上申す

一　午后華頂宮へ御伺として参殿す

一　来る二十日午前九時三十分御出棺御決之事

一　竹原帳簿所持にて当宮へ参殿に付、在勤中の見留め調印す

二月一八日

同月十八日　晴

一　辻正章〔浅間牧場顧問〕より預算取調、黒厳《ママ》〔黒巌有哉、浅間牧場主事、応桑村村会議員、明治一六年三月より郡町村連合会議員〕出京、辻面談協議致し其上動物等の上申万事決定可然趣照会、過日来の答書本日落手す

一　午前より梶山氏来る、清国事情尚又宮へ参殿等之儀協議す、且身上見込云々入々談話す

二月一九日

同月十九日　雨　夜大風

一　宮へ出勤す

一　壱斗取御鏡餅　一重

一　根付榊　壱対

　右宮御方より

一　色花　壱対

　右御息所より

　右者華頂宮へ薨去に付、御備之ことに相決す

一　宮内省集会定日に付参省す、御附中参省也

一　金七円五拾銭

　但華頂宮へ榊料、御附中より献備、藤井へ取計方浅田より照会のことに決す

一　明廿日御埋葬に付、四人乗馬車弐台川西にて買上、御附中同車之事に談決す

　但井関へ依頼之事

一　宮内少輔へ昨日小松宮、北白川宮より御下賜金云々の次第申出候処先般御改正之次第も有之其上
聖上、両皇后より　勅使御代拝御備物等夫々被差向候に付、皇族別段の御取扱は相立候故却て御下賜金と申候而は不都合也、尤御埋葬入費御仕払御不足の節は御繰合可相成段、両宮へ御答上申候様両宮より答なり

一　前条之次第、直に　当宮へ御直に上申す

一　小松宮へは柴山より同断

一　午后華頂宮へ参殿す

一　武田より明二十日
勅使御引受御礼等之儀示談に付御場所へ柴山出頭、御礼は三吉参省之事に受合置候事

一　午後より家族毛利御邸へ年頭として参邸す

二月二〇日

同月二十日　晴

一　午前七時半御附中北白川宮へ相揃、夫より馬車にて藤井、児玉、浅田、三吉、浅香、井関一同華頂宮へ参殿之上奉送、宮内書記官引続き御附中御列に加はり候事

　但総て大礼服なり

一　柴山御附御先着にて
勅使御引受之事

一　午前十時御出棺、午后三時過御埋棺相済候事
一　勅使参向之御礼御附武田代として三吉参省之上、麻見書記官〔義脩〕へ申出置候事
右相済宮へ出勤之上
宮御方へ御機嫌伺御直に申上候事

二月二一日

同月廿一日　雪
一　午前宮へ出勤す
一　本月九日
故智成親王御列祭日本日
仁孝天皇御例祭
右に付、思召を以て鰻飯被下之由にて宮より相廻り候事

二月二二日

同月廿二日　晴
一　午前宮へ出勤す、別に伺の件無之
一　宮内省集会定日に付参省す、御附の中浅田、武田不参也
一　一月分勘定帳簿児玉へ引合、直に桜井へ相廻候事
一　山階二品親王〔山階宮晃親王〕少々御違例の次第、御附浅香より含まて申入、尤昨日報知御快方之由、右上申の儀退去掛け麻生へ頼置候事
一　明廿三日金子御講義伏見宮にて御設之儀柴山より承る、上申の儀右同断

二月二三日

同月廿三日　陰　後雪
一　午前宮へ出勤す
一　梶山鼎介儀明廿四日午后二時拝謁被仰付旨御沙汰に付、同人へ報知御請申上候事
一　午后市兵衛町御邸へ出頭す
一　従五位公へ佐野進退一件、荘原へ協議の次第を上申す
一　三嶋〔任三郎〕進退一件、荘原気附可然ことに示談す

二月二四日

同月廿四日　小雨
一　午前宮へ出勤す
一　梶山鼎介午后二時より宮へ参殿す、御対面之上清国事情御尋問の事右に付出勤す

二月二五日

二月廿五日　陰

二月二六日

同月廿六日　陰
一　午前品川大輔宅へ尋問として到る、面会之上先般示談の

独逸国に而之始末一件再案の儀依頼す、且又
殿下御出勤云々彼是の都合入々示談す
一　宮殿下へ梶山鼎介より虎皮呈上に付、本日出勤之上御取
次差出候事
但同人へ御留置不取敢挨拶之儀書面仕出候事
一　宮御方へ御出勤不被為在段尚大眼着御見込等の儀入々御
尋問申上、猶又　殿下よりも色々御眼目之儀被仰聞候に付、
得と御勘考相成候様又重而御尋問可申上と止め置候事
一　行兵法の三件、文武兼云々御気付も伺置候事
一　宮内省集会定日に付参省す、御附藤井、浅田不参なり
一　来月二日御講義北白川宮にて御設之儀、柴山より談有之
候事
一　華頂宮御附武田五十日間参省用捨、右に付、三吉へ御用
弁相心得候様本日宮内卿より達に付、其旨武田へ報知之
儀書面仕出、麻生へ相頼置候事
但本文児玉より伝達なり

二月二七日

同月廿七日　雪少々　陰
一　午前宮へ出勤す
恒久王〔北白川宮能久親王第一王子、のちの竹田宮恒久王〕御方
少々御風邪に付、吉田昨夜御診察、尚本日池田〔謙斎〕
御診察之筈也

二月二八日

同月廿八日　晴　風
一　午前宮へ出勤す
恒久王追々御快方なり

三月一日

三月一日　雪
一　午前宮へ出勤す、別に議事無之、依て本日宮内省集会定
日に付参省す
一　金五円
右祖先盆正に季香花供養料として法華寺〔長府、三吉家菩
提寺〕へ寄付す

三月二日

同月二日　雨
一　午前宮へ出勤す、別に議事伺の件無之
一　午后六時揃七時御開講、根本先生当宮へ御設御講義有之、
依て御陪席す
但本月は当宮にて月番取計之事

三月三日

同月三日　陰

一　午前宮へ出勤す、別に伺の件無之
一　午后大島〔正人カ〕より家内中招に付抵る

三月四日

同月四日　陰　夕晴夜風
一　休日に付在宿す

三月五日

同月五日　晴
一　午前宮へ出勤す、別に伺の件無之、夫より本日宮内省集会定日に付参省す、浅田御附不参也
一　先般藤井御附別宅にて御附中　各宮方向来之儀有栖川宮御帰朝に付御懇会等之件々協議、集会費宮より御支払のことに談決す

三月六日

同月六日　陰　后晴
一　宮へ出勤す、洋館張附二階御間仕切等之儀、夫々相伺清水へ照会致置候事
一　市兵衛町御邸にて来る十一日懇親会之節向後の仕法後進組立協議之件々申合の為め品川、乃木、梶山、粟屋〔景明〕、阿曽沼〔次郎〕、倉光〔三郎〕、荘原一同会す

三月七日

同月七日　晴
一　午前宮へ出勤す

三月八日

同月八日　陰
一　午前宮へ出勤す、別に伺之件無之
一　本日宮内省集会定日に付参省す、御附之内藤井不参也、別に議事無之
一　二月中勘定帳簿児玉取締へ引合、桜井へ相渡す
　北白川能久親王殿下
　明治十六年二月亜細亜
　協会名誉会員に推挙す
　　会長　長岡護美〔細川斉護六男、元老院議官〕　印
　　副長　渡辺洪基〔旧福井藩医の子、元老院議官〕　印
右御承知に相成候事
一　宮内省より左の通
　皇族邸地坪数無制限之儀に付、別紙之通上申相成候末朱書を以て御指令相成候、付ては其宮御本邸地続き御私有地之分は、此際地種組換可相成筈に付、其坪数御取調、至急御申出可有之候、此段御通知方及御掛合候也
　十六年三月八日　　宮内書記官

北白川宮御附
三吉慎蔵殿
皇族邸地之儀に付再申
皇族邸地坪数之儀に付、客歳十一月十一日及上申候末
十二月廿八日付を以伺之趣第七十二号布告之通可相心
得、坪数制限の儀は、更に可伺出旨御裁令相成候に付、
尚篤と及再議候処、更に坪数制限相立候ては実際不都
合之次第も有之候間、自今　皇族私邸地は、坪数制限
無之事に御決定相成候様致度、此段及上申候也
明治十六年一月廿六日
宮内卿徳大寺実則
太政大臣三条実美殿
追而本文之通制限無之ことに裁定相成候上は、今後本
邸地続買入相成候節は、本邸地へ可組込心得に候、為
念此段副申候也
再申之趣聞届候事
明治十六年三月二日　印

三月九日

同月九日　晴
一　午前市兵衛町御邸へ出頭す
一　来る十一日集会之節従五位公より御助力金の件々、公へ
も入々申上置候事
一　宮御殿へ出勤す
一　昨日宮内省より掛合の坪数書面之次第
宮殿下へ上申の儀、家扶へ談置く
当宮御私有地坪数御届
紀尾町二番地三番地之内
一　九千九百六拾九坪
右者当御本邸地続き御私有一書之通に御座候間、此
段御届申上候也
北白川宮御附
十六年三月九日　三吉慎蔵　印
宮内卿徳大寺実則殿
前条の通相認宮内省へ持参之上、児玉大書記官見留印を
請、庶務課へ出す
一　午后七時開講、於小松宮金子御設に付、参殿す

三月一〇日

同月十日　晴
一　午前宮へ出勤す、別に議事無之

三月一一日

同月十一日　風
一　午前より懇親会に付、市兵衛町御邸へ出頭す
一　幹事乃木世話掛り四名荘原、粟屋、倉光、佐野本日相決す

一　金百円
　右従五位公より毎年初会に被下ことに相決す

三月一二日

同月十二日　晴

一　午前宮へ出勤す、夫より宮内省参集定日に付参省す、浅田不参、別に議なし

三月一三日

同月十三日　雨

一　午前宮へ出勤す、二階便所引合清水へ談決す

一　栢貞香より投書、別に相変儀無之

三月一四日

同月十四日　晴

一　午前宮へ出勤す、別に議事伺の件無之

三月一五日

同月十五日　晴

一　午前宮へ出勤す

三月一六日

同月十六日　雨

一　午前宮へ出勤す、別に議事伺の件なし

三月一七日

同月十七日　晴

一　午前宮へ出勤す

三月一八日

同月十八日　晴

三月一九日

同月十九日　晴

一　午前宮へ出勤す

三月二〇日

同月二十日　雨　午后雪

一　午前宮へ出勤す

一　市兵衛町御邸へ出頭す、別に異儀無之、出金夫々佐野善介へ相渡す

一　午後福原老人〔朝顕、福原和勝父〕来宿にて、来る廿三日故大佐〔福原和勝〕忌日案内あり

三月二一日

同月廿一日　陰

一　春季皇霊祭休暇なり

一　午前梶山宅へ至る、右は来る廿三日故福原大佐祭日に付、三時より会すること、尚従五位公同日御出之儀、明日可申上と引受候事

一　泉〔十郎、野々村勘九郎〕、有川〔恒槌〕、熊野〔直介、則之〕碑一件申合云々の件、梶山より談有之、福原相続人出京の件有之候事

一　来る廿八日於紅葉館御宴会被催候に付、午后二時頃より同所へ被召候案内の書面御附藤井より来る

三月二二日

同月廿二日　晴

一　午前宮へ出勤す、別に伺の件無之、夫より宮内省集会定日に付参省す、御附之内浅田不参也

一　有栖川宮より廿八日御招請に付、御請藤井へ申出置く

一　午后市兵衛町御邸へ出頭す

三月二三日

同月廿三日　晴

一　午前宮へ出勤す

一　本日伏見宮に於て根本氏御講義御設之処、福原祭日に付宮殿下へ参席御断申上候事

一　午后福原故大佐祭日に付、拝礼として献供壱円持参す

一　従五位公幷乃木大佐、品川大佐、梶山少佐、下村修介〔陸軍省勤務〕、小笠原武英〔宮内省一等属、旧清末藩士〕、荘原好一、村野報介〔海軍技師〕、諸葛小弥太、大庭景明、大庭景一〔大庭伝七長男〕、村上、原田〔政佳カ〕、参会、午后十一時半帰宿す

一　吉弥《ママ》〔福原佳哉、福原和勝養子〕出京之事

一　泉十郎、有川恒槌、熊野直介一件協議す、大庭景明書記の筈なり

一　梶山氏より於鏻様〔毛利鏻子〕御進退云々公より御示談之件承る

三月二四日

同月廿四日　晴

一　午前宮へ出勤す

一　午后三太郎様御出、三嶋随従也

一　夜に入乃木、梶山の両氏来る、依而泉始め碑建立一件、先達て君公より御発言可相成次第、夫々気附打合候処、可然ことに談決す

一　於鏻様一件再案を加へ可申ことに談置候事

三月二五日

同月廿五日　雨

一　本日休暇なり

一　午後市兵衛町御邸へ出頭す
従五位公へ泉、有川、熊野の三名へ復古以来未た御施行無之、依て今般思召を以て碑建立御寄附金之儀明日乃木大佐へ思召之旨被仰聞、尚追々其取計品川、梶山申合可致ことに御決定之事
一　公へ　於鏻様御一身上之件々得と御示談有之度、尚又各申合何分の儀取計可申事に上申す
前条之件荘原氏へ申談置候事

三月二六日

同月廿六日　晴
一　午前宮へ出勤す、別に伺議事等無之
一　本日宮内省集会定日に付参省す、御附中揃なり
一　福原故大佐詩作染筆一枚大庭景明より送達、伊藤持参に付受取る

三月二七日

同月廿七日　晴
一　午前宮へ出勤す、別に議事なし

三月二八日

同月廿八日　雨
一　午前宮へ出勤す
一　午后二時頃より芝紅葉館へ有栖川宮より御招請に付、三時同所へ参上す

三月二九日

同月廿九日　晴
一　午前宮へ出勤す
昨日児玉御附へ御茶室一件聞合候次第宮殿下へ御直に上申す
右之外議事伺の件無之
一　宮内省集会定日に付参省す、藤井、浅田不参なり、別に議事無之
一　宮内卿へ御直に伏見宮へ本日表向伺出置候に付、御答次第早々御相続願進達可仕ことに申出置候事
一　午后有栖川宮へ昨日の御礼参殿の上家扶山本へ申入置候事
一　午後御附浅田来る、本日華頂宮より御出願之儀伏見宮へ相伺候処、御差障被為在旨御答有之、右に付明日御双方御願書差出可申ことに申入置候事
右武田へ至り申入候処、同人不在に付帰宿す
一　久邇宮栄子女王〔久邇宮朝彦親王第二王女〕御方本日御着京、小松宮へ御引受、夫より華頂宮にて御滞在之事
右当宮多田王御方小松宮にて御対面、新橋へは山本老女御迎之事

三月三〇日

同月三十日　晴　風

一　午前宮へ出勤す

一　左之通御出願有之筈なり

能久等

先年来同志を会し、独逸学拡張之目的を以て本会を設立し、既に出板する所之書籍別冊目録之通夫々献納致候向も有之候処、此際に於て特別之御庇護にも相預り候は丶、会員一同感佩に堪えす、一層奮発勉励に立到るへく存候間、特別　思召を以て相当之御恩賜有之候様御執成被下度、此段奉願候也

明治十六年　　月　　二品能久親王

独逸学協会々長

宮内卿徳大寺実則殿

一　楫取県令出京に付尋問として至る

一　第九号黒巌有哉より伺の件楫取氏へ打合候処、右は現町歩の儀は追而にて先見渡しを以て引合可然ことに談有之候事　此分三十一日答書出す

三月三一日

同月三十一日　晴　風

一　午前宮へ出勤す

一　独逸学協会御下賜金御願書　宮へ御覧に入、尚凡金員桂〔太郎、陸軍大佐〕へ打合、直に差出候様本日御決し、伺置候事

一　児玉大書記官より談有之出頭の儀申来、左の通

三品博厚親王先般薨去に付、御相続之御方も不被為在候処、伏見宮御儀は、故博経親王〔華頂宮博経親王、伏見宮邦家親王第一二王子〕之御実家に付、同宮愛賢王〔華頂宮（伏見宮）博恭王、伏見宮貞愛親王第一王子〕御方御相続人に御貰受之儀、故博経親王御息所郁子御方御願立相成候間、此段上申仕候条、何卒御情願之通御許可相成候様御執　奏奉願候也

明治十六年三月三十日　武田敬孝

華頂宮御附

先般三品博厚愛親王薨去被遊候に付、当宮御庶子愛賢王御方相続人に御貰受被成度、故博経親王御息所より御所望相成候処、従来深き御続合も被為在候儀に付、御差遣被成度候条、此段宜御執　奏之程奉願候也

明治十六年三月三十日　浅田熙光

伏見宮御附

右願書両宮御附へ引合夫々取計置候事

一　平岡氏より来書、御建築金額追々清算之処、残金は先つ壱万円となる見込の段申来る

一　栢貞香帰京に付、夫々諸引合書面勘定書各家より送物等
　持参に付、引合落手す

四月一日

四月一日　晴　風少々

一　午前桂大佐宅へ到る、面会之上独逸学協会御出願金員等の儀を示談す

一　北白川宮へ参殿す、御不在に付明朝相伺候ことにして退出す

一　本日市兵衛町御邸春季御例祭に付参拝す、右玉串料金五拾銭献備之事

四月二日

同月二日　晴

一　午前宮へ出勤す

一　宮内省集会定日に付参省す、御附中揃也

一　独逸学協会御下賜金本日御出願の次第、尚金員千円より七百円迄の都合桂より示談之儀も添て右宮内省へ上申す
御願書は口上相添、児玉大書記官へ差出候事

一　来る七日博愛社集会、且宴会之儀書面来る
右当日差間に付、柴山へ断出之儀一同依頼す

　　　博愛社

皇后宮
思召を以自今年々金参百円下賜候事
　明治十六年三月廿七日　宮内省
右之通恩命を拝候間不取敢及御通知候也
　四月一日　　博愛社事務所

一　明三日大臣方を当宮へ御引受の由に付、宮殿下より条公の御都合御尋問に付御差支不被為在段、尚又御建築費御不足に付先御中止の次第御都合に依り明日御直談の儀上申す

一　午后村田彦右衛門来る

四月三日

同月三日　陰　后雨

一　神武天皇御例祭に付、一般国旗を揚け休暇之事
右に付在宿す

一　三大臣御懇会毎月一度被為在、本日於小松宮御談会被為在候事

四月四日

同月四日　昨夜半より大風雨

一　午前宮へ出勤す

一　辻正章出京に付宮へ参殿、面談之上応桑村事業目途の儀、夫々示談之上左の通決す

一　金千円宛

但毎年下渡し黒嶺〔黒巌〕始め雇人月給実地施行幷に
雑費迄一式、一つ書の金員にて皆相弁可申、右之外下
金之儀申出候ても渡方不致候に付、見込相立候ことに
辻正章へ談決す
一　前条之通家扶両名申合取極め候事
一　右　宮殿下へ上申す、且又来る九日岩山、辻両氏御招請
之儀相伺候而其取計致候様麻生へ談決す
一　黒嶺〔黒巌〕有哉へ出京之儀郵便仕出候事
一　明治十六年一月より始め、来る二十年迄を第一期と定め
置候事
但毎年金額増減無之定也
一　一期中の益金は宮へ収納不致地所施工費に相加可申事、
又何程の見込有之とも定額金の外決て不相渡候事
右一期毎に施行方法仕組可致、先着手精行迄は、毎年紙
幣千円宛の目途にして、益金取立の分は、其高を以て事
業費仕払のことに、概略辻氏へ談置候事
右は本日協議なり
一　本月一日
宮殿下御誕辰之処御延引、本日御祝に付赤飯酒饌料被下
候事
一　御到来の酒五升御配分被下候事

四月五日

同月五日　晴
一　午前宮へ出勤す
一　宮内省集会定日に付参省す、浅田不参也
一　宮内卿へ過日　山階宮〔定麿王、のちの東伏見宮依仁親王〕
御縁談一件、当宮へ上申御承知相成候段申出置候事
前条の外別に議無之
一　市兵衛町御邸にて御奥様〔毛利保子〕御分娩御男子〔毛利
邦樹、毛利元敏三男、のち男爵福原実を継ぐ〕御出生之段、荘
原家扶より報知書来る

四月六日

同月六日　陰
一　午前宮へ出勤す
一　正午御陪食御参
内被遊候事
一　午后市兵衛町御邸へ御誕生恐悦として出頭す
一　林文同方へ暇乞として至る

四月七日

同月七日　陰
一　午前宮へ出勤す、別に議なし
一　盃　二箱
右西京村田寂順より送来る

一　鳥餅料
　金壱円五拾銭
右被下候に付御廻し申候也
　四月七日　　華頂宮家扶
　　三吉慎蔵殿

愈御安祥被成御奉職奉恐賀候、然者先頃来御繁務中、彼是御配慮、御苦労被相掛、於奥向も御満足被思召候、左之通御送達仕候様被申出候間、為持候御受納有之度候也
　四月七日　　武田敬孝
　　三吉慎蔵様

一　金七円五拾銭　壱封
一　同参円　　御肴料
一　同壱円五拾銭　酒饌料
　右

前書之通、華頂宮内相浦湊御使を以て被下候付、参殿之上御請可申上段相答、武田封筒に見留印押し差返候事

四月八日

同月八日　晴
一　午前華頂宮へ昨日頂戴物の御請御礼として参殿す、御逢被仰付候事
一　同宮家扶より武田氏へ被下物の儀示談に付、明九日宮内省へ出頭之上決議のことに答置候事
一　交肴　一折
　右市兵衛町御邸へ御誕生御歓として差出候事

四月九日

同月九日　晴
一　午前宮へ出勤す
一　宮内省集会定日に付参省す、浅田不参、小藤出頭す
一　高知県武知半兵衛〔マヽ〕〔武市半平太、瑞山、土佐勤王党盟主〕へ碑建設に付、思召金御下賜之儀小藤より申出候事
一　楫取県令本日帰県に付、暇乞として至る
一　午后宍道へ家内中案内にて抵る

四月一〇日

同月十日　晴
一　午前宮へ出勤す
一　宮内省より御用有之、本日午前十時出省之儀申来り参省す、則左之通
　　　　　　　　　　　　独逸学協会
　其会設立之趣被
　聞食金五百円下賜候事
　　明治十六年四月十日　宮内省
右御礼宮内卿へ申出取下け之上　宮殿下へ上申す

一　三月中勘定帳簿本日出納課にて高木へ相渡置候事
一　来る十三日より野営の場所へ御出張之儀御沙汰有之、右に付侍従一名被差添候事

四月一一日

同月十一日　晴
一　午前宮へ出勤す
一　市兵衛町御邸へ出頭す
一　一昨九日夜市兵衛町御邸へ盗賊忍入候て、刀一本盗み去り、別に異儀無之とのこと也

四月一二日

同月十二日
一　午前宮へ出勤す
一　辻正章午後より出立、右に付宮へ参殿す、先概略見込の儀、波多野聿〔ママ〕政〔平政、浅間牧場主監、下総御料種畜牧場長〕、黒嶺〔黒巌〕申合、尚又黒嶺〔黒巌〕下総へ出張実地にて夫々申合委細取調可申との談也、第一本年よりの施業は馬四頭払下け相願、六月頃に実地へ相廻し可申治定也、右予算相立総て月給又は雇入人諸費等之儀も千円之内にて仕払のことに決談取極め置候事
一　金参円
但辻正章へ出立に付、御挨拶として被下候事
一　宮内省集会日に付参省す、浅田不参也、別に議なし

四月一三日

同月十三日　晴
一　午前六時　当宮埼玉県地方へ近衛演習に付、小松宮御一同被為成候に付、参殿之上御見送申上候事
但山本喜勢治随行なり
一　午后より桂、野田、宍道家内中招請致候事

四月一四日

同月十四日　風
一　午前宮へ出勤す、別に議なし
一　午後桂氏来宿、来る十二日十二時より独逸学協会之事又梶山少佐来宿也

四月一五日

四月十五日　雨
一　本日休暇に付在宿す
一　午前佐竹小三郎〔旧長府藩士〕過る十二日着京の由にて来宿也

四月一六日

同月十六日　陰

一　午前山県参議〔有朋、参事院議長〕宅へ出頭す、不得面会退去す
一　宮へ出勤す
一　宮内省集会定日に付参省す、藤井、浅田不参なり
一　来る十八日午后一時
皇后宮より御息所御召相成候に付、上申致置候様香川少輔より談有之、尚書面仕出方之由、若し雨天の節は十九日之事
一　御当日御献上物等の儀は　有栖川宮へ伺之上御依頼之事に柴山御附より取計の儀談決す
一　午后四時より山県卿宅へ至る、過日来御出勤云々桂大佐へ協議するの件　有栖川宮、山県卿御尋問相成候末、尚有栖川宮へ慎蔵御直に上申致し事情詳細可申上とのことを山県卿より談有之、尤両三日見合　有栖川宮より御呼出無之候はゝ、御附藤井へ申入可然との差図を承る、其他色々内密の事情談合にて退出す

四月一七日

同月十七日　晴
一　午前宮へ出勤す
一　明十八日午后三時頃　二品宮御面会被成度旨、御附藤井より書面を以て申来る

四月一八日

四月十八日　晴
一　午前宮へ出勤す、別に議事無之
一　午後一時より
皇后宮御召にて御息所御参内被為在候事
一　有栖川二品宮より御面会之旨御沙汰に付、午后三時より参殿す
一　当宮御儀御出勤云々　殿下より　有栖川宮へ被仰入、同宮より之御答、尚又山県参議へ入々御示談の次第且又是迄の事実を本日御尋問に付、是迄気附上申之次第入々有栖川宮へ申上、此上は御出勤相成候様精々御取計のことに御依頼申上、猶下官よりも御勤め可申上ことに被仰聞候事
一　御内輪向之御事情御尋問有之候事
一　河村〔ママ〕〔川村〕正平より申上候件は、同人口外不仕候様被仰聞候由なり
一　色々厚く御尽力之次第御内々相伺候事
右に付、下官よりも色々御依頼向后之処申上置候事

四月一九日

同月十九日　陰

一　午前宮へ出勤す、別に異儀無之
一　杉大輔〔孫七郎〕本日午前八時横浜発の汽車にて着京の処出迎間に不合、依て宮内省にて面会、長崎書記官〔省吾、宮内省権少書記官〕同断、夫より本日宮内省集会定日に付相会す、浅田、児玉不参也
一　昨日御息所御参内之御礼児玉書記官へ申出置候事
一　長崎書記官より賀田貞一同船之由承候事
一　正午過賀田氏着京直に来宿之事
一　杉大輔宅へ歓として至る、申置にて退出す
一　杉大輔帰朝に付、当宮より不取敢着歓の御使有之、右御祝物品は追而御帰殿之上と麻生へ達置候事

四月二〇日

同月二十日　雨
一　午前鳥山氏へ出京に付尋問面談す
一　米熊事実際の勤務得と承候事
一　宮へ出勤す、但午前なり

四月二一日

同月廿一日　陰
一　午前宮へ出勤す
一　十一時過き山尾参事院〔庸三、参事院議官〕、平岡大書記官、中井洋人一同に御建築所見分に付立会す

四月二二日

同月廿二日　陰
一　午前宮へ出勤之上、御直に過日　有栖川宮へ被為召御出勤之件、夫々御出に相成候様上申す、尚亦万事御厚情之段入々申上、就而は　当宮よりも親く万々御示談可然ことに上申候事
一　午后品川氏へ到る、市兵衛町御邸諸締向色々談有之

四月二三日

同月廿三日　陰
一　午前宮へ出勤す
一　聖上本日午前八時より古《ママ》〔小〕金井へ御遠乗に付、当宮御供奉にて被為成候事
一　本日宮内省集会定日に付参省す、柴山、児玉不参也
一　杉大輔来宿なり

四月二四日

同月廿四日　晴
一　宮へ出勤す
一　杉大輔宅へ軸物持参す
一　福原老人へ明廿五日市兵衛町御邸より御招の事を申入る

一　小笠原氏不快に付尋問す

一　高輪毛利殿〔毛利元徳〕へ御悔として出頭〔明治一六年四月九日毛利順明（毛利敬親養子）死去〕、御奥様〔毛利安子〕へ御逢申上候事

一　独逸国より国書奉呈として公使参朝に付午前十時　当宮御参内之事

四月二五日

同月廿五日　陰

一　午前宮へ出勤す

一　午后四時より市兵衛町御邸御部屋様より御招に付、家族中参邸す

四月二六日

同月廿六日　晴

一　午前宮へ出勤す

一　作間書記官〔一介〕より、来る三十日於紅葉館午后四時より三条公例年の通親友会御設に付、参席の儀申来、依て参上可仕段答書す

一　端午御内祝の一件小笠原より再答之趣麻生へ申入置候事

四月二七日

同月廿七日　晴　風

一　午前宮へ出勤す

一　午后三時より柳嶋橋本方にて乃木、品川、鳥山、梶山、三吉、石津、倉光、桂弥一御招に付参会す、従五位公被為成、荘原随従なり

四月二八日

同月廿八日　陰

一　午前宮へ出勤す

一　宮殿下より御直に昨日　有栖川宮より過日来御出勤之件御示談被為在候旨、入々相伺候事

一　午后大嶋家族中、楫取通明〔ママ〕〔道明、楫取素彦二男〕家内〔美寿子〕を招請す、且賀田一同相招き候事

四月二九日

同月廿九日　小雨

一　日曜休暇なり

四月三〇日

同月三十日　陰

一　平岡営繕局長来宿にて、杉大輔へ宮御建築之増額金御吟味の件、入々申入置候に付、尚其含を以て示談可致との事也

一　午前宮へ出勤す、別に談議無之
一　宮内省集会定日に付参省す、御附中揃、別に議事無之
一　退出掛け山県参議へ途中にて面会、当宮御出勤之件有栖川宮より御移り、尚同参議参殿の都合に候得共、本日にも相運候間、其上にて参殿之由に談有之候事
一　午后市兵衛町御邸へ過日の御礼として出頭す
一　荘原より過日談合の森山、荒井へ御挨拶相済候由承る
一　午后四時より三条公旧友会於紅葉館御設に付参席す、右に付出金弐円五拾銭之辻当会より割方相定候事

五月一日

五月一日　晴
一　午前宮へ出勤す

陸軍歩兵大佐能久親王
参謀本部出仕被免候事
明治十六年四月廿八日　陸軍省

陸軍歩兵大佐能久親王
補戸山学校次長
明治十六年四月廿八日　陸軍省

右は昨日即刻御用之処、離宮へ御召中に付、封書にして御直宛に而御達之段、本日拝誦す
一　本日午前陸軍省へ御請として御参省、夫より戸山学校へ被為成候事
右に付宮内省へ届書出す、但児玉へ申入る也
一　政体政党論
右元老院開板に付　宮殿下へ呈上之由、城多薫〔董、元老院権少書記官〕より書面添にて来る、依て御手元へ進呈致候事

五月二日

同月二日　陰
一　杉大輔宅へ出頭之上御建築増額金申立の儀入々照会す、先つ三万円丈けは取計の見込余は難調噂なり、尚不日平岡一同得と御場所拝見可仕との談にて退去す
一　午前宮へ出勤す、別に議なし

五月三日

同月三日　小雨
一　午前宮へ出勤す
一　宮殿下へ拝謁す、増額金の件杉大輔、平岡書記官一同御建築実際見分之上入々協議致度段申上置候事
一　本日宮内省集会定日に付参省す
一　工部省営繕局へ出頭、平岡氏へ面会す、右は増額一件に付早々内部取調書致し候上、杉大輔実際見分申出のことに談決す

五月四日

同月四日　陰　小雨

一　午前八時半宮へ出勤之上、御直に保勝会へ御出金一件、先般皇典講究所の見合を以て御寄附相成度気附の儀上申す、且又年賦御出金等の議〔ママ〕も有之如何可然哉と上申候処、其辺は得と申合之上取計致候様被仰聞候事

一　吉田へ診察を請候事

五月五日

同月五日　陰　小雨

一　午前宮へ出勤す

一　午后市兵衛町御邸より御内祝に付、御招請に依出頭す右に付、鰹節預り五拾銭持参す

五月六日

同月六日　晴

一　休日に付在宿す

一　午後菅野氏〔覚兵衛、海軍少佐（非職武官）〕来宿なり

五月七日

同月七日　晴　午后雹

一　午前宮へ出勤す

一　本日宮内省集会定日に付参省す、藤井、浅田不参也、別に議なし

一　行幸之御都合聞合は十日頃に再伺之事

五月八日

同月八日　晴

一　午前荘原氏来る

一　豊栄神社御資金磯村〔定之、内務省社寺局五等属〕より示談の都合に相認め、近藤大書記官〔幸正、山口県大書記官〕へ本日持参の筈なり

一　豊永氏より生徒集金之儀書面承知す

一　細川、三吉取調子之都合に談置、追て何分の儀申合の筈なり

一　午前宮へ出勤す

一　故円珠院御忌例之通と有之、宮より被下候事

五月九日

同月九日　陰

一　午前宮へ出勤す

五月一〇日

同月十日　雨

一　午前宮へ出勤す

一　本日宮内省集会定日に付参省す、藤井、浅田不参なり、
　別に議事無之

五月一一日

同月十一日　雨
一　午前宮へ出勤す
一　応桑村牧畜場、称号を浅間牧と相唱候儀、楫取県令へ照
　会状仕出置候事
一　午后市兵衛町御邸へ抵る、豊永送の為換金八拾円栢貞香
　へ相頼置候事
一　梨本宮へ御伺として出頭す
一　品川大佐へ肴一尾祝として持参す

五月一二日

同月十二日　陰
一　午前宮へ出勤す

五月一三日

同月十三日　陰　雨
一　休暇に付在宿す
一　鳥山大書記官〔重信、長野県大書記官〕本日帰県之由なり
一　水川正亮昨日出京之由にて午前より来宿、色々尋問す

五月一四日

同月十四日　晴
一　午前宮へ出勤す
一　本日宮内省集会定日に付参省す、藤井、浅田不参也
一　四月中勘定帳簿桜井へ引合置候事
一　来る十九日、二十日
　行幸之御都合香川少輔へ承合候処、廿日迄の処申出有之
　候に付、廿日後の方可然との答也
一　右之次第麻生家扶へ答置候事
一　午后服部方へ見舞旁金米糖一箱持参す

五月一五日

同月十五日　陰　雨
一　午前宮へ出勤す

五月一六日

同月十六日　雨
一　今朝杉大輔宅へ至る、十九日、廿一日両日共
　行幸、尤廿一日水産会と申す答に付、其次第家扶麻生三
　郎向け書面仕出候事
一　本日不参之段同人へ依頼申入置候事
　右麻生より承知の段答書来る

一　昨夕林文同氏へ到る、於暢様御出之事相頼候処承知に相成候間、直に市兵衛町御邸へ出頭之上従五位公幷に清水善介へ申出置候事
一　香川少輔へ功労云々聞合の件是又同断

五月一七日

同月十七日　陰
一　午前宮へ出勤す
一　本日宮内省集会定日に付参省す、浅田、児玉不参なり

五月一八日

同月十八日　晴　風
一　午前宮へ出勤す
一　金八拾円
右番号七三当府三井銀行扱人麻田左二平為換券馬関出張所へ宛たる券壱枚、豊永長吉へ返金として本日手紙添にして書留郵便仕出候事
但麴町分局より出す
一　小坂住也へ引合送附之儀、別封にして郵書仕出候事
一　市兵衛町御邸へ邦樹様過日来御所労之由に付、御見舞として出頭す、右は追々御折合之由に付退出す

五月一九日

同月十九日　晴　風
一　午前市兵衛町御邸へ御病人様御見舞として出頭す、引続御快方なり
一　午前宮へ出勤す
一　米熊への送り荷物山城屋へ渡す

五月二〇日

同月二十日　晴
一　午前宮へ出勤す
一　午后梶山氏へ到る、不在なり

五月二一日

同月廿一日　晴
一　午前宮へ出勤す、別に伺之件議事等無之
一　本日宮内省集会定日に付参省す、御附中揃なり、別に談議なし
一　来る廿三日於
青山御所番能御催之処、同日　御二方様御差支に付御不参之儀書記官宛にして書面児玉へ差出置候事
一　午后梶山氏へ抵る、面会之上過日来の件を談決す

五月二二日

同月廿二日　晴

一　午前宮へ出勤す
一　嘉平次袴地一反　襟一掛　髪差　掛物　絵本
右水川正亮家族一同明廿三日より帰県に付、暇乞として持参す
一　市兵衛町御邸へ出頭し、荘原へ過日来の引合御暇云々之件、梶山申合の件々を示談す
一　来る廿五日より、従五位公始め御奥様、御子様方御一同熱海へ御湯治として御出発との事
一　過る廿一日坂井へ病中尋問す
一　水川明廿三日出立に付、暇乞として来宿也

五月二三日

同月廿三日　晴
一　荘原来宿にて昨日次郎〔阿曽沼次郎〕よりミサ〔阿曽沼ミサ〕御暇出願之由、就ては不得止事故の次第尚又協議之事
右出願之儀昨夜次郎来宿にて申入有之候事
一　午前宮へ出勤す、別に相変儀無之
一　午后三時より福原家書類協議として乃木、品川、梶山、下村、三吉一同小笠原方にて会す
一　夜に入宮へ参殿の上御帰殿後御伺申上候、右は午后三時過き御帰殿、尋《〔ママ〕》いて麻生、世続陳貞、山本〔辰之助〕一同帰着也
一　菓子折喜多院より送り山本より為持来る
一　午後五時より案内にて野田へ家族至る

五月二四日

同月廿四日　晴
一　午前宮へ出勤す、別に伺の件無之
一　本日宮内省集会定日に付参省す、浅田不参也
一　午后品川大佐宅へ到る、同人へミサ御暇の次第照会す、右之次第市兵衛町御邸にて荘原へ協議し本日上申可致ことに談決す
一　従五位公、御奥様、御子様方御一同、明廿五日より熱海へ御湯治御発途に付、御暇乞申上候事
一　宮内省より達状左之通
来る廿八日
皇后宮御誕辰に付、午前十時礼服着用参賀致すへく、右に付酒饌下賜候との事なり

五月二五日

同月廿五日　晴
一　荘原よりミサ御暇願之通被仰付、右阿曽沼へ相答、本月中引払のことに同人へ談済之段、書面を以て申来候事
一　午前宮へ出勤す

五月二六日

同月廿六日　雨

一　午前宮へ出勤す、別に談議なし

五月二七日

同月廿七日　晴

一　宮へ出勤す

一　市兵衛町御邸へ御留守に付尋問として出頭す、別に相変る儀無之

五月二八日

同月廿八日　晴

一　午前宮へ出勤す

一　本日
皇后宮御誕辰に付参賀す、拝謁被仰付酒饌下賜候事
但礼服着用なり

一　午后服部方へ暇乞として至る、右は三十日延引の事

五月二九日

同月廿九日　晴　夕小雨

一　午前宮へ出勤す、別に議事伺の件無之

一　黒巌有哉着京之事

一　市兵衛町御邸へ御留守伺旁出頭す

一　荘原本日帰京に付、面会之上御湯治御様子委細承候事

一　本月限ミサ御暇被下候事

五月三〇日

同月三十日　晴

一　午前杉氏宅へ出頭之上、近々取調書を以て示談、尚現場見分日限の儀、照会可致ことに申入置候事
右宮殿下へ御直に上申す
但杉大輔の内話に六万円両年にして増額金のことに取計の積なり

一　応桑村御拝借地之内土人より拝借出願之処、右は県庁へ引合之上願書相廻り可然ことに麻生へ答置候事

五月三一日

同月三十一日　晴

一　昨夕五時より御茶御相伴被仰付候に付参殿す、久里参殿之事

一　午前宮へ出勤す、昨日之御礼申出置候事

一　本日宮内省集会定日に付参省す、藤井不参なり

一　斯交会へ御出金之儀、先金三百円五ヶ年にして一宮より如何哉之段申合致置候事
右六月二日上申す、且麻生へも凡談置候事

六月一日

六月一日　陰　夜雨

一　午前宮へ出勤す、本日は在宿の儀御直に上申、且又両扶へ相頼置外出す、但児玉、浅香、井関同行之事

一　本日伏見宮にて根本御講義御設之処、御断り申上置候事

一　昨夜岩倉公〔具視、宮内省編纂局総裁心得〕御長屋焼失に付、御使計り被差立候事

六月二日

同月二日　雨　昼晴

一　午前宮へ出勤拝謁す、別に伺の件無之

一　応桑村牧場起業に付、規則書夫々指令取極置候事

六月三日

同月三日　晴　又陰

一　午前杉大輔宅へ至る、来る十一日午后宮御建築所見分之儀相決候事

一　独逸皇族〔ヨハン・アルブレヒト・エルンスト・コンスタンティン・フリードリヒ・ハインリヒ（Johann Albrecht Ernst Konstantin Friedrich Heinrich）、メクレンブルク・シュヴェリーン（Mecklenburg Schwerin）大公国第三公子〕着京之上は　宮殿下御掛り之儀、同官へ申入置候事

一　豊永長吉より為換受取証来る

六月四日

同月四日　陰

一　午前宮へ出勤す、別に伺の件無之

一　本日宮内省集会定日に付参省す、柴山不参也

一　五月中勘定帳

一　十六年予算表

右児玉書記官へ照会之上桜井へ相渡す

一　午后市兵衛町御邸へ出頭す、別に相変儀無之

六月五日

同月五日　陰

一　午前宮へ出勤す、別に伺の件議事等無之

一　午后雑司ヶ谷御別邸へ見分旁出張す

六月六日

同月六日　雨

一　午前宮へ出勤す、別に議事なし

一　本月御講義月番引受当宮にて取計之事

一　御息所、多田王御方御誕辰御内祝御延引之処、本日酒饌料被下候事

一　有栖川三品親王〔有栖川宮威仁親王〕本日横浜御着御帰京

に付、新橋迄下官御迎として十二時過き出頭す、尚当宮御儀御迎の儀は、戸山学校へ御出勤中に付、左大臣宮〔有栖川宮熾仁親王〕へ御断申上置、御着之上拝謁申上、御殿へ恐悦申上候事

六月七日

同月七日　晴 又陰

一　午前宮へ出勤す、別に議なし

一　宮御方本日午前国書奉呈有之御参　内之事

一　午后村雲殿下〔日栄、伏見宮邦家親王第一〇王女、万佐宮〕より御案内にて　芝離宮へ被為成候事

但金二千匹被為進候事

一　宮内省集会定日に付参省す、御附中揃也

一　有栖川三品宮御帰朝に付、御肴三円の品御歓として被為進之儀、柴山より談有之、右家扶両人へ談置候事

六月八日

同月八日　小雨

一　午前宮へ出勤す

一　明九日より荘原熱海へ出発に付来宿之由、不在中に付申置也

一　午后市兵衛町御邸へ伺として出頭す、荘原氏明日より出発に付、従五位公始め御窺之儀依頼致置候事

一　煙草　十丸　雲丹　一箱

右菅野へ尋問として持参す

六月九日

同月九日　陰

一　午前宮へ出勤す

一　故大久保右大臣〔利通、贈正二位右大臣〕碑設地所云々御内聞河村正平より伺候由被仰聞候に付、右は思召次第被下候而可然、尤非常地隣地之所都合相成候様彼より取計可申ことに御内答可然段上申す

一　村雲様御出に付本日戸山御断り之事

一　午后宮へ出勤、平岡氏参殿に付面談す、御増額金六万円にて日本品相用先二ヶ年の見込に内決す

一　トモ〔三吉トモ〕事本日レース教場へ東京府庁より呼出にて向後精業のこと談有之、且又卒業之期に至候得共、教師無之故先心附等追々御吟味の由也

六月一〇日

同月十日　晴

一　休日に付在宿す

六月一一日

同月十一日

一　午前宮へ出勤す
一　宮内省集会定日に付参省す、御附中相揃候事
一　金拾四円九拾銭也
　右埼玉県下へ御供奉追算として出納課より渡る
一　愛賢王御事本日御願済にて博恭と御改名に付宮内卿より
　言上之儀廻達有之
　右御直に上申し且世続へ談置候事
一　午后四時過より杉大輔、平岡大書記官、技師一同御建築
　見分に付　宮御方夫々被為成候、終て一同へ御酒夕飯被
　下候に付御相伴す、御増額一件追て書面取分之上平岡よ
　り杉大輔へ照会の筈なり
一　河村正平参殿面会す、右は地所一件委細含置候事

六月一二日

同月十二日　陰
一　午前宮へ出勤す
一　来る十三日博恭王表向華頂宮へ御入込に付、
　同王へ御反物被為進候事
　但代価三千匹より拾円迄の品なり
一　御肴料　千疋
　但伏見宮へ
一　同断
　但華頂宮へ
一　市兵衛町御邸へ御留守伺として出頭す、異儀無之

六月一三日

同月十三日　陰
一　午前宮へ出勤す
一　午后梶山氏へ尋問旁到る
一　従五位公御奥様御帰着に付、御邸へ御伺として出頭す

六月一四日

同月十四日　晴
一　午前宮へ出勤す、夫より宮内省集会定日に付参省す、御
　附中揃なり
一　正午より藤井御附自宅にて御附中集会す
一　南部縞　壱反
　右伏見宮より御使西山熊太郎来宿にて今般博恭王御入込
　に付而前配慮に付被下候との事也

六月一五日

同月十五日　晴
一　午前宮へ出勤す
一　伏見宮へ昨日頂戴物之御請として参殿す
一　本日より十七日迄日枝神社大祭也

六月一六日

同月十六日　晴
一　午前宮へ出勤す
一　昨日の御請御挨拶上申す、且又世続へ挨拶す
一　宇原〔義佐〕より到書、御部屋様〔毛利保子〕より御送り
且於暢様林へ御出御断り之件申来る

六月一七日

同月十七日　晴
一　午前宮へ出勤す
一　煙草　一包　早風呂二つ
右海軍用達常岡重五郎馬関常六事来る、依て持参也

六月一八日

同月十八日　晴
一　午前宮へ出勤す、別に伺の件無之
一　宮内省集会定日に付参省す、藤井、柴山不参也、議事無之
一　午后一時より剣槍御繰場にて
天覧被為在候に付、小、伏、北の三宮御陪覧、右に付、
下官儀も拝見被仰付同刻より御場所へ出る、槍術立会三
好中将〔重臣、陸軍中将〕と下官素槍にて試合致候事
一　山県参議、杉大輔、林議官〔友幸、元老院議官〕、渡辺議官、
海枝田〔海江田信義、元老院議官〕番外にて槍術試合、井関
番外剣術同断、其外番外にて槍術剣術試合也
一　山岡取締にて剣槍検正人有之番組にして試合之事
右畢て午后八時過退出す

六月一九日

同月十九日　晴
一　午前宮へ出勤之上、来る廿三日　芝離宮先御差支無之に
付、早々拝借書面出し方之儀上申す

六月二〇日

同月二十日　晴
一　午前宮へ出勤す、夫より宮内省へ廿三日　芝離宮御借用
願書持参す、児玉へ引合御差支無之由に付御用意向内延
課申入置、尚書面差出候筈談置候、右の次第両扶へ談置
候事
一　市兵衛町御邸へ伺旁出頭す
一　従五位様より熱海土産頂戴す、荘原へ御家事向の件色々
談合之事
一　品川大佐来宿、明廿一日紅葉館へ招請之事

六月二一日

同月廿一日　晴　夕より雨

一　午前杉大輔宅へ至る、宮御建築内部二階下五万円余り申立之事協議に相成候由、余は追而申立可然との含也
一　槍術稽古申合候事
一　午前宮へ出勤す
一　過日献上物の御挨拶として菓子一箱襟髪差被下候由、吉野より手紙にて御送なり、右申出候事
一　宮内省集会定日に付参省す、御附藤井、柴山不参也
一　来る廿三日　芝離宮御拝借にて御招請人名書御用意品内延課へ書面出置候事
一　早苗多
勅題、有、小、伏、北の四宮御下け七日限にして御詠進相成候様上申之儀、卿輔高崎〔正風、宮内省四等出仕、歌人〕より達有候に付、右之趣
当宮へ上申す、尤御詩作にても可然段申上置候也
一　故大久保右大臣記念碑建設に付、御地面之内御寄進相成候段御内訳之次第、夫々杉大輔、児玉大書記官へ承知に入置候
右引合方之儀両扶へ談置候事
一　午后五時より品川、乃木、梶山の三氏より従五位様、元功様〔毛利元功〕を紅葉館へ御招請申上、就而は同刻より参席の儀、品川氏より申入に付同所へ出頭す、荘原、桜井の両扶一同なり

六月二二日

同月廿二日　雨
一　午前宮へ出勤す、別に伺の件無之、尤保勝会御出金御答有栖川宮御協議相成候様重而上申す
一　午後浅田来宿、岩倉右大臣大病に付各宮より西京へ向有栖川宮家扶を御尋問として被差立候様藤井示談決し候段申来る
右即刻　宮殿下へ上申す
一　午后当宮へ根本御講義御設三宮御揃、東久世〔通禧、元老院副議長〕、楠本〔正隆、元老院議官〕、海枝〔海江田〕、鍋島、伊丹〔重賢、元老院議官〕、谷〔干城〕、城多、三吉御陪席す
一　西京表岩公への御見舞御附之内三吉被差立候御内決之処、来る廿六日同公御出発御帰京之筈に電報有之、依て下官発途延引之事
右に付明朝電報を以て御尋問之筈に御決の事

六月二三日

同月廿三日　晴
一　午前宮へ出勤す
一　午后華頂宮へ御相続済恐悦として参殿す
一　高輪毛利殿へ御婚礼御歓として出頭す
一　午后五時より戸山学校長城江〔ママ〕少将〔堀江芳介、陸軍少将〕

始め十五名、於　芝離宮晩餐洋食にて御招請に付、御都合見合旁出張す

六月二四日

同月廿四日　晴

一　午前品川、乃木、梶山の三氏へ過日の挨拶として到る、尚亦今朝荘原御臨時祭の談有之、依て打合、且明廿五日夕刻より右三名毛利御邸にて協議のことを申入置候事

一　正午毛利御邸へ出頭の上御直に前条打合として参殿之儀申上、荘原へも御直達のことに添て上申す

一　杉氏にて本日より槍術稽古之事

六月二五日

同月廿五日　陰

一　午前六時より杉氏にて槍術試合す

一　午前宮へ出勤す、別に伺議事無之

一　華頂宮へ明日御肴料金千匹被為進候ことに小松宮御協議なり

一　宮内省集会定日に付参省す、柴山不参なり

一　華頂宮御肴料金千匹の儀談置候事

一　御附中より明日御招請に付鰹献上之儀、藤井より取計之事に依頼す

一　袴地壱着　羽織地絽壱

右宮内省に於て下賜候事

一　定例大少輔出納課掛へ贈物品有栖川宮にて取計也

一　桜井書記官へ一統の通相贈候筈に談決なり

一　宮内大少輔へ例年の通　各宮より被下物幷出納課両人へ同断有栖川宮にて取計済の儀藤井より通知有之、暑中被下之分は各宮に於て取計の事加筆也

一　午后三時より市兵衛町御邸へ出頭、品川、乃木、梶山、荘原一同今般秀元公〔毛利秀元〕御臨祭之儀協議す、従五位公より御尋問夫々御決相成候事

但七月七日御祭日との事也

六月二六日

六月廿六日　雨

一　午前宮へ出勤す、別に伺議事無之

一　午后荘原家扶来る、御祭事奏楽引合之件也

一　華頂宮博恭王御相続に付、於紅葉館御祝宴有之、御招請に依て午后参席す

一　岩倉公廿八日御着に付横浜迄御病中の訳を以て各宮御名代御附御迎のこと議決す、尤　宮被為成候は丶別に出張不致私勤のみ右各宮へ伺之上取計の筈也

六月二七日

同月廿七日　晴

一 午前杉氏宅へ到る、不天気に付、稽古不致候事
一 御増額一件申立、井上参議帰京次第上申の筈に内話有之候事
一 午前宮へ出勤す
一 明廿八日岩倉右大臣御尋問として横浜表御名代之儀御直に上申相伺候処、同所へ出張候て御見舞相勤候様被仰付候、宮御方は新橋又は御邸の内へ被為成候由御決之事
右藤井、浅田打合、明日六時四十五分発の汽車にて三名一同出張の筈に談決す
一 藤井より来書に付、直に 当宮へ相伺加筆致し浅田へ相廻す、尚又藤井へも出張のことに手紙出す
一 河村へ電報の答書来り候由、荘原より申来る

六月二八日

六月廿八日 陰 雨少々
一 午前六時四十五分発の汽車にて 小松、当両宮より之御名代として横浜表へ出張の上岩倉公御着御病中御尋問相勤、八時出車、直に御同車致し新橋へ着す
一 小松、北白川両宮新橋へ御出にて岩公へ御尋問被為在候事
右相済直に宮へ出勤す
一 小松宮御出に付拝謁す、 両宮へ御名代相勤候段上申候事

一 宮内省集会定日に付参省す、藤井、浅田不参なり、別に議事なし
一 出納課にて預ヶ金通帳受取退去掛け両扶へ相渡す
一 午后平岡氏来宿、御庭作引合杉大輔へ聞合の談、右は来る三日頃平岡氏参殿の筈也、右議す

六月二九日

六月廿九日 陰 又晴
一 午前杉氏へ抵る、御増額金一件井上参議へ示談之由、尚詳細は追而との事なり
一 本月迄清算仕詰之上残金の分を以て庭作費に宛て現業取掛り可申ことに申入置く、尤右は一応清算有之候上と大輔より答也
一 午前宮へ出勤す
一 御詠進期限遅く相成候に付其段上申す
一 明三十日午后四時より於紅葉館院長〔立花種恭、学習院長〕始め御招に付、御二宮様並下官参席の儀華頂宮家扶より当家扶麻生へ書面来る、右華頂宮御引受之事
一 午后小松宮に於て根本御講義七時御開講に付参席す
一 宮内大少輔幷出納課両名へ半季御挨拶物有栖川宮にて取計之事
一 御習字御挨拶物杉大輔へ、右小松、北白川両宮より之分半季当宮より取計候事

一　根本、金子両先生へ、小、伏、北之三宮より謝金是亦同断
一　有栖川宮家扶始め半季挨拶物同断

六月三〇日

六月三十日　晴
一　杉氏宅にて槍術稽古す
一　午前宮へ出勤す
一　例年之通本年半季　宮殿下より御直に金員頂戴す
一　家扶始め小者迄例年定格通り夫々被下金相渡す
一　柴山典本日宮内省より御用之処所労に付右代理下官へ申越す、依て参省す、右は半季賜品御渡しに付、直に柴山へ持参之上相渡す
一　午后四時より紅葉館に於て立花学習院々長始め例年之通夏半季　梨本宮、華頂宮、多田王右御三方より御招き北白川宮、伏見宮被為成、武田、井関下官御附御陪席す
一　教師へ被下物御料理向先例通り当夏華頂宮にて御引受なり
一　市兵衛町御邸へ御子供様御帰着に付伺旁出頭す
一　午后杉大輔より御増額金一件協議に付、右平岡申合何分之儀可申出ことに答候事

七月一日

同月一日　陰　雨少々
一　午前平岡氏宅へ至る
右は昨日杉大輔より示談之件色々協議の上、十六年度金四万円にて御二階下丈け着手、十七年度二万円にて御二階上着手、都合金六万円の辻御増額之儀御決定相成度、尚又両年にして総高御渡方可相成段御書下け相成候様に大輔へ答可申ことに談決す
前条之次第杉大輔へ入々申入候処、右様相成候は丶可然ことに付尽力致し、六万円両年渡方之儀書面にして相渡候様可申合とのことに付依頼致し、退去す

七月二日

同月二日　陰　雨
一　杉大輔より御増額金申立書面平岡より其筋へ引合宮内卿に相廻り候共、又は御附より添書にして宮内卿へ御附より可然詮議之儀申出か、早々其手順致し候様示談なり
右之件直に平岡方へ参り協議之上、下官より申立の都合大輔より談決に付、其取計可致ことに平岡へ書面出置候事
但積書明日中引合方の儀加筆す
一　午前宮へ出勤之上御直に大輔、平岡談決の次第、夫々上申す
一　西村捨三参殿に付面会す、尚譲渡の都合談決す
一　宮内省集会定日に付参省す、御附中揃也

一　斯分会へ三百円宛五ヶ年にして御附与のことに協議決す
一　根本先生へ四宮より毎月拾円宛御謝金のことに協決す
一　金子へは右之次第に付四宮より一度五円宛御謝金の事に協議す
前三条何れも上申候事
一　勅題の御詩作本日御進献に付宮内卿へ直に差出し置候事
一　市兵衛町御邸へ伺且又御祭事打合等荘原へ協議す
一　来る四日集会之処、少々差閊に付荘原迄断置候事
一　米熊より本日一日出の書面到来す

七月三日

同月三日　雨
一　荘原、栢両氏へ書面出す
一　午前宮へ出勤す

七月四日

同月四日　雨
一　午前六時過より杉氏にて槍術稽古す、山県始め諸有司立合也
一　内部装飾金額願下案、内々杉大輔へ引合決す
一　午前宮へ出勤す
装飾金額御吟味願控
当宮御建築之儀は、兼て工部省へ御依頼之処、追々外部落成に至り、最早内部装飾に取掛り可申之処、右費用金無之に付着手之目途相立兼候故、尚又工部営繕課へ及再議候得共、何分外国品等買入之都合も有之、彼是別紙積立之金額無之ては取掛り兼候段再答に付、目今内部に至り無拠調製之儀は差止候外手段も無之、乍併其儘に而は御交際上に差支、其上御住居も被也兼候に付、不得止当今内外御多端之際重々申上候儀恐入候得共、何卒特別之御詮議被下候様、此段相願候也
北白川宮御附
明治十六年七月五日　三吉慎蔵　印
宮内卿徳大寺実則殿
右書面に営繕課積り明細表三通相添、尚図面七枚とも一纏め児玉大書記官を以て同日進達す
本月十二日指令相成候事

七月五日

同月五日　陰　小雨
一　杉氏にて稽古立会す
一　杉大輔より内部装飾積書送達なり
一　午前宮へ出勤す、別に議なし
一　宮内省集会定日に付参省す、児玉、武田不参也
一　六月中勘定帳簿桜井へ相渡す
一　午后市兵衛町御邸へ出頭す

河村昨日出京御道具類持参なり
一　生徒取立之件々箇条書集議書示談に付、異議無之段答置
候事

七月六日

同月六日　陰
一　午前杉氏宅にて槍術試合致候事
一　午前宮へ出勤す
一　火曜日、金曜日
右毎月槍術定日とし、午后三時より参集のことに本日山
県、杉の両官決議也
一　日曜日は休業之事
一　毎朝稽古之儀は是迄通り之事
一　午后より市兵衛町御邸へ出頭す、右は御臨祭に付陳列御
用意の為なり

七月七日

同月七日　陰
一　本日宮へ不参之段申出置候事
一　秀元公県社に被列、右御臨祭に付早朝より市兵衛町御邸
へ参拝として出頭、終日相詰候事
一　苧　玉串料
右之通献備す

七月八日

七月八日　雨　夜大風雨
一　午前より梨本宮へ香川少輔、足立書記官本日御招請に付、
下官御招に依て参殿す

七月九日

同月九日　雨　夜大雨
一　午前宮へ出勤す
一　宮内省集会定日に付参省す、児玉不参也

七月一〇日

同月十日　陰　雨少々
一　午前宮へ出勤す

七月一一日

同月十一日　晴　雨
一　午前宮へ出勤す
一　杉大輔参殿御逢之事
一　別に伺の件議事無之
一　午后市兵衛町御邸へ出頭す、荘原、河村一同東西御家事
向之件々夫々書取にして協議す

七月一二日

同月十二日　晴

一　午前杉氏にて試合す

一　宮へ出勤す

山階宮御洋行之件、杉大輔より伝達之儀上申す

一　額外積り立照会之儀卿宛にして十五万円之内にて調製之儀申立書出す

一　十五年度御蓄金二通差出候事

一　宮内省集会に付御附中参省す

印

願之趣特別之訳を以て金六万円増加可下渡候事

但金参万円十六年度に於て金参万円十七年度に於て可下渡候事

明治十六年七月十二日　印

右本日宮内省出納課にて書面受取候に付、直に宮内卿、大輔、児玉大書記官へ御請御礼申出候事

但香川少輔詰合無之

右宮へ出勤の上御直に上申す

一　午后八時三十分延遼館に於て　有栖川三品宮より夜会御催に付、同刻御招請に依て参集す

七月一三日

同月十三日　陰　小雨

一　午前宮へ出勤す

一　午后七時根本先生御講義、当宮に於て御設に付参席す

但本月は伏見宮月番也

七月一四日

同月十四日　陰

一　午前五時過より杉氏に至り、槍術三面試合す

一　荘原氏来る、過日協議の件相伺候内、村野老人御雇人之事に御内決なり

一　友田より金談の件有之由、右は先繰替の都合談決也

一　午前宮へ出勤す、別に伺議事等無之

七月一五日

同月十五日　陰　晴

一　宮殿下より御用向有之午前十時参殿す

右は不日独逸皇族清国より日本へ巡回之節、長崎迄御出の都合、奈良辺御案内云々御事情、其向へ協議申出の件被仰聞候事

一　昨夕河村来る、村野一件也、右は其次第荘原へ打合可然ことに談置候事

一　久邇宮二代皇族被列候段昨日御沙汰に付、宮内省より言上之儀申来る

一　右に付、御歓被為進物等之儀上申し、且麻生へ談置候事
一　米熊こと、過る十一日長野県出発草津地方巡回にて本日
正午帰宿す
一　河村盛太同県より同行、一同着京に付、直に河村光三へ
報知す、同人来る、右に付、鳥山氏より光三氏へ金子送
達之分直に相渡す
但鳥山氏へ光三氏より右請書仕出相成候様申添置候事

七月一六日

同月十六日　陰
一　午前六時より杉氏にて試合す
一　午前荘原氏来る、右は御女中香取方再問聞合の談也
一　宮へ出勤す、別に伺議事等無之
一　本日宮内省集会定日に付参省す、御附中揃なり、別に談
議なし
一　独逸皇族巡回云々之儀宮思召之旨入々於宮内省杉大輔へ
申入置候事
右御出迎の件は先六ヶ敷訳なり
一　久邇宮二代皇族被為列候御歓御附中申上の儀は、井関御
附出京に付同人へ依頼致候事
一　午時過き品川氏来宿す、粟屋氏、阿曽沼縁談一件申入の
儀依頼のことなり

七月一七日

同月十七日　陰　晴
一　梨本宮本日西京表へ御出発に付、新橋まで御見送り申上
候事
一　賀田氏一件、佐藤局長へ引合として到る、右面会之上
入々申入置候事
一　市兵衛町御邸へ出頭し上々様方御機嫌相伺候事
一　河村氏明日出立に付暇乞、佐野へ相頼置候事
一　同氏来宿之由也
一　午前宮へ出勤す
一　午后粟屋へ抵る、留守に付直に散す

七月一八日

同月十八日　陰　小雨
一　杉氏にて稽古試合す
一　午前粟屋方へ到る、右は阿曽沼縁談左之通
海軍中尉
佐賀県士族
永淵明奥
妹　鹿
旧十九年
同人伯父永田町鍋島邸内海大尉秀嶋成続

一　前妹を阿曽沼へ所望之段申入候処、則聞済なり
一　午前宮へ出勤す
一　午后復た出勤之上立花院長より来書之趣上申之上相伺候処、御志願之由就ては同長へ御依頼の旨被仰聞候に付、右答として麻生延太郎明朝出頭の筈に談置候事
一　午后品川氏へ至る、今朝来粟屋へ引合の次第尚又縁談取組可申答に付、其段同氏へ申入候事

七月一九日

同月十九日　陰
一　午前宮へ出勤す、別に伺議事無之
一　杉氏稽古本日は不参す
一　宮内省集会定日に付参省す、御附藤井、浅田不参也
一　岩倉公へ　宮殿下より御見舞として御名代相勤候事

七月二〇日

同月二十日　陰
一　午前岩倉公へ御見舞として参殿す
　右は御差重りに附、其段宮へ参殿し申出置候事
一　午前宮へ出勤す
一　同七時過き岩倉前右大臣御大切之段申出に付、宮内省より　当宮へ上申有之候事
一　小松宮被為成直に御同車にて岩倉公へ被為成候事

七月二一日

同月廿一日　晴
一　岩倉前右大臣昨廿日午前七時過き薨去に付、御悔として出頭す
一　午前宮へ出勤す、別に伺の議事無之

七月二二日

同月廿二日　晴
一　午前杉大輔宅へ到る
　故前右大臣葬儀御用掛りより当日御送之御都合聞合状来る、右大輔より内々御先着の方可然との談也、外之宮方へも下官より御含申上候様談有之候事
　右参殿之上御直に上申す御都合被仰合之上葬儀掛りへ答書仕出方之儀麻生へ申談置候事
一　午前梨本宮へ参殿す
一　市兵衛町御邸へ出頭す、昨日佐野を以て御尋問の件本日杉氏へ聞合之上御答荘原迄申出置候事
一　品川氏より本日阿曽沼結納済の由通知有之候事

七月二三日

同月廿三日　晴
一　午前宮へ出勤す

一　昨夕杉大輔より之談御先着一件重て上申す
一　宮内省集会定日に付参省す、御附藤井、浅田参省無之内退出す
一　宮御代拝の儀、家扶より仕来候段御附児玉源之丞より杉大輔へ聞合候処、御附にて御代拝致候方重く相成可然との答に付、右様相心得候様との談なり
一　岩倉前右大臣埋葬当日御先着にて可然段児玉より大輔へ聞合済也
一　本省より直に宮へ出勤す、当宮より有栖川宮へ御照会に而御先着のことに御決相成候事
一　故前右大臣へ御備物左之通
一　鏡餅　一重　壱斗五升
一　榊　　一対　弐円五拾銭
右現品之事
一　午后宮内省より廻達、廿五日前右大臣御埋葬に付、会葬之儀届出候様申来る、依て右会葬可仕段届出候事

七月二四日

同月廿四日　晴
一　午前宮へ出勤す
岩倉殿へ御備物北白川、梨本の両宮より御使を以て被為贈候、別に伺の件御用向無之直に退出より梶山氏老人一周忌に付備物持参拝礼す

一　故右大臣葬儀式書一部
右葬儀係より相廻り候に付、直に宮へ差出候事

七月二五日

七月廿五日　晴
一　午前六時より故岩倉右大臣葬儀に付、御先着として品川海晏寺へ抵る
右休憩所海雲寺へ設有之、依て同寺に控居御着棺之節出迎、直に御墓所へ参集す
一　梨本宮御代拝相勤候に付、勅任官詰所側葬儀係り側にて控居、各宮方御拝済引続き御代拝を児玉、三吉、武田〔華頂宮博恭王御名代〕順々致候事
右相済直に奏任一統の詰所に至り自拝致し退散す
但詳細は官報に存之、午后一時帰宿

七月二六日

同月廿六日　陰
一　午前宮へ出勤す
一　宮内省集会定日に付参省す、御附中揃也、別に議事なし

七月二七日

同月廿七日　晴
一　午前宮へ出勤す、別に議事無之

一　小松宮に於て根本氏講義午后六時参集七時開講に付参殿す、終て十一時帰宿す

七月二八日

同月廿八日　陰

一　午前宮へ出勤す、別に議事伺の件無之

一　杉氏宅にて槍術試合す

一　梨本宮へ廻勤す、何も相変儀無之

一　毛利御邸へ出頭し上々様〔毛利元敏〕へ相伺候事

一　過日葡萄酒三本暑中御尋問として頂戴に付、右御礼栢へ申出置候事

七月二九日

同月廿九日　陰

一　休日に付在宿す

七月三〇日

同月三十日　晴

一　杉氏にて槍術試合す

一　宮へ出勤す、別に議事伺之件無之

一　宮内省集会定日に付参省す、御附中揃なり

七月三一日

同月三十一日　陰　晴

一　午前宮へ出勤す、別に議事なし

八月一日

八月一日　晴

一　杉氏にて槍術試合す

一　午前宮へ出勤す、別に伺議事無之

八月二日

同月二日　晴　暁小雨

一　杉氏稽古休業す

一　午前宮へ出勤す、別に議事伺等無之

一　宮内省集会定日に付参省す、御附之内浅田不参也

一　午后五時より山田〔顕義、内務卿〕、山県両参議、杉大輔を上野弁天別当所にて当宮より御招請に付御陪席す

一　明三日

滋宮御誕辰に付、御住居所へ参賀可致旨宮内卿より達状来る

八月三日

同月三日　晴　夜両度雨

一　午前宮へ出勤の上昨日の御礼申出候事

一　滋宮御住居所へ参殿之上、当番詰合へ参賀の儀申上置候

事

八月四日

同月四日　陰

一　杉氏へ出席丈にて稽古休業す

一　午前宮へ出勤す

八月五日

八月五日　晴

一　本日休暇に付在宿す
米熊出張に付、阿曽沼、賀田其他離盃として諸氏案内酒肴を出す

八月六日

同月六日　晴

一　杉氏にて槍術試合す

一　午前宮へ出勤す

一　宮内省集会定日に付参省す、御附之内浅田不参也、別に議事なし

八月七日

同月七日　晴

一　米熊こと本日午前六時発汽車にて長野県へ出張す

一　午前宮へ出勤す

八月八日

同月八日　晴

一　林良輔帰京に付尋問として砂糖一箱持参す

一　梨本宮へ御留守尋問として出頭す、相変る件無之

一　市兵衛町御邸へ伺旁出頭す、何も相変儀なし

一　午前宮へ出勤す、別に伺の件協議等無之

八月九日

同月九日　晴

一　昨今とも杉氏宅にて稽古す

一　午前宮へ出勤す

一　宮内省集会定日に付参省す、御附中揃也

一　七月中勘定帳出納課へ出置候事

一　長野より報知左の通
ヨウカ、チヤク、カタニヨロシク
右米熊より電報午后十一時受取候事

八月一〇日

同月十日　陰　后晴

一　午前宮へ出勤す、別に御用向無之直に退出し、伊藤参議へ帰京の歓として出頭す

一　高輪毛利殿へ時気伺として出頭す、伊藤参議へ同御邸にて面会す

一　二本榎毛利殿〔毛利元蕃〕へ伺として出頭す

八月一一日

同月十一日　陰　晴

一　午前杉氏にて稽古試合す

一　午前宮へ出勤す

一　午后品川大輔へ着歓として出頭す

一　染井御邸へ暑さ伺として参上す

一　夜に入、粟屋氏、阿曽沼婚礼買茶にて取極め、双方談決案内取計可致段、且又当日十五日午后六時買茶へ出張致し参候様談有之

八月一二日

同月十二日　晴

一　休日に付在宿す

一　杉氏染筆五枚米熊へ郵便にて仕出置候事

八月一三日

同月十三日　晴

一　杉氏にて稽古試合す

一　午前宮へ出勤す

一　宮内省集会定日に付参省す、別に議事なく退出す

八月一四日

同月十四日　晴　夜二時半より大雨雷鳴

八月一五日

同月十五日　雨

一　本日午后楫取より案内之処、差支に付早朝相断候事

一　午前宮へ出勤す

山県参議参殿にて上申の件有之、右御答の儀は下官承候様談有之候事

一　午後六時より於売茶阿曽沼次郎婚礼式、長淵〔ママ〕〔永淵〕より入嫁に付、同所へ至る

八月一六日

八月十六日　晴

一　梨本宮御着京に付新橋まて御迎として出る、午前十時前御着なり

一　宮へ出勤之上直に宮内省集会定日に付参省す

一　梨本宮へ御着恐悦として出頭す

一　市兵衛町御邸へ伺旁出頭す

八月一七日

同月十七日　晴

一　午前宮へ出勤す

一　鰹　一箱

右阿曽沼氏へ歓として持参す

八月一八日

同月十八日　晴

一　杉氏出立に付到る、本日稽古断り候事

八月一九日

同月十九日　晴

八月二〇日

同月二十日　晴　后陰夜雨

一　杉氏にて稽古試合す

一　午前宮へ出勤す

一　宮内省集会定日に付参省す、藤井、浅田不参、別に議事なく退出す

八月二一日

同月廿一日　朝小雨

一　午前宮へ出勤す

八月二二日

同月廿二日　晴

一　杉氏にて稽古試合す

一　午前宮へ出勤す

一　午后市兵衛町御邸へ出頭す、御家記持参候事

八月二三日

同月廿三日　晴

一　杉氏にて稽古試合す

一　午前宮へ出勤す

一　宮内省集会定日に付参省す

八月二四日

同月廿四日　晴

一　菓子入　一つ

右梨本宮より御附手紙添にて被下候事

八月二五日

同月廿五日　晴　夜雷雨

一　杉氏稽古相休候事

一　梶山氏昨日来宿に付右至急の談有之、午前七時より同家

へ至る、宍戸氏〔璣、宮内省出仕、皇居御造営事務副総裁〕引合云々示談也

一　市兵衛町御邸へ梶山同行し従五位公へ一件申上、且荘原へも談置候事

一　梨本宮へ昨日頂戴物の御礼として参殿す

一　宮へ出勤す、囲之都合伺済に付立会引合す

一　御本館御引移十七年六月と談決す

八月二六日

同月廿六日　雨

一　午前宮へ参殿す

八月二七日

八月廿七日　晴

一　杉氏にて稽古す

一　午前宮へ出勤す、別に伺の件無之

一　宮内省集会定日に付参省す、浅田、井関不参、別に議なし

八月二八日

八月廿八日　晴

一　午前宮へ出勤す

八月二九日

八月廿九日　晴

九月六日

九月六日　陰

一　杉氏にて稽古試合す

一　午前宮へ出勤す

一　宮内省集会定日に付参省す、御附中揃なり

一　滋宮御殿へ御伺として午後参殿之上毛利殿へ申出置候事

一　滋宮御儀御危篤之段通知書面来る

九月七日

一　午前宮へ出勤す

一　宮御方

滋宮へ御伺として御参殿、夫より直に伺

天機として御参　内被為在候事

一　滋宮御殿へ御危篤に付、伺として参殿の上田辺書記官〔新七郎、宮内省権少書記官〕へ申出置候事

右に付伺

天機として宮内省へ参省し、児玉書記官へ申出置候事

一　増宮御容体御快復の儀、侍医見留無之御様子也

韶子内親王御儀昨六日午后八時薨去被遊候此段相達候也

十六年九月七日　　徳大寺宮内卿

正七位三吉慎蔵殿

九月八日

同月八日　晴
一　午前宮へ出勤す
一　増宮御容体不容易段宮内卿より当宮へ上申有之候事
一　滋宮薨去に付、七日より九日迄三日間職人休業、尚御葬式当日同断之事に児玉書記官引合の上出張へ通知す
一　増宮御殿へ御伺として参殿す、大少輔、児玉、足立書記官〔正声〕へ申出置、尚御様子相伺候上右御様子宮へ出勤の上御留守に付麻生へ申入置退出す
一　増宮午后一時二十五分薨去被遊候段宮内卿より達状来る

九月九日

同月九日　陰　夜大雨
一　増宮薨去に付伺
天機として午前参省す、右長崎書記官へ申出置候事
一　韶子内親王本日午后五時御入棺に付、三時三十分まで通常礼服着用下谷二長町御住居所へ参上可仕段宮内卿より申来候に付、同刻参上之上休所へ控居候処、御棺前拝礼之儀案内有之直に出頭、夫々順名之通玉串を捧け拝礼す、相済直に退出之事

九月一〇日

同月十日　陰　小雨
一　午前宮へ出勤す、別に伺の件無之、夫より宮内省集会定日に付参省す、浅田御附不参也

九月一一日

同月十一日　陰　晴
一　長松氏へ従五位公御家記持参し前文を依頼す
一　午前宮へ出勤す
一　滋宮　増宮へ左之通
鏡餅　一重　一　榊　一対
右各宮幷御息所御一同より御献備之儀、有栖川宮より御内沙汰通り御附中決す
但藤井御附へ依頼之事
一　聖上、両皇后へ各宮幷宮御息所より御見舞御献上のことに御附中協議す
前両条共麻生へ談置候事
一　増宮御入棺式本日午后四時より被為行候に付、三時三十分迄御住居所へ参上之儀宮内卿より達に付、同刻参上致し順名の通拝礼す

九月一二日

同月十二日　雨　后晴風
一　滋宮御棺前午前七時より十時迄の内参拝の儀宮内卿より達に付同御住居所へ九時参上拝礼す
一　午前宮へ出勤す

九月一三日

同月十三日　風　后雨
一　滋宮御送〔ママ〕葬午前六時御出棺豊嶋岡へ御埋葬に付、御先着として七時同所へ参上之儀御達に依同所へ参上、休所へ控居御着棺之節御門外へ奉迎、直に御墓地控所へ至り御埋葬前順名呼出有之、拝礼の後退出す
一　本日は宮内省、宮御殿とも不参す

九月一四日

同月十四日　晴
一　増宮御棺前拝礼之儀、午前七時より十時迄の間参上可仕段御達に付、九時参上拝礼す
一　午前宮へ出勤す、別に議なし

九月一五日

同月十五日　雨
一　増宮御葬送本日午前六時御出棺豊島岡へ御埋葬に付、七時同所へ御先着にて御門外へ奉迎可仕段御達に付、同刻参上す
右御着棺御式拝礼済にて十時退散下宿す
一　午后宮へ出勤す
明十六日より御願済にて日光御出発に付、御届書二通宮内卿宛にして持参之上田辺書記官へ差出置候事
右陸軍省へは宮内省より通知方相成候様、宮よりは別段不差出段、田辺へ申添置候事

九月一六日

同月十六日　陰
一　午前五時半宮へ出勤す

九月一七日

同月十七日　晴
一　午前宮へ出勤す、相変儀無之
一　宮内省集会定日に付参省す、御附中揃也、議なし
一　八月中勘定帳児玉書記官へ引合、直に桜井へ渡置候事
一　午后市兵衛町御邸へ伺旁参上す

九月一八日

同月十八日　陰
一　午前宮へ出勤す、別に相変儀なく退出す

九月一九日

同月十九日　陰

一　昨夜来風気甚敷吉田を招き診察を請薬用す

一　午后宮家丁を呼寄せ昨夜来の次第に付御殿へ不勤、且宮内省へも不参之段夫々取計方を安藤〔精五郎、北白川宮家従〕へ申入之儀相頼置候事

一　午后品川氏見舞として来宿也

九月二〇日

同月二十日　大雨

一　家従安藤より　多田王御方勘定見留印請、井関より不参状落手、勘定引合受取共三通、外に樋口〔綾太郎〕より加藤への引合状一通為持候に付、夫々承知す

　但加藤への分預り置く

一　荘原、栢、賀田、岩城、宍道、加藤夫婦、賀田下女見舞来る

一　吉田両度来診

九月二一日

同月廿一日　晴

一　倉光、阿曽沼見舞来る

一　吉田来診

九月二二日

同月廿二日　雨

一　岩井泉三見舞として来る

一　佐野善介、梶間充三同断

一　交肴　一籠

右御息所より病中御内々御尋として吉野より家内〔三吉イヨ〕へ宛書面添にて被下候事

一　鶏　壱羽　葡萄　壱盆

右品川氏より見舞として到来す

一　本月十九日七時揃にて喰違内宮内省剣槍稽古場建築落成に付試稽古有之、依て出席候様御用掛より申来候得共、不快に付杉大輔まで断申出候事

九月二三日

同月廿三日　晴

一　乃木氏見舞として来る

一　菓子　一箱

右栢貞香見舞として持参也

一　品川、梶山の両氏見舞として来る

一　吉田来診

九月二四日

同月廿四日　晴
一　宮内省集会本日も不快に付御附中へ不参之儀書面為持候事
一　福原老人病中見舞として菓子一箱持参なり
一　カステーラ　一箱
右梶山鼎介より見廻として到来す
一　岡本高介見舞として来る
一　杉大輔より見舞使来る

九月二五日

同月廿五日　小雨
一　片栗粉　一包
右山本辰之助見舞として持参也
一　蒸菓子　一箱
右市兵衛町御三方様より病中御尋として荘原を以て被下候事
一　有実　一籠
右荘原より病中見舞として到来す
一　午后品川、梶山の両氏来る、右は乃木一件の談也
一　菓子　一箱
右弥一郎〔加藤弥一郎〕方より到来す
一　吉田来診

九月二六日

九月廿六日　陰

九月二七日

同月廿七日　陰
一　小笠原武英見舞として来宿す
一　野菜　活花
右於ミサ見舞として持参なり
一　大嶋正人見舞として来宿す
戸山学校次長歩兵大佐能久親王
免本職補戸山学校教頭
明治十六年九月廿一日　陸軍省
右本日戸山扶より相廻り候写を以て家扶世続より申来候事

九月二八日

同月廿八日　晴
一　梶間艦次郎見舞として来る
一　鮨　壱重　刺身　壱重
右宍道より見舞として到来す
一　乃木氏過日来の挨拶として来宿也

九月二九日

同月廿九日　晴

一　麻生見舞旁来宿す

一　宇原病中見舞として鶏卵一箱持参なり

一　吉田来診

一　粟屋左門病中見舞として来宿

一　杉大輔より見舞として使来る也

九月三〇日

同月三十日　晴

一　麻生三郎来宿、右は来月三日　浜離宮に於て独逸ジョンアルベルト殿下〔ヨハン・アルブレヒト〕始め、公使館附迄且又　有栖川、伏見の両宮弁大臣、参議、大少輔、其外諸官御招請之ことに御取極相成候段申来、依て同日御附御陪食被仰付とのこと也

一　カン詰　一個

一　同　　一個

右佐竹小三郎見舞として持参也

右三島任三郎同断

一〇月一日

十月一日　雨　陰

一　本日より全快に付休薬す

一　午前九時過き宮へ参殿之上　殿下幷御息所へ拝謁す且先般度々頂戴物之御礼御直に上申す

一　麻生、安藤、岩井、山本喜勢治へ挨拶す

一　宮内省集会定日に付参省す、御附中揃也、別に議事承候件無之

一〇月二日

同月二日　陰

一　午后宮へ出勤す、夫より喰違稽古場へ出席す

一〇月三日

同月三日　晴

一　午前宮へ出勤す、別に伺の件なし

一　市兵衛町御邸へ為御礼出頭す

一　毛利御家記一件云々の件承る、依て見込答置候事

一　宍戸御招一件談置候事

一　午后六時卅分　浜離宮に於て独逸アルベルト殿下を御招請、依て　有栖川二品、三品、同御息所〔有栖川宮威仁親王妃慰子〕、伏見二品、同御息所〔利子女王〕、各宮大臣、参議、大少輔、公使訳官、陸軍中将、少将、宮内卿、大輔、堤、児玉、長崎書記官、外務御用掛山県、宮内御用掛三吉、一同晩餐頂戴す、右に付海軍楽隊武楽手つま等

有之、終て十二時帰宿す

一〇月四日

十月四日　陰　后雨

一　午前宮へ出勤す
一　宮内省集会定日に付参省す、柴山、浅田不参なり
一　午后復た宮へ出勤す
一　アルベルト殿下宮へ参邸、御洋館巡覧なり

一〇月五日

同月五日　雨

一　済寧館開業午前九時三十分同所へ
行幸之処雨天に付御延引相成候事
一　午前宮へ出勤す、別に伺の件なし
一　午前より済寧館へ出席す、本日剣槍組合稽古有之
右終て槍術剣術共別段
御所より試合附御下けに付粟屋左門へ入身す、午后六時
帰宿

一〇月六日

同月六日　陰

一　午前宮へ出勤す
一　荘原家扶来宿なり
右は来る十一、二日之内、宍戸始め御招請之筈にて、本
日同氏御案内として出頭之由也
一　午后梶山へ抵る、来る十二日宍戸氏決の由に付、色々御
都合打合且当日同氏参邸相成候様示談致置、尚又御家事
向色々協議内談す
一　本日より薬服用す、吉田氏来診也

一〇月七日

同月七日　陰

一　午前市兵衛町御邸へ出頭す
一　鳥山氏見舞として来宿、カステーラ持参也、不在中にて
面会を得す
一　午前宮へ出勤す
一　宮殿下御在館之事
一　吉田氏来診
一　宮内省集会定日に付参省す、藤井、柴山不参なり、別に
議事なし

一〇月九日

同月九日　晴　風

一　午前宮へ出勤す
一　恒久王御誕辰御祝御延引之処、本日御内祝赤飯酒饌料被
下候事

一　杉大輔風邪に付尋問す
一　御別邸の栗御分配宮より被下候事
一　休薬す

一〇月一〇日

同月十日　晴
一　午前宮へ出勤す
一　市兵衛町御邸へ出頭す
一　従五位公へ伺之上御女中略紋付御用意之儀相伺候処、荘原不在に付佐野へ取計方被仰付候事
一　御茶台之儀も五組同人へ同断被仰付候事

一〇月一一日

同月十一日　雨
一　午前宮へ出勤す
一　宮内省集会定日之処、少々気分相に付不参之段、同勤へ報知す
一　本日市兵衛町御邸へ不参之段、荘原へ書面出す

一〇月一二日

同月十二日　雨
一　午前宮へ出勤、夫より九時市兵衛町御邸へ出頭す、本日午后四時より宍戸、山田参議陪従、井関御招請、梶山氏御用弁として出頭なり

一〇月一三日

同月十三日　雨　后大風

一〇月一四日

同月十四日　晴
一　杉大輔宅へ見舞として至る
一　荘原氏来宿
豊功神社御祭事十一月二日より三日之間に豊浦河村より届出候由也
右に付、御代拝は梶間艦次郎可然と従五位公御噂被為在候由に付、思召之通可然と答置候事
一　栢貞香来宿なり

一〇月一五日

同月十五日　陰
一　午前宮へ出勤す
一　宮内省集会定日に付参省す、藤井不参也、別に議事なし
一　午后梶山氏来宿也、右御家職向御永続等の件を協議す

一〇月一六日

同月十六日　雨

一　午前市兵衛町御邸へ出頭す、来る十八日三時より集会之筈に決す
一　豊浦へ梶間艦次郎御代拝と御決之事
一　秀元公御肖像御写追而御送可然ことに談置候事
一　午前宮へ出勤す

一〇月一七日

同月十七日　陰
一　神嘗祭に付休暇
一　菅野氏来宿、乃木氏同断

一〇月一八日

同月十八日　晴
一　午前宮へ出勤す
一　宮内省集会定日に付参省す、藤井、浅田不参也、別に議事無之
一　午后市兵衛町御邸集会、乃木、品川、梶山、三吉、荘原一同にて従五位公より御家記之内先般柏村〔信〕より照会の件協議致し候処、秀元公御養子にて御相続とは認め方見合の議決し、尚又右柏村へ申込前に得と御養子中の書類尋問致し、其上「ツガシム」ト申丈ケ取消「ツガシメントス」に致と談決也

一〇月一九日

同月十九日　晴
一　午前宮へ出勤す

一〇月二〇日

同月二十日　陰
一　午前宮へ出勤す
一　毛利様へ赤飯交肴添にして病中御尋問之謝儀として呈上す、荘原、栢、宇原、品川、梶山、山本、福原、渚、宍戸、岡田、三嶋、佐竹、鈴木、大島、賀田、弥一郎へ赤飯一重宛同断
一　染井御別邸へ至る、三嶋、佐竹へ挨拶として赤飯持参す

一〇月二一日

同月廿一日　小雨
一　休日に付在宿す
一　鳥山氏近々帰県に付来宿なり

一〇月二二日

同月廿二日　陰
一　午前宮へ出勤す
一　宮内省集会定日に付参省す、御附中相揃、別に議なし

一　手拭　一反　　煙草　二十玉
　右鳥山帰県に付暇乞旁持参す、尤不在に付書面相添宿へ
　相頼置候事
　右鳥山より答書来る

一〇月二三日

同月廿三日　晴　后陰
一　午前宮へ出勤す
一　荘原氏来宿、明廿四日梶間氏御代拝として御仕出しに付、
　利通、国俊二刀の分別に御由緒見留無之、其上正身とす
　へき証無之、依て豊浦へ送返しに決す
一　御家記一件荘原より柏村へ照会、何分彼方より答有之筈
　に談置候由也
一　梶山、品川御同行之再議に本日談置候事

一〇月二四日

同月廿四日　雨
一　午前宮へ出勤す
一　午后梶山氏宅へ御家政向協議として至る

一〇月二五日

同月廿五日　雨
一　午前宮へ出勤す

一　本日宮内省集会定日に付参省す、浅田不参也

一〇月二六日

同月廿六日　晴
一　午前宮へ出勤す

一〇月二七日

同月廿七日　陰
一　午前宮へ出勤す、午后又参殿す
一　午后市兵衛町御邸へ伺として出頭す

一〇月二八日

同月廿八日　雨
一　正午任有軒に於て三条公より岩倉贈太政大臣百日祭旧友
　会御設に付、当宮殿下御招請の処御差支御断り相成、
　依て御名代として参席す

一〇月二九日

同月廿九日　雨
一　午前宮へ出勤す
一　宮内省集会定日に付参省す、御附中揃也

一〇月三〇日

同月三十日　晴　后陰

一　午前宮へ出勤す

一　宮内卿より達

　来十一月三日

　天長節に付、午前十時於

　御内儀拝謁被　仰付候間、時限前参

　内可有之、此段相達候也

　　十六年十月廿九日宮内卿代理

　　　　宮内大輔杉孫七郎

　　正七位三吉慎蔵殿

　来十一月三日

　天長節に付、午前第十時大礼服着用参賀可有之此段相

　達候也

　　但酒饌下賜候事

　　十六年十月三十日　　宮内省

　　　正七位三吉慎蔵殿

一　市兵衛町御邸へ伺として出頭す、従五位公御不在也

一　荘原へ面会す

一〇月三一日

同月三十〔一〕日　雨

一　午前宮へ出勤す

一　午后品川、梶山の両氏来宿、公へ上申済云々の件也

一　宍戸氏より之書面梶山より預り候事

一一月一日

十一月一日　晴

一　午前宮へ出勤、夫より直に宮内省より御用之儀申来候に付参省す

一　正午より市兵衛町御邸へ出頭す、右は十月一日御定祭之処御差間に付、本日御祭事有之、玉串料金二百匹献備参拝候事

一　梶山より預りの書面従五位公へ御覧に入れ、且荘原へも含迄申入置、梶山氏へ右書状直に相渡す

一一月二日

同月二日　晴

一　午前宮へ出勤す

　宮御方御在館なり

一　午后市兵衛町御邸より梶山氏へ公之御次第書写し持参す

一一月三日

同月三日　雨　后晴

一　天長節に付、午前十時拝謁之儀御沙汰に付参

朝す、参賀名札を以て書記官江申出拝謁済之上酒饌下賜候事

二品宮御息所御儀、来る七日午后一時皇后宮御用有之被為召候間御参内可有之旨御沙汰候条、此旨御息所へ御上申可有之此段申入候也

十一月三日　　杉宮内大輔

三吉慎蔵殿

別啓当日被為召候人名左之通に候間、為御心得申入候也

有栖川二品宮
御息所〔董子〕
伏見宮二品宮
同
北白川二品宮
同
有栖川三品宮
同
三条太政大臣　妻〔治子〕
伊藤参議　同〔梅子〕
井上参議　同〔武子〕
娘
鍋嶋式部頭　妻〔栄子〕
井田元老院議官〔譲〕　同
吉田外務大輔〔清成〕　同〔貞子〕
河瀬司法大輔〔真孝〕　同〔英子〕
前田利同〔越中富山前田家当主〕　同〔淑〕

右午后宮へ持参之上御息所へ御直に上申し、請書之儀山本辰之助へ認方申談置候事

一一月四日

同月四日　晴

一一月五日

同月五日　陰　后晴

一　午前宮へ出勤す

一　宮内省集会定日に付参省す、武田不参也

一　十月分勘定簿桜井へ相渡置候事

一一月六日

同月六日　晴

一　午前宮へ出勤す

一一月七日

同月七日　雨
一　午前宮へ出勤す
一　午前梶山氏来宿之処不在に付一書認置有之、右に付午后市兵衛町御邸へ出頭之上林氏へ協議し、明八日午后精書之事に談決す、尚荘原へ持参相成候様談置、其辺梶山氏へ書面荘原より仕出置候事
一　鴨　壱番　菓子
欽麗院様幷に於暢様より
右佐野より手紙添本日被下候に付御請御直に御二方様へ上申す
一　従五位公御不在なり
一　吉田氏へ謝義為持候、尤金員は別帳に記す

一一月八日

同月八日　晴
一　午前宮へ出勤す
一　宮内省集会定日に付参省す、藤井、浅田不参也

一一月九日

同月九日　晴
一　梶山氏来宿、御家事向之件々請引合承る
一　午前宮へ出勤す
一　午后坂井直常〔医師、山口県出身〕来宿也

一一月一〇日

同月十日　晴
一　午前杉大輔より即刻参省之義来書に付出頭す
右は独逸協会生徒設立之儀に付、当宮より御下賜金御申立之処
聖上より永続等之御見込御下問之旨山脇〔玄〕一同へ大輔より被申聞、依て前条の御沙汰を　宮へ一同より上申し、詳細の御答　殿下より山脇へ御頼にて、同人より十三日大輔へ答の筈にして退出す

一一月一一日

同月十一日　陰
一　本日休暇なり

一一月一二日

同月十二日　小雨　后晴
一　午前宮へ出勤す
一　宮内省集会定日に付参省す、浅田不参也

一一月一三日

同月十三日　晴
一　三好重臣実母〔清香院〕昨十二日死去之段為知、十五日

一　十二時三十分出棺愛宕下青松寺にて仏葬之事
一　宮へ出勤す、夫より工部省へ出頭し中島〔佐衡カ〕へ銀貨交換の金員付相渡置候事
一　市兵衛町御邸へ出頭す、従五位公より御家政向諸締り之件々荘原一同御下問に付申合追て相伺候段申上、且又荘原へも取調協議可致ことに談置退去す
当宮装飾費金六万円之内、十六年度金参万円は銀貨に交換に付、目今諸買上物支払方差支相成候間、十七年度金参万円之内、金壱万弐千円何卒御繰上け御下渡被下度、此段可然御取計相願候也
北白川宮御附
十六年十一月　三吉慎蔵
宮内卿徳大寺実則代理
宮内大輔杉孫七郎殿
一　三好氏へ忌中尋問として蠟燭一箱持参す

一一月一四日

同月十四日　晴
一　午前宮へ出勤す
一　梶山氏来宿也、別に異談なし
一　来る十七日、十八日
御苑菊花拝見被差免、右鑑札壱枚御渡し家族之儀も拝見被差免、且家族のみにても同断、若雨天は順延廿一日に至りては差止候段宮内省持廻り来る

一一月一五日

同月十五日　晴　夕少陰
一　午前宮へ出勤す
一　宮内省集会定日に付参省す、御附中揃也
一　来る十九日　青山御所に於て番能御催に付、当宮幷に御息所へ上申之儀書面来る
右に付午后宮へ出勤之上　殿下へ上申し、且十九日御参之有無申出之儀得と伺之上取計方談置候事
一　午后市兵衛町御邸へ出頭す、御家政向荘原へ打合可申之処、同人不在に付退出す

一一月一六日

同月十六日　晴
一　午前荘原氏来宿也
右は退職出願持参に付、夫より市兵衛町御邸へ出頭之上従五位公へ差上、且同人へ尋問之次第、且気付之件々申上置候事
右梶山氏へ面会に付含置候事
一　宮へ出勤す、別に議無之に付依頼致し直に退出す
一　午后於伏見宮根本講義御設に付参席す
但五時揃六時御開講之事

一一月一七日

同月十七日　晴

一　明十八日青松寺に於て清香院初度法会営に付、正午三好氏より案内状到来之処、公用差閊に付右断り郵便状午前仕出置候事

一一月一八日

同月十八日　晴

一　午前八時より市兵衛町御邸に於て懇親会に付出席す、幹事梶山鼎介、世話掛り倉光、荘原、阿曽沼、栢改選之事

一一月一九日

同月十九日　陰

一　午前宮内省集会定日に付参省す、夫より直に於青山御所番能御催に付、拝見として浅田、井関一同参上し夜九時退出す

一一月二〇日

同月二十日　陰

一　午前宮へ出勤す

一一月二一日

同月廿一日　晴

一　午前宮へ出勤す

一　午后市兵衛町御邸へ出頭す

一　秀元公御養子一件書類云々、柏村より荘原へ略答有之由承る、右は近々再問之都合協議のことに談置候事

一　故乃木十郎忌日御参拝御備物の件を上申し、荘原へも談置候事

一一月二二日

同月廿二日　陰

一　午前宮へ出勤す

一　宮内省集会定日に付参省す、藤井不参也

一　午后市兵衛町御邸へ出頭す

一　従五位公幷荘原家扶へ一書にして御家政向御取締の件々上申し、夫々取計方之儀荘原へ談決す

一　梶山氏出頭追々運方之件承候事

一一月二三日

同月廿三日　晴

一　本日新嘗祭に付休暇也

一一月二四日

同月廿四日　晴

一　午前宮へ出勤す、夫より上野に於て大楽王院殿十七回御忌に付凌雲院より案内有之、十時参拝として御香典持参す

一　夜中市兵衛町御邸へ出頭す
右は廿六日御用召之由に付伺之事

一一月二五日

同月廿五日　晴

一　梶山氏来宿色々協議内決す

一　夜中市兵衛町御邸へ出頭す、明日の御次第且又梶山持参品の手当、荘原へ申入置候事

一一月二六日

同月廿六日　陰

一　午前宮へ出勤す、夫より宮内省集会定日に付参省す

一　従五位公御用召之処特旨を以て従四位に被叙宣下に付、夜十二時前迄品川、乃木、梶山一同参邸し、色々御仕向御案内等之件協議す

一　御家記再問引合協議す
右決極継がしめんとすに精書改置ことに協議す

一一月二七日

同月廿七日　陰

一　午前宮へ出勤す

一　午前より市兵衛町御邸へ出頭す
右は今般御慶事に付色々御祝御配り物等の協議し夜中帰宿す

一一月二八日

同月廿八日　晴

一　午前宮へ出勤す

一　本日も市兵衛町御邸へ午前より夜中まて出頭す

一一月二九日

同月廿九日　晴　后陰

一　早朝市兵衛町御邸へ出頭す

一　是日より御配り物有之夫々拝見す

一　宮内省集会定日に付参省す、別に談無之退出す

一　正午より又市兵衛町御邸へ出頭す

一　荘原始め乃木、品川、梶山、三吉一同へ今般御慶事に付被下物有之候事

一　家従御女中一統小者まて夫々同断之事

一一月三〇日

同月三十日　陰

一　午前宮へ出勤す

一　御直に本年末別段之訳を以て一統へ御賞与被遊度段御内沙汰之事
一　午后より市兵衛町御邸へ出頭す
一　鯛　弐尾
右高輪御二方様へ御歓として持参す
一　元功様へ為御歓出頭す

一二月一日

十二月一日　陰　雨
一　有栖川宮、三条公へ出頭す
一　市兵衛町御邸へ出頭す
一　御宗族高輪様始め、北小路二本榎木様〔毛利元蕃、徳山毛利家〕、吉川様〔経健、吉川経幹長男、岩国吉川家一三代当主〕、伊皿子様〔毛利元忠、毛利元純長男、清末毛利家〕御招請に付御席へ出頭御挨拶す

一二月二日

同月二日　晴
一　本日休暇に付終日市兵衛町御邸へ出頭す
一　御昇位に付御告祭被遊候事
一　福原、乃木始め国事戦死等之御添祭被遊候事
一　懇親会一統へ御祝酒被下候事
右壱名より青銅二百匹宛献上す　但弐銭なり

一　御告祭に付能楽御奉納之事

一二月三日

同月三日　晴
一　午前宮へ出勤す、別に伺の件なし
一　過日御直に一統へ御賞与御内沙汰諸費金二百円之辻取調、右被下金として御定格之内より支払のことに申談置候段上申す
一　宮内省集会定日に付参省す、浅田、井関不参、別に議なし
一　十一月中勘定帳出す
一　午后より市兵衛町御邸に於て御親族中様方御招請に付出頭す

一二月四日

同月四日　晴
一　午前宍戸氏へ至る
但洋服持煙草入巻口共持参、面会之上挨拶す
一　午前宮へ出勤す
一　正午前市兵衛町御邸へ出頭す、本日は御同族方の家従御招請也
一　御脇差　盛光　一腰
御仕立料金百円
右従四位公より

一　純〔ママ〕〔鈍〕子　一巻
右欽麗院様より
一　縮緬　三反
右御奥様より
右は今般御昇位に付、思召を以て夫々頂戴被仰付候事

一二月五日

同月五日　晴
一　午前山県氏へ抵る
但宍戸同様の品持参面会之上挨拶す
一　午前後両度宮へ出勤す、別に伺之件なし
一　本日も市兵衛町御邸へ出頭す、御出入中御招也
一　本日よりトモ女療治に取掛り候事

一二月六日

同月六日　晴
一　午前宮へ出勤す
一　来る十一日午后御臨席之儀上申す
一　本日宮内省集会定日の処不参に付書面出す
一　午前より市兵衛町御邸へ出頭す、本日は両大臣、参議、杉大輔、宍戸、佐久間の諸官御招請に付、乃木、品川、梶山、三吉、荘原等御給仕致候事

一二月七日

同月七日　晴
一　午前宮へ出勤す、別に伺之件なし
一　市兵衛町御邸へ出頭す、本日は従四位様〔毛利元敏〕始め御家族中様方今般御昇進の御内祝被遊、就ては御随従中及ひ品川、乃木、梶山、三吉不残御陪食被仰付候、小者中へは代料にして被下候也

一二月八日

同月八日　晴
一　午前宮へ出勤す、夫より市兵衛町御邸へ昨日の御礼として参上す
一　午后再ひ宮へ出勤す、別に御用向無之退出す

一二月九日

同月九日　晴
一　休日に付在宿す
一　午后乃木、梶山の両氏来宿なり

一二月一〇日

同月十日　晴
一　午前宮へ出勤す、別に議事無之直に宮内省集会定日に付

一　参省す、又議事なし
一　午后又宮へ出勤す
一　午後梶山氏へ往き、夫より乃木氏へ至る

一二月一一日

同月十一日　晴
一　午前宮へ出勤す
一　午后四時より市兵衛町御邸へ出頭す

一二月一二日

同月十二日　晴
一　午前梶山氏へ到る、先般御慶事に付諸費の儀は常用より支払不致、根金の内を以て引合方至当の訳其見込入々談候処、梶山にも見込之通尤と之答也
一　午前宮へ出勤す、別に議事伺の件無之退出す
一　午后市兵衛町御邸へ出頭す
明十三日御祝酒被下家内御案内之処、不快に付御断り申上候事
一　従四位公へ御慶事諸費の儀見込尚又元金にて可然段上申す

一二月一三日

同月十三日　晴
一　午前宮へ出勤す、夫より宮内省集会定日に付参省す、浅田不参也、別に議事なく退出す

一二月一四日

同月十四日　陰
一　早朝宮へ出勤之上御直に　宮殿下へ来る十八日鹿鳴館にて将校御招之儀相伺候処伺之通に付、尚時間を相伺候処晩餐六時と御決し御料理は三の宮より御伝承被遊候に付三円と被仰聞、依て其取計御案内状夫々本日差出可申段上申済、麻生三郎へ申談置退出す
一　午前より市兵衛町御邸へ出頭す
一　従四位公へ荘原一同左の件相伺候事
御慶事諸費は、都合に依り元金より支払取計候ても可然との事なり
一　昨日御送之御料理頂戴御礼申出置候事
一　午后宮へ出勤す、別に伺之件なし

一二月一五日

同月十五日　雨
一　午前宮へ出勤す
一　宮殿下へ拝謁、雑司ヶ谷永続寺之件色々見込上申す
一　午后市兵衛町御邸にて於式様〔毛利式子、毛利元敏三女〕御紐落御内祝有之御招に付参上す

一　金子蔀、小一原慶三今回御昇位御歓豊浦より惣代人として参着也

一二月一六日

同月十六日　晴

一二月一七日

同月十七日　晴

一　午前宮へ出勤す、別に伺の件なし、夫より宮内省集会定日に付参省す

一　午后市兵衛町御邸へ出頭し、十五日之御礼且又本日雁一羽頂戴に付御請申上、尚荘原へも申入置候事

一二月一八日

同月十八日

一　午前宮へ出勤す

一　独逸学政典三本

聖上、両皇后宮へ献上に付宮内省へ持参之上児玉書記官へ差出置候事

一二月一九日

同月十九日　晴

一　午前宮へ出勤す、別に伺之件無之

本日午后出納課より勘定検査として参殿之儀家扶へ照会有之、右差支無之段答也

一　午后市兵衛町御邸へ伺として出頭す、別に議なし

一　品川、乃木、梶山へ尋問す、異儀なし

一　来る廿九日より三日間之内歳末参賀可仕旨書面来る

一二月二〇日

同月二十日　晴

一　午前宮へ出勤す、異儀無之

一　宮内省集会定日に付参省す

一　午后市兵衛町御邸へ御昇位の恐悦として家内出頭す

一　袴地　壱着　　七々子羽織地

右歳末に付

思召を以て宮内省に於て下賜候事

一二月二一日

同月廿一日　晴

一　午前宮へ出勤、夫より市兵衛町御邸へ出頭す、荘原不在也、別に議なし

一　午后於北白川宮、金子、根本御納会講義御設、夫より於紅葉館両先生始め会員御招請酒肴被下候事

一二月二二日

同月廿二日　晴

一　午前宮へ出勤す、別に伺の件無之
　伏見宮御附代理として宮内省へ呼出に附参省す

一　午前迄宮へ相詰候事

一二月二三日

同月廿三日　晴

一　荘原、梶山の両氏来る

一　市兵衛町御邸へ出頭す、荘原始め月給増額の件従四位公へ上申し荘原へも談置候事

一　染井御邸へ出頭す

一二月二四日

同月廿四日　晴

一　宮へ出勤す

一　宮内省集会定日に付参省す、藤井不参、別に議なし

一二月二五日

同月廿五日　晴

一　午前宮へ出勤す
　本日家扶始一統へ年末定例之通被下物夫々相渡す

一　午后市兵衛町御邸へ出頭す
　年末献上物定例之通差上候事

一二月二六日

同月廿六日　晴

一　午前宮へ出勤す

一　金弐拾五円
　外に七円五拾銭　例年之通

一　袴地　裏添
　右別段思召を以て本日　宮殿下より被下候事

一　家扶始め一統へも別段之思召を以て夫々被下物有之

一二月二七日

同月廿七日

一　午前宮へ出勤す、別に伺の件なし
　昨日之御礼御二方様へ上申す

一　宮内省集会定日に付参省す、別に議事なし

一　午后市兵衛町御邸へ出頭す

一　例年之通御謝儀金被下之頂戴す

一　午后九時頃赤坂田町出火に付、有栖川宮、北白川宮へ出頭す

一　近火御見舞として従四位公御出、且又栢、佐野、岡村、柴山其他来宿也

一二月二八日

同月廿八日　晴
一　午前宮へ出勤す、別に伺之件なし
一　梶山氏へ到る、夫より市兵衛町御邸へ出頭す、上々様御不在也、昨夜之御礼申出置候事
一　梨本宮へ昨夜の御礼として出頭す
一　午后家扶従家丁一同へ酒肴為持招きの代りとして一統へ出之
一　来る四日参上の答書吉井〔友実、幸輔、徳春、日本鉄道会社社長〕へ為持候事

一二月二九日

同月廿九日　晴　夜小雨
一　午前宮へ出勤之上拝謁申上候事
本日別に相伺候件其他談議等無之

一二月三〇日

同月三十日　晴
一　午前歳末之参賀として出省之上宮内省にて書記官へ申出置退出す
一　市兵衛町御邸へ歳末之御祝儀として出頭す
一　荘原、梶山、品川の三氏来宿也
一　毛利家御家事向来る十七年より御改正の件々荘原一同従四位公へ上申す、尚追々取計可申ことに伺済之事
一　来一月四日記念会之儀林友幸より再書有之、右は廿八日吉井へ向け参集すへき答書仕出済に付、尚亦其段再答郵便を以て仕出置候事

一二月三一日

同月卅一日　晴
一　宮御二方始め歳末の御祝儀として参殿拝謁申上候、別に伺の件なし
一　来一月三日
梨本宮御参　朝御同伴之儀相伺候て井関へ答書之儀家扶へ相頼置候事
一　諸帳簿へ調印致候事
一　一統へ御殿に於て歳末の賀を申入置候事
一　別に御用向無之退出す
一　杉、賀田、小田村〔希家、楫取素彦長男〕、楫取〔道明〕、宍道へ歳末の賀として至る
一　金参円
但高輪様より先般献上物の御挨拶として御送達之由右荘原より送来候事
一　米熊より廿七日仕出の書面を以て月給廿五円と相成候段申来候事

日記　五　明治十七年

明治一七年

一月一日

明治十七年一月一日　晴

一　午前七時

朝拝被　仰付候に付六時三十分参

内す、同刻

御内儀に於て

聖上〔明治天皇〕、皇后宮〔昭憲皇太后〕玉座拝謁之事右終て

宮内省にて卿輔始め、書記官中、属官中へ祝詞申述候事

一　午前八時青山御所へ参賀し

皇太后宮〔英照皇太后〕へ拝謁す、右終て諸所へ年始廻礼す

一　明宮〔嘉仁親王、大正天皇〕へ参賀申上候事

一　市兵衛町御邸へ出頭、従四位公〔毛利元敏〕始め上々様方

へ新年祝賀申上候事

一　北白川宮御二方様〔能久親王、能久親王妃光子〕始め一統へ

祝賀之事右相済諸家へ廻礼す

一月二日

同月二日　晴

一　午前より諸家へ廻礼す

一月三日

同月三日　晴

一　染井御邸始め諸家へ廻礼す

一月四日

同月四日　晴　夜雨

一　本日政事始に付、午前九時より宮へ出勤す

一　午后二時より紀念会、本年より於紅葉館集会に付参席す、

会費金弐円持参也、明年よりは一月三日と相改め集会に

決議之事

一月五日

同月五日　晴

一　本日新年御宴会に付午前十時大礼服着用参

朝す、酒饌下賜候事

一　午后三時より北白川宮新年御宴会に付、家族一同被召候

事

右に付、例年之通献上物幷に表奥向一統小者共へも夫々

持参物す

一　宮御二方様より拝領物有之、終て又色々御福引の品拝領

す

一　本年は御料理代にして一同へ被下候事

一月六日

同月六日　晴
一　午后宮へ昨日拝領物の御礼として参殿す
一　市兵衛町御邸へ過日御出之御礼として参殿す
一　本日懇親会之儀に付、御邸へ参集之儀来書之処、差閊に付不参之段栢〔貞香〕へ相頼置候、尤荘原〔好一〕不在也

一月七日

同月七日　晴
一　午前宮へ出勤す
一　宮殿下へ拝謁す、別に伺の件なし
一　宮内省集会定日に付参省す、藤井〔希璞〕、児玉〔源之丞〕不参なり、別に議なし

一月八日

同月八日　晴
一　午前宮へ出勤す、別に伺の件議事無之
一　午前より市兵衛町御邸へ出頭す、従二位公〔毛利元徳〕御出中に付上々様方は御伺不申上候事

一月九日

同月九日　晴
一　午前宮へ出勤す
一　午后市兵衛町御邸に於て懇親会方法協議の為め集会有之参席す

一月一〇日

同月十日　晴
一　午前宮へ出勤す、別に議なし
一　宮内省集会定日に付参省す
一　十二月分勘定帳児玉書記官〔愛二郎〕へ引合之上桜井へ相渡す

一月一一日

同月十一日　晴
一　府外御暇にて従四位公芝居御招請申上候事

一月一二日

同月十二日　晴
一　午前宮へ出勤す、別に伺の件無之
一　午后市兵衛町御邸へ出頭す、昨日御招請申上候御礼の為なり

一月一三日

一月一三日

同月十三日　晴

一　本日休暇也

一　午后市兵衛町御邸より紅葉館に抵る、右は三時より金子〔蓊〕、小一原〔慶三〕の両人へ御酒肴被下之、囃子、狂言、都踊等御設上々様御臨席、御供は荘原家扶及女中一人也

一月一四日

同月十四日　晴

一　午前宮へ出勤す、別に伺の件無之、夫より宮内省集会定日に付参省す

一　午后市兵衛町御邸へ昨日之御礼として出頭す

一月一五日

同月十五日　晴

一　午前宮へ出勤す

一　三太郎様〔毛利元雄〕年頭に付御来車、金子、三嶋〔任三郎〕来宿也

一　午后三時より市兵衛町御邸へ御懇会御設に付出頭す、品川〔氏章〕、乃木〔希典〕、梶山〔鼎介〕、三島、荘原、三吉也、外に金子、小一原へ一同御酒被下候事

一月一六日

同月十六日　晴

一　金子、小一原本日出発帰県也

一　昨夜御邸へ一泊す、今朝御表御奥共一統へ追々御家政向怠り相成候廉々相改候段従四位公へ相伺、両御奥へ上申し一統へ申聞候事、右荘原家扶なり

一　午前宮へ出勤す、別に伺の件無之

一　午后三時過より招に依て梶山方へ至る、荘原、石津〔幾助〕一同なり

一月一七日

同月十七日　晴

一　午前宮へ出勤す

一　宮内省集会定日に付参省す、浅田〔熙光〕不参、別に議なし

一月一八日

同月十八日　雪　少々

一　午前宮へ出勤す

一　山階宮御付浅香〔茂徳〕出頭　宮殿下へ拝謁す、右は御洋行の件也、別に伺の件議無之

一　午后より梶山氏へ過日の答礼として到る

一　市兵衛町御邸へ出頭す、梶山氏依頼の金幣云々荘原へ申入置候事

一月一九日

同月十九日　晴

一　午前宮へ出勤す

一月二〇日

同月二十日　晴

一　本日休暇也

一　午后より市兵衛町御邸へ出頭す

一月二一日

同月廿一日　晴

一　午前宮へ出勤す

一　宮内省集会定日之処無拠相断り書面出す

一　本日始て戸山学校へ御出勤相成候事

一　正午会席御茶御案内に付、市兵衛町御邸へ午前より出頭す

一月二二日

同月廿二日　晴

一　午前宮へ出勤す、別に伺の件議無之

一月二三日

同月廿三日　陰

一　午前宮へ出勤す

一　皇太后宮御誕辰に付、午前十一時
青山御所へ参賀す、御酒肴下賜候事
右礼服着用参賀之儀宮内卿〔徳大寺実則〕より達状来る

一月二四日

同月廿四日　晴

一　午前宮へ出勤す

一　宮内省集会定日に付参省す、浅田不参、別に議なし

一月二五日

同月廿五日　晴

一　午前宮へ出勤す、別に伺之件なし

一　市兵衛町御邸へ出頭す、従四位公御遊猟、且荘原不在也

一月二六日

同月廿六日　晴

一　午前宮へ出勤す、　殿下少々御腹痛にて御在館也

一月二七日

同月廿七日　雨

一　本日休暇なり

一　市兵衛町御邸へ出頭す

一月二八日

同月廿八日　晴

一　午前宮へ出勤す
　宮御方御風気に付、御在館なり

一　宮内省集会定日に付参省す、別に議なし

一月二九日

同月廿九日　晴

一　宮へ出勤す

一月三〇日

同月三十日　晴

一　午前より市兵衛町御邸へ出頭す

一月三一日

同月卅一日　陰

一　品川大輔〔弥二郎〕へ参り面会す
　英雲公〔毛利重就、長府藩八代藩主、萩藩七代藩主〕御仕置の件々入々承候事

一　宮へ出勤す、本日も御違例に付御在館也

一　宮内省集会定日に付参省す、別に議なし

一　香川少輔〔敬三〕へ品川大輔より噂之二宮法〔ママ〕徳記頂戴致し度段相頼置候事

二月一日

二月一日　晴

一　宮へ出勤す、別に議事伺の件無之尤船越〔衛、千葉県令〕へ照会の次第上申す

二月二日

同月二日　晴

一　午前市兵衛町御邸へ出頭す

一　従四位公へ御家扶始心得方尚又出豊等の件を上申す

一　荘原へ、先般御意之旨一統へ篤と相心得候様伝達の儀、申談置候事

一　午前宮へ出勤、夫より宮内省へ御用に付参省す

二月三日

同月三日　晴

一　午前八時半より市兵衛町御邸へ出頭す
　右は御旧地御施業云々一件、十三日頃荘原御仕出し同人事情取調之上帰京致し上申之上従四位公何分御決、尚亦御出豊も都合に依り御決定之事

一　愚老気附書取にして品川、乃木、梶山、荘原一同へ演説す

二月四日

同月四日　午后雪

一　午前宮へ出勤す、別に議なし

一　宮内省集会定日に付参省す、別に議なし、藤井不参也

一　報徳記　全部
　右賜之香川少輔より下官へ下附相成候事

二月五日

同月五日　雪

一　午前宮へ出勤す、別に伺之件議無之

一　十二時前より市兵衛町御邸へ出頭す

一　古備前友成之刀高嶋中将〔鞆之助、陸軍中将、鹿児島藩士高嶋喜兵衛四男〕より献上、乃木大佐持参也、仍て拝見す

一　宮より御使安藤〔精五郎〕来る、右は御暇服の件也

二月六日

同月六日　陰

一　午前宮へ出勤、夫より宮内省へ参省す

一　午后梶山より照会之儀に付、市兵衛町御邸へ出頭す、右は同家始末方の件也

一　荘原出豊御趣意書之件、梶山一同談済也

二月七日

同月七日　雨

一　午前宮へ出勤す、別に伺議事等無之、夫より宮内省集会定日に付参省す、御附中揃也

一　一月分勘定帳本日差出す

二月八日

同月八日　陰

一　午前宮へ出勤す

一　午后市兵衛町御邸へ出頭す

一　荘原出豊に付、御趣意書並に見込書協議済也

二月九日

同月九日　晴

一　午前宮へ出勤す、夫より舟越〔ママ〕県令宅へ抵る、山林一件尋問す

二月一〇日

同月十日　晴

二月一一日

同月十一日　晴

一　紀元節に付、午前十時三十分大礼服着用参省之儀達有之、依て同刻参賀す、右に付酒饌下賜候事
一　市兵衛町御邸へ出頭す

二月一二日

同月十二日　晴
一　午前宮へ出勤す
一　午后市兵衛町御邸へ出頭す
明十三日荘原氏豊浦へ出発に付色々御用向協議す

二月一三日

同月十三日　晴　后陰
一　午前宮へ出勤す、別に議事等無之
一　交肴　一折
右桂大佐〔太郎〕洋行に付進物す
一　午后梶山氏来宿也

二月一四日

同月十四日　大雪　昨夜より
一　午前宮へ出勤、夫より宮内省集会定日に付参省す、児玉限りに付早め退出す
一　梶山氏へ至る、右は高嶋へ御謝金一件乃木協議の談引合決す

一　市兵衛町御邸へ出頭す
一　金三百円高嶋へ御謝金明十五日岩村〔今村カ〕へ御持せ同氏取計の儀を上申す
一　午后五時より桂大佐宅へ招に付到る

二月一五日

同月十五日　晴　風
一　宮へ出勤す
宮殿下早朝より華頂宮〔博厚親王〕御一周祭に付御二方様御出也

二月一六日

同月十六日　晴
一　桂大佐洋行として本日七時半の汽車にて発途に付、見送として新橋迄出張す
一　市兵衛町御邸へ出頭す、別に異儀無之昨日刀の御謝金三百円梶山へ御持せの由也
一　午前宮へ出勤す、別に議無之退出す
一　午后三時半より上野輪王寺凌雲院より招請に付葛一箱宛持参

二月一七日

同月十七日　晴

一　御奥向御用向男女の差別御錠口之儀夫々談決す

二月一八日

同月十八日　晴　風

一　午前八時佐野〔善介〕より左之件申来る
高嶋氏への謝金今村氏より首尾能取計済落手の答書は乃木氏へ送らるゝ由、依て本日御使の筈也

一　午前宮へ出勤す、別に伺議事なし
宮殿下本日は御在館なり

一　宮内省集会定日に付参省す、御附中揃也、別に議なし

二月一九日

同月十九日　晴

一　午前宮へ出勤す、別に議無之

一　午前より市兵衛町御邸へ出頭す

一　今村氏へ御挨拶物の儀伺之上佐野へ談置候事

一　御家政向色々上申す

一　午后四時宮へ出頭す、右は宮内卿始め大少輔〔杉孫七郎、香川敬三〕晩餐御招に付御陪席す

二月二〇日

同月二十日　風　晴

一　午前宮へ出勤す

二月二一日

同月廿一日　陰

一　午前宮へ出勤す
仁孝天皇御例祭に付、御参拝被為成候事

一　宮内省集会定日に付参省す、藤井不参也

一　幼学綱要　全部
右下賜候也

一　午后市兵衛町御邸へ出頭す、梶山氏至る也

一　御奥向改正御締向夫々相達置候事

二月二二日

同月廿二日　雪　雨少々

一　午前宮へ出勤す

二月二三日

同月廿三日　雪　少々

一　午前宮へ出勤す

二月二四日

同月廿四日　陰

一　本日休暇也

二月二五日

同月廿五日　晴

一　午前宮へ出勤す、別に議なし

宮御方御在館、伺の件無之

一　宮内省集会定日に付参省す、藤井、浅田不参也、別に議事なし

二月二六日

同月廿六日　晴

一　荘原へ着歓、且本日迄の次第申遣す

一　午前宮へ出勤す

一　午后市兵衛町御邸へ出頭す、品川、乃木、梶山御懇親会御招に付参集す

二月二七日

同月廿七日　晴

一　午前宮へ出勤す

二月二八日

同月廿八日　陰

一　宮御方御用向に付午前八時参殿す、右は御内情之旨　有栖川宮〔熾仁親王〕へ御尋問相成候由、右の件を御相談に付篤と愚考仕山県〔有朋〕へ参り可申段上申す

一　宮内省集会定日に付参省す、柴山〔典〕、浅田不参也

一　午后市兵衛町御邸へ出頭す

二月二九日

同月廿九日

一　梶山氏へ昨日荘原より送達の来書相廻し色々協議し、尚又近々荘原より郵書到着次第集会のことに談決す

一　午前宮へ出勤す、別に伺議事なし

一　午後三時より於伏見宮根本先生〔通明〕御講義に付参席す

三月一日

三月一日　晴

一　午前宮へ出勤す

三月二日

同月二日　陰

一　午前山県参議宅へ抵る、右は　殿下より御内命の件申入候処、西郷〔従道、参議、農商務卿、西郷隆盛弟〕協議申込可然とのことに談合相決候に付、前条答の次第直に　宮御方へ御直に上申す

三月三日

同月三日　雨

一　午前宮へ出勤す

一　午后より市兵衛町御邸へ出頭す

三月四日

同月四日　風

一　午前宮へ出勤す

三月五日

同月五日　風　晴

一　午前宮へ出勤す、別に議なし

一　午后市兵衛町御邸へ出頭す、品川、乃木、梶山より今般豊浦表授産組立之趣に付気附申出候事

三月六日

同月六日　晴

一　午前宮へ出勤す

一　宮内省集会定日に付参省す、御附中揃也、別に議なし

一　午后三時より市兵衛町御邸へ出頭す、乃木、品川、梶山出頭なり、右は授産組立に付御助力金被遊度旨被仰聞候事

三月七日

同月七日　晴

一　午前宮へ出勤す

一　午後市兵衛町御邸へ出頭之上、荘原へ向け公之思召の旨を電報す

三月八日

同月八日　雨

一　午后市兵衛町御邸へ出頭す、授産金御助力会計の御都合は先新開御見合の外別に御見込不被為在由、従四位公御示談有之候事

三月九日

同月九日　陰

一　宮へ鳥渡出勤す

一　梶山へ電報往復之次第、従四位公思召附之儀は御出豊にて被仰聞候方可然との御含有之候段を内々申入置候事

一　山県参議へ従四位公御教育思召立之件、梶山より示談相成候由なり

三月一〇日

同月十日　晴

一　本日宮内省集会定日之処角力
天覧に付不参し　浜離宮へ拝見として出頭す

三月一一日

同月十一日　晴
一　午前宮へ出勤す
一　午后市兵衛町御邸へ出頭す、鳥山〔重信〕、品川、梶山一
同御相伴にて御酒被下候事
一　御家政保護の件、梶山と協議す

三月一二日

同月十二日　風雨
一　午前宮へ出勤す

三月一三日

同月十三日　晴
一　午前宮へ出勤す、別に相変儀無之
一　本日宮内省集会定日に付参省す、藤井不参なり、別に議
なし
一　二月分勘定帳出納課桜井へ相渡す
一　午后市兵衛町御邸へ出頭す

三月一四日

三月十四日　晴
一　午前宮へ出勤、夫より市兵衛町御邸へ出頭す
一　午后一時過き再ひ宮へ出勤す

三月一五日

同月十五日　晴　風少々
一　午前宮へ出勤す、別に伺の件無之

三月一六日

同月十六日　晴
一　午前宮へ出勤す、御用向は明十七日朝被仰聞候筈也

三月一七日

同月十七日　陰　風
一　午前宮へ出勤す
一　宮内省集会定日に付参省す、御附中揃也
一　宮御方午后御出張に付御見送申上候事
一　午后市兵衛町御邸へ出頭す
一　授産金云々荘原へ御尋問之儀上申す

三月一八日

同月十八日　陰
一　午前宮へ出勤す、別に議事伺の件無之退出す

三月一九日

同月十九日　陰

一　午前宮へ出勤す、別に議談なく退出す

一　午后市兵衛町御邸へ出頭す、四位公御役所にて御出金且又御定用目途等之件々荘原へ尋問す

一　勧業義社へ御出金の儀色々協議し、終に新開費金を以て御助力の外見込無之ことに先談決す

一　豊永〔長吉〕帰商手当金云々色々議す

三月二〇日

同月二十日　晴

一　春季皇霊祭休暇也

一　梶山氏来宿、豊浦地御施行荘原協議の次第色々談合す

三月二一日

同月廿一日　雨

一　午前宮へ出勤す

一　午后市兵衛町御邸へ出頭す、御家事色々協議す

三月二二日

同月廿二日　陰

一　午前宮へ出勤す

三月二三日

同月廿三日　晴

一　午前九時市兵衛町御邸に於て旧臣の懇親会に出席す

右に付幹事梶山より色々尋問有之、協議之上張出前原案に同意左之通人撰

一　粟屋景明、下村修介、賀田貞一、植村俊平、諸葛小弥太議員なり

一　四位公より金百円七歩公債別段御寄附相也候事

一　先般御教育思召之旨幹事始め世話掛り議員一同へ御発言、尚詳細荘原家扶より演説あり

一　故福原大佐〔和勝〕祭日に付四位公御参拝被為在候也

一　午后五時参拝として福原へ玉串料持参す

三月二四日

同月廿四日　雨

一　午前宮へ出勤す

一　宮内省集会定日に付参省す、御附中揃也

三月二五日

同月廿五日　晴

一　午前宮へ出勤す

三月二六日

同月廿六日　陰

一　宮へ出勤す

三月二七日

同月廿七日　晴

一　宮へ出勤す、別に御用無之、夫より宮内省集会定日に付参省す、浅田不参也、別に議事なし

一　午后市兵衛町御邸へ出頭す

三太郎様御病気に付、色々四位公へ伺之上荘原へ協議し、夫々取計候事

一　午后六時より品川、乃木、梶山、荘原、下官一同学校の件協議す、右四位公御出席に付、乃木より山県、野村〔靖、駅逓局総官、博物局長〕両官の見込聞合の件夫々上申、終て公より先無形の取計致し、時機見合候て時を得、其節広く及ぼすべきの御決定也、仍て一同無形のことに協議致し見込上申のことにて退散す

一　四月一日御例祭御延引被仰出候事

三月二八日

同月廿八日　雨少々　陰

一　午前宮へ出勤す

三月二九日

同月廿九日　陰

一　午前宮へ出勤す

三月三〇日

同月三十日　晴

一　本日休暇也

三月三一日

同月卅一日　陰

一　午前宮へ出勤す

一　宮内省集会定日に付参省す、浅田不参也、別に議事なし

四月一日

四月一日　雨

一　午前宮へ出勤す、別に議事異状無之

四月二日

同月二日　晴

一　本日午后磯村定之埋葬に付、玉串料持参拝礼す

一　午前宮へ出勤す

四月三日

同月三日　晴

一　神武天皇御祭日に付休暇也

四月四日

同月四日　晴

一　午前宮へ出勤す

一　市兵衛町御邸へ出頭す、別に議事相変儀無之

四月五日

同月五日　雨

一　午前山県参議邸へ出頭す
　北白川宮御内話一件、同宮見込の通に依頼し、来る九日頃迄御内情無形之儀下官受合置候事

一　午前宮へ出勤す、別に相変儀なし

四月六日

同月六日　晴

一　本日休暇也

四月七日

同月七日　陰

一　午前宮へ出勤す、別に相変儀無之

一　宮内省集会定日に付参省す、藤井、浅田不参也

一　午后市兵衛町御邸へ出頭す

四月八日

同月八日　陰

一　午前宮へ出勤す

四月九日

同月九日　晴

一　宮へ出勤す

一　午后市兵衛町御邸へ出頭す

四月一〇日

同月十日　晴　風少々

一　午前宮へ出勤す、麻生〔三郎カ〕より　宮殿下御滞在の御次第夫々承候事

一　宮内省集会定日に付参省す、御附中相揃、宮内卿伊藤〔博文〕より面談之儀昨日通知に付、十二時同卿より御附一同揃之上
　王室幷皇族従来の目途永続御確定等の儀取調相成候に付、当分得と其辺相心得居、他日御基礎相立候迄は区々之件何時も尋問有之候はゝ、夫々答弁可致との談也

四月一一日

同月十一日　晴

一　午前宮へ出勤す、別に議事なし

一　市兵衛町御邸へ出頭す

一　栢貞香娘死去之由同人より通知に付悔申入候事

四月一二日

同月十二日　晴

一　午前宮へ出勤す、別に議なし

四月一三日

同月十三日　陰　夜雷雨

一　本日休暇に付在宿す

四月一四日

同月十四日　晴

一　午前宮へ出勤す、別に相変儀無之

一　宮内省集会定日付参省す

一　午后二時市兵衛町御邸へ出頭す

四月一五日

同月十五日　晴

一　午前宮へ出勤す、別に議事なし

一　高輪様御例祭に付、参拝として出頭す

四月一六日

同月十六日　陰

一　午前宮へ出勤す、別に議談無之退出す

一　午后市兵衛町御邸へ出頭す

四月一七日

同月十七日　晴

一　午前宮へ出勤す

一　宮内省集会定日に付参省す、藤井、児玉、井関〔美清〕不参也

一　有栖川一品親王〔幟仁親王〕御不例に付、午後御伺として御住居邸へ出頭す、先御折合の御様子也

四月一八日

同月十八日　陰

一　午前宮へ出勤す
宮殿下本日前九時三十分御帰京被遊候事

一　山県参議より内話之件上申す

一　午后伏見宮にて根本先生講義御設に付参席す

四月一九日

同月十九日　晴
一　午前宮へ出勤す
一　午后市兵衛町御邸へ出頭、職員等の儀を協議す

四月二〇日

同月二十日　晴
一　午前市兵衛町御邸へ出頭す
品川、乃木、梶山、荘原一同学校一件評決し、四位公へ伺の上山県参議へ三吉御使として出頭す、不在に付重て出頭のことに申入置候事
一　午后三時より於紅葉館三条公〔実美〕旧友会御催に付出頭す
一　山県参議へ四位公よりの御答於紅葉館引合済
右は、是迄思召の学校は御取消にて今般山口表御設相成候方へ御助力、尤一両人生徒御取立御助力は被遊候思召之儀申入候処、承知にて生徒へ御助力は相成候様との答也
一　野村より引合有之、依て山県卿へ申入置候段答置候事
右之次第梶山へ参り入々引合済之段申入置候也

四月二一日

同月廿一日　晴
一　乃木へ至る、不在に付品川へ抵り、山県卿へ引合済の次第申入候事
一　市兵衛町御邸へ出頭、四位公へ山県、野村引合の次第を上申す、尚又右之都合得と御勘考相成居、若し両官御逢対之節御不都合無之様添て上申す
一　三名御一同御集宴の儀上申す
一　宮へ出勤す、別に議事無之、夫より宮内省へ出頭す、柴山、藤井不参也
一　午后三時向嶋堀田別荘に於て、山階王〔定麿、山階宮晃親王弟〕御洋行に付御離宴御招請に依て参席す

四月二二日

同月廿二日　雨
一　午前宮へ出勤す
一　宮内省へ内蔵寮被置則其表書弁に兼任内蔵頭皇太后宮大夫杉孫七郎御達之旨とも一同宮内卿より達来る、則上申す

四月二三日

同月廿三日　陰　雷雨
一　午前宮へ出勤す
一　午后市兵衛町御邸へ出頭す、夫より梶山へ乃木、荘原一同学校引合の件を議す

四月二四日

同月廿四日　陰
一　午前宮へ出勤す
　本日小金井へ
　両皇后宮行啓に付、御息所同所へ被為召御成相成候事
一　宮内省集会定日に付参省す
一　午后市兵衛町御邸へ乃木、梶山、品川、荘原一同昨日井上〔馨〕官宅にて集会、四位公より思召之旨申入之次第入々承る、御出金は来る五月壱万円の筈に決す

四月二五日

同月廿五日　陰
一　午前宮へ出勤す、別に伺の件なし
一　午后三時市兵衛町御邸へ出頭す
　四位公より品川、乃木、梶山の三名、亀井戸橋本にて御談合に付随行す

四月二六日

同月廿六日　晴　大風
一　午前宮へ出勤す、別に伺議事無之退出す
一　市兵衛町御邸へ出頭、昨日の御礼並勘定詰残金荘原へ相渡す、四位公御不在也

四月二七日

同月廿七日　陰
一　休日に付在宿す

四月二八日

同月廿八日　陰
一　午前宮へ出勤す
一　宮内省集会定日に付参省す、御附中相揃候、別に議事なく退出す
一　午后市兵衛町御邸へ出頭す

四月二九日

同月廿九日　晴
一　午前宮へ出勤す
一　午后市兵衛町御邸へ出頭す

四月三〇日

同月三十日　晴
一　午前宮へ出勤、夫より市兵衛町御邸へ出頭す
一　午后又宮へ出勤し　殿下へ拝謁す

五月一日

五月一日　晴

一　午前宮へ出勤す

一　山県参議より昨日内話の件上申す

一　宮内省集会定日に付参省す、藤井不参也

一　午后市兵衛町御邸へ出頭す

一　梶山氏宅へ至る、豊永氏帰商の節被下金云々の件入々協議す、右荘原より懇談の次第、乃木、梶山両氏より引合相成候由、就ては荘原へ尋問の都合に引合置候事

五月二日

同月二日　陰　大風

一　宮へ出勤す

一　午后北白川宮にて金子〔堅太郎〕御講義御設に付参席す

五月三日

同月三日　雨

一　午前宮へ出勤す、別に議事なし

五月四日

同月四日　陰

一　本日休暇に付在宿す

五月五日

同月五日　陰

一　午前宮へ出勤す、別に伺の件なし、夫より宮内省集会定日に付参省す、浅田不参、議決の件無之退出す

一　午后市兵衛町御邸へ出頭す

五月六日

同月六日　晴

一　午前宮へ出勤す、別に伺の件なし

五月七日

同月七日　晴

一　午前宮へ出勤す、別に伺議事無之、午后毛利御邸出頭す

五月八日

同月八日　晴

一　午前宮へ出勤す、夫より本日宮内省集会定日に付参省す、武田〔敬孝〕不参なり

一　賀田氏来る、十一日より出張に付相招候事

五月九日

同月九日　晴

一　午前宮へ出勤す、夫より宮内省内蔵頭杉孫七郎より呼出に付内蔵寮へ出頭す

一　市兵衛町御邸へ出頭す、別に御用向無之、荘原へ過日之礼として抵る

五月一〇日

同月十日　晴

一　午前宮へ出勤す、夫より梶山へ至り市兵衛町御邸へ出頭す

一　高輪毛利家にて剣槍野試合有之、依て出頭す

五月一一日

同月十一日　晴

一　賀田貞一本日より福岡県へ出張也

五月一二日

同月十二日　雨

一　午前宮へ出勤す、別に伺の件無之、夫より宮内省集会定日に付参省す、浅田、武田不参、議事なし

五月一三日

同月十三日　晴

一　午前宮へ出勤す

一　市兵衛町御邸へ出頭す

五月一四日

同月十四日　雨

一　品川大輔より重就公〔毛利重就〕の御仕置書三通参り候に付、早々写取り相成候様荘原へ預け置、尚豊永へも含置の儀を相頼置候事

五月一五日

同月十五日　陰

一　宮へ出勤す、別に伺の件無之退出す

一　午前宮へ出勤す、別に伺の件なし、夫より本日宮内省集会定日に付参集す、藤井、浅田不参也

一　午后五時より市兵衛町御邸へ出頭す
右は学校引合之件豊永、熊谷へ談合、品川、乃木、梶山、荘原且四位公御出座也

五月一六日

同月十六日　陰

一　午前宮へ出勤す

一　午后三時より小松宮において根本御講義御設に付、参殿す

一　午后六時より市兵衛町御邸にて熊谷御答上申に付、参会

有之出頭、一泊す

五月一七日

同月十七日　晴

一　午前宮へ出勤す

五月一八日

同月十八日　晴

五月一九日

同月十九日　暁より大風

一　午前宮へ出勤す、別に伺議事なし

一　本日宮内省集会定日に付参省す、浅田、武田不参也

一　四月分勘定帳内蔵頭宛にして桜井へ出す

五月二〇日

同月二十日　晴

一　午前宮へ出勤す、別に伺の件議事なし

一　午后より市兵衛町御邸へ出頭す
　豊永、荘原一同御家職向御家法会計算当の件談合す

五月二一日

同月廿一日　晴

一　午前宮へ出勤す、別に伺議事無之

五月二二日

同月廿二日　風雨

一　午前八時より市兵衛町御邸へ出頭す

一　宮へ出勤す、別に御用向無之、夫より宮内省集会定日に付参省す、藤井、浅田、井関不参、別に議なし

一　宮内省より達
　　来る廿八日
　　　皇后宮御誕辰に付、午前十時礼服着用参賀可有之候、此段詞達候也
　　　　十七年五月廿二日　宮内卿伊藤博文
　　　　　正七位三吉慎蔵殿

一　午后品川大輔宅へ過日の重就公御仕置書写取候に付、返納として持参す

五月二三日

同月廿三日　晴　后雨

一　午前宮へ出勤す、別に議事伺等無之

一　午后三時より伏見宮にて金子御講義御設に付参殿す

五月二四日

同月廿四日　晴　大風

一　午前宮へ出勤す、別に議事伺の件無之
一　午前より市兵衛町御邸へ出頭す、御家政向過日豊永、荘原両氏協議の次第御内々四位公へ申上置候事
一　梶山氏へ転居に付尋問として至る、御家政向過日豊永、荘原一同協議の件含置候事
一　荘原氏高輪様にて柏村〔信〕へ御家記云々引合の件近日集会可相成段本日談決の由、梶山一同承り可然ことに談す

五月二五日

同月廿五日　晴　風少々
一　染井毛利御別邸へ伺として出頭す
一　従二位公より御詠歌被下御使島田誠介持参也

五月二六日

同月廿六日　晴　風少々
一　午前宮へ出勤す、夫より宮内省集会定日に付参省す、御附中揃也、別に議事なし
一　高輪様へ昨日御歌頂戴の御礼として出頭す、且又嶋田御使に付、挨拶別段手礼を申入置直に退出す

五月二七日

同月廿七日　晴　後風少々

一　午前宮へ出勤す、別に伺の件無之

五月二八日

同月廿八日　陰　風少々
一　午前宮へ出勤す、夫より本日皇后宮御誕辰に付参賀申上候、右に付拝謁被仰付酒饌下賜候事
　　但礼服着用なり
一　午后市兵衛町御邸へ出頭す、豊永帰着、荘原不在也、別に議事なし

五月二九日

同月廿九日　雨
一　午前宮へ出勤す、別に伺の件無之
一　宮内省集会定日に付参省す、藤井、浅田不参也
一　十七年度予算表本日内蔵頭宛にして児玉大書記官へ一応引合之上桜井へ相渡す

五月三〇日

同月三十日　陰
一　午前宮へ出勤す
一　市兵衛町御邸へ出頭す

五月三一日

同月卅一日　陰

一　午前宮へ出勤す、別に伺議事無之

一　正午より高輪毛利御邸にて野見宿禰御祭典に付角力興行有之　各宮被為成、依て　梨本〔菊麿王〕、華頂〔博恭王〕、多田王〔のちの梨本宮守正王〕の三宮よりカステーラ一箱被為贈候に付、下官持参し東条〔頼介カ〕へ引合候事

六月一日

同月一日　雨

一　本日休暇に付在宿す

六月二日

同月二日　陰

一　午前宮へ出勤す、夫より宮内省集会定日に付参省す、浅田不参也

一　午后市兵衛町御邸へ出頭す

六月三日

同月三日　陰　雷雨

一　午前宮へ出勤す、別に伺の件議事無之

六月四日

同月四日　晴

一　午前宮へ出勤す

六月五日

同月五日　陰

一　午前宮へ出勤す、夫より宮内省集会定日に付参省す、藤井不参、別に議決の件なし

一　井上〔馨〕参議へ梶山尋問の次第承る

一　市兵衛町御邸へ集会に付出頭す、四位公弁に品川、梶山、林〔洋三〕、豊永、荘原一同明六日浜町にて御家記の引合集会に付、答弁の都合御証拠物引合方の件協議す

一　来る七日、高輪御邸にて午后一時より学校の件に付集会有之、公弁に梶山氏参席之儀勝間田〔稔、私立防長教育会副幹事〕より申来る

右之次第御出豊等の都合、井上参議より梶山伝承の次第協議有之

六月六日

同月六日　雨

一　宮へ出勤す

六月七日

同月七日　陰
一　午前宮へ出勤す、別に伺議事なし
一　市兵衛町御邸へ出頭、夫より梶山へ抵る
一　午后一時より高輪御邸にて学校設立御集会、御同族中井上参議始め参会之処、公御不快に付御代理として参席す、品川、梶山出席なり
右は井上参議より発言、先般木戸公〔孝允〕授産学校発起の次第演説今日に至り、又学校設立の旨意教育情義の件入々演説、尚又教育会長と名称し二位公副会長御同族御令末を加へ万々東京より御世話可相成件、右資本金二位公御家職へ取纏め公債券にして永続可相成段相決す、且又滞京の諸官員出金の次第も議決也
前条の件四位公へ退出掛け上申す、且荘原へ承知に入置候事
一　四位公より金壱万円辻即納の儀荘原へ申入る

六月八日

同月八日　晴
一　本日休暇に付在宿す
一　豊永へ昨日の次第荘原より聞取相成候様書面出す

六月九日

同月九日　晴
一　午前宮へ出勤す、別に伺議事等無之、夫より宮内省集会定日に付参省す、浅田不参也
一　午后市兵衛町御邸へ出頭す、右は四位公へ豊永一同御家政向会計家扶兼務之処、文理其他納戸方主任御設、且金額定め役所の次第等、夫々御改正の思召御内意に付、両人より荘原へ、尚得と打合せ何分の儀相伺可申段御答申上退く、右荘原へ入々示談致し置候事

六月一〇日

同月十日　陰
一　午前宮へ出勤す、別に伺の件議事無之
一　武田敬孝母死去に付悔として到る

六月一一日

同月十一日　陰
一　午前宮へ出勤す
一　午後市兵衛町御邸へ出頭す、御改正の件々、豊永、荘原一同協議す

六月一二日

同月十二日　晴

一　午前宮へ出勤す

一　宮内省集会定日に付参省す、藤井不参、武田忌引也

六月一三日

同月十三日　陰　后晴

一　午前宮へ出勤す、別に議事なし

一　午后市兵衛町御邸へ出頭す、右は御改正協議、豊永、荘原一同談す

六月一四日

同月十四日　雨

一　午前宮へ出勤す、別に議事無之

六月一五日

同月十五日　陰

六月一六日

同月十六日　陰　夜大雨

一　午前宮へ出勤す、別に伺の件なし、夫より宮内省集会定日に付参省す、浅田、武田不参也

一　午后市兵衛町御邸へ出頭す

一　御改正に付ては公よりも御註意肝要の件々上申す

一　豊永、荘原一同御制度書職制金額の目途相立、仮に実行方宇原〔義佐〕へ含置、同人限にて当分施業のことに談決す

一　絽羽織地　袴地

右宮内省より下賜候事

六月一七日

同月十七日　陰

一　午前宮へ出勤す、別に議伺の件なし

一　午后在宿す

六月一八日

同月十八日　晴

一　杉氏宅に抵る、小田先生〔南陔カ、江戸時代後期の漢学者〕詩作に加筆、山陽先生〔頼山陽、江戸時代後期の文人〕の直書有之、右小田の由来尋問の件あり

一　午前宮へ出勤す、夫より市兵衛町御邸へ出頭之上、御改正に付制度章程之下案見込の件荘原へ打合せ、直に退出す

六月一九日

同月十九日　陰

一　午前宮へ出勤す、別に伺議事無之、夫より宮内省集会定

日に付参省す、浅田、武田不参也、別に議なし
一　午后より市兵衛町御邸へ出頭す、豊永、荘原一同御改正之件を協議す
一　四位公へ、直に御制度の儀は前々よりの御次第御勘考被遊候様入々上申す

六月二〇日

同月二十日　晴
一　午前宮へ出勤す、別に議事無之
一　正午四位公御出に付、酒肴差上候事
右は御制度書御認め御持参也
一　右御帰後直に御出の御挨拶として参邸す
一　梶山氏へ到る、御改正の次第本日迄の都合含置候、尚又豊永氏へ引合、荘原より之尋問の次第も含置候事
一　金引合方之手順は、荘原より豊永へ重て示談可然ことに談決致置候事

六月二一日

同月廿一日　晴
一　午前宮へ出勤す、別に御用向無之、依て少々腰痛に付退出す
一　午后市兵衛町御邸へ出頭す
右は御制度書思召之通荘原拝見之上御直に御精書之儀上申す

六月二二日

同月廿二日　晴

六月二三日

同月廿三日　晴　夜雨
一　午前宮へ出勤す、夫より宮内省集会定日に付参省す、武田、児玉忌引、柴山不参、別に議なし
一　来る二十六日博愛社集会懇親会とも不参断り書状仕出置候事

六月二四日

同月廿四日　陰
一　西郷参議宅へ至る、右は　宮殿下より御内話之事情、麻生延太郎、多田王御方の御附云々に付、繰合の件々申入置候事
一　右午前宮へ出勤、御直に上申す、別に伺之件議事なし
一　午后市兵衛町御邸へ出頭す、公より豊永引合金の件御尋問に付、過日荘原へ見込申入候次第上申す

六月二五日

同月廿五日　雨
一　午前荘原氏来る、乃木、梶山の両氏野村総官へ面談の次

第、乃木氏引合の件承候事
一　午前宮へ出勤す、別に御用向無之退出す
一　本日上野より高崎間鉄道開通式に付
行幸被為在　宮御方にも被為成候事
一　於トモ〔三吉トモ〕誕辰に付内祝す、福原老人、宍道家内、
大嶋家内等招之、栢氏同断之事

六月二六日

同月廿六日　雨
一　午前宮へ出勤す、夫より宮内省集会定日に付参省す、武
田、児玉、柴山不参也
一　来る二十八日戸山学校へ
行幸に付各宮御先着のことに宮内省より御達可相成筈之
由、田辺書記官〔新七郎〕より伝達之事
一　午后市兵衛町御邸へ出頭す

六月二七日

同月廿七日　陰
一　午前宮へ出勤す、別に議事なし
一　午后梶山、三島の両氏来る
一　品川、栢の両氏も来宿なり

六月二八日

同月廿八日　雨
一　午前宮へ出勤す、別に伺議事無之

六月二九日

同月廿九日　小雨
一　午前林良輔方へ一周忌に付備物持参す
一　午前より市兵衛町御邸へ御家事向協議として豊永、荘原、
一同会す

六月三〇日

同月三十日　晴
一　午前宮へ出勤す
一　金弐拾五円　外に七円五拾銭
右半季御心附として　宮御方より御直に被下候事
一　金三百匹
右御息所より同断
一　家扶始め一同へ同断に付下官より夫々相達す
一　宮内省集会定日に付参省す、浅香、井関也
一　行政講義書　弐冊
右独逸学校より献納に付長田〔銈太郎〕へ差出す

七月一日

七月一日　雨

一　午前宮へ出勤す、別に議なし

一　午后市兵衛町御邸へ出頭す、豊永、荘原一同御家政向章程の件談合也

七月二日

同月二日　雨

一　午前宮へ出勤す、別に議事無之、本日は御出勤後に付伺之件なし

七月三日

同月三日　雨

一　午前宮へ出勤す、別に伺の件無之、夫より宮内省集会定日に付参省す、浅田、柴山不参也、議事なし

一　六月分勘定帳桜井へ出す

一　金四千参百参拾円六拾六銭九厘
右十六年度元払差引残金蓄金相成候段内蔵頭宛にして出之

一　金弐万八千五拾円五拾壱銭九厘
内
壱万九千円　　券
九千五拾円五拾壱銭九厘　現金
右十七年六月調蓄金届内蔵頭宛にして出す

一　午后市兵衛町御邸へ出頭す、御家政向御施業の次第気附書を以て公始め豊永、荘原へ談す

一　授産一件御出豊の御順序御集会等の件、梶山内議し公へ入々上申す

七月四日

同月四日　雨

一　午前宮へ出勤す、別に議事なし

一　午后大嶋氏〔正人カ〕へ家族中案内に付一同抵る

七月五日

同月五日　陰

一　午前宮へ出勤す、別に伺議なし

一　午前より市兵衛町御邸へ出頭す、会計向改正の議事也

七月六日

同月六日　晴

一　午前より豊永、荘原一同に来宿、地所一件品川大輔より申入之件に付見込之儀談合す

七月七日

同月七日　晴

一　午前杉氏宅へ到る、本日御用召之儀聞合候事

一　午前宮へ出勤す、別に伺議事無之、夫より本日宮内省集

会定日に付参省す、柴山不参也
一　華族令之儀被　仰出候事
　右官報第三百六号に詳細也
一　午后市兵衛町御邸へ出頭す、豊永、荘原一同御家政向の談なり

七月八日

同月八日　晴
一　官報第三百七号詳細華族へ御沙汰、又は官員の内華族へ被列之儀官報にて見るへし
一　午前宮へ出勤す
一　宮御方昨日来少々御所労に被為在、本日は御不参也、別に相変儀無之
一　四位公本日御用召之処授子爵
　宣下之旨御知せ有之候事

七月九日

同月九日　陰　又晴
一　午前宮へ出勤す、別に伺議事無之
一　宮御方御所労に付御在館也
一　午后より市兵衛町御邸へ出頭し御授爵恐悦申上候、夫より紅葉館へ子年殉死者廿年祭に付参拝す
一　玉子　壱折
　右華頂宮より御挨拶として頂戴す

七月一〇日

同月十日　昨夜より雨
一　午前宮へ出勤す、本日も御在館なり、別に伺議事なし
一　宮内省集会定日に付参省す、柴山不参也
一　午后吉井〔友実〕へ宮内大輔拝命の歓として至る、夫より伊藤参議へ授爵歓、有栖川宮へ過日御転居御歓、高輪公及ひ元功様〔毛利元功〕へ御授爵御歓として夫々出頭す
一　華頂宮へ過日御贈物の御礼として出頭す
一　午后梶山氏来宿に付地所御買入の次第御教育一件見込等之ことを談す

七月一一日

同月十一日　陰
一　午前宮へ出勤す

七月一二日

同月十二日
一　午前宮へ出勤す、別に議事伺無之
一　野村靖、明十三日出発洋行に付、暇乞として至〔ママ〕る
一　午后より市兵衛町御邸へ出頭す、改正勘定勘定金額調書申合之事

一　桂弥一着京、右は地所の儀に付公より御頼、且豊永、荘原一同示談す、尚又明日午后より再談のことにして各退散す

一　鳥　壱羽

右宮より被下候由吉野より添手紙にて贈来る

七月一三日

同月十三日　小雨

一　午后より市兵衛町御邸へ出頭す、明十四日より桂、豊永、荘原地所見分出張の談決也

一　御小児様御教育一件入々公へ申上置候事

一　本日休暇に付宮へは不参也

七月一四日

同月十四日　晴　后雨

一　午前宮へ出勤す、別に議なし、夫より宮内省集会定日に付参省す、藤井、浅田、柴山不参也、早め退出す

七月一五日

同月十五日　雨

一　宮殿下御用向に付早朝参殿之儀麻生より申来、仍て八時前出頭す

一　市兵衛町御邸へ出頭、御改正一件、豊永、荘原へ見込申入、本月中下調之上書面相廻候様談置候事

一　午后世続陳貞、宮殿下の御使として来る、右は演習御達振の件也

七月一六日

同月十六日　雨

一　荘原氏来宿、右は金額定度改正調書持参に付異議無之段相答、尚又御制度の分御改め可然ことに談置、且職制心得書相渡候事

一　午前宮へ出勤す、夫より宮内省へ即刻出頭の儀書記官より来書に付参省す、右は来る廿五日藤沢辺にて陸軍大学校生徒演習に付、以

思召北白川宮幷に侍従一名被差添研究の為め出張被仰付候旨御沙汰相成、尚又時刻等之儀宮内省可申出段田辺書記官を以て御沙汰之事

前条御達に付直に　宮御方へ上申す

一　午后市兵衛町御邸へ出頭す、今般御改正金額等下調丈け本日決議也

七月一七日

同月十七日　暁より大雨

一　梶山氏宅へ到る、過日荘原より豊永へ尋問の金一件答振り往々三千円御出金御繰合の次第等談す、尤御出金往々

御差止と申訳には無之、目今壱万円現金御出金に付毎年三千円引除けと申議を目今定め置候訳には不相成訳、乍去往々之処御絶意に相成候筈無之意味に談置、右異論無之
一　午前宮へ出勤す、夫より宮内省集会定日に付参省す、藤井、柴山面会不致候事
一　豊永、桂、荘原本日午后出発之由、豊永より承る

七月一八日

同月十八日　陰
一　午前宮へ出勤す、別に伺の件なし
一　市兵衛町御邸へ出頭し公へ昨日梶山と談議の件々御内々上申す
一　午后根本先生当宮にて講義に付出席す
一　楫取通明《ママ》〔道明〕へ本年より往五ヶ年即ち廿二年迄地所借受の談決す
右十九日通明氏へ証文相渡す

七月一九日

同月十九日　陰
一　午前宮へ出勤す
一　山県、三好〔重臣〕、土方〔久元〕、品川、井上の諸氏へ授爵歓として至る
一　市兵衛町御邸へ出頭す、夫より梶山氏へ抵る、明日八時半より同家へ集会のことに決す

七月二〇日

同月二十日　晴
一　本日休暇也
一　午前より梶山氏宅にて、乃木、品川一同集会す、右は豊永へ引合金一件は過日荘原より尋問に付、其意味相分り、就ては先其儘にて可然ことに決す
一　今般地所御買入に付、施業方は新開相並取掛りては猶予無之、会計に相成差閊可相成、依て重き方の地一方に着手し、新開手当金利子を加へ施業のことに公より御尋問可然と談決也、尤先々新開止めと申訳に無之段は其事情品川大輔へ公より御申入にて可然談也
右開作手当金利子残り有之ときは元金に組込置候て、追々開作の手当にも可相成と決す
前条之通見込議決す
一　右終て御邸へ出頭し、前条の次第公へ得と上申候処、可然段御答に付、其意味一書に被遊候様申上候事

七月二一日

同月廿一日　晴
一　本日横須賀へ　伏見宮〔貞愛親王〕御出之処御差閊に付当宮殿下へ侍従御差添御出張之旨御沙汰にて被為成候事

一　午前宮へ出勤す

一　宮内省集会定日に付参省す、浅田、柴山不参也

一　四位公暑中御尋として玉子一箱御持参也、午餐呈上す

七月二二日

同月廿二日　陰　后雨

一　西郷参議より面談之儀伝言に付今朝出頭す

一　梶山へ至る、昨日公の御尋問書打合協議す、右公へ持参し気附加筆夫々上申す

一　午前宮へ出勤す

七月二三日

同月廿三日　陰

一　午前宮へ出勤す、夫より品川大輔宅へ至る、本日中帰邸之由也

一　午后豊永那須野より帰着に付来宿也

七月二四日

同月廿四日　晴

一　午前品川大輔宅へ至る、豊永一同面会す、尚実地之儀は桂より示談仕其順序御聞合可申上と申入置候事

一　宮へ出勤す、夫より宮内省集会定日に付参省す

一　堀江少将〔芳介〕、今村少佐明廿五日御召之儀、香川へ申出置く

一　宮御方本日藤沢地方へ御出張に付、又宮へ出勤し、十二時前御出発に付御殿限り御見送申上候事

一　午前より市兵衛町御邸へ出頭す、桂、荘原昨夜帰着之由、桂へ挨拶す

一　午后豊永、桂の両氏品川大輔宅へ引合として出頭に付、荘原儀も公の御使にて是迄の御挨拶、尚又弥買入の御頼旁一同に御遣し之事

七月二五日

同月廿五日　陰　后晴

一　午前宮へ出勤す、別に議相変儀無之

一　午后四時懇親会に付市兵衛町御邸へ出頭す、品川、乃木、梶山、豊永、桂、三嶋、荘原一同也、右議事は御出豊御日限御着之上御手順之件、今般那須野御買入に付公より御尋問書を以て議事之処、御手当の見込は有之候得共確たる金員は其県照会之上ならては金額未決と御答也

一　桂より人撰、林、倉光〔三郎〕両名可然見込上申、外に会計方一名都合三名入用之由申出也

一　桂儀は御依頼に付乍不及尽力可仕段御請申上候、尤暫く之間は那須野居住の訳には六ヶ敷次第申出あり、乍去下総より駆引可仕由なり

一　桂氏明朝出立、倉光へは桂より篤と尋問可相成筈也

七月二六日

同月廿六日　陰　后晴

一　午前宮へ出勤す

七月二七日

同月廿七日　晴

一　本日休暇也

一　午前市兵衛町御邸へ出頭す、荘原不在也、公へ授産一件御教育御子弟の御進退等之儀、且又新開利子を少々宛那須野施業費に加入云々の件上申す

七月二八日

同月廿八日　晴

一　荘原来宿、来る三十日四位公御出発之儀御出願可相成段御決之事

一　本日宮内省集会定日之処、不参之儀井関へ依頼致し置候事

一　午前宮へ出勤す、別に相変儀無之

七月二九日

同月廿九日　晴

一　午前宮へ出勤す、別に議事なし

一　午前より市兵衛町御邸へ出頭す

一　豊永より之伺書八ヶ条、公へ伺の上、夫々御附札にして同人へ御下け之事

一　豊永、荘原一同今般御改正の分仕法書金額取調草案を以て夫々相伺候事

一　章程同断

一　是迄照会相成候松崎社及於鏻様御養篤長殿〔細川篤長、細川頼彬と鏻子の三男〕細川へ御引合等之件、夫々協議す、前条之外先半途の件無之

一　梶山面談す、万事示談済上申也

七月三〇日

同月三十日　晴

一　午前宮へ出勤す

一　午前より市兵衛町御邸へ出頭す

一　公、豊永、荘原、宇原一同午后一時三十分発の汽車にて豊浦表へ御出発に付、新橋迄御見送申上候事

一　御出発前御留守中之儀御直命被仰置候事

一　元就公〔毛利元就、毛利宗家五二代当主〕、秀元公両御肖像、外に御両賛とも豊浦秀元公の御社へ御写の分御持之上御寄附の思召也

七月三一日

同月三十一日　晴

一　午前宮へ出勤す

一　本日は下官少々所労に付不参之儀、山本〔喜勢治カ〕を以て申出置候事

一　昨日御網の肴御分配頂戴被仰付候事

一　午后四時より出勤す

宮殿下五時半御帰殿、御異状不被為在候事

一　宮御方本日御帰京の段宮内省へ御届書封書にして差出置候事

八月一日

八月一日　晴

一　午前宮へ出勤す

一　宮殿下午前十時より御参朝、右は昨日御帰京に付而也

一　午前市兵衛町御邸へ出頭す

八月二日

同月二日　晴

一　本日腹痛に付在宿す

一　於トモ事、レース第一期、第二期及ひ三期卒業済証書相渡候事

一　第三号賞相渡候事

八月三日

同月三日　晴

一　本日休暇に付在宿す

八月四日

同月四日　雨 后晴又雨

一　梶山氏暑中尋問として来宿なり

一　午前宮へ出勤す、夫より宮内省集会定日に付参省す

一　七月勘定帳児玉へ引合内蔵寮へ差出す

一　午后より市兵衛町御邸へ出頭す、別に異儀談合等無之

八月五日

同月五日　晴

一　午前宮へ出勤す

八月六日

同月六日　晴

一　午前宮へ出勤す、別に伺議事無之

一　本日は市兵衛町御邸へ不参す

八月七日

同月七日　陰

一 午前宮へ出勤、夫より宮内省集会定日に付参省す、別に議事なし

八月八日

同月八日 陰

一 昨夕市兵衛町御邸へ出頭す、別に相変儀無之

一 午前宮へ出勤す、別に伺議事等無之、夫より宮内省へ出頭す

八月九日

同月九日 陰

一 午前宮へ出勤す、別に伺議事なし

一 午后市兵衛町御邸へ出頭す、別に相変儀無之

八月一〇日

同月十日 陰

一 三島町四拾壱番地林練〔ママ〕作〔錬作、旧長府藩士、野竹散人、『豊乃浦波』著者〕より同人娘儀病気之処、養生不相叶段報知来る

一 宍道樹尋問として来宿也

八月一一日

同月十一日 陰

一 午前宮へ出勤す、別に伺議事等無之、夫より宮内省集会定日に付参省す、児玉、武田、浅香、井関也、御用談も無之早め退出す

一 午后より市兵衛町御邸へ出頭す

八月一二日

同月十二日 陰

一 午前宮へ出勤す、少々不気分に付早め退出す

八月一三日

同月十三日 陰

一 昨夜より不快に付、吉田医師〔周利〕を迎へ薬用す
右に付宮へ不参之段使を以て申出置候事

一 市兵衛町御邸へ郵便状代筆にして仕出之事

八月一四日

同月十四日 陰 大暑

一 本日も不快に付引入之事
吉田医師診察之事

一 夜中門人来診之事

八月一五日

同月十五日 陰

一　本日も不快引入之事
　吉田診察追々快方也
一　昨日は宮内省へ不参申出の儀、浜野家丁〔春次郎〕を呼
　候て申付置候事

八月一六日

同月十六日　晴　夜雨
一　追々快方之事
　本日は吉田来診なし

八月一七日

同月十七日　晴
一　追々快方之事
一　吉田来診之事
一　品川大輔へ過日書面到来に付、右挨拶のことを梶山氏へ
　頼置候事

八月一八日

同月十八日　雨
一　本日も不快に付宮内省へ不参之儀書面相頼置候事

八月一九日

同月十九日　晴
一　吉田氏来診之事
一　品川氏昨夕帰着之由にて来宿也、四位公御着豊之上今般
　思召の御旨意夫々御達、本月十一日被仰聞の次第万事御
　都合克相済候段入々承候事
　品川氏は十三日豊浦出立之由、公には十八日頃郵船次第
　御出発之由、都合別に議事等も無之との談也

八月二〇日

同月二十日　陰
一　追々快方之事
一　豊永より両度来書
一　荘原より本月十三日附書面到来す
一　四位公過る十九日御出発の御報知有之候事

八月二一日

同月廿一日　晴
一　吉田来診之事

八月二二日

同月廿二日　晴
一　昨日宮内省集会不快に付不参之事

八月二三日

同月廿三日　晴

八月二四日

同月廿四日　陰

一　追々快方、別に相変儀なし

八月二五日

同月廿五日　晴

一　午前十時宮内省へ御用向有之参省す

一　本日集会定日に付詰所へ出頭す、浅田、児玉、武田、浅香参省也、直に退出す

一　本日は宮へは保養中に付不参す

八月二六日

同月廿六日　晴　風

一　昨夜より強風吹続き本日午后五時に至凪く

八月二七日

同月廿七日　陰　風少々

一　梶山氏来宿にて来る九日頃より清行之由承る

一　吉田氏来診之事

一　四位公、昨夕御出帆御延引にて今晩に相成、廿九日御帰着之由、佐野より来書也

八月二八日

同月廿八日　陰

一　別に相変儀無之

八月二九日

同月廿九日　陰

一　本日午前十時四位公御帰着之段佐野より報知有之、右は不快中故書面を以て恐悦状差出候事

一　来る三十一日明宮御誕辰に付、礼服着用有楽町御住居所へ参賀之儀、宮内卿より達有之候事

八月三〇日

同月三十日　小雨

一　明日不参之段宮内卿宛にして届書差出候事

一　荘原氏来宿、豊浦表の事情承候事

八月三一日

同月卅一日　陰

九月一日

九月一日　晴
一　金千疋
右久邇宮御方〔朝彦親王〕より　多田王御方之御挨拶として被下候に付、宮より御廻し相成、依て答出す

九月二日

同月二日　小雨　陰
一　家扶麻生より左之来書
御召仕カウ〔中橋幸子〕儀、午后八時二十分々娩御男子御出生被為在候処、月足らすの御事故只今薨去に付、不取敢の通知なり

九月三日

同月三日　小雨　陰
一　家扶麻生来宿にて薨去御届方万事示談に付、右は昨年之御振合を以て諸事取計のことに答置候事
一　午前より梶山氏暇乞として来宿に付、午餐出し色々市兵衛町御家政向尋問す、且又往々転居し御世話可仕見込之事に内答致置候事
一　本日御召仕流産届書宮内卿宛にして調印之上、不快中に付児玉書記官へ万事引合、安藤家従へ為持出す
一　午后阿曽沼〔次郎〕へ清水老人死去之由に付尋問す

九月四日

同月四日　小雨　陰
一　梶山氏へ餞別として茶を持参す、不在に付又々尋問可致事にして退散す
一　荘原氏来る、右は於暢様〔毛利暢子〕御縁談一件、表向柏村御家令を以て御申入有之由に付、御即答無之様一先追て御答可相成段御挨拶の御使として荘原氏明日高輪様へ被参候様答置、此件は品川、乃木、梶山へも昨日御尋問之由、於三吉も同論の次第上申有之候様荘原迄答置候事

九月五日

一　本日御流産御内葬相済候段麻生より申来る
同月五日　晴
一　午前宮へ出頭拝謁申上積る御挨拶仕、且又家扶中へも一応之答礼申述置、未た全快に至らす候間出勤は折々之事に相頼置候事

九月六日

同月六日　晴
一　宮家扶より八月中上申勘定帳並　多田王御方帳簿共調印して差返候事

九月七日

同月七日　陰

一　梶山少佐、本日午前九時十五分新橋発の汽車へ乗組にて清国へ出張に付、同所へ見送候事

一　福原〔佳哉〕氏へ交肴一折遣す

一　午后荘原氏来宿、左記す

一　於暢様御縁談御答御使高輪御邸にて柏村へ申込之由承候事

一　梶山氏居所引合済、林、中川〔凉介カ〕引移之事

九月八日

同月八日　晴

一　宮内省集会定日之処、療養中に付不参之事

一　午后市兵衛町御邸へ病中御尋の御礼、且御着京御歓積る御挨拶として出頭す

一　交肴　一折

右荘原氏へ過日の答礼として持参す

九月九日

同月九日　晴 夕小雨

一　吉田氏へ診察を請けに抵る

九月一〇日

同月十日　陰

記

灯敷弐百六個に基き取調

北白川宮御邸瓦斯供給管費割合書

一　金千四百四拾六円拾七銭六厘

内

金六百五拾円七拾七銭九厘　　瓦斯局持拾分四半

金七百九拾五円三拾九銭七厘　　引用家持拾分五半

右之通候也

十七年九月九日　　東京瓦斯局

工部省総務局

営繕課御中

右書面へ平岡氏〔通義〕より添書を以て申来る、杉内蔵頭へ過日示談致置候処少々相違も有之、依て下官より直に同官へ引合のことに来書也

九月一一日

同月十一日　陰

一　午前宮へ出勤す

一　本日宮内省集会定日に付参省す

九月一二日

同月十二日　陰

一　午后市兵衛町御邸へ出頭す、四位公へ拝謁し暫時して退出す

一　大庭一平〔旧名伝七、白石正一郎末弟〕事昨十一日死去之由、四谷鮫ヶ橋町八十八番地大庭景陽〔大庭伝七二男〕より報知来る

九月一三日

同月十三日　小雨

一　午前宮へ出勤す
　宮殿下御出勤御息所拝謁す、別に議事無之

一　午后品川大輔へ面会之上万尋問す

九月一四日

同月十四日　晴　夜小雨

一　小笠原武英来宿にて、福原芳弥〔ママ〕着京に付色々示談致置度件も有之、尚品川、乃木、荘原相招酒肴出し度との談有之、尤廿三日の内決也

一　宮殿下御用向に付参殿す、右は山県参議へ引合云々、御本殿御移之節少々御道具類御入用等の件也

一　柏村信来宿の処、右件は御家職記事に在り略之

九月一五日

同月十五日　雨　午后より五時過て大風雨諸所大破

一　午前宮へ出勤す、夫より宮内省集会定日に付参省す、御附中揃也、別に議事なし、依て退出す

一　織君様〔伏見宮邦家親王妃景子〕本日御療治之由に付退出掛け出勤之上世続へ談す、宮殿下午后御出の筈也

一　大庭一平〔旧名〕死去に付備物持参拝礼す

九月一六日

同月十六日　晴

一　午前宮へ出勤す、別に相変儀無之

一　吉田へ至り診察を請、本日より休薬之事

一　午后品川大輔来宿にて地所一件書面持参、入々示談有之也

九月一七日

同月十七日　陰

一　本日は宮御殿へ参上不致候事

一　手塚来宿に付、焼物一式の金額総計の目途早々報知可致旨約定す

九月一八日

同月十八日　夜半より雨　午前大風　夕晴

一　昨日より少々痛所にて宮へ不参、尤明日は出勤可致段家扶へ書面出す

一　午后品川大佐来宿に付、那須野地引合方豊永へ書面の件於暢様一件且転居一件等の廉々含置候事

九月一九日

同月十九日　陰

一　午前宮へ出勤す、夫より宮内省へ瓦斯費請求下案引合として出頭す

九月二〇日

同月二十日　晴

一　午前宮へ出勤す

一　午前より市兵衛町御邸へ出頭す、四位公並御家扶不在に付、午后より退出す

一　佐久間〔ママ〕一介〔作間一介、元老院議官〕病気之処、卒去の通知有之、右は廿四日午后一時青山墓地へ神葬也

九月二一日

同月廿一日　雨

一　荘原氏来宿也

九月二二日

同月廿二日　小雨　陰

一　午前宮へ出勤す、別に伺議なし

一　宮内省集会定日に付参省す、柴山、児玉、武田、浅香、井関、別に議事故木曽義仲〔源義仲、平安時代末期の武将〕寄附一件賛成のみに付云々、藤井御附記名有之候得共北白川宮の儀は相断候段本日出頭の御附へ答置候処口論之由也

一　佐久間〔ママ〕一介氏過る二十日卒去、来る廿四日埋葬に付本日悔み且備物持参す、同氏は旧友之処廿四日不参に付断り置候事

九月二三日

同月廿三日　雨

一　秋季皇霊祭に付休暇也

一　酒饌料三拾銭　赤飯添

右若宮〔北白川宮恒久王〕御誕辰に付被下候由、家扶より為持候事

一　午後五時より荘原家当主〔半哉カ〕着京に付招請に依て至る、品川、乃木、下村、荘原一同会計向当地へ取纏め等の協議気附小笠原決定す

一　途中にて転居一件の談有之

九月二四日

同月廿四日　陰

一　午前宮へ出勤す、別に伺議事無之

一　午后市兵衛町御邸へ出頭す、四位公より荘原一席にて転居御頼の御命有之

右別冊に記之

九月二五日

同月廿五日　晴　陰雨

一　午前楫取氏へ至る、右は城山町へ転居の次第申入候処、是迄の居宅其儘楫取引受見込相立候はゝ、同家へ買入度との答也、依て其望に談決済の事

一　午前宮へ出勤す、近々都合に依り転居可致段家扶世続迄申入置候事

一　宮内省集会定日に付参省す、御附之内藤井不参也、別に議なし

一　午后三時より市兵衛町御邸に於て懇親会議員限り集会に付参席の儀申来出頭す、品川、乃木、下村、植村、荘原、倉光、栢、佐野参席議事の件々書記之事

一　本日四位公へ転居之次第御請申上候事

但家扶荘原参席なり

一　品川、乃木両氏へ右御請致候段を申入置候事

右は別冊に詳記す

九月二六日

同月廿六日　小雨

一　午前宮へ出勤す、別に伺議事無之

一　午后より市兵衛町御邸へ出頭す、荘原不在也、別に議事なし

九月二八日

同月廿八日　雨

一　午前染井御控邸へ出頭す

一　上野寛永寺始め一山中へ病中の答礼として参候事

九月二九日

同月廿九日　陰

一　午前宮へ出勤す、別に伺議事なし

一　宮内省集会定日に付参省す、藤井、柴山、浅田不参也

一　皇城内御茶屋引合之件児玉大書記官へ相頼置候、右は未た表向賜の御沙汰無之

一　午后市兵衛町御邸へ出頭す

九月三〇日

同月三十日　陰

一　午前宮へ出勤す、別に伺議事なし

一〇月一日

十月一日　晴

一　午前宮へ出勤す、別に伺議事無之早め退出す

一　市兵衛町御邸に於て例年の通り秋季御祭事に付、午前十時より出頭、午后八時退出之事

一〇月二日

同月二日　陰

一　午前宮へ出勤す、別に伺議事無之

一　宮内省集会定日に付参省す、浅田、井関不参也

一〇月三日

同月三日　陰

一　午前宮へ出勤、別に伺議事なく早め退出す

一　午后四時より転居に付、楫取、大嶋、福井、福原、渚相招候事

一〇月四日

同月四日　晴

一　小鴨三羽
右平岡昇級に付歓として持参す

一　午前宮へ出勤す、別に議事なし

一　昨午后楫取氏へ至る、右は今般転居に付居宅之儀過日来尋問之処、荘原へ売却の金員其儘悉皆相渡、引請直段総計金四百五拾円にて買取可申段楫取氏へ引合候処、同氏来宿にて右金四百五拾円にて引受可申との決答、尚又荘原へも楫取方に引取のこと報知致候様にとの約定取極め候事

右に付、荘原へ午前郵便を以て楫取氏へ売却相決候段書状出す

一　昨夕石津来宿、到来物す

一　午后楫取家内中、小田村〔希家〕同断、大嶋、福井、福原、渚、岡田、琴師坂氏小児相招候事

一〇月五日

同月五日　陰

一　午前八時より親睦会に付市兵衛町御邸へ出頭す、右は少々差支に付午前退出す

一〇月六日

同月六日　晴

一　午前宮へ出勤す、別に伺議事無之

一　宮内省集会定日に付参省す、御附中揃也

一　来る十日より転居致し候に付、各宮御附中へ番地附手札

認候て銘々へ相渡す

一　豊永、河村〔光三〕、難波〔舟平〕、小坂等へ転居報知す

一　栢俊雄〔栢貞香弟〕へ転居為知状出す、其節大庭〔景明〕、山田〔愛助〕、浅野〔一之〕、正村〔信一、正村喜三郎養子、三吉イヨの妹チセの夫〕、栢へ手札にして配達相頼、且弐枚相加置依頼す

一　米熊〔三吉米熊〕及鳥山〔重信、長野県大書記官〕、水川〔正亮、長野県六等属〕へ右転居報知す

一　午后楫取より転居に付、家内中招請有之、至る

一〇月七日

同月七日　晴

一　午前宮へ出勤す、別に伺議事無之、依て相頼み早めに退出す

一〇月八日

同月八日　晴

一　転居前に付、城山町へ抵る

一　四位公より、今般転居に付金五拾円被下候事

一〇月九日

同月九日　晴

一　本日午前城山町九番地へ転居致候事

右に付、宮内卿宛にして転居届書出候事

一　区役所へ届書相認、楫取へ為持候事

一　宮御殿へ転居之段上申す

一　杉、大嶋、渚、福井、楫取へ右転居に付至る

一　是迄の居宅楫取通明へ売却定約に付、内外とも立会致し相渡置、尤区役所引合等之儀は追而之事

一　十二時前四位公始上々様幷荘原へ転居の段申出候事

一　御重詰

右宮より手紙添にて被下候事

一　重詰

右荘原より到来す

一　宮内省へ不参に付断り書御附中へ宛て出す、尤本日より転居之儀加筆候事

一　御上向始め小者に至迄不残蕎麦相配候事

一　芝区役所へは、転居届当地支配人梶間充三より致候ことに荘原へ申入置候事

一〇月一〇日

同月十日　晴

一　午前御邸へ出頭す

明十一日午后四時より四位公始め、欽麗院様〔毛利欽子〕、御奥様、於暢様御招請之儀を上申す

染井御小児様方は態と御招請差控候段をも上申す

一　荘原家族中同刻より御相伴のことに案内す
一　午前宮へ出勤す、宮殿下へ拝謁し昨日の御請上申す、別に伺議事無之退出す
一　明日は不参のことに家扶へ申入置候事
一　吉田医師へ転居吹聴申入置候事
一　交肴　一折
右大黒屋彦太郎、蔦見春吉、堺屋勘兵衛より到来す
一　交肴　一折
右大嶋家内持参也
一　交肴　酒　蕎麦
右品川氏より到来す
一　品川氏今朝来宿也
一　世続老人来宿なり

一〇月一一日

同月十一日　晴
一　本日は宮へ不勤す
一　交肴　一折
一　蒸菓子　一筥
右上御惣容様より被下之
一　鶏卵　一箱
右荘原より到来す
一　交肴　一折
右石津より到来す
一　午后四時より四位公始め御惣容様御招請申上被為成候事
一　荘原家族中同断
一　芝区役所へ梶間充三より転居届出す

一〇月一二日

同月十二日　陰　雨
一　午前御屋敷へ昨日之御挨拶として出頭す
一　交肴　一折　酒　一樽
右林、中川、佐野、栢、中村、宇原、梶間〔艦次郎〕、江尻、青木、三嶋〔盛二カ〕、梶間〔充三〕の諸氏より到来す
一　交肴　一折
右御女中五人より到来す
一　鶏　一羽
右三嶋任三郎より同断
一　鶏卵　一箱
右阿曽沼より同断
一　交肴　一折
右平尾直吉より同断
一　鶏卵　一箱
右楫取より同断
一　同　一筥

右加藤弥一郎より同断

一〇月一三日

同月十三日　晴

一　午前宮へ出勤す、夫より宮内省集会定日に付参省す

一　九月分勘定帳出す

一　柴山典過る十一日死去に付金千匹宮より被下候ことに協議す

一　榊料　千疋

一　鏡餅料　千疋

右浅田、児玉、三吉、浅香、武田、井関より柴山へ為持候ことに談決し、右井関取計の筈也

一　午后より御屋敷へ出頭す

一〇月一四日

同月十四日　風

一　手拭　一反

右木村〔安八〕帰豊に付進物す

一　手拭　一反

右本日三嶋盛二帰豊に付同断

一　肴　一折

右乃木より到来す

一　柴山典本日埋葬之処差閊に付会葬不致候事

一　午前宮へ出勤す

一　楫取へ至る、売渡証預け代価金四百五拾円之辻受取、明十五日区役所へ引合可致ことに談決す

一　午后より御屋敷へ集会す、品川、乃木、三嶋、荘原、三吉一同、公より今般御家政法度幷に歳入出表の件御協議也

一　右終て品川、乃木、三嶋の三名今般転居に付招請す

一〇月一五日

同月十五日　陰雨　暁四時半地震

一　午前宮へ出勤す、別に伺議事無之

一　午后御屋敷へ出頭す

一　倉光三郎より松魚到来す

一〇月一六日

同月十六日　陰

一　午前宮へ出勤す、別に伺之件なし

一　宮内省集会定日に付参省す、御附中揃、別に議事無之

一　午后御屋敷へ出頭す

一　菅野家内〔君枝、菅野覚兵衛妻〕来宿、鶏卵持参也

一〇月一七日

同月十七日　陰

一　本日神嘗祭に付休暇也

一　午后より御屋敷集会、品川、乃木、三嶋、三吉也

一〇月一八日

同月十八日　雨

一　午前宮へ出勤す、別に伺議事なし

一　杉氏、楫取通明〔ママ〕、福井、渚、弥一郎方へ挨拶廻礼す

一　宍道氏へ至、夫より帰宿す

一　午后御屋敷へイヨ転居に付差出す、玉子一箱飴持参す

一　荘原へ砂糖一箱持参す

一〇月一九日

同月十九日　小雨

一　午前御屋敷へ出頭す

一　午后八百勘に於て三戸華十郎一周祭に付祭典有之、招請に依て至る

一〇月二〇日

同月二十日　陰　小雨 夜大雨

一　午前宮へ出勤す、夫より宮内省集会定日に付参省す、浅田不参、別に議なし

一　午后四時より柴山典十日祭に付、招請有之到る

　但玉串料金五拾銭備之

一〇月二一日

同月廿一日　晴

一　午前宮へ出勤す、別に伺議事なし

一　昨夕平岡氏宅へ到る

右日本食器金員五百円、棚類弐百円、又色々附属品百円、

右之辻は引当相成候様夫々御入用の次第申入置候事

一　午后御屋敷へ出頭す、色々荘原へ内議致候事

一　自用二人乗人力車一梃新規買入に付、検印願書鉄次郎へ為持、検印を受候事

　但十七年後半期車税上納す

一〇月二二日

同月廿二日　雨

一　午前宮へ出勤す

宮殿下少々御風気に付御在館之事

一　出豊一件上申し先十一月下旬迄之間御暇相願候ことに申上置候事

一　午后御屋敷へ出頭す

一〇月二三日

同月廿三日　晴

一　午前山県参議宅へ出頭す、十一月三日より出立の積りに

付、馬関へ用向如何哉と申入候処、右は三日の御都合有之候に付、先同日は見合可申ことに答置退出す
一　午前宮へ出勤す
本日も御風気に付御在館也
一　宮内省集会定日に付参省す、別に議事無之
一　午后御屋敷へ出頭す
一　荘原来宿也

一〇月二四日

同月廿四日　晴
一　午前宮へ出勤す
宮殿下御風気追々御快方也
一　午后御屋敷へ出頭す、御用向は別紙に記す

一〇月二五日

同月廿五日　晴
一　本日宮へ出勤は相断り書面出す
一　午后御屋敷へ出頭す、別に議なし
一　荘原氏来る、品川大輔不快に付面会無之由也

一〇月二六日

同月廿六日　晴
一　休暇日に付在宿す
一　午后御屋敷へ出頭す、別に議事無之

一〇月二七日

同月廿七日　晴
一　午前宮へ出勤す
一　宮内省集会定日に付参省す、別に議なく早め退出す
一　交肴　一折
右菅野へ持参す
一　菓子　一箱
上野一山総代等覚院
右先般転居に付持参也

一〇月二八日

同月廿八日　晴
一　今般学校之件に付、二位公御旧地へ御出相成候間、四位公御同伴の儀昨日御示談の由、右に付御答の次第荘原より承候事
一　四位公、井上外務卿〔馨〕宅へ今朝御出にて、当度は御断り被成度旨御示談之処、今般の儀は御旧主御同道御揃相成候て其取計有之度、是非共御出相成候様にとの事に付、公下拙方へ御出にて被仰聞候間、右之御都合に有之候は丶学校の件は別段御助力無之とも御旧主中御揃御和親の御次第も有之候は丶御出の外御断りの実無之、就て

は尚又篤と二位公へも被仰入候て可然と上申す、且右に付荘原御遣し、品川、乃木へ前条の次第気附等御尋問可然ことに申添置候事
一　午前宮へ出勤す、別に議事なし
一　午后又宮へ出頭す、右は埼玉県令吉田〔清英、旧鹿児島藩士〕御招請に付御相伴す
一　午前后御屋敷へ出頭す、右は御出県一件也

一〇月二九日

同月廿九日　晴
一　四位公御出也、右は御出県一件御示談に付、二位公御進退の御決に依り其上四位公の御答振は御気分合にて可然ことに御内々上申す
一　午前宮へ出勤す、別に伺議事無之退出す
一　午后御屋敷へ出頭す、別に議なし

一〇月三〇日

同月三十日　晴
一　午前宮へ出勤す
宮殿下御快方に付御出勤也
一　午后御屋敷へ出頭す
山口県下へ御出之儀は、二位公始め本年は四位公にも御延引のことに御決定之旨、御直に被仰聞候事

一〇月三一日

同月卅一日　晴
一　午前御屋敷へ出頭す
一　山県参議宅へ過日来書の挨拶、且出豊延引の儀をも申入候事
一　午后より宮へ出勤す
一　午后三時より於小松宮金子氏講義に付参殿す

一一月一日

十一月一日　陰
一　本日宮へ不参の儀麻生へ昨日申出置候事
一　午前御屋敷へ出頭す
一　本日上野不忍に於て競馬式に付
行幸被為在候事
一　従四位公、吉川殿〔経健〕御別荘へ御出、右に付陪席す

一一月二日

同月二日　陰
一　本日休暇也
一　午前麻生三郎来宿、宮殿下明三日前十時
聖上御召之段申来る也
一　乃木氏来宿なり

一　午后宮へ出勤す
一　同四時より家族中御屋敷へ御招請に付出頭す

一一月三日

同月三日　晴
一　天長節に付拝謁被仰付旨御達に付、午前十時参賀拝謁之事
　　但御酒肴下賜候事
一　宮殿下御召之処被為任少将東京鎮台司令官に被補の旨御沙汰也
一　右に付宮へ出頭恐悦申上万事御引合等の件夫々上申す、且又乃木大佐弁に伝令使御呼寄の儀参謀部へ御使山本〔喜勢治ヵ〕を遣し候処居合無之、依て伝令使本日御呼出のこと通知可相成ことまて引合の上退出す
一　午后御屋敷へ昨日の御礼として出頭す
一　夜中栢、林、中川の三氏来宿也

一一月四日

同月四日　晴
一　午前宮へ出勤す、乃木大佐、馬淵伝令使参殿の由也
一　宮殿下御出勤の儀は御沙汰書不揃に付御受取の上にて可然との御都合に相成居候事
　右御届御知せ及御請書等の件、夫々談置退出す
一　山県参議宅へ挨拶として至る、多客に付取次へ相頼置退散す
一　四位公、荘原御陪従にて御出也
　右は御一統様方御出県に付、乃木、品川之内出張之儀両名とも差問に付、当御方より家扶御差出の儀、四位公より本日高輪様へ御照会の方可然ことに上申す
一　午后至急御用に付宮へ出勤す、夫より乃木大佐へ御使、右は　有栖川宮より御内達の件也
一　夜中御屋敷へ出頭す、右は今般荘原出豊一件也

一一月五日

同月五日　晴　后陰雨
一　午前宮へ出勤す
一　太政官への御請書、太政大臣宛にして御調印之上為御持之事
一　少将御沙汰書写相添宮内卿へ御附より
一　児玉愛二郎へ下官より書面を以て報知す
一　宮殿下本日午前戸山学校へ是迄の御引合旁御出に相成候事
一　荘原氏来宿、七日出発の談也
一　午后御屋敷へ出頭す
一　豊永へ荘原出張のことを報知す

一一月六日

同月六日　陰

一　午前宮へ出勤す、別に伺議事無之、夫より宮内省集会定日に付参省す、御附中揃也

一　午后御屋敷へ出頭す、品川、乃木、荘原一同就産義社へ御下附金御旨意書協議之事、其他は別冊に記す

一一月七日

同月七日　陰

一　午前御屋敷へ出頭す、荘原氏本日午前十一時十五分発の汽車にて県地へ出発也

一　午前宮へ出勤す

一　酒正宗　一樽　大

一　交肴　一折

右山県参議へ御持せ之事、但御昇進の廉也

一　交肴　一折

右有栖川宮へ同断

一一月八日

同月八日　晴

一　午前宮へ出勤す、別に議事伺の件無之退出す

一　午后御屋敷へ出頭す

一一月九日

同月九日　陰　后雨

一　午后御屋敷へ出頭す

一一月一〇日

同月十日　晴

一　午前宮へ出勤す、夫より宮内省集会定日に付参省す、藤井、浅田、児玉不参也、別に議事なし

一　十月分勘定帳内蔵寮にて桜井へ出置候事

一　午后宮へ相詰候事

一　午后より夜に入御屋敷へ出頭す

一一月一一日

同月十一日　晴

一　午前御屋敷へ出頭す、別冊之通佐野へ引合す

一　交肴　一折

右は先般　宮殿下御進官に付恐悦として進呈す

一　明十二日横浜競馬江行幸に付、当宮御供奉之義御沙汰に付相伺候上高橋へ直に御請之義答候事

一　桜井純造死去、右は小松宮の御都合引合可然ことに世続へ談置候事

一　銀瓶　壱個
　右　宮殿下思召にて御直に被下頂戴す

一一月一二日

同月十二日　晴
一　午前御屋敷へ出頭す、別に議事無之
一　午后宮へ出勤す、別に議事なし
一　宮殿下御供奉にて横浜へ御出之事
一　山県、品川両官へ抵る、各不在也

一一月一三日

同月十三日　雨
一　午前宮へ出勤す
一　宮内省集会定日に付参省す、藤井、浅田不参、浅香は他行、別に議事なし
一　午后より御屋敷へ出頭す
一　荘原より山口着の報知有之
一　高輪御奥様〔毛利安子〕御出に付、家族中被召御酒御相伴す

一一月一四日

同月十四日　晴　后風
一　午前宮へ出勤す
一　十二時故桜井大書記官出棺埋葬に付会葬す

一一月一五日

同月十五日　晴
一　午前宮へ出勤す
一　東京鎮台司令長官野津少将〔道貫、陸軍少将、旧鹿児島藩士〕不在中当宮へ御沙汰之事
　右太政官へ本日直に御請書御差出也
一　午后御屋敷へ出頭す、別に議事なし
一　本日左の通仕出す
　　来る廿一日松陰神社例祭に付御案内之旨敬承仕候
　右は同刻参上可仕此段御答申上候也
　　紅葉館野辺地尚義殿方
　　　　幹事御中
一　午后より品川氏宅へ家族中招に付、帯地玉子折相添持参す

一一月一六日

同月十六日　晴
一　休日に付森元へ遊歩す

一一月一七日

同月十七日　晴
一　午前宮へ出勤す
　宮殿下本日より御出勤に付、伝令司馬淵相詰随行也

一　宮内省集会定日に付参省す
一　東京鎮台司令官御達御届書、児玉へ引合の上出之
一　村田耕作過る十五日死去に付、麴町六丁目十番地へ悔として至る
一　午后御屋敷へ出頭す、別に議事等無之退出す

一一月一八日

同月十八日　陰
一　午前品川大輔宅へ至る
一　宮へ出勤す、昨夜は赤坂裏出火也
一　午后御屋敷へ出頭す
一　今夕乃木氏来る

一一月一九日

同月十九日　晴
一　午前宮へ出勤す
一　本日九時より謁見式に付日比谷被為成依て拝見に出る、夫より又宮へ出勤す
一　乃木氏より色々噂の次第御含迄に上申す
一　木戸氏〔木戸正二郎遺族〕へ悔として至る
一　東京府へ転居届書本日出置候事

一一月二〇日

同月二十日　晴
一　午前御屋敷へ出頭す、荘原より報知書の次第公へ上申す、且佐野へも申入置候事
一　午前宮へ出勤す、本日午后五時乃木氏御招に付参殿可仕旨御沙汰也
一　宮内省集会定日に付参省す、児玉、武田、井関、三吉也、別に議なし
一　午后品川、乃木へ案内旁至る
一　午后五時より乃木大佐御招に付宮へ参殿御相伴す

一一月二一日

同月廿一日　晴
一　午前御屋敷へ出頭す
一　午前宮へ出勤す、別に伺議事無之
一　午后より松陰神社例祭に付井関同行参拝す、夫より案内に付紅葉館へ金壱円玉串料持参す

一一月二二日

同月廿二日　陰　初雪少々
一　午前杉氏へ至る、右は三条公よりの御伝言之旨、御息所当分山内家〔土佐山内家、北白川宮能久親王妃光子の実家〕にて御保養可相成次第被仰聞候に付、入々申入置候事
一　午前後御屋敷へ出頭す、別に議事なし

一一月二三日

同月廿三日　晴
一　午前品川大輔宅へ至る、右は那須野御払下御出願書持参取次へ渡す
一　御屋敷へ出頭す、議無之退出す

一一月二四日

同月廿四日　晴
一　午前宮へ出勤す、別に伺議無之
一　宮内省集会定日に付参省、三吉、浅香、井関也、議なし
一　午后御屋敷へ出頭す、議無之

一一月二五日

同月廿五日　晴
一　午前四位公御乗馬御買入御決の事
一　午前宮へ出勤す
一　午后御屋敷へ出頭す
一　午后林、中川、宇原相招候事

一一月二六日

同月廿六日　晴
一　午前宮へ出勤す
宮殿下へ拝謁し御息所御一件過日杉氏協議の次第上申す、別に議事なし
一　午后御屋敷へ出頭す

一一月二七日

同月廿七日　晴
一　午前宮へ出勤す、別に議事無之
一　本日宮内省集会定日に付参省す、浅田、児玉、浅香、武田、三吉也、別に議事なし
一　午后御屋敷へ出頭す

一一月二八日

同月廿八日　晴
一　午前宮へ出勤す
一　午后御屋敷へ出頭す、四位公御乗馬御相伴す
一　乃木氏来宿也
一　四位公へ夜中御酒差上候事

一一月二九日

同月廿九日　晴
一　本日宮は不参之段相断置候事
一　木戸正二郎氏〔木戸孝允養子〕埋葬に付会葬す、右金五拾銭相備候事

一　染井御別邸へ出頭す
一　午后より乃木老人〔寿子、乃木希典母〕、福原老人、林先生、倉光老人、品川家内中、林家内断り、菅野断り、於ナミ〔臼杵ナミ、長府毛利家侍女〕、右明日相招候事

一一月三〇日

同月三十日　晴
一　御屋敷へ出頭す、公御不在也
一　午后御馬口入致候事

一二月一日

十二月一日　陰
一　午前宮へ出勤す
一　拝謁之節乃木大佐へ御招請引合可致旨御内沙汰之事
一　宮内省集会定日に付参省す、武田、浅香、井関、三吉也、別に議なし
一　午后御屋敷へ出頭す
一　御先祖様御道具類、福原実〔元老院議官〕、楫取一同拝見として参邸、終て御酒肴御湯漬出る、依て御相伴す

一二月二日

同月二日　晴
一　午前宮へ出勤す
一　宮殿下明日より高崎兵営御巡視として御出張の筈也
一　築地本願寺に於て、故木戸正二郎氏初度法会に付、案内にて至る
一　御屋敷へ出頭す、別に議なし

一二月三日

同月三日　晴
一　午前宮へ出勤す
一　午前四位公御乗馬に付御陪乗致候事
一　午后御屋敷へ出頭す

一二月四日

同月四日　晴　風
一　午前宮へ出勤す
一　本日宮内省集会定日に付参省す、浅田、児玉、浅香、武田、井関、三吉也
一　三吉小松宮御附兼勤に付面会挨拶す、而して早め退出す
一　午前より五十年祭臨時御祭典に付、御屋敷へ参拝相詰候事

一二月五日

同月五日　晴
一　午前宮へ出勤す、別に伺議事無之

一　午后御屋敷へ出頭す
一　来十八年一月三日慶新会へ参席可致段、林議官へ宛て答
　本日仕出置候事

一二月六日

同月六日　晴
一　女化原へ近衛兵実地の演習場へ午前八時
御出門
行幸被為在、右御供奉に付午前六時半宮へ出勤之上御見
送申上候事
一　午后御屋敷へ出頭す、別に議事等無之

一二月七日

同月七日　晴
一　式部職より左之通昨日御達
　来明治十八年一月より有位の准奏任及非役有位の輩、
　朝拝参賀参拝之節、通常礼服を以て大礼服に換用不相
　成旨御治定相成候条、此段御通知候也
　　明治十七年十二月六日　　式部職
　　　正七位三吉慎蔵殿

一二月八日

同月八日　陰
一　昨夕御屋敷へ出頭す、別に議なし
一　午前宮へ出勤す
一　宮内省集会定日に付参省す、浅田不参他揃也
一　式部職へ今般御達に付、服制之儀井関総代にて相伺候処、
左之通
一　従前華族五位以下服制にて可然とのこと也
　右に付浅田不参、其他御附中之儀は、十八年一月着用の
　ことに相決候事
一　武田秀信方へ悔旁香料持参す
一　児玉大書記官大病に付尋問す、先快方の由也
一　十一月中勘定帳内蔵寮にて桜井へ出置候事
一　午后御屋敷へ出頭す

一二月九日

同月九日　晴
一　午前宮へ出勤す、別に談議無之
一　午后より御屋敷へ出頭す、別に議なし

一二月一〇日

同月十日　晴
一　午前宮へ出勤す、別に議なし
　明十一日御帰殿之由御出先より報知有之
一　カステーラ　一箱

右児玉書記官病中見舞持参す
一　午后御屋敷へ出頭す

一二月一一日

同月十一日　晴
一　御奥様御産御模様の段佐野より書面来る
右に付御伺旁御屋敷へ出頭す
一　午前宮へ出勤す、別に相変儀無之、夫より宮内省集会定
日に付参省す
一　午后十時二十分御奥様御分娩御女子〔毛利加子、毛利元敏
四女〕御誕生の由申来、即刻御屋敷へ出頭す

一二月一二日

同月十二日　晴　風
一　午前宮へ出勤す
一　昨午后七時半　殿下御帰京に付出頭す、別に相変る儀無
之
一　午后御屋敷へ出頭し御誕生恐悦申上、且交肴一折御歓と
して献上す
一　昨夕従五位御大礼服御譲之旨被仰聞御直に被下候に付、
右御礼申上候事
一　本日御誕生様御命名加子《マス》様と御附相成候事

一二月一三日

同月十三日　晴　朝雪
一　杉氏より御用談之儀申来早朝出頭す
一　午前御乗馬に付御相伴す
一　午后御屋敷へ出頭す、別に議なし
一　品川大輔より那須引合の件来書也

一二月一四日

同月十四日　晴
一　宮より御用向之旨御使山本乗馬にて来る、即刻参殿す
一　来る廿七日御本殿御住居の旨被仰聞候事
一　御本殿御移住に付、御雇入、従丁御人撰其他役割等の儀
被仰聞、依て不取敢三名思召の人引合方之儀、麻生へ申
談置候事
一　午后品川大輔宅へ至る
一　御屋敷へ出頭す、四位公御不在也

一二月一五日

同月十五日　雪少々　雨
一　午前宮へ出勤す、別に議なし、夫より宮内省集会定日に
付参省す、御附中揃也
一　御屋敷へ出頭す、晩餐四位公御相伴す

一二月一六日

同月十六日　晴

一　荘原昨夜着京に付早朝尋問す、留守中の大略申入置、余は追而協議のことに談置候事

一　午前宮へ出勤す

一　年内に三名丈けの人員御雇入の儀伺之上相決し、麻生へ申入置候事

一　午后荘原氏来宿也

一　同人より招に付抵る

一　荘原県内巡行の次第四位公へ上申に付、品川、乃木一同承候事

一　元昭公〔毛利元昭〕御帰京之上は勿論、井上外務卿には着に付、四位公御直勤の儀協議之上申上候事

一二月一七日

同月十七日　晴

一　午前宮へ出勤す

一　宮殿下へ大臣参議長官丈け御招請の次第、三宮〔義胤、宮内書記官〕、藤井、浅田協議致し候段相伺候処、来る二十九日頃可然段被仰聞候事

一　加子様御不例之段荘原より申来直に出頭す、大滝〔冨蔵、医師〕、河野御診察致し直に佐藤へ御診察相成候様大滝より申出に付、御使梶間勘〔ママ〕〔艦〕次郎到る、右は差向御異状の儀は不被為在依て退出す

一　夜中御屋敷へ相詰る、十二時三十分加子様御養生不被為叶御死去也、右に付万事申合御知せ御葬式等之儀協議し、翌朝帰宿す

一二月一八日

同月十八日　晴

一　早朝より御屋敷へ出頭す

一　午前宮へ出勤す、別に伺の件議事無之

一　本日宮内省集会定日に付参省す、藤井、浅田不参に付三の宮御附へ大臣方御招き申入候処、小松宮思召は御銘々之ことに付可然ことに決す、尤　当宮には年内如何相成候哉、何分御差間にも可相成と同官へ答置候事

一　七々子袴地
　右年末に付
　思召を以て下賜候、依て当番書記官へ御請申出置候事

一　午後より御屋敷へ出頭し夜迄相詰候事

一　御入棺式夜中拝礼す
　　但御埋葬は明十九日午前八時也

一二月一九日

同月十九日　晴

一　本日は女化原へ　宮殿下御出張の処、御屋敷御葬式に付、宮へ出勤御断り申上置候事
一　午前八時加子様御出棺青山墓地へ御埋葬に付御会葬致候事
一　右終て十二時御還家祭に付出頭す
一　宮内省より至急御用談の儀書記官より申来り参省す
右は来一月一日御息所御参朝之節御長袴の儘御参相成候様宮内卿より内達之旨、三の宮書記官より伝へ有之候事

一二月二〇日

同月二十日　晴
一　午前宮へ出勤す
一　御納会本年当宮にて仕向取計の処、右は伏見宮へ御依頼のことに照会済の由、麻生より申出候事
一　宮内卿へ年末の御贈物未決に付差控居候様家扶へ含置候事
一　午后より御屋敷へ出頭す、御葬式後万事取計方且新年御式等のことを協議す

一二月二一日

同月廿一日
一　午后御屋敷へ出頭す、別に議伺無之

一二月二二日

同月廿二日　晴
一　午前宮へ出勤す、夫より宮内省集会定日に付参省す、藤井、浅田不参也
一　三の宮御附より宮内卿への年末御贈物之儀再談に付本日も不参有之、彼是余日も無之に付、拾円までの品物御贈方のことに相決し、参省の御附へ談置候事
一　平岡氏大病に付見舞として至る
一　本日　宮御方御帰京に付午后出勤す
一　乃木参謀長出頭、色々気附有之、其件直に申上候事
一　午后四時前仮
一　皇居内湯部屋出火、直に参省す、無間鎮火に付退出す
一　伏見宮、北白川宮へ御伺旁出頭す
一　本日は彼是御用間に付御屋敷へは不参す

一二月二三日

同月廿三日　晴　夜雨
一　午前宮へ出勤す
一　今般御雇入の三名へ明日達方可然旨御沙汰に付、夫々呼出状家扶より為差出候事
右夫々職務等之事外、樋口〔綾太郎〕、加藤御雇に改正達方等の儀も伺置候事

一　午后御屋敷へ出頭す
一　来る廿七日、十日祭より御魂御転坐、四位公御本住のことに伺、荘原へ談置候事
一　廿八、九日両日之内御改正御発令役所引移のこと伺済、荘原へ談置候事
一　スシ　一重
右御見舞の廉にて上向へ呈上す
一　酒　三升
右御表中へ
一　スシ　一重
右御女中へ

一二月二四日

同月廿四日　晴
一　午前宮へ出勤す
宮御方へ伺之上会計掛兼庶務安藤其他樋口、加藤、桜井〔一生、北白川宮家雇〕、大塚〔盛正、北白川宮家雇〕雇にして夫々専務の儀別段申付候、日比〔正保、北白川宮家丁〕家丁申付候事
一　例年之通思召を以て御反物外に金壱万疋頂戴す、家扶始め一統へ例年の通被下物相渡す
一　桜井一生、大塚盛正、日比正保、右本日御雇入に付御請として来る
一　午后御屋敷へ出頭す、御改正御下案其他御発令の御次第荘原協議す

一二月二五日

同月廿五日　晴
一　午前宮へ出勤す
一　宮内省集会定日に付参省す、藤井不参也

一二月二六日

同月廿六日　晴　夜雨
一　荘原氏来宿、年末に付、品川、乃木御挨拶、且又新年等の儀を談決す
一　加子様御挨拶一件、夫々談決す
一　午前宮へ出勤す、別に議なし
一　午后六時より東京鎮台附佐官始め夫々鹿鳴館に於て御招請之事
一　午后御屋敷へ出頭す、別に議無之

一二月二七日

同月廿七日　晴
一　午前宮へ出勤す
一　御洋館へ本日より御住居相成候事
一　本年は廿八日日曜に付本日御用仕廻御陪食之事

一　午后御屋敷へ出頭す
一　加子様十日祭に付礼拝す
一　荘原より本年限り満年支金渡方の儀御改正一件等示談のこと、右夫々協議す

一二月二八日

同月廿八日　晴
一　午前御屋敷へ年末に付献上物持参す
一　十二時より宮へ出勤す
一　交肴　一折
　右は昨日御洋館へ御移りに付、恐悦として献上致候事
一　金参百匹
　右染井御別邸御小児御三方様へ、年末に付品代として献上す
一　宮より御移る御祝として鰹一箱御持せ頂戴す

一二月二九日

同月廿九日　晴
一　本日は在宿す
一　御転居御祝として宮御方より御持せ鰹一筥の外に、例年之通鏡餅一重被下候事
一　鰹　一箱
　右御屋敷より歳暮として御使を以て被下候事
一　午后御屋敷へ出頭す
　四位公より例年之通御心附御直に被下候事
一　乃木氏歳暮として来宿也

一二月三〇日

同月三十日　雪
一　午前歳末参賀として宮内省へ参省の上、長田書記官へ申出置候事
一　宮へ御祝詞として出頭す
一　梅鉢植　壱個
　右献上す
一　午後より御屋敷へ出頭す
　四位公より御制度並に御改正の御書出を以て被仰出候事
　詳細は略す

一二月三一日

同月三十一日　晴
一　品川、乃木の両氏へ歳末として到る
一　午后御屋敷へ歳末御祝詞申上候事

日記　六　明治十八年

明治一八年

一月一日

明治十八年一月一日　晴
一　午前七時
朝拝被　仰付候に付、六時三十分大礼服着用参
内拝謁す、
右相済直に青山
御所へ参賀す、拝謁被　仰付候事
一　明宮〔嘉仁親王、大正天皇〕御殿へ参賀す
一　北白川宮其他皇族方諸所へ廻礼之事
一　午后御屋敷へ出頭、上々様〔毛利元敏〕へ年賀申上候事

一月二日

同月二日　晴
一　諸所へ廻礼す

一月三日

同月三日　晴　午后風
一　諸所へ廻礼す
一　本日午后より紅葉館に於て慶新会参集定日の処、少々腹痛に付断り書差出す、右出金弐円定格に付為持候て受取証取置候事

一月四日

同月四日　晴
一　本日は日曜に付休暇也
一　午前御屋敷へ出頭す
右は明五日新年御祝酒改正の談決、荘原〔好一〕へ協議の上御伺にて可然ことにて退出す

一月五日

同月五日　陰　后晴
一　午前十時三十分新年御宴会に付大礼服着用にて参賀す、
酒饌下賜候事
一　午后五時揃
宮殿下〔北白川宮能久親王〕より新年に付御招請に依り家族相揃ひ候て参殿之事
右に付、色々持参品の儀は勘定帳へ記す
一　午后御屋敷にて新年御宴会に付家族一同御招請あり、依て参殿す
右に付献上物勘定帳に記す

一月六日

同月六日　晴
一　本日政事始也
一　宮へ出勤の儀は、少々所労に付断り置不参す
一　午前御屋敷へ昨日の御礼として出頭す
一　午后欽麗院様〔毛利欽子〕、於暢様〔毛利暢子〕御年始として御出、追て四位公〔毛利元敏〕御出に付、酒肴御湯漬呈上す

一月七日

同月七日　陰　午後より雪
一　午前御屋敷へ出頭す
一　本日在宿す、別に相変儀無之

一月八日

同月八日　雪　午后二時より晴
一　本日陸軍始に付、宮内省休暇之由御達有之在宿す
一　賀田氏〔貞二〕帰京之由にて来宿也

一月九日

同月九日　陰
一　本日も不参に付被下物一応の請書両扶へ出す
一　午后御屋敷へ出頭す

一月一〇日

同月十日　晴
一　本日も在宿す
一　午后御屋敷へ出頭す

一月一一日

同月十一日　晴
一　本日休暇に付在宿す

一月一二日

同月十二日　小雨　陰
一　本日宮内省集会定日の処、所労に付不参す
右宮家扶迄各宮御附へ通知の儀申遣候事
一　午后御屋敷へ出頭、御家政向色々荘原氏へ協議す

一月一三日

同月十三日　晴
一　本日も所労に附不参す
一　午后御屋敷へ出頭す

一月一四日

同月十四日　晴　后陰

一　本日も在宿す

一月一五日

同月十五日　晴

一　午前宮へ出勤す、別に議事無之、夫より宮内省集会定日に付参省す、藤井〔希璞〕不快に付不参也、別に議事なし

一　午后御屋敷へ出頭す、別に尋問の件無之退出す

一月一六日

同月十六日　晴

一　午前宮へ出勤拝謁す、別に伺の件無之

一　午后乃木氏〔希典〕へ見舞に至る、追々快方也

一　御屋敷へ拝礼に出頭す、別に御用談無之退出す

一月一七日

同月十七日　晴

一　本日在宿す

一　豊永長吉氏へ、賀田氏引合金、頼母子金にて勘定の儀、入々書状相認め仕出候事

一月一八日

同月十八日　晴

一　本日も在宿す

一月一九日

同月十九日　晴

一　午前宮へ出勤す

児玉〔源之丞〕より忌引書面来る、右悔状出し置候事

一　宮内省集会定日に付参省す、藤井、児玉、井関〔美清〕不参也、別に議なし

一　十二月分勘定帳桜井へ出す

一　午后御屋敷へ出頭す

一　午后荘原氏来宿也

一月二〇日

同月二十日　晴

一　午前宮へ出勤す

一月二一日

同月廿一日　晴

一　午前宮へ出勤す、別に伺議事無之

一　午后御屋敷へ出頭す

一月二二日

同月廿二日　晴

一　午前宮へ出勤す

一　今般御新殿へ御引移に付、思召を以て老女始め御奥向御女中一統へ御賄被下候に付、此上万事精勤致し候様吉野へ相達候事

一　本日宮内省集会定日に付参省す、藤井、浅田〔進五郎、熙光、伏見宮御附〕、児玉、浅香〔茂徳〕不参也、別に議事等無之

一　午后御屋敷へ出頭す

一月二三日

同月廿三日　晴

一　本日

皇太后宮〔英照皇太后〕御誕辰に付、礼服着用青山御所へ参賀、堤亮〔正誼〕を以て上申す

右に付、酒饌下賜候事

一　宮へ出勤す、山階宮〔定麿王〕御出に付拝謁す

一　山階宮へ昨日御着に付、恐悦として参殿す

一月二四日

同月廿四日　晴

一　本日宮へ不参の段家扶宛にして郵便状差出候事

一　午前御屋敷へ出頭す

一　染井職務進退御改正の儀気附上申す、追て御家扶より伺書を以て御決の都合に荘原へ談置候事

一月二五日

同月廿五日　陰　后雨

一　休暇に付在宿す

一月二六日

同月廿六日　晴　風

一　桂大佐〔太郎〕帰朝に付歓として至る

一　午前宮へ出勤す、別に伺議事無之

一　本日宮内省集会定日に付参省す、浅田不参也、別に議事なし

一　午后御屋敷へ出頭す、別に協議無之、退出す

一月二七日

同月廿七日　晴

一　午前宮へ出勤す、御直に　有栖川宮〔熾仁親王〕より御内話有之候段相伺候事

一　大山陸軍卿〔巌、陸軍中将、旧鹿児島藩士〕帰朝に付、歓として抵る

一　藤井へ病中見舞として至る

一　午后御屋敷へ出頭す、別に議事なし

一月二八日

同月廿八日　晴　風
一　午前宮へ出勤す、別に伺議事無之退出す
一　御到来の肴一尾御配分に付頂戴す

一月二九日

同月廿九日　晴
一　午前宮へ出勤す、別に伺議事無之
一　宮内省集会定日に付参省す、藤井、浅田、浅香不参也、別に議なし
一　午后御屋敷へ出頭す

一月三〇日

同月三十日　晴
一　孝明天皇御例祭の処、左の通届書出す

不参御届

本日
孝明天皇御例祭参拝可仕之処、所労に付不参仕候間、此段御届申上候也
明治十八年一月三十日　　三吉慎蔵　印
宮内卿伯爵伊藤博文殿

右書面庶務課へ出す
一　午前会計長荘原本日会計方栢〔貞香〕へ引渡有之、御屋敷へ出頭す

一月三一日

同月卅一日　晴
一　午前宮へ出勤す、別に議事無之
一　午后御屋敷へ出頭す
一　荘原氏より家族一同招請に付、鰹一箱為持執も至る

二月一日

二月一日　晴
一　昨夜より足痛に付在宿す

二月二日

同月二日　陰　雪少々又夜に入り同断
一　午前宮へ出勤す、足痛に付相頼退出す
一　宮内省集会定日の処、本日は足痛に付井関御附へ直頼不参す
一　御屋敷へ足痛に付不参の書状御家扶へ出候事
一　午后荘原氏来宿左の件
於暢様日々御行状の儀に付、四位公へ申上之儀尋問に付、書面通り呈上可然ことに決答致候事

二月三日

同月三日　晴

一　本日宮へ出勤の儀、足痛に付相断り候事
一　御屋敷へ痛所に付不参す

二月四日

同月四日　晴
一　本日も痛所に付、在宿す

二月五日

同月五日　晴
一　本日も痛所に付、在宿す
一　加子様〔毛利加子〕本日五十日御祭事の処、不参に付、家内〔三吉イヨ〕参拝として出頭為致候事
一　昨年天災に付、員光村下作人藤永清吉、弘中伊右衛門の両名より加調米の内半俵宛免除の儀出願に付聞届候段、小坂〔住也〕へ書面出す

二月六日

同月六日　晴
一　本日も痛所に付、在宿す
一　昨五日左之通来書
　来る九日二品親王殿下〔山階宮晃親王〕芝公園内紅葉館へ御招請相成度候間、同日午后四時御来臨被下度、殿下之命に依り此段御按内迄如是御坐候、敬具
　　　　　　　　　　　　山階宮御附
十八年二月五日　　　　　　浅香茂徳
　正七位三吉慎蔵殿
　追而諸否明後七日中に御申越被下度候也
右に付、左之通答書六日郵便にして仕出す
来る九日　二品親王殿下芝公園内紅葉館へ御招請相成候に付而は、小生儀も御席末へ可被召寄旨、従　殿下御命之趣難有奉敬承候、右御示教諭之時限には必す参館可仕候、一応之御請迄得貴意候条可然御執成被下度、御依頼仕候拝復
　二月六日　　　　　　三吉慎蔵
　　正七位浅香茂徳殿
二陳本条参殿之上御請可申上筈之処、過日来身体痛所有之治療罷在候故、乍略儀書中にて申上候、是亦不悪御承引被下度候草々

二月七日

同月七日　晴
一　午前宮へ出勤拝謁申上候、別に伺の件議事無之
一　金千匹
右久邇宮〔朝彦親王〕より　多田王〔のちの梨本宮守正王〕御方御挨拶として被下候事
一　午后御屋敷へ出頭す、別に議事なし、四位公御不在也

二月八日

同月八日　陰　夜雪

一　午后御屋敷へ出頭す

二月九日

同月九日　雪　少々

一　午前宮へ出勤す、別に伺議なし

一　宮内省集会定日に付参省す、藤井、浅田、浅香不参、別に議なし

一　午后四時より　山階二品親王殿下より紅葉館へ御招請に付参上す、右は七十御祝賀に付酒肴被下御盃壱個餅一重下賜候事

二月一〇日

同月十日　晴

一　山階宮へ昨日の御礼として参殿、家扶へ申出置候事

一　午前宮へ出勤す、別に伺議事等無之

一　午后御屋敷へ出頭す、別に議なし

二月一一日

同月十一日　晴

一　紀元節に付酒饌下賜候段、尚参賀の儀も御達に付、午前十時大礼服着用参省す

一　午后荘原来宿也

二月一二日

同月十二日　晴

一　午前宮へ出勤す、別に伺等無之

一　宮内省集会定日に付参省す、藤井、浅田、浅香不参也

一　山階宮へ御年賀御祝御肴献上の儀、児玉、武田、井関、三吉一同より差出すことに談決し、児玉取計の筈也

一　午后御屋敷へ出頭す

一　御会席御稽古に付参席す

二月一三日

同月十三日　風

一　午前宮へ出勤す、別に伺等無之退出す

一　午后御屋敷へ出頭す、別に談決なし

二月一四日

同月十四日　晴

一　午前宮へ出勤す

一　午后御屋敷へ出頭す

一　本日午前荘原家扶高輪毛利御邸へ出頭、右は柏村〔信〕より御系図の件に付、御次第書一冊を以て照会有之、右

書冊取帰なり

二月一五日

同月十五日　晴

一　本日休暇に付在宿す

一　児玉愛二郎病中の挨拶として来宿也

二月一六日

同月十六日　風

一　午前宮へ出勤す

一　宮内省集会定日に付参省す、藤井、浅田不参也

一　一月分勘定帳桜井へ出す

一　午后御屋敷へ出頭す、集会等の儀引合方御出豊御手順等の儀協議す

二月一七日

同月十七日　晴

一　午前宮へ出勤す

一　午后御屋敷へ出頭す

宍戸〔璣〕御会席御招請井関同行参邸に付面会す

二月一八日

同月十八日　晴

一　午前宮へ出勤す、別に議事なし

一　午后御屋敷へ出頭す、別に相変儀無之

二月一九日

同月十九日　寒風強

一　午前宮へ出勤す、夫より宮内省集会定日に付参省す、藤井不参也

二月二〇日

同月二十日　晴　風

一　午前宮へ出勤す、伺議事なし

一　昨十九日乃木参謀長始め七名宮へ御招に付、酒肴の御相伴被仰付候事

一　午后御屋敷へ出頭す

二月二一日

同月廿一日　晴　風

一　午前宮へ出勤す

一　午后御屋敷へ出頭す、別に議事等無之

二月二二日

同月廿二日　晴

一　午前七時より千歳座へ家族中見物に至る

二月二三日

同月廿三日　晴

一　午前宮へ出勤す

一　宮御方少々御所労に付、御在館也

一　宮内省集会定日に付参省す、藤井不参なり

一　午后御屋敷へ出頭す

二月二四日

同月廿四日　晴

一　午前宮へ出勤す

本日も御所労に付在館也、別に伺議事無之

一　午后御屋敷へ出頭す、別に議なし

二月二五日

同月廿五日　暁より小雨

一　午前宮へ出勤す

一　家扶世続〔陳貞〕より下官迄進退伺不届の段申出候に付、書記官よりの書面之旨を以て付札にして差下候事

前条の次第夫々　宮御方へ上申す

一　午后御屋敷へ出頭す

本日御同族御懇会に付御末席へ出候事

二月二六日

同月廿六日　晴

一　午前宮へ出勤す

一　宮内省集会定日に付参省す、藤井不参也

一　午后御屋敷へ出頭す

一　山口県下へ御巡回の御次第、其他御懇会等の節御尋問等の儀、公へ上申す

一　御随行御家扶荘原へ被仰付、御家従梶間艦次郎へも被仰付候事

二月二七日

同月廿七日　陰　雪少々

一　午前宮へ出勤す

宮御方御所労共御同様也

一　午后御屋敷へ出頭す、例月集会に付、品川〔氏章〕、乃木、三島〔任三郎〕、林〔洋三〕、荘原、三吉也、右は御家系の件を談す

二月二八日

同月廿八日　晴

一　午前宮へ出勤す、追々御快方に被為入候事、別に議事伺の件なし

一　本日午后二時別仕立の汽車にて伊藤大使〔博文、参議兼宮内卿、特派全権大使として天津へ〕出発に付、新橋まて送候事

一　宮御方御所労に付、御使新橋へ差出候事

三月一日

三月一日　晴

一　午前御屋敷へ出頭す
荘原へ、御留守中諸締向御教育等の件、談置候事

三月二日

同月二日　晴

一　午前宮へ出勤す
宮御方追々御快方に被為入候、別に伺議事等無之、夫より本日宮内省集会定日に付参省す、藤井、浅田不参也、別に談無之退出す

一　午后御屋敷へ出頭す

一　林洋三浜町御邸内金重〔ママ〕〔兼重譲蔵、慎一〕へ御家系引合の件、夫々見込通りに示談之由、右に付、御家扶荘原より表通り高輪様〔毛利元徳〕御家扶へ明日にも引合の由承候事

三月三日

同月三日　晴　風

一　午前宮へ出勤す、別に議事伺等無之

一　宮御方追々御快方也

一　梶山鼎介氏へ、十八年三月三日迄之分記事相添書状差出候事

三月四日

同月四日　晴　風少々

一　午前宮へ出勤す、別に議事等無之退出す

一　午后御屋敷へ出頭す

三月五日

同月五日　晴　夜雨

一　午前宮へ出勤す、宮御方順々御快方、別に議伺無之

一　宮内省集会定日に付参省す、藤井、浅田不参、別に議なし

一　午後御屋敷へ出頭す

三月六日

同月六日　雨

一　午前宮へ出勤す、別に議事伺無之
宮御方順々御快方也

一　御屋敷へ不参す

三月七日

同月七日　晴　風

一　トモ〔三吉トモ〕事昨夜より風邪に付不参之段、レース教場御中として届書出す

一　午前宮へ出勤す

一　午后御屋敷へ出頭す

三月八日

同月八日　晴

一　午前九時より御旧臣中親睦会御邸に於て集会に付参席す

三月九日

同月九日　晴

一　午前宮へ出勤す、別に議伺無之、夫より本日宮内省集会定日に付参省す、藤井、武田不参也、議なし

一　二月分勘定帳出す

一　午后御屋敷へ出頭す、別に伺無之

三月一〇日

同月十日　晴　風

一　午前宮へ出勤す

一　午后御屋敷へ出頭す

三月一一日

同月十一日　陰　雪少々

一　午前宮へ出勤す、別に議無之退出す

一　トモ麻疹に付、警察分署幷にレース学校へ吉田周利診定書左の通為持候事

届

芝区西久保城山町九番地

三吉慎蔵二女

トモ 二十一年

一　麻疹

右者該症と診定致候に付、此段及御届候也

明治十八年三月十一日

麹町区平川町六丁目五番地

主任医

吉田周利　印

一　御赤飯　一重

右宮御方御快方に付被下候事

一　梨本宮〔晃親王〕御麻疹に付、御伺として参殿す

一　御屋敷へ出頭す、別に議なし

三月一二日

同月十二日　晴　風

一　午前宮へ出勤、拝謁之上昨日御祝の御礼上申す

一　本日宮内省集会定日に付参省す、藤井、浅田、武田不参

也、別に議なし
一　午后御屋敷へ出頭す
四位公より御留守中万事御締向御教育差引の件、御頼相成候事
一　金庫鍵類公より御預けの御命有之
一　梶山鼎介より二月十一日附の書面本日落手す
一　小梅村七拾七番地品川大輔〔弥二郎〕より来書

三月一三日

同月十三日　晴　風
一　午前宮へ出勤す、別に議伺等無之退出す
一　午后高輪御邸へ御暇乞として参殿す
一　午后御屋敷へ出頭す
明日公御出発に付色々協議す

三月一四日

同月十四日　晴　風少々
一　午前八時四十五分新橋発の汽車へ御乗車にて四位公山口県内へ御巡回、随従は御家扶荘原、御家従梶間艦次郎也、右御見送として新橋迄出る
一　高輪二位公御夫婦〔毛利元徳、毛利安子〕、於トミ様〔毛利都美子、妙好、毛利敬親正室〕御同行也
一　金庫鍵一袋にして預之
一　本日は宮へ不参の段、昨日家扶へ断り置候事
一　午后御屋敷へ出頭す、御用向別冊に記す

三月一五日

同月十五日　晴
一　御屋敷へ出頭す

三月一六日

同月十六日　雨
一　午前宮へ出勤す、伺の件無之
一　宮内省集会定日に付参省す、藤井、浅田不参なり、別に議事なし
一　午后御屋敷へ出頭す

三月一七日

同月十七日　晴　風
一　宮内書記官より本日午前十時面談有之、参省の儀来書に付、参省す
一　各宮御附中、尤浅田遅参に付浅田を除き御附中へ、月末出省定日の処不参有之、尚別段届等も無之甚不都合の次第、就ては向後申合屹度参不参の儀は於本省参否帳簿の調印之事に児玉書記官より談有之候事
一　侍従長徳大寺殿〔実則〕より

明宮来る廿三日御帰参に付、各宮方へ折々御尋問被遊候段内達之事
一 御幼少の宮方には月に五、六回も
明宮御殿へ御参相成候様御懇親の旨、是又御内達之事
右当宮へ出勤の上御直に上申し、且又両扶へも為心得達置候事
一 午后御屋敷へ出頭す

三月一八日

同月十八日　晴
一 午前宮へ出勤す、両扶へ宮内省集会定日は以来午前九時頃迄に御用取調置候様談置候事
一 午后御屋敷へ出頭す、御用向引合別冊に記す
一 春季皇霊祭参拝二十日大礼服着用にて午前十時参拝之旨御達有之候事
一 来る廿三日
明宮御帰参に付、同日十一時より十二時迄の内参賀の旨御達有之、着服は通常礼服也
但御祝酒下賜の事

三月一九日

同月十九日　晴
一 午前宮へ出勤す
昨夜家扶より御内命之趣書面到来に付、宮殿下へ御直に乃木大佐へ内聞の儀は、差控気附の儀上申致候処、先見込通り御見合可被段被遊仰聞候事
一 乃木大佐参殿拝謁の事
一 宮内省集会定日に付参省す、本日は御附中相揃候也
一 本日より参否帳簿へ出省調印す
一 来る二十三日
明宮御帰参に付各宮方より御献上物の儀に付、侍従長徳大寺殿へ聞合の上有栖川宮にて取計方の儀談決す
右宮へ出勤の上御直に上申す

三月二〇日

同月二十日　晴 夜風雨
一 本日春季皇霊祭参拝の儀御達之処、痛所に付不参の段御届書差出候事
但宮より為持候也
一 午前御屋敷へ出頭す

三月二一日

同月廿一日　風 晴
一 午前宮へ出勤す
一 宮御方より御直に御洋館御飾附不足に付協議可致旨、尚亦御洋館御開御宴会四月中頃と被仰聞候事

一　午后御屋敷へ出頭す、御用向別冊に記す

三月二二日

同月廿二日　晴　風

一　午前藤井宅へ到る、右は

明宮御帰参に付、献上物品棚一個引合に付、家扶山本〔辰之助カ〕へ　伏見宮より差出方取計相成候様照会のことに談し置候事

一　本日は御屋敷へ不参す

三月二三日

同月廿三日　陰

一　午前宮へ出勤す、別に伺議無之

一　本日宮内省集会定日に付参省す

一　洋品着に付、無税の申出書面出候事

一　明宮本日御帰参に付、同御殿へ十一時過より参賀す、右に付酒饌下賜候事

一　明宮御帰参に付、各宮方より棚一個御献上之事

一　午后御屋敷へ出頭す

一　福原故大佐〔和勝〕忌日に付四時より参拝として抵る

三月二四日

同月廿四日　雪

一　午前宮へ出勤す、別に伺議事なし

三月二五日

同月廿五日　晴

一　午前宮へ出勤す

一　桂弥一氏より来書、是は御用達所御用筈に入置候也

一　御屋敷へ出頭す、御用向別冊に記す

三月二六日

同月廿六日　陰

一　午前宮へ出勤す、別に伺議事なし、夫より本日宮内省集会定日に付十時前参省の上調印す、藤井欠席也

一　松陰先生〔吉田松陰〕、武智半兵衛〔武市半平太〕の肖像二枚、外に桂弥一へ二枚、品川氏より譲り之事

内三吉請之

一　本日は御屋敷へ不参す

三月二七日

同月廿七日　陰

一　山県参議〔有朋〕邸へ尋問す

一　午前宮へ出勤す

一　御屋敷へ出頭す

一　本日は故於加様百日祭に付参拝す

三月二八日

同月廿八日　晴　風

一　午前宮へ出勤す、別に伺議事無之

一　午后御屋敷へ出頭す、御用向無之退出す

一　来る四月一日博愛社総会に付出席のこと、且紅葉館にて懇会の儀申来候得共、同日差閊に付断り状昨日郵便にして仕出置候事

三月二九日

同月廿九日　陰

一　午前御屋敷へ出頭す、御用向色々別冊に記す、尤午後より在宿す

一　林氏来宿也
右に付、那須御払下許可指令済に付、不日桂氏出張次第実地受取方出張の儀、談合致置候事

三月三〇日

同月三十日

一　午前宮へ出勤す

一　宮御方御全快に付、午前御参内之事

一　別に伺議事無之、夫より本日宮内省集会定日に付、不参之段申出置候事

一　午后御屋敷へ出頭す、御用向別冊に記す、依て略之

三月三一日

同月卅一日　朝小雨

一　午前宮へ出勤す、別に伺議事無之

一　宮御方御出勤相成候事

一　午后御屋敷へ出頭す、御用向は別冊に記す

一　倉光三郎来宿に付委細は協議、尚又伺の上何分の御答可相成段、本日含置候事

四月一日

四月一日　小雨　夜雪

一　午前山県参議邸へ見舞として至り申置退散す

一　午前宮へ相詰候、別に伺議事等無之

一　宮御方鎮台へ御出勤也

一　本日は　宮御方御誕辰に付、酒饌被下之幷に多田王御方御同様に付同断
但赤飯一重為御持之事

一　午后御屋敷へ出頭す、御用向別冊に記載す

四月二日

同月二日　小雨

一　午前宮へ出勤す
一　昨一日御誕辰御祝被下候に付御礼御直に申上、且家扶へ挨拶申入候事
一　本日宮内省集会定日に付参省の上調印す、武田儀は参省なし
一　山林会より来書
右は来る四日小集会に付、出席の儀案内状且又問題加筆なり
一　荘原より三月廿七日附の手紙来る、其件別冊に記す
一　午后御屋敷へ出頭す

四月三日

同月三日　陰
一　本日は
神武天皇御例祭に付、午前十時大礼服着用参拝すへき旨、式部職より御達有之候処、痛所に付不参候事
一　御屋敷へ出頭す

四月四日

同月四日　陰
一　午前宮へ出勤す
一　乃木大佐へ過日御内命の管下御巡回一件引合依頼致置候段、宮御方へ御直に上申す
一　午后御屋敷へ出頭す
一　乃木氏来宿御巡回云々の件也

四月五日

同月五日　小雨
一　午前御屋敷へ出頭す
一　午后宮へ参殿す
一　本日は小松〔小松宮彰仁親王〕、伏見〔伏見宮貞愛親王〕、山階之三宮御招請に付、三条公〔実美〕、吉井大輔〔友実〕、香川少輔〔敬三〕参殿有之、支那料理晩餐被為進、且又曲馬御設拝見す、夫より山県参議邸へ明日御先発に付従宮御方御暇乞御内命に付、出頭面会之上申出候事

四月六日

同月六日　雨
一　午前宮へ出勤す、別に伺議事等無之
一　本日宮内省集会定日に付参省す、武田、井関両御附へ相頼み早め退出す
一　午前十一時発の汽車へ乗車にて山県内務卿出発に付、新橋迄見送帰宿す
一　本日御屋敷へ不参に付、書状出候事

四月七日

同月七日　小雨
一　午前宮へ出勤す、別に伺議事等無之
一　午后御屋敷へ出頭す、御用向諸引合別冊に記す

四月八日

同月八日　陰　大風
一　午前宮へ出勤す、別に伺議事等無之、退出す
一　午後御屋敷へ出頭す、御用向別冊に記す
一　福岡県下へ来る十日
御発輦之処御風気に付御延引被仰出候事

四月九日

同月九日　雨
一　午前宮へ出勤す
宮御方少々御不例也
一　宮内省集会定日に付参省す
一　聖上〔明治天皇〕御風気に付、当宮御方御伺御参可被遊処、御所労に付下官を以て御伺の儀、足立書記官〔正声〕へ申出置候事
一　本日の集会は宮へ御用向も有之、少し早めに退出す
一　次妹信子〔山県信子、山県有朋三女〕儀病気の処、療養不叶死去之段、山県伊三郎〔山県有朋養子〕より知せ有之候事
但出棺は十一日午後一時也

一　午后三時より麻生、安藤〔精五郎〕、山本〔喜勢治カ〕、樋口〔綾太郎〕、加藤相招候に付、林洋三取持十時過各退散也、右に付御屋敷へ不参す

四月一〇日

同月十日　晴
一　午前宮へ出勤す、御用向も無之早め退出す
宮御方御快方也
一　山県殿へ悔として至り申込置帰宿す
一　午后御屋敷へ出頭す
一　同三時より世続、岩井〔泉三〕、麻生延太郎、大塚〔盛正〕相招候事
一　ヒール　拾弐本
右両日一統より到来す

四月一一日

同月十一日　小雨
一　午前宮へ出勤す
一　宮御方より御直に　多田王御方、小松宮へ御約定の儀、御決相成候段被仰聞候、右近々其次第に御運之事
一　聖上御風気に付、本日午前宮内省へ参省之上、河上へ宮御方未た御参相成兼候に付、御様子下官を以て御伺相成候段申出候処、追々御快方之旨同官より答に付退出す

一　午后御屋敷へ出頭す
一　聖上御風気に付福岡県下
　行幸御延引にて　二品彰仁親王
　御名代被仰付候段告示也

四月一二日

同月十二日　陰後晴
一　桂弥一氏昨夜出京の由にて来宿也
一　午後御屋敷へ出頭す、桂氏引合御用向の件々は別冊に記
　載す

四月一三日

同月十三日　雨
一　午前宮へ出勤す、勘定帳夫々三月分調査す
一　本日宮内省集会定日に付参省す、御附中揃也
　各宮方家令御設如何哉の議事、右は宮内卿へ入々事情示
　談可然ことに談す
一　三月分勘定帳内蔵寮に於て桜井へ出す
一　午后御屋敷へ出頭す

四月一四日

同月十四日　陰風又雨
一　御名代小松宮本日午前九時別仕立新橋汽車へ御乗車、福
　岡県下へ御出発に付、御送り致候、松鷹出仕、其外随行
　有之候事
一　品川大輔官舎へ至る、申置之事
一　午前宮へ出勤す、別に議事なし
一　御屋敷へ出頭す
一　桂弥一氏来宿也

四月一五日

同月十五日　晴
一　午前宮へ出勤す、伺の件なし
一　御屋敷へ出頭す

四月一六日

同月十六日　晴
一　午前宮へ出勤す、夫より宮内省集会定日に付参省す、御
　附中揃也、別に議事無之
一　午后より御屋敷へ出頭す
一　トモ麻疹中諸所より見舞到来に付、赤飯一重宛鰹三本入
　相添配候事
一　吉田周利氏へ謝儀金幷に赤飯一重、玉子一箱相添差贈候
　事
　　但薬価勘定書の前為持候事

四月一七日

同月十七日　雨

一　午前より御屋敷へ出頭す

桂弥一、林和人〔栃木県那須郡の豊浦農場を管理〕、倉光三郎那須へ出張に付夫々引合す、右は別冊に記す

一　宮御殿へは本日不参の段書面出候事

四月一八日

同月十八日　陰

一　午前宮へ出勤す

一　午后御屋敷へ出頭す

四月一九日

同月十九日　晴

一　本日は休日に付出勤せす

一　午後賀田氏より家族中招請に付至る、依てヒール三本持参之事

四月二〇日

同月二十日　陰　雨

一　午前宮へ出勤す

一　皇太后宮御麻疹に付、　宮御方御伺御参之事

一　本日宮内省集会定日に付参省す、児玉、浅田、武田、井関、浅香なり

一　大宮様〔英照皇太后〕御麻疹に付各宮方より御進献物有之如何哉の都合示談す、尤藤井居合無之に付、追て引合の上御同様取計方を依頼し、早め退出す

一　午后御屋敷へ出頭す

四月二一日

同月廿一日　陰

一　午前宮へ出勤す、別に伺議なし

一　皇太后宮過十九日より御麻疹に付、御伺として本日午前青山御所へ参上、堤亮〔正誼〕へ申出置退出候事

一　午后御屋敷へ出頭す

一　本月十四日附荘原より郵書午後三時過き着、四位公御様子報知に付直に上申の儀栢へ相頼書面相廻す、先つ御軽症別に御異状不被為在との書面也

四月二二日

同月廿二日　陰

一　午前宮へ出勤す、伺其他議無之退出す

一　午后御屋敷へ出頭す

一　荘原より十六日附書面来る、四位公御様子報知也、右は上申し尚別冊に記す

一　阿曽沼氏〔次郎〕へ抵る、又同氏来宿也
一　藤井へ尋問す、快方也

四月二三日

同月廿三日　晴
一　午前宮へ出勤す
一　皇太后宮へ御進献物の儀取計方上申す
一　本日宮内省集会定日に付参省す、藤井不参也
一　御進献物談決す、但井関引受之事
一　午后御屋敷へ出頭す
一　交肴　一折
　右御留守中の伺として進呈す

四月二四日

同月廿四日
一　午前宮へ出勤す、別に伺の件なし
一　御陪食として正午御参
　内被為在候事
一　午后御屋敷へ出頭す
　廿六日御招請御断り申上候事

四月二五日

同月廿五日　晴
一　午前宮へ出勤す、別に伺の件議無之
一　本日御屋敷へ不参す

四月二六日

同月廿六日　晴
一　本日休暇に付遊歩す

四月二七日

同月廿七日　雨
一　午前宮へ出勤す、別に伺の件無之、夫より宮内省集会定
　日に付参省す、藤井、児玉、浅田所労申出候也
一　青山御所へ進献物、本日有栖川宮より取計の事
一　午后御屋敷へ出頭す

四月二八日

同月廿八日　晴
一　午前宮へ出勤す、別に伺議事なし
一　伊藤大使着京に付、午后一時新橋へ出迎候事
一　御屋敷御花見に付、御招請に依て家族中参上す

四月二九日

同月廿九日　陰
一　午前宮へ出勤す

一　本日は御具足御飾り附取調に付、中川凉介〔長府毛利家従〕手伝旁一同参殿す

一　午后御屋敷へ出頭す

一　同四時過より長屋にて花見招請に付、家族中参席す

一　本郷病院へイヨ診察を受る

四月三〇日

同月三十日　陰

一　午前宮へ出勤す、夫より宮内省集会定日に付参省す、藤井、武田不参也

一　午后御屋敷へ出頭す

五月一日

五月一日　晴

一　山階二品宮、本日午前九時四十五分新橋発の汽車にて御帰京に付、御見送として同所へ出頭す

一　午前宮へ出勤す

一　伊藤宮内卿、西郷参議〔従道〕の両官へ各宮方より肴一台宛帰朝歓として被為贈候段、家従安藤へ申入置候事

一　午後御屋敷へ出頭す

五月二日

同月二日　陰　後晴

一　四位公来る四日御立の旨荘原よりの電報午前十一時三十分落手す、直に御屋敷へ差出候事

一　本日は午后五時より御屋敷上中下、品川、阿曽沼、賀田、石津〔幾助〕招請致候に付在宿す

一　四月廿六日附荘原より書面来る

五月三日

同月三日　晴

一　午前御屋敷へ昨日の御礼として出頭す

五月四日

同月四日　陰　風

一　午前賀田氏へ暇乞として抵る

一　宮へ出勤す

一　宮内省集会定日に付参省す、藤井不参也、別に議事なし

一　御屋敷へ出頭す、御用向別冊に記す

一　品川氏へ勘定且挨拶旁至る

五月五日

同月五日　陰　風

一　午前宮へ出勤す

一　凡そ十七、八日頃より御招請の御内含に付、夫々取調に掛り候事

一　午后御屋敷へ出頭す

五月六日

同月六日　晴

一　午前宮へ出勤す、夫より宮内省へ出頭し、児玉書記官へ近々御洋館御開きに付、皇族、大臣、参議、外国公使、卿、輔、将官、宮内省中書記官へも御招請の思召に付、右洋食内膳課へ御依頼被成度、万事引合の儀相頼置候事

一　児玉書記官へ別けて近々の内見分の儀申入候事

一　長田書記官〔銈太郎〕へ外国公使人名附取調方の儀、早々宮へ書答相成候様依頼致置候事

一　午后御屋敷へ出頭す

神戸御乗船電報来る

五月七日

同月七日　晴

一　午前宮へ出勤す

凡そ十六、七日之内宮内卿始め書記官迄御招請の思召に付、内調被仰付候事

一　本日宮内省集会定日に付参省す、浅田不参也

一　午后御屋敷へ出頭す

一　米熊〔三吉米熊〕午後二時着京す

一　四位公幷に荘原、梶間、午後八時半御帰邸相成候事

五月八日

同月八日　晴

一　午前宮へ出勤す

一　来る十五日午后六時半より宮内卿始め書記官迄御招請の儀御決に付、万事引合として参省す

一　午后御屋敷へ出頭す

御留守中御用向の件々一応荘原へ引合、且預りの鍵目録渡之

一　那須引合、尚明九日夫々桂、倉光より談の筈也

一　交肴　一折

右四位公御着に付出之

一　同　一折

右荘原へ同断

五月九日

同月九日　陰

一　午前宮へ出勤す

一　御招請十九、廿日両日の人員附　宮御方より御渡也

右に付、午前宮内省へ参省の上、各国公使組合の儀、長田書記官へ引合、夫々組合候事

一　午后御屋敷へ出頭す

桂弥一、荘原一同にて那須一件協議之事

五月一〇日

同月十日　雨

一　午前宮へ出勤す

一　十九、廿日両日御招請人員取調伺の上取極め、夫より参省す

一　豊浦産物御取帰之由にて四位公御直書添御持せ也

一　本日は御屋敷不参す

五月一一日

同月十一日　晴

一　午前宮へ出勤す、夫より宮内省集会定日に付参省す、御附中揃也

一　午后御屋敷へ出頭す

一　桂弥一、荘原一同那須一件金額平均収入等協議す

一　四位公御花見被遊候に付、御陪席被仰付候事

五月一二日

同月十二日　晴

一　午前宮へ出勤す、夫より宮内省へ参省す

一　午后御屋敷へ出頭す、本日の御用談別冊に記す

五月一三日

同月十三日　晴

一　桂弥一来宿す、本日住所へ出発之由、尤品川大輔帰京次第出京の談決也、同氏の進退は先金額と現場との都合に依り決す

一　豊永氏へ四位公御着、恐悦且是迄の積る挨拶、尚又河村〔光三カ〕へも伝声を加筆し書面仕出す

一　午前宮へ出勤す、夫より宮内省へ参省の上先般有栖川宮へ各国公使御招きの節楽隊御設の有無児玉書記官へ聞合候処、其節杉二等出仕〔孫七郎〕引受に付尚問合候処無之由答也、右両扶へ答候事

一　午后七時より乃木大佐始め鎮台諸官御招也
右に付本日の処は別に相詰不申て可然ことに申合候事

一　来る十九、廿日、廿二日の儀は、燕尾服にて相詰候ことに談置候事

一　山県参議より菓子一折挨拶として到来す

一　午后御屋敷へ出頭す、別に議なし

五月一四日

同月十四日　晴

一　午前宮へ出勤す、夫より宮内省集会定日に付参省す、藤井、浅香、井関也

一　外国人扱方の儀に付、各宮より伺書差出すことに藤井、三宮〔義胤〕両御附へ談置、右書面藤井下案を認め可申

ことに談置候事
一　三好中将〔重臣〕、平田、オランタ人工兵御雇一名廿日御招き青木へ御招請状仕出可申筈に引合候、尤御雇外国人は長田へ一応聞合青木へ引合す
一　明十五日御招き弥十六名の人員内膳課へ申出置候事
一　十九、廿二の両日万事の都合、前以て取調方長田書記官へ申入置候事
一　両日通報の儀申入置候事
一　三宮家内長田区別の次第引合す
一　十九日に　有栖川三品宮〔有栖川宮威仁親王〕御招の事
一　両日とも巡査二名手当之事
一　席割の事
一　洋和献立取分之事
一　仏国より御雇工兵准少尉ルール御招如何哉の気附長田より申出に付、是は伺の上御決し可然ことに決す
一　又外に大尉内務省へ一名有之由、是も伺の上同断の答に致置候事
一　両日献立下書長田へ相廻候上精書の筈に談有之
一　御屋敷へ不参す

五月一五日

同月十五日　陰　后雨
一　午前より宮へ出勤す
本日は宮内書記官〔児〕玉卿御新築落成に付、午后六時三十分晩餐御招請に付、御陪席被仰付候事相済、十時帰宿す
但小礼服着用す、右御料理向は内膳課へ御頼也
一　本日も御屋敷へは不参す

五月一六日

同月十六日　雨
一　午前宮へ出勤す、夫より宮内省へ出頭す
ナイフ　ホウク　三十人前借用の示談松井へ申入置、追て児玉課長宛にして書面出す筈なり
一　内廷〔膳カ〕課にて三浦へ金色燭台丈け当分借用の都合申入置候事
一　来る十九日御招き人員廿八名人員書受取、直に宮両扶へ相渡す、以上二十九名也
一　席割長田書記官へ引受、是は十九、廿二両日共
一　廿日の分、青木へ席割取調相頼置候事
一　廿日の分、人員相揃次第青木より宮へ廻達の筈也
一　食机十八日迄に相廻候筈なり
一　万事長田書記官へ相頼退出す
一　午后御屋敷へ出頭す

五月一七日

同月十七日　晴　后雨

一 午前御屋敷へ出頭す
一 今般家丁御雇入御門番人の儀相伺候段荘原より談有之、異存無之と答置候事

五月一八日

同月十八日　雨
一 午前宮へ出勤す、夫より宮内省集会定日に付参省す、藤井不参也
一 浅田より伊藤、井上〔馨〕の両大使及西郷参議の帰朝を賀し大宴会に付、宮御方御加入一件談有之
右麻生迄含置候事
一 御招請御用意、夫々引合置候事
一 午后三時より於紅葉館三条公旧友会に付参席す
一 イヨ本日より本郷婦人課病院へ入院の事

五月一九日

同月十九日　陰
一 午前より宮へ出勤す
本日は参議方外国公使等始て御招請なり
一 右に付、御陪食被仰付人名等は家扶局へ詳細也、畢て十一時過帰宿す

五月二〇日

同月二十日　雨
一 午前より宮へ出勤す、夫より宮内省へ出頭し本日御招席割等夫々協議す
一 本日も御日割の通各官外国人等御招に付御陪食す、終て十一時前帰宿す

五月二一日

同月廿一日　晴
一 午前宮へ出勤す、夫より本日宮内省集会定日に付参省す、御附中揃也
一 来る廿三日於延遼館三参議大宴会午后一時より設に付、夫々次第書等相廻り候事
一 右に付　有、小、伏、北の四宮御官職の方にて御出のことに協議し、其次第　宮御方へ上申す、且又児玉書記官より宮へ御次第書を呈す、依て麻生へ相渡す
一 宮御方本日御用召にて東京第一旅団長に御転任也
右に付、御請宮内省へ御直勤の事
一 御達書相添宮内卿へ下官より別段届書差出候事
一 品川、乃木両大佐、少将に昇進に付、右両家へ歓として午后至る
一 午后御屋敷へ出頭す、上々様方へ御伺申上候事
一 荘原より那須林よりの書面に付談合有之
一 品川、乃木の両官へ御贈物のことを議す

一　午后本郷病院イヨへ見舞す

五月二二日

同月廿二日　晴

一　午前宮へ出勤す

本日午后、大臣、参議及ひ各国公使等晩餐御招請に付相詰候事

但右の次第家扶坐へ記載有之、夜十二時前退出す

五月二三日

同月廿三日　晴

一　多田王御方明廿四日より小松宮へ御預り御転住に付、宮内卿へ其段届書差出候事

右の次第児玉書記官へ過日申入置候事

一　交肴　一折宛

右品川、乃木両氏へ昇進歓として進物す

一　午后一時延遼館参集、伊藤、井上、西郷の三参議帰朝を賀する為め、奏任官以上宴会を設立食に付参席す

一　午后五時頃より御屋敷へ出頭す

本日は、四位公御誕辰御祝宴の御当日には御旅中に付て、今日右の御祝被遊、依て御陪席す

五月二四日

同月廿四日　風　陰

一　御屋敷へ昨日の御礼として出頭す

一　乃木氏来宿にて、来る廿六日於紅葉館午後六時より離盃招請の申入有之

一　多田王御方本日より小松宮へ御転住也

一　午后御屋敷へ出頭す

一　品川氏来宿、金談一件也

五月二五日

同月廿五日　陰

一　午前宮へ出勤す

一　宮内省集会定日に付参省す、御附中揃、別に議なし

一　四月分勘定帳於内蔵寮桜井へ出す

一　内膳課へ御挨拶金夫々松井へ引合渡す

一　青木其他へ御挨拶一件、児玉書記官へ協議す

一　金巾　一カマ

右乃木氏熊本出張に付、餞別として持参す

一　午後御屋敷へ出頭す

一　交肴　一折

右林洋三より到来す

五月二六日

同月廿六日　晴

一　賀田氏十三日那覇港より同日着、明日郵船にて八重山島へ赴く積りと申来る
一　午前宮へ出勤す
一　先般御招請に付、夫々長田、三宮始め属官へ御挨拶物の儀、議決す
一　桂少将〔太郎〕へ歓として到る
一　午前御屋敷へ出頭す
昨日乃木より献上の御軸物は、公より御挨拶書面御認可然段協議す
一　乃木老人〔寿子〕暇乞として来宿也
一　午后六時より於紅葉館乃木少将離盃招請に付、参席す

五月二七日

同月廿七日　陰　雨
一　午前宮へ出勤す、別に伺議なし
一　午后御屋敷へ出頭す
一　肴　一折
右栢より米熊へ到来す
一　午后林へ離盃す、栢相招候事

五月二八日

同月廿八日　雨
一　乃木少将本日熊本へ家族一同出立に付暇乞として至る
一　御屋敷へ出頭す
一　午前宮へ出勤す、夫より本日は皇后宮〔昭憲皇太后〕御誕辰に付参賀可仕旨宮内卿より達有之参賀す、午前十時拝謁被仰付終て酒饌下賜候事
但礼服フロックコート着用す
一　本郷病院へ尋問す、本日午后イヨ治療相成、依て下女を遣候事

五月二九日

同月廿九日　晴
一　本日は宮へ不参之段書状為持候事
一　林洋三近々帰豊に付、単物地一反進物す
一　浅野一之へ先般両度煙草到来に付、答礼の書面出す
一　明三十日上野凌雲院より招請致度由、麻生三郎より申来候へとも、少々腹痛に付断り度段答書す
一　午后御屋敷へ出頭す
一　佐野〔善介〕より書面案内の処断り酒二升手紙添為持候事

五月三〇日

同月三十日　晴
一　本日も在宿す
一　午后御屋敷へ出頭す

五月三一日

同月卅一日　風
一　休日に付在宿す
一　御屋敷へ不参す

六月一日

六月一日　雨
一　午前宮へ出勤す、別に伺議事無之、夫より宮内省集会定日に付参省す、尤早め退出に付談合不致候也
一　御屋敷にて四月一日御例祭の処、延引にて本日御祭事に付、午前より参拝として出頭す
　但玉串料定格五拾銭備之

六月二日

同月二日　陰　雨
一　本日宮へは不参す
一　午后よりイヨ病院へ尋問す
一　老母〔小坂かつ子〕へ左之通にして一封
　　進上目録
　一　御小袖　一重
　　代金拾円
　右八十之御寿を奉賀候以上
　　明治十八年
　　　　　　三吉慎蔵
　　　　　慈子
　右目録へ代金相添
　前書の通林洋三氏帰豊に付相頼送候事

六月三日

同月三日　陰　雨
一　午前宮へ出勤す、別に伺の件無之
一　午后御屋敷へ出頭す、別に記事なし

六月四日

同月四日　風
一　林洋三本日出発なり
　右に付被下物御扱等は用達所へ記載の事
一　午前宮へ出勤す、夫より宮内省集会定日に付参省す、藤井、児玉不参也、別に議事なし
一　午后より病院へ尋問す
一　来る九日両毛利御招請の旨御使樋口被差立候事
一　荘原来宿也
　北白川宮より御案内に付、諸事御都合聞合之事

六月五日

同月五日　陰

一　午前宮へ出勤す、別に伺の件議事無之
一　午后より御屋敷へ出頭す、別に談議伺等なし
一　午后水川正亮来宿に付酒肴出す、米熊在宿、栢来る也

六月六日

同月六日　陰
一　午前宮へ出勤す
一　午后御屋敷へ出頭す

六月七日

同月七日　晴
一　本日休暇に付在宿す

六月八日

同月八日　陰　雨
一　午前宮へ出勤す、別に伺議無之
一　本日宮内省集会定日に付参省す、藤井、児玉御附面談不致、別に議事なし
一　午后御屋敷へ出頭す、別に伺議無之
一　日原素輔〔素平、旧長府藩士〕出京に付過日来宿也、右に付、玉子一箱持参し挨拶致候事

六月九日

同月九日　小雨
一　午前宮へ出勤す、別に議なし
一　午后より病院へ尋問す、昨日より少々不出来也

六月一〇日

同月十日　陰
一　午前宮へ出勤す、別段御用向も無之早め退出す
一　荘原氏へ御招請は十五日後相成候段報知す
一　午后御屋敷へ出頭す、那須林和人氏より引合の件々に付、近々荘原出張有之方可然段談決致置候事

六月一一日

同月十一日　陰
一　午前宮へ出勤す、別に伺議なし
一　本日宮内省集会定日に付参省す、藤井、児玉不参也、別に議事無之退出す

六月一二日

同月十二日
一　午前宮へ出勤す
来る十五日
明宮御遊行当宮へ御成の儀、香川少輔〔敬三〕へ御直問被為在、就ては御様子聞合候様御内命に付参省の上児玉

書記官へ承知に入れ、少輔万事の御都合聞合候得共、何分の儀、追て報知の筈に付、退出の上御直に其次第を上申す、且又両扶へも含置候事
一　午后より病院へ尋問す

六月一三日

同月十三日　陰
一　午前宮へ出勤す、夫より参省の上香川少輔へ御成一件聞合候得共御未決に付退出す
一　正午香川少輔より此度の儀は先御見合の旨来書に付請書出し　宮御方へ上申す
一　午后御屋敷へ出頭す

六月一四日

同月十四日　陰
一　本日休暇に付在宿す

六月一五日

同月十五日　陰
一　午前宮へ出勤す
一　来る十七日午后四時より毛利両家を宮へ御招請に付、陪席致候様御沙汰の旨、家扶麻生より承候事
一　本日宮内省集会定日に付参省す、藤井、浅田不参也、別に談議不承候事
一　午后御屋敷へ出頭す
一　荘原家扶那須実地巡回桂弥一へ協議し、出張の件従四位公へ上申し、尚又荘原へ御命令相成候様申上置候事

六月一六日

同月十六日　雨
一　午前宮へ出勤す、別に伺議事等無之退出す
一　午后御屋敷へ出頭す、別に伺議事等無之
一　午后トモを病院へ遣候事
一　河田景与〔左久馬、元老院議官〕氏より、来る十九日紅葉館甲子祭典出席の有無答書の儀書面に付、即刻同官へ挨拶、尚又野辺地〔尚義、紅葉館主幹〕へ参席の儀答書仕出候段、両条とも手紙仕出候事

六月一七日

同月十七日　雨
一　小坂住也より先般林氏へ相頼候送物、夫々落手且送り金等の答礼申来候事
一　午后宮へ出勤す
本日は毛利二位公御二方、同五位公御二方〔毛利元昭、毛利富子〕、四位公、欽麗院様、御奥様〔毛利保子〕、午后四時より宮へ御招請に付、御陪席被仰付候事

六月一八日

同月十八日　陰

一　午後宮へ出勤す、昨日の御礼申上候、別に議事なし

一　本日宮内省集会定日に付参省す、浅田不参なり、別に議無之

一　白絽袴地
右宮内省にて下賜候に付少輔へ御請申出候事

一　午前荘原御家扶来宿、明日より那須へ出張の筈、且又小使規則書協議相決し達の筈也

一　金庫鍵荘原出張中預之

一　午后御屋敷へ出頭す、別に談なし

六月一九日

同月十九日　陰

一　午前宮へ出勤の上桂少将へ照会の次第上申す

一　工部省へ出頭す、中嶋権大書記官〔中島佐衡、工部省営繕課権大書記官〕へ面会の上昨日照会の勘定書面の儀は、本月限り改正に付而は残金悉皆宮へ預り取纏め之筈に談決す

一　午後三時より、紅葉館に於て甲子殉難士の為め祭典執行に付、参席す

一　午后御屋敷へ出頭す

六月二〇日

同月二十日　陰

一　午前宮へ出勤す、別に御用向無之依て早めに退出す

一　午后御屋敷へ出頭す

六月二一日

同月廿一日　陰　風暑強

一　トモ病院へ尋問す

一　明宮一昨日より御不例の次第児玉書記官より報知書有之、宮殿下御参相成候はゝ宜敷段申来折柄今朝より射的へ被為成候に付、其旨上申し下官儀は直に明宮御殿伺として参上す、本日は順々御快方の旨相伺、夫より北白川宮へ参殿上申して退出す

一　日曜休暇也

一　午后御屋敷へ出頭す

六月二二日

同月廿二日　陰

一　午前宮へ出勤す、別に議事なし、夫より明宮御殿へ御機嫌伺として参上す、昨日来追々御快く被為在候との御事也

一　宮内省集会定日に付参省す、御附中揃也

一　本年半季　各宮方より御贈物の儀、総而十七年後半季の振合を以て取計のことに藤井へ協議す
一　大少輔、桜井、河田への分、藤井引受の筈也
一　宮内卿への分、昨冬の通
一　杉氏御習字御挨拶の儀、三宮へ引合候処是迄通り
一　有栖川宮扶従への分、謝儀有之可然との談也
一　杉二等出仕内蔵頭への御贈物を決す
一　午前早めに退出す
一　午后御屋敷へ出頭す、御用談無之退出す

六月二三日

同月廿三日　小雨
一　米熊こと共進会閉場に付本日より暫時取片付加勢として上野へ出る、右に付下谷中徒士町四丁メ四十番地青山方へ止宿の事
一　午前より宮へ出勤す、別に御用向無之退出す
一　午后御屋敷へ出頭す、本日は御上方御不在、別に御用向無之退出す

六月二四日

同月廿四日　晴
一　午前宮へ出勤す、別に議案なし
一　杉氏所労に付見舞として至る、追々快方也
一　本日御屋敷へは不参の段書面出候事

六月二五日

同月廿五日　陰
一　今朝四位公御出にて本日高輪御邸へ随行有無の儀御尋問に付、本日は少々差問に付不日参邸可仕ことに申上候、就ては於鏻様御進退の件、過日荘原御家扶より申上候通是迄の御次第と別に御異儀無之候はゝ、別段に相伺候件も無之、乍去御墓参御前様へ御伺のみ御出京の儀は御都合次第是迄通り御約定の訳に付、当秋来春の内にも御対面御出京丈けは御決し可然段上申す、尤別に御間席無之ことに付、御滞在中は御前様御居間へ御引受可然段、是亦気附申上置候事
一　午前宮へ出勤す、別に伺の件無し
一　宮内省集会定日に付参省す、御附藤井面会不致候事
一　午后御屋敷へ出頭す、御用談無之
一　品川氏へ度々尋問に付挨拶旁至る、御家事向倉光非職等の件、彼是の引合談置候事

六月二六日

同月廿六日　雨
一　午前より宮へ出勤す、后三時より内蔵寮属官掛り桜井、川〔ママ〕田両名帳簿検査として参殿、十六年度調印相済候事

六月二七日

同月廿七日　雨

一　昨日は宮御用向有之、依て御屋敷へは不参す

一　岩間老人〔アサ、岩間之喬の母〕、田村〔儀助〕昨今の内豊浦出発の儀申来候段上申の儀、佐野へ申入置候事

一　午前宮へ出勤す

一　仙台平袴地　一反

一　金　千匹

右久邇宮より是迄　多田王御方積る御挨拶として被下候事

一　桂、野田の両氏より、来る廿九日午后三時より見晴楼に於て宴会招請の段、案内状に付推参可仕段請書即刻仕出候事

一　午后御屋敷へ出頭す、別に伺御用談なし

六月二八日

同月廿八日　陰

一　午前九時より、トモ事御前様へ随行にて勝三郎〔杵屋勝三郎、長唄三味線方〕音曲見物に抵る

一　午前より病院へ尋問す

一　夜御屋敷へ出頭す

六月二九日

同月廿九日　陰　雨

一　午前宮へ出勤す

一　金弐拾五円

御端物料金七円五拾銭

御略御紋付絽羽織地　一反

右本日　宮殿下より思召を以て御直に被下候事

一　家扶始一統へ半季被下物例年の通夫々本日渡之

一　宮内省集会定日に付参省す、御附中相揃、別に議事なし

一　井関より内情の次第相決候段入々承候事

一　本日御屋敷へ不参の段、且昨日の御礼遅々に付可然上申の儀も認め御用達所へ差出候事

一　午后三時より芝金杉見晴楼に於て、桂、野田の両家より招請に付参席す

六月三〇日

同月三十日　雨

一　佐野善介御用談として来宿、左の通

岩間老女、田村着の上暫時仕向之件

右取計方の儀答置候事

一　午前宮へ出勤す

一　梶山鼎介より河上、荘原、乃木、品川へ送達の書状四通

本日配達方佐野へ相渡依頼す
一　午后御屋敷へ出頭す、伺議事等なし

七月一日

七月一日　雨　夕風雨
一　午前宮へ出勤す、別に議事なし
一　午后御屋敷へ出頭す
那須地の御用談林和人より申出、数ヶ条承候事
一　午后トモを病院へ遣す

七月二日

同月二日　晴　風
一　午前宮へ出勤す
一　宮内省集会定日に付参省す、藤井、井関不参なり、別に談議無之
一　昨夜御邸内水損、御茶室等破損の次第、児玉書記官へ申出置候、尚又都合にて内蔵頭へ示談致し可申、就ては又追て相伺可申ことに示談致置候事
一　午后病院へ尋問す、追々快方に付先四日退院の筈也
一　本日御屋敷へ不参す

七月三日

同月三日　晴　后陰
一　午前宮へ出勤す
一　杉内蔵頭、中嶋書記官一同損所見分有之候事
一　児玉書記官同断
一　山内家より家扶日野春草御使として参殿に付面談左の通り
一　御息所先年来御不例の処色々厚く御療養相成、且其后山内家に於て療養相成候得共、全治の御目途も無之恐縮に付不得止御辞し被成度、就而は当節豊範殿〔山内豊範〕県地へ滞在に付、右の段御相談相成候処御同意のことに付、恐入候得共御使を以て此段申上候間、宜様上申の儀万事取計呉候様にと、同人より口上申込に付、其旨早速宮殿下へ上申致し、何分御答の儀は是より可申入と答置候事
右御口上の次第　宮殿下へ上申す、不得止次第に付其意に可致、乍去宮内省へ得と夫々引合候上、追て答に可及旨御沙汰也
一　宮内省へ参省の上、杉二等出仕前段より引合も有之候に付、山内家より御使申入の次第、万事取計方の儀示談致候処、右は追て何分の都合申合の上照会可致とのことに付、夫迄は山内家へ御答差控可申事にして退出す
一　杉内蔵頭より本日見分に相成候損所の儀は、内匠課へ一応見分為致可申とのことに付、何分実地可然依頼し退出候事

一　右退出掛け山尾氏〔庸三〕より来る十三日午前九時コントル〔ジョサイア・コンドル（Josiah Conder）〕氏一同参殿可致との談有之

一　野田時敏〔陸軍中佐〕本日午前一時急死の段為知に付、悔として至る又桂氏へも同断

一　梶山鼎介氏へ本月一日付にして凡六月迄の事情郵便書状出す

一　午后御屋敷へ出頭す、別に御用談無之退出す

七月四日

同月四日　陰

一　午前宮へ出勤す、別に伺の件なし

一　午后御屋敷へ出頭す

一　本日家内退院に付万事引合として栢貞香へ依頼し、下女ハナ相添迎として一時より出、四時過帰宅、異状無之

七月五日

同月五日　陰　小雨

一　野田時敏本日午后一時出棺、青山墓地へ埋葬に付会葬す、但玉串料持参の事

一　御屋敷へは不参す

七月六日

同月六日　雨

一　午前宮へ出勤す、別に伺等無之

一　宮内省集会定日に付参省す、藤井、井関不参なり、別に議なし

一　午后御屋敷へ出頭す

一　交肴　一折
右四位公始め上々様方より退院を御祝しイヨへ被下候に付御礼上申す、且荘原へも御礼申出置候事

一　御用談別に議問なし

七月七日

同月七日　陰

一　午前宮へ出勤す

一　拝借金増額の儀、伊藤宮内卿へ御内話の都合御尋問に付、夫々見込の次第上申す

一　午后御屋敷へ出頭す

一　倉光三郎本日より御雇入相成候事

一　岩間老人御扱振の儀、先当分客席の都合に取計方如何哉と答置候事

一　品川氏見舞として来宿也

一　鶏卵　一筥
右退院に付阿曽沼家内〔鹿、阿曽沼次郎の妻〕持参也

七月八日

同月八日　陰

一　午前宮へ出勤す、伺の件なし、崖損所縄張の都合見分す

一　御屋敷へ出頭す、別に御用談も無之

七月九日

同月九日　陰

一　午前四位公被為成、右は御奥向万事心得方の儀御依頼相成候事

一　宮へ出勤す、別に伺の件無之、夫より宮内省集会定日に付参省す、藤井、井関不参、議事なし

一　交肴　一折
　右栢より退院の歓として到来す

一　午后御屋敷へ出頭す

一　三嶋任三郎へ明日医師診察として御遣の儀伺済也

一　午后四位公家扶部屋落成に付御見分相成、荘原居住の旨御直命也

七月一〇日

同月十日　雨

一　午前杉内蔵頭宅へ至る
　御息所一件、先般御使の旨一応の御答御附より可致とも次第左の通

一　先般御使の趣不得止次第に付、宮殿下御承知に相成候、乍去御発表の儀は追て宮内省引合済の上是より又々可申入、且差向御不自由にも可被為在、就ては御道具類追々不目立様御引渡可申と申入候様、御附参邸にて可申出との授也

一　聖上へは杉二等出仕より奏上の由也

一　宮へ出勤す、宮殿下へ御直に過刻杉より御息所御引合御答の儀夫々上申し、明十一日山内家へ参邸の上可申入段上申す、別に思召不被為在候事
　右の次第両扶へ心得迄に談置候事

一　御祈禱札供物　一箱
　右上野春性院より家内病気に付持参也

七月一一日

同月十一日　小雨

一　午前宮へ出勤す、十時山内家へ御使として参邸左の通

一　先般御申入の儀、宮殿下不得止御次第に付御承知被遊候得共、万事宮内省へ御引合も可被為在訳に付、弥御発表の儀は追て又々是より可被仰遣旨御沙汰に付、此段可申入と山内家扶へ申入候、且又御道具類御不自由の分も有之候はゝ、不目立様追々御照会次第御渡し可相成旨をも添て申入置候、右は同家御家扶日野春草へ面談なり

一　来る十四日午后四時、山王星ヶ岡に於て晩餐進呈可致段案内状県令木梨精一郎氏〔長野県令〕へ為持候処、同日差支無之承諾の段答書来る
一　午后御屋敷へ出頭す、用達所詰合無之、別に御用向も無之に付退出す
一　東条頼介来宿にて今般梨本宮御附拝命の段且頼旁申入なり

七月一二日

同月十二日　陰
一　休暇に付在宿す
一　荘原氏来宿にて、本日より新築家扶部屋へ転居の段、吹聴の事

七月一三日

同月十三日　陰
一　午前宮へ出勤す
一　本日宮内省集会定日に付参省す、御附中揃なり、尤別に議なし
一　六月中勘定帳内蔵寮にて桜井へ差出候事
一　三嶋任三郎病中見舞として葛一筥染井へ持参す
一　山内家より御使の次第且又右に付、下官山内家へ御使参邸の次第三条公へ　宮よりの御口上書を以て御直に午后上申す、尚向后御順序の儀は追て可申入段申上置退出す
一　本日於内蔵寮十七年度蓄金書面、児玉見留を受け、桜井へ差出候事
一　四位公本日御用召にて勲三等御受与に付、恐悦として御屋敷へ出頭す
一　午后六時より勲章御拝授の御内祝に付、御屋敷へ御招に依て出頭す、品川少将其他は御内輪限也
一　御旧臣中へ御通知可然ことに荘原へ答置候事

七月一四日

同月十四日　陰
一　午前宮へ出勤、夫より御屋敷へ昨日の御礼出頭す
一　午后四時より星岡茶寮にて木梨県令、勧業課長吉松〔集躬〕、水川、中西〔政人、長野県兵事課長〕を招請す、中西差掛り御用支に付出席断り也、右米熊一同引受、夜十一時帰宿之事

七月一五日

同月十五日　陰
一　午前宮へ出勤す、別に伺の件無之
一　午后高輪様へ御伺として出頭、御奥様へ拝謁す、於鏻様御進退一件御噂に付兼て協議の通り上申す
一　於暢様御約定一件の儀御決答の儀は、今少し御当人様御

一　年頃迄御見合可然ことに申上置候事
一　御屋敷へ出頭す、別に御用談なし
一　夜中、栢、弘中、岡本〔高介カ〕の三名へ晩餐出候事
一　岡本明十六日より帰豊に付、浴衣地一反進物す
一　栢俊雄方男子出生に付、切れ地相送候事
一　袴地　一着
　　右栢貞香へ進物

七月一六日

同月十六日　陰　小雨
一　午前宮へ出勤す
一　本日宮内省集会定日に付参省す、御附中揃也
一　楠公〔楠木正成〕五百五拾年祭に付、金千匹御備へのことに御附中議決候事
一　午后小笠原〔武英〕、福原〔実〕へ尋問す、且品川へ過日の挨拶旁至る
一　御屋敷へ出頭す、別に御用談議無之退出す

七月一七日

同月十七日　陰
一　午前九時宮内書記官より面談致度との書面到来に付同刻参省す、児玉書記官より今般山口、広島、岡山地方へ御巡幸御供奉の儀御内意に付、其旨上申可致段達の事
一　右宮へ出勤の上御直に上申し、尚家扶へも内達の事
一　金千匹
　　右楠公五百五十年祭に付御備の儀、家扶へ申聞置候事
一　午后御屋敷へ出頭す、別に議事なし

七月一八日

同月十八日　陰
一　午前宮へ出勤す、夫より宮内省へ参省し、田辺書記官〔新七郎〕へ御供奉御内意の御請の儀申出候事

七月一九日

同月十九日　陰
一　午前御屋敷へ出頭す、別に伺御用談無之退出す
一　午后四時より品川少将の招に依り参席す、此日四位公始め上々様方御招請なり

七月二〇日

同月二十日　陰
一　午前宮へ出勤す、夫より宮内省集会定日に付参省す、御附中揃也、別に議なし
一　宮殿下本日午前五時発汽車にて高崎へ御出張也
一　午后御屋敷へ出頭す
一　三嶌任三郎儀本日より入院の事

七月二一日

同月廿一日　陰　后晴

一　午前宮へ出勤す、別に御用談無之退出す

一　小笠原へ昇進歓として至る

一　品川少将へ過日招に預り候挨拶として到る

一　午后五時より四位公始め荘原方へ御招請申上、依て招に預り御陪席す、品川氏同断の事

七月二二日

同月廿二日　晴

一　午前十一時迄に　宮殿下御帰京の段、電報書面書状より申出候事

一　午前宮へ出勤す、本日御帰殿に付終日相詰候処、午後六時半御帰相成候事

一　御屋敷へ不参す

七月二三日

同月廿三日　雨

一　午前宮へ出勤す、夫より宮内省集会定日に付参省す、別に議なし

一　午后御用向に付参殿の儀、宮家扶より申来即刻参殿す

一　吉田周利を相頼み診察を請る

一　午后御屋敷へ出頭す、御用談無之

一　荘原へ招に預り候挨拶として抵る

七月二四日

同月廿四日　晴

一　午前宮へ出勤す、本日は別に伺の件無之退出す

一　正午麻見書記官より至急出願云々書面を以て申来、直に宮内省へ参省す

七月二五日

同月廿五日　晴

一　本日は午后迄宮へ相詰御用の都合相伺候て退出す

一　午后御屋敷へ出頭す

一　四位公暑中御尋として御来車、鰹一箇頂戴す、右の御礼申上候事

一　四位公へ色々気附の件上申す

一　御用達所の方別に御用談無之退出す

一　小笠原氏挨拶旁として来宿也

七月二六日

同月廿六日　陰　風少々

七月二七日

同月廿七日　晴

一　午前宮へ出勤す、別に議なし、夫より宮内省集会定日に
付参省す、御附中揃なり

一　阿曽沼氏男子出生に付、左の通

水性
正治
明治十八年七月廿五日生

右の通名称認め為持候事

一　衣服地　一着

一　交肴　一折

右祝として相添為持候事

一　吉田氏診察として来宿也

七月二八日

同月廿八日　小雨　昼晴

一　午前宮へ出覲す、昨午后七時十分御着船の旨電報有之、
本日は別に御用向無之退出す

一　午前御屋敷へ出頭す、別に伺等無之

七月二九日

同月廿九日　陰

一　本日は在宿の儀宮へ申出候事

一　午前御屋敷へ出頭す、別に議事等無之退出す

一　午后四時より於見晴亭米熊離盃、積る答礼として左の通
招請す

品川、阿曽沼、賀田家内、荘原家内、石津夫婦、弘中、
諸葛〔小弥太〕、於コウ、於セイ、内輪四人也

但栢差支に付断り之事

七月三〇日

同月三十日　晴

一　午前宮へ出勤す、別に談議無之夫より宮内省集会定日に
付参省す、藤井、浅田不参也、別に議なし

一　吉田氏来診の事

一　午后五時より於売茶亭、伏見宮御附浅田進五郎洋行に付
離杯、御附中相設候事

七月三一日

同月卅一日　陰　后晴風少々

一　林和人出京の由にて来宿、菓子一箱持参也

一　午前宮へ出勤す

八月一日

同月一日　晴

一　本日宮へ不参の儀書面を以て申出候事
一　午前御屋敷へ出頭す
一　来る三日四時より、木梨県令参邸可致段四位公へ御直に上申す、別に議事なし
一　午后五時より米熊宴会、荘原、阿曽沼、諸葛、清水、栢、水川、於ミサ、於ケイ、森本、於セイ、於コウ、臼杵トモ来宿の事

八月二日

同月二日　晴
一　午前四時米熊出発、長野県へ帰県す、臼杵氏を同行也
一　桂弥一出京来宿也
一　午前九時過より御屋敷へ出頭す、桂、林、荘原一同に那須事業の件々協議之事

八月三日

同月三日　陰
一　午前宮へ出勤す
一　宮内省集会定日に付参省す、御附中揃、別に議なし
一　桂弥一来宿、色々那須地の儀協議す、且又同氏の進退一件見込答候、尚品川大輔の見込同一也

八月四日

同月四日　雨
一　午前吉田氏参り診察を請、両三日外出用捨可致由に付、宮へ出頭し家扶世続へ右の次第に付万事頼置候事
一　来る六日伏見宮へ御招請に付御請書差出候得共、医師吉田より用捨可致段申聞候に付、其辺を以て同宮へ断り書面仕出方の儀、世続へ相頼置候事
一　不快に付御屋敷へ不参す

八月五日

同月五日　大雨
一　不快に付在宿す
一　吉田氏来診の事
一　荘原見舞として来宿也
一　明六日宮内省集会定日の処、不快に付不参之儀を本日各宮御附中宛にして書面仕出取計の儀、両扶へ依頼状持せ候事
一　阿曽沼、栢来宿也

八月六日

同月六日　小雨　風
一　宮内省集会不参の段引合済也
一　中嶋書記官より概算表為持候事
一　伏見宮御附浅田進五郎より書面左之通

拝啓弥御安康奉賀候、扨者小生儀只今宮内省へ出頭候処、別紙の御達書貴官の御代理にて受取候に付、則御廻し申進候間、御落手可被下候、早々頓首

八月六日　浅田進五郎

三吉慎蔵殿

答

拝啓、陳者別紙宮内省より之御達書御廻し相成、正に落手仕候、右に付、早速参殿万々可相伺処、過日来所労に付、乍略儀書中を以御請申上候也

八月六日　三吉慎蔵

浅田進五郎殿

御達書控

北白川宮御附
三吉慎蔵

伏見宮御附浅田進五郎不在中伏見宮御附兼勤被仰付候事

明治十八年八月六日　宮内省

右兼勤の儀、北白川宮家扶へ宛て宮内省よりも達有之

一　品川、桂、世続見舞として来宿也

一　御屋敷始め近辺諸所へ家内全快に付赤飯配候事

一　阿曽沼氏明日より出張に付、家内暇乞として遣す

一　水川氏見舞として来宿也

一　賀田貞一午後帰京に付、来宿也

一　米熊より三日着県の段報知書来る

八月七日

同月七日　風

一　桂弥一本日出立に付、暇乞として来宿也

一　同氏身上進退一件の儀は、品川大輔へ事情慎蔵より発言可致ことに談決す

一　吉田氏来診の事

一　臼杵ナミ女見舞として来宿也

一　岩井泉三見舞として白砂糖一筥持参也

一　佐野善介見舞として来宿なり

一　荘原老人同断

八月八日

同月八日　晴

一　品川、荘原両氏来宿也

一　品川氏より熊太郎〔三嶋熊太郎〕へ昨夜電報有之候由、色々談合す

一　三島へ被下金の儀、荘原より示談に付、不取敢金百円御手元より思召の旨を以て御家扶御使如何哉と気附答置、尚万事伺の上取計方可然段申添置候事

一　病院へ暫時岡本熊雄加勢の儀協議す

一　伏見宮へ参殿す、右は　同宮御洋行に付御附不在中御附兼勤被仰付候に付右御吹聴、尚御留守中の儀伺旁出頭の段家扶津田〔宗元〕へ申入候処、　宮御方御逢被仰付候、且又過日以来所労に付明日横浜迄の御送り之儀御断り申上置候事

一　浅田御附へ於御邸内面会し御留守中の儀尋問す、別に引合も無之万事津田へ引合の由に付廉々申出候はゝ、差図依頼との談也

八月九日

同月九日　晴

一　伏見宮本日午前七時別仕立汽車へ御乗御洋行、土方書記官長〔久元、内閣書記官長〕幷に浅田御附同断に付、御見送として新橋迄至る

一　本日より伏見宮の記事は附録として別に在り〔下巻五七九〜六〇八頁に収録〕

一　昨午后荘原氏病院三島へ御使思召を以て金百円被下、且岡本熊雄儀暫時病人心添として被差遣候事

一　梶山少佐より七月廿二日出状本日着、相変儀なし

一　三嶋両人着京の由、荘原より伝達の事

八月一〇日

同月十日　晴

一　午前宮へ出勤す、別に相変儀無之、御出先家従山本より宮殿下御機嫌克御供奉の段報知有之

一　本日宮内省集会定日に付参省す、御附追々退出に付、藤井へ面会す

八月一一日

同月十一日　晴

一　午前病院、三嶌へ尋問す

一　北白川宮へ出勤す

聖上本日午前十時御発艦、明十二日午后三時三十分横浜へ御着艦之旨、宮内卿より電報有之候段、同省より申来候事

右に付、十二日午后三時迄に新橋へ御馬車相廻候様、式部職より申来候事

一　聖上奉迎御沙汰の都合次第にて新橋へ　宮御迎へ申上候ことに家扶〔山本辰之助カ〕へ申合置候事

一　当宮御迎として両名横浜へ出張の筈に談決す

一　午后御屋敷へ出頭す、別に伺御用談無之

一　宮内省より左の通御達

　明十二日

　還幸に付午后四時フロックコート着用正門外に於て奉迎且当日より三日間に

皇居へ参賀可有之此段及御通達候也
十八年八月十一日　式部職
正七位三吉慎蔵殿

一　イヨ入院中尋問の挨拶として諸所へ赤飯配相済む

八月一二日

同月十二日　晴

一　午前宮へ出勤す

一　午后四時
聖上還幸に付、宮内省へ参省の上正門外にて奉迎、直に宮内省にて参賀申上退出す、右四時三十分也

一　宮殿下御供奉にて御帰京に付、直に御殿にて御迎へ申上、六時過き退出す

一　御屋敷へは不参す

八月一三日

同月十三日　陰　夜雨

一　三嶋盛二、同熊太郎来宿也

一　吉田氏来診の事

一　伊藤宮内卿、杉内蔵頭の両官へ着歓として至る

一　午前北白川、伏見両宮へ出勤、夫より宮内省集会定日に付参省す、藤井不参也

一　本日は御屋敷へは不参す

八月一四日

同月十四日　晴

一　午前宮へ出勤す

一　御帰京に付、御祝酒料金三百匹被下候事

一　岩国縮　一反
右御取帰品被下候事

一　宮殿下持参
内被為在候事

一　木梨県令暇乞として来宿也

一　午后御屋敷へ出頭、上々様方へ渡伺申上候、外に御用談も無之退出す

八月一五日

同月十五日　陰

一　午前九時前宮へ出勤す、別に議事なし

一　御屋敷へは不参す

八月一六日

同月十六日　晴

一　本日休暇に付在宿す

八月一七日

同月十七日　晴
一　午前宮へ出勤す
一　先般西京より御取帰品
　御内儀へ御直に御献上の思召に付、其段心得迄に御直に
　被仰聞候事
一　麻生三郎是迄功労も有之、近々家扶本役の儀、児玉書記
　官へ談合す
　右見込の通可然との談決也、就ては世続是迄の通にて麻
　生次席のこと
一　宮内省集会定日に付参省す、御附中相揃、別に議無之、
　尤　各宮方御人別届書一件に付下案を以て申合、追て伺
　書差出す筈に決す
一　御屋敷へは保養中に付不参す

八月一八日

同月十八日　晴　夜雷
一　三嶋氏昨夜より別而差重り候様子に付、荘原より早朝通
　知有之、依て病院へ尋問す
一　午前宮へ出勤す、伺の件なし
一　伏見宮御用向別冊に記す
一　午前御屋敷へ出頭し、上々様方へ御機嫌相伺候事
一　三嶋へ御尋の次第、先般被下物尚亦御直問も有之候に付、
　病人へは御仕向無之候て家族共へ御菓子類にても被下候
　事

　方可然ことに上申し、御家扶へも気附申入置候事

八月一九日

同月十九日　陰　夜雨
一　本日は在宿の儀、北白川宮家扶宛の書面仕出候事
一　吉田氏来診也
一　御屋敷へは不参す

八月二〇日

同月二十日　陰
一　午前宮へ出勤す
一　宮内省集会定日に付参省す、御附中揃也
一　午后小笠原氏来宿にて故大佐〔福原和勝〕祭事一件の儀
　色々示談、且福原老人居所等のことなり
一　肴　二尾　ヱヒ
　右四位公御到来品の由にて思召を以て御配分、梶間艦次
　郎御使として持参の事

八月二一日

同月廿一日　陰　后晴
一　午前宮へ出勤す
一　御屋敷へ出頭す、昨日御使を以て御肴被下候御礼申上候

八月二二日

同月廿二日　晴

一　三嶋任三郎今午前三時死去の由、今朝荘原氏より通知有之

一　午前宮へ出勤す、別に議事御用向無之退出す

一　午后三島氏悔として芝新堀町三十一番地田代郁彦方へ尋問す

八月二三日

同月廿三日　晴

一　午前七時三嶋氏遺骸田代方より出棺、山内広教院にて葬式に付会葬す、香料と生花一対を備ふ

一　午前御屋敷へ出頭す

御家政向一層御注意被為在度件々上申す

一　午后福原故大佐墓へ

御巡幸の節特旨を以て祭典被仰付候に付、於当地本日内祭有之、福原より案内に付玉串料持参拝礼す、品川少将、下村〔修介〕、荘原、田中参席也、四位公御参拝被為在候事

一　午后より於暢様被為成候に付晩餐を呈上す

八月二四日

同月廿四日　晴

一　午前宮へ出勤す、別に伺議事なし

一　本日宮内省集会定日に付参省す、御附中揃、議事無之

一　明二十五日午前十時御用有之参省可致段和田より通知の事

一　豊永氏へ三嶋死去悔状仕出す

八月二五日

同月廿五日　晴

一　午前十時宮内省へ呼出に付参省す

一　金五百円

右は先般

御巡幸御供奉に付宮へ御慰労として賜候由御渡相成候に付、一応の御請申出置退出す

右宮御方へ御達の旨上申し御金は家扶へ相渡候事

一　午后御屋敷へ出頭す

四位公へ染井御小児様方御教育等の儀、三島病気に付荘原心得候様先般被仰聞置候処、三嶌死去に付ては尚亦御家扶万事相心得、時々染井へ参邸の都合御直達相成候様、入々申上置候事

一　染井詰佐竹、岡本両人の儀御用弁の訳に付、万事荘原御家扶へ承合候様通達の儀も添て申上置候事

一　後役等の儀、御勘考被為在候様、是又上申す

八月二六日

同月廿六日　晴

一　午前宮へ出勤す

一　午后御屋敷へ出頭す

一　四位公へ御直に御家政向御改正後実行の有無相伺候て、向後如何思召候哉の儀上申候処、右は一先御家扶へ御尋問のことに御決し、其上又々御集会の思召也

八月二七日

同月廿七日　晴

一　午前宮へ出勤す、別に議伺の件なし

一　宮内省集会定日に付参省す、藤井他行に付不参也

一　七月中勘定帳内蔵寮へ差出候事

一　本日は御屋敷へ不参す

八月二八日

同月廿八日　晴

一　午前宮へ出勤す

一　午後御屋敷へ出頭す

一　四位公へ御制度一件御尋問之儀相伺候処、未た無之由御答に付、右御尋問後御集会被為在度、就ては来月一日頃の儀上申す

一　三嶋家内来宿の事

一　宮御召仕イネ〔岩浪稲子〕儀、午后六時四十五分分娩、御男子〔延久王、北白川宮能久親王第二王子〕御出生の段家扶より来書に付、即刻参殿恐悦申上候事

八月二九日

同月廿九日　晴

一　宮へ出勤す

一　縮緬　一反　茶菓

右三嶋熊太郎持参、積る挨拶の由申置候事

一　倉光老人夜中来宿也

右は染井へ滞在の処、追々家族中都合相成候に付、那須地へ参り度由示談に付、可然ことに答置候事

八月三〇日

同月三十日　晴

一　午前宮へ出勤す

一　御誕生様御名附の儀、杉へ御頼相成度段被仰聞候事

右両扶へ談置候、且又御内報の儀は夫々取計可然ことに談置候事

一　杉氏へ出頭の上本日上申の次第、尚又別段参殿無之様申出置候事

一　御誕生様御名附の儀相頼置退出す

一　麻生三郎家扶上申之件含迄に申入置候事
一　午后御屋敷へ出頭す、四位公御不在也、別に伺御用談等
無之退出す

八月三一日

同月卅一日　晴　后陰小雨
一　午前宮へ出勤す、別に伺議なし
一　本日宮内省集会定日に付参省す、藤井不在也
北白川宮家従
麻生三郎
右者今般家扶御申付相成度此段致上申候也
北白川宮御附
明治十八年八月卅一日　三吉慎蔵　印
宮内卿伯爵伊藤博文殿
一　御出生御方御名附杉二等出仕に就き申入置候処
延久《ノブヒサ》
右の通本日午前杉氏持参相成候に付、宮殿下へ相伺候処、
可然段被仰聞候事
一　御名は　宮殿下御直筆にて七日目に御渡し相成候様上申
し、尚家扶へも含置候事
一　宮内卿より達に付左の通
本日
明宮御誕辰に付午前同御殿へ参賀す、拝謁被仰聞終て御
祝酒下賜候事
但礼服着用尤フロックコート也

九月一日

九月一日　小雨　陰
一　午前宮へ出勤す
一　麻生三郎北白川宮家扶指令書、左の通
麻生三郎北白川宮家扶申付候指令書一通、九月一日附
を以て御廻申候条本人へ御達済の上、受書御差廻有之
度、此段申入候也
明治十八年八月卅一日　宮内書記官
北白川宮御附
三吉慎蔵殿
北白川宮家従
麻生三郎
北白川宮家扶申付候事
明治十八年九月一日　宮内省
右宮御殿にて麻生三郎へ相渡候事
一　受書の儀は、参省にて相認可然ことに談置候事
一　宮御方へ上申し且当人へ受書相済候は丶、吹聴の儀は当
人より有之度段申添置候事
一　午后御屋敷へ出頭す

四位公へ御家政向色々申上候事

九月二日

同月二日　陰
一　麻生三郎昨日家扶拝命に付来宿也
一　午前宮へ出勤す
一　鯉　一尾　小鯵　一折
右御誕生に付、恐悦として宮へ献上す
一　先般　宮御戸籍御身上に関候儀は、宮内省より其向へ通知相成度、就ては届書以来宮内省へ差出可申段伺書面、各宮方御附連印を以て差出候処、昨日左の通
伺之通
一　午后五時より、御屋敷に於て品川氏及御家扶一同集会に付、参席す
一　三嶋後任御附役人撰の事
一　御家政向御改正後実行の有無、向後見込のこと四位公より御問題に付、右は尚申合愚考可申上段御答申上候、且又色々人物談合す、終て御晩餐頂戴し退出す

九月三日

同月三日　小雨　陰
一　午前宮へ出勤す
一　御誕生様御名附左の通
延久王
右に付、金千匹御祝酒料、赤蒸一重、鰹一箱、本日御七夜に付被下候事
一　本日は御屋敷へ不参す

九月四日

同月四日　陰
一　午前宮へ出勤す
昨日御誕生様御祝被下候御請申出候事
一　右退出掛け御屋敷へ出頭す、別に議事伺等無之
一　米熊より来書、過る卅一日六等属昇進の報知、且又当節巡回小県郡滞在之由申来る
右昇進に付、阿曽沼氏始め諸家へ報知の儀加筆也
一　右に付、本日出張先へ宛て歓状且衣服調製に付、留守水川氏迄差送可申積りの旨申遣す

九月五日

同月五日　晴
一　午前宮へ出勤す

九月六日

同月六日　晴　少し陰
一　吉田氏来診の事

一　休日に付御屋敷へ不参す

九月七日

同月七日　陰
一　午前宮へ出勤す、別に議事なし
一　宮内省集会定日に付参省す、御附中揃なり
一　御屋敷へは不参す
一　栢老人本日午前着京也

九月八日

同月八日　晴
一　午前宮へ出勤す、夫より工部省へ出頭し中嶋書記官へ面会にて、御茶室の儀は往掛りを以て右修繕概算表調製方の儀依頼す
一　御屋敷へ出頭の上、四位公へ鳥山〔重信〕出京に付外席御同伴の儀品川氏申合の次第、上申す
一　鳥山氏下宿丸善へ至る、面会の上夫々挨拶、尚又到来物真綿一包の答礼申入候事
一　御家政向三嶌後役等の儀を談す

九月九日

同月九日　晴
一　午前宮へ出勤す、別に議事無之退出す
一　午后御屋敷へ出頭す、別に御用談なし
一　林和人出京、今般増給吹聴として来宿也
一　清国在勤梶山鼎介氏へ受書、且又八月迄の事情郵便状十日附にして出す

九月一〇日

同月十日　晴
一　午前宮へ出勤す
一　宮御方一日御延引十六日御帰京の旨電報有之
一　宮内省集会定日に付参省す、藤井不参也
一　吉田氏来診の事

九月一一日

同月十一日　陰　后晴
一　午前宮へ出勤す、別に議事無之退出す
一　午后御屋敷へ出頭す

九月一二日

同月十二日　晴
一　午前宮へ出勤す、栢、荘原老人両名御殿拝見為致、夫より日枝神社へ同行す
一　午后御屋敷へ出頭す、昨夜御分配御肴の御礼申上候事

九月一三日

同月十三日　昨夜半より大雨

一　休日に付在宿す

九月一四日

同月十四日　晴

一　午前宮へ出勤す、別に御出張先より御到来無之其他議事も無之

一　宮内省集会定日に付参省す、藤井、武田不参也

一　午后御屋敷へ出頭す、御用談無之上々様方へ御伺申上候事

九月一五日

同月十五日　晴

一　午前宮へ出勤す、夫より宮内省へ出頭す

一　午后御屋敷へ出頭す

九月一六日

同月十六日　陰

一　午后八時前宮へ出勤す、宮御方十時前御帰殿に付、御洋館外にて御迎申上、御機嫌相伺直に退出す

九月一七日

同月十七日　陰　夕晴

一　午前宮へ出勤す

一　宮内省集会定日に付参省す、藤井、武田不参也

一　午后四時より御屋敷へ出頭す、品川、荘原一同御家事向に付、談議の事

九月一八日

同月十八日　雨

一　午前宮へ出勤す
宮御方昨日御参　内被為在候とのこと也

九月一九日

同月十九日　晴　風少々

一　午前宮へ出勤す

一　越ノ雪　一箱　御祝酒料金　二百匹
右御取帰り御祝として宮より本日被下候事

一　午後御屋敷へ出頭す、上々様へ拝謁す

九月二〇日

同月二十日　晴

一　休日に付在宿す

一　午前御屋敷へ出頭、直に退出す

九月二一日

同月廿一日　晴
一　午前宮へ出勤す、別に伺議事なし
一　宮内省集会定日に付参省す
一　午后四時より見晴楼に於て鳥山氏相招き、依て品川氏、賀田於ミサ、栢老人家内中一同酒宴十時過帰宿す
一　栢俊雄より来書、相変る儀無之且又老人滞京依頼等の件なり

九月二二日

同月廿二日　晴
一　午前宮へ出勤す、別に伺の件無之
一　午后三嶋へ参拝として至る
一　三嶋家内明日出発帰豊に付、絹裏地一反進物す
一　午后御屋敷へ出頭す、別に御用談無之退出す

九月二三日

同月廿三日　雨
一　式部職より左の通
　来る廿三日秋季皇霊祭に付大礼服着用午前十時参拝可有之此段及御通知候也
　十八年九月十七日　式部職
　正七位三吉慎蔵殿
右御達の処、本日所労に付不参す
一　荘原氏来宿にて御伝役渡辺渡御人撰御決に付、内聞取計可致とのこと也
一　馬関にて豊永家御用達所御借入の処御廃しに付、是迄金二千円右に付御貸付の儀返上出願の処、一応申出通りにして、更に豊浦に於て当分御用弁の為め右金員御貸渡被仰付候都合に相成如何哉の段示談に付、異存無之段答置候事
一　三嶌老人暇乞として来宿の事
一　午后賀田氏より招請に付家族中至る

九月二四日

同月廿四日　晴
一　午前宮へ出勤す、別に伺の件なし
一　宮内省集会定日に付参省す、御附中申合浅香離杯のことを談す、尤東条不参に付未決也
一　八月中勘定帳、児玉書記官へ引合の上、内蔵寮へ出す
一　吉田来診也

九月二五日

同月廿五日　陰
一　午前杉氏宅へ到る、同官より来る十日頃当宮へ

一　行幸の御内意に付、其旨上申可致とのこと也
一　宮へ出勤の上御直に御内意之旨を上申す、右に付参省之上御答可申出筈に相伺候事
一　右御内請香川、杉の両官へ可申出筈に伺定候事
一　宮内省出頭の上、杉、香川の両官へ御請の儀申出候事
一　宮御方御参省に付、御直に右両官へも被仰入候事
一　来十月九日行幸之旨御決の段、香川少輔より内達に付宮御方へ上申す
一　御屋敷へ出頭す

九月二六日

同月廿六日　小雨
一　午前宮へ出勤す
一　行幸御内意に付御用意取調の儀、児玉書記官へ申談、現場見込の次第上申仕、夫々御決定相成如何哉の段宮御方へ相伺候処、気附の通被仰付候事
一　右に付、宮内省へ参省の上、児玉書記官へ示談候処、明後廿八日宮へ参殿の筈に付退出す
一　右退出掛け亦宮へ出勤し、家扶麻生へ前条の次第申入置候事

九月二七日

同月廿七日　晴
一　午前御屋敷へ出頭す、別に御用談なし
一　午時より竹沢藤治〔曲独楽師〕コマ見物として、栢老人、品川、賀田両小児、イヨ一同至り五時過帰る

九月二八日

同月廿八日　陰
一　午前宮へ出勤す、夫より宮内省集会定日に付参省す、藤井不参也、別に議事なし
一　行幸に付万事取調として児玉書記官一同正午宮へ参集す、右に付諸課より一名宛出張、内膳松井、内邸中野、調度斎藤也、林同断之事
一　御洋館内外香川拝借邸とも御用意、夫々見分致し五時過き退出す

九月二九日

同月廿九日　晴
一　午前宮へ出勤す、夫より宮内省へ参省し、児玉書記官へ御用意一件示談す
一　両皇后陛下行啓の儀は、別日に御頼相成候様にとのことに付、宮御方へ上申し又相伺、翌日別日に御願の儀御決の事
一　内匠課より係り官太田、宮へ出張に付、現場夫々引合置

候事

一　午后五時より御屋敷へ出頭す、品川、荘原一同に御家政向の議協議し、書面を以て気附上申のことに談決す

九月三〇日

同月三十日　晴

一　午前七時杉氏へ抵る、右

聖上行幸翌日　行啓の儀御願相成度段申出候事

一　宮へ出勤す

行啓御願之儀は

皇太后宮御断り之節は

皇后宮のみ御願相成候哉の段相伺候処、伺の通申出候様被仰聞候に付、直に宮内省へ参省の上

皇后宮行啓の儀、香川大夫迄申出候事

一　両皇后宮翌日御願之通

行啓被為在候段児玉書記官を以て御内達也

一　右に付、林、米井へ含置、尚追て引合の筈にして退出す

一　宮へ復た出勤す、御留守中に付麻生へ談置、尚午后参殿可致筈に申置候事

一　吉田来診の事

一　午后六時より京都府知事〔北垣国道〕、広島県令〔千田貞暁〕、山口県令〔原保太郎〕、児玉書記官を晩餐洋食にて御招に付御相伴参席す

但岡山県令〔千坂高雅〕は断り也

一〇月一日

十月一日　陰

一　午前宮へ出勤す、夫より宮内省集会定日に付参省す

一　行幸啓之節御用意一件色々児玉書記官へ示談す

一　本日御屋敷秋季御例祭に付、午后より参拝として出頭す

但玉串料二百匹献備之事

一　乃木少将へ時季尋問状出す

一〇月二日

同月二日　雨

一　午前宮へ出勤す

一　午後宮内省へ出頭す

一　御案内状人名書林より受取検印し写取り候様宮にて麻生へ相渡候事

一　荘原氏来宿、四位公来る十九日頃より那須地へ御出の由承候事

一〇月三日

同月三日　晴

一　午前宮へ出勤す

一　宮内省へ出頭す、御案内状人名書、林氏へ渡す

一　御案内状の儀は兼て書法の通能久親王と認め相成候様児玉書記官、林へ申入置候事
一　午后杉二等出仕、宮へ御間割見分として参殿の事
一　両日とも曲馬唄の方可然由上申、尤十日曲馬の儀は尚伺に相成候筈の事
一　陸軍奏楽御決なり
行幸之節は奉迎送とも又
行啓者御奉迎限之事
右は宮思召杉へ御談合にて御決の事
一　本日は豊功神社御祭日に付、玉串料拾銭献備参拝す

一〇月四日

同月四日　晴

一〇月五日

同月五日　晴
一　午前杉氏宅へ出頭、曲馬一件申入置候事
一　宮へ出勤す、御用意一件協議の事
一　本日宮内省集会定日に付参省す、藤井、三宮不参也、別に議事なし
一　行幸行啓とも総て夫々伺出引合決定の件、別紙に留置候事
一　宮御方午后一時より川越地方へ御出張、来る七日御帰京の段宮内卿宛にして御届書出す、児玉書記官の検印請候事
一　御屋敷へ伺として出頭す、別に御用向無之退出す
一　来る九日
行幸同十日
行啓被為在旨宮内卿より来書、左の通

来る九日午後一時
御出門済寧館麹町紀尾井町皇居地附属地内へ
御立寄、夫より其御邸へ
行幸被為在候旨被　仰出候条、此段申進候也
明治十八年十月五日　　宮内卿伯爵伊藤博文
北白川二品親王殿下

来る十日午後三時三十分
皇太后宮　青山御所　御出門
皇后宮　仮御所　御出門御別列にて其御邸へ
行啓被為在候旨被　仰出候条、此段申進候也
明治十八年十月五日　　宮内卿伯爵伊藤博文
北白川二品親王殿下

右御達に付、御招請状夫々林取計候也

一〇月六日

同月六日　陰

一　午前宮内省へ参省す
　右は昨日
　行幸啓御達之処、当宮御留守中に付、一応の御請として
　参省、当直田辺書記官へ申出置候事
一　児玉取締へ尚申出置候事
一　諸課掛りへ御発表に付、尚又改て御用向の儀依頼致し置
　候事
一　内膳課松井へ総ての儀児玉課長へ宮より御依頼に付、其
　取計相成候様相頼候事
一　本日は午時迄相詰候て退出す
一　伏見宮御二方様御招請の儀取計候段、麻生へ答置候事
一　午后御屋敷へ出頭す、気附書下案協議す
一　吉田氏来診の事

一〇月七日

同月七日　陰
一　午前宮へ出勤す
一　行幸啓御用意色々引合候事
一　宮殿下午后御帰京也

一〇月八日

同月八日　雨
一　本日も宮へ終日相詰、宮内省にて児玉書記官へ協議す
一　午后児玉書記官参殿の上御仕構向引合の事

一〇月九日

同月九日　晴
一　別紙御次第書の通
　行幸午后四時前宮御門外前へ児玉書記官御附、宮内省属
　官、宮家扶従一同奉す
一　便殿にて拝謁被仰付候事
一　羽二重　一疋
　右下賜候事
一　供奉休所にて折詰御料理頂戴す
一　折詰残　一組
　右家扶麻生限り遣候事
一　御馬場にて陪覧致候事
　右委細の件は別紙に有之
一　還幸午后八時半奉送前の通也
　右終て午后十時半退出す

一〇月一〇日

同月十日　晴
一　御次第書別紙有之
一　午后三時前
　行啓尤　皇后宮少々御先引続き

一　皇太后宮御着也
一　奉迎送とも昨日の通
一　拝謁被　仰付候事
一　御馬場へ罷出陪覧す
一　御食之節特別に御陪食被　仰付、児玉亮次〔ママ〕〔欠〕席す
一　両皇后宮御盃頂戴被　仰付候事
一　御次第書の通相済午後十時半
還啓之事
一　右に付、十二時過退出す
一　昨日御附家扶始め一統へ賜物の御請として参省の上当番
長田書記官へ申出置候事

一〇月一一日

同月十一日　晴
一　午前児玉書記官宅へ過日来の積る挨拶として到る
一　昨日御陪食被仰付候御礼、扶従一統へ賜物の御礼として、
午前参省の上長田書記官へ申出置候事
一　宮へ出勤、夫々引合退出す

一〇月一二日

同月十二日　晴
一　午前宮へ出勤す
三浦中将〔梧楼、陸軍中将〕へ御殿に於て面会す、御動向
の御内情色々談有之候事
一　午后御屋敷へ出頭す、渡辺渡引合一件書面一見す
右に付二ヶ条の気附荘原へ答置候事
一　宮内省集会定日に付参省す、別に議事無之、藤井、浅香
不参なり
一　杉氏へ積る挨拶として出頭す
一　諸課へ過日来の挨拶致置候事
一　式部職より左の通達有之
来る十七日神嘗祭に付、大礼服着用午前十時参拝可有
之、此段及御通知候也
十八年十月十二日　式部職
正七位三吉慎蔵殿

一〇月一三日

同月十三日　晴
一　午前宮へ出勤す
一　過る九、十両日家扶始め一統への賜金配附方取計の儀上
申す
一　御屋敷へ出頭す、四位公へ那須御供の儀は色々引合も有
之旁、御家扶随行被仰付如何哉の段上申す
一　浅香御附出発に付暇乞として至る、今朝一番汽車にて出
立に付面会不致候事
一　西源四郎〔旧長府藩士西太郎次郎二男、清国より帰国〕帰朝に

付来宿也

一〇月一四日

同月十四日　雨
一　午前宮へ出勤す
一　行幸啓に付、家扶始め一統へ賜金配賦方夫々人名書相認め、宮殿下へ上申し、調印の上、本日午後夫々相渡候事
但家扶麻生立会也
一　午前山県参議自宅へ行幸被　仰出候に付、見舞旁出頭す

一〇月一五日

同月十五日　雨
一　午前宮へ出勤す
一　銀盃　一個　袴地　一反
右宮殿下より今般行幸啓に付、色々苦労致候旨を以て御直に被下候事
一　本日宮内省集会定日に付参省す、児玉、武田、東条也、別に議事なし
一　諸課より一名宛係り員へ品代御目録として挨拶致し度、其内にて林、松井両名へは甲、其他は乙と申す都合に取計如何哉の段示談致候処、可然との答也

一〇月一六日

同月十六日　風雨
一　十二時前より宮へ出勤す、別段損所も無之
一　諸課係りへ御目録被下に決定の事
一　児玉書記官へ被下品の儀決定の事
一　御出入者へ御挨拶金決定す
一　巡査の分は弁当限のことに決す
一　山県殿へ見舞旁出頭す
一　午后御屋敷へ出頭す、別に伺の件御用談無之退出す

一〇月一七日

同月十七日　雨
一　神嘗祭参拝の儀、式部寮より通達の処所労にて不参す
尤届書は不差出候事

一〇月一八日

同月十八日　晴
一　栢老人同行にて家内中森田座へ見物に抵る
一　四位公明十九日より那須地へ御出発に付、午后御暇乞として出頭拝謁す
一　荘原氏御供に付、同家へ暇乞として至る
右に付、金庫鍵六個預る

一　渡辺渡へ本日御直書御仕出の事
　右は品川氏協議済也

一〇月一九日

同月十九日　晴　后陰

一　午前宮へ出勤す、別に伺の件なし
一　銀盃　一個　御肴料金　二千匹
　右児玉取締へ麻生御使にて被下候事
一　宮内省集会定日に付参省す、武田、藤井不参、児玉、東条、三吉のみ也、別に議なし
一　九月中勘定帳内蔵寮にて桜井へ差出す
一　金二千疋宛　松井　林　両名へ
一　金三円宛　斎藤　中野　太田　三名へ
　右御謝儀相渡す

一〇月二〇日

同月二十日　雨

一　午前宮へ出勤す
一　昨十九日午前於コウ〔申橋幸子〕分娩姫宮〔北白川宮満子女王、北白川宮能久親王第一王女〕御誕生之処、右は御都合被為在御届不致候得共、児玉取締へ申出置候事
一　本日出勤中別に引合無之退出す
一　反物　一反宛
　右杉、香川の両官へ積る御挨拶として被為贈候事
一　午后御屋敷へ出頭す
　御留守御伺申上候事
一　御用達所へ出頭す、別に相変儀なし、依て退出す

一〇月二一日

同月廿一日　晴

一　午前宮へ出勤す、別に伺の件なし
一　御誕生様御名付の御都合相伺候様、麻生へ談置候事

一〇月二二日

同月廿二日　晴

一　午前宮へ出勤す、別に伺の件無之
一　本日宮内省集会定日に付参省す、児玉、武田、東条也、別に議なし
一　午后御屋敷へ出頭す、異状無之

一〇月二三日

同月廿三日　晴

一　午前九時三十分　御出門にて

両皇后宮勧古美術館へ
行啓に付同場にてレース実業御覧、依て八時よりトモ本願寺へ参席す
一　入御被為在午后美術館にて製造
御前に於て実業す、終て御菓子一包金一円下賜る
還啓後四時帰宿候事
一　午前宮へ出勤す、別に伺の件なし
一　品川氏より男子出生の知せ有之

一〇月二四日

同月廿四日　雨
一　午前宮へ出勤す
一　御誕生様明廿五日御七夜御祝の儀は御届無之訳に付、御奥限御内祝の方可然と気附、家扶麻生へ申入置候事
一　右の通御決也
一　交肴　一折
右昨日品川氏へ出産に付、歓として為持候事
一　午后右歓として至る

一〇月二五日

同月廿五日　陰
一　本日休暇に付、在宿す
満子御方御命名記事のこと〔貼付〕

一〇月二六日

同月廿六日　晴
一　午前宮へ出勤す、別に伺の件なし
一　皇后宮本日午後
還啓の旨宮内省より通知の書面承候事
一　本日宮内省集会定日に付参省す、児玉、武田、東条也、別に議事無之退出す
一　午後御屋敷へ出頭す、異儀無之御伺致し退出す

一〇月二七日

同月廿七日　晴
一　午前宮へ出勤す
一　午后より染井御邸へ出頭す、右は御小児様御学業且御邸内の様子を尋問す

一〇月二八日

同月廿八日　晴
一　昨夜御報知之由にて今廿八日四位公御帰邸の儀通知有之候事
一　午前宮へ出勤す、別に伺の件なし
一　児玉大書記官より面談の儀有之、即刻参省の儀申来り直に参省す

一　御息所一件、右は御退身表向書面を以て御願相成候様御附山内殿へ参邸にて申入、其上御離縁御発表可相成、就ては右御願書を添候て宮より宮内省へ可申出との内達也、前条退去掛け直に　宮殿下へ上申す、尚麻生へも談し且一　又明廿九日午后山内家へ参邸可致に付、御家扶在宿相成居候様郵書為出置候事
一　午后御屋敷へ出頭す、本日四位公御皈邸也、上々様へ恐悦申上候事
一　式部職より左の通
　来十一月三日
天長節に付、午前十時　御内議に於て拝謁被仰付候間、大礼服着用右時限前参内可有之、此段及御通達候也
　但酒饌下賜候事
十八年十月廿八日　　式部職
　正七位三吉慎蔵殿

一〇月二九日

同月廿九日　晴
一　午前宮へ出勤す、別に伺の件なし
一　宮内省集会定日に付参省す、御附中揃也、別に議事なし
一　午后より山内殿へ参邸す、右は御息所より書面を以て御願出相成候様御家扶日野へ申入候事
右に付日野より内談書面宛等万事御引合の都合内々心得度との示談に付、篤と取調の上内報可致事に打合退出す

一〇月三〇日

同月三十日　晴
一　午前杉氏宅へ至り、山内家より表向書面を以て当宮へ申出の儀は、先般口上にて申出の次第、口上手控書を以て申出のことに決相成候ては如何哉の段聞合候処、右の手控書にて可然との答也
一　宮へ出勤の上、前条の取計に認め持参相成候様、山内御家扶日野春草へ郵書を以て内報致置候事
一　午后御屋敷へ出頭す、荘原へ預りの鍵相渡候事

一〇月三一日

同月卅一日　晴
一　午前宮へ出勤す、別に伺議事等無之

一一月一日

十一月一日　晴
一　午前十時より宮へ山内殿家扶日野春草御使として参殿に付出勤す、則左の通
　口上手控

光君様御事御病症有之、御全快の御目途無之に付、御辞退御願被成度思召候、就而は於豊範も不被得止御情実に付、御同意仕候間、此段以使者申上候、以上

山内豊範家扶

明治十八年七月三日　日野春草

右手控書を以て　宮殿下へ上申す、是迄御辞退の儀は其儘にて御答御見合相成候得共、不得止御次第に付宮内省へ申立可任、其意就ては夫々可取計旨被仰聞候事

一　前条家扶麻生三郎へも談置候事
一　渡辺渡より御請書呈上の由承候事

一一月二日

同月二日　陰

一　午前宮へ出勤す
昨日山内殿御使口上手控麻生へ写取の分相渡す
一　宮内省集会定日に付参省す、児玉、東条也、別に議なし
一　山内殿よりの得手控、児玉取締へ一覧に入候事
一　杉二等出仕へ右手控現書相渡置候て、宮よりの御届書草案の儀、依頼致置候事
一　忠敬殿〔松平忠敬、奥平松平家一三代当主〕一件、児玉書記官へ始末申入置候事
一　午后御屋敷へ出頭す
一　桂弥一進退一件見込慎蔵同意致居、是迄発言不致候得共、本日品川氏、荘原氏へ談候処、尤のことに議決也
一　児玉取締より、御離縁御届草案山内家より申込の口上手控書送達に付、落手す

一一月三日

同月三日　雨　午后晴

一　天長節に付大礼服着用、午前九時三十分参内す、書記官へ名刺差出す
一　十時過於
御内儀拝謁被　仰付候事
但酒饌下賜候事
一　豊永氏へ先般到来物の答礼郵書昨日附にして仕出す
一　午后五時より御屋敷へ出頭す
天長節に付御酒宴有之御陪席にて頂戴す

一一月四日

同月四日　晴　夜半大雨

一　午前宮へ出勤す
一　午后一時より山内殿へ御離縁相成候口上手控持参し、家扶日野春草へ相渡、且明五日御届書差出可申ことに談し、宮より届書写同人へ引合の為め相渡置候事
一　午后御屋敷へ出頭、昨日の御礼申上候事

一一月五日

同月五日　陰　大風
一　午前宮へ出勤す
一　満子御方、本日神奈川県北多摩郡金子村第六十番地小川平蔵方へ御預け相成候事
一　御息所御離縁御届写とも本日進達に付上申す
一　右に付、御荷物引合の儀、御手元残金等の事、夫々引合候様麻生へ談置候事
一　宮内省集会定日に付参省す、児玉御附限なり
当宮御息所光子御方、兼而御病症に付、種々御療養之処御全快之目途無之趣を以て、尚豊範より別紙写之通申出有之、不得止御次第に付、御離縁被成候間、此段御届申上候也
北白川宮御附
明治十八年十一月五日　三吉慎蔵　印
宮内卿伯爵伊藤博文殿
右届書に、山内殿手控書相添、児玉取締へ差出す
一　諸向へ通知宮内省より有之候様申出置候事

一一月六日

同月六日　晴
一　午前宮へ出勤す
一　大山陸軍卿へ昨日聞合の次第、書面取計方のことに上申候事
一　午前宮内省へ参省す
右者児玉書記官へ大山陸軍卿より答の次第に付、御附より書面を以て申出候草案一覧に入、尚亦桜井書記官へ宮内省より通知の有無は引合不致ことに答置候事
一　大山陸軍卿へ書面、午前為持受取証取置家扶へ渡す

一一月七日

同月七日　晴　夕陰
一　午前宮へ出勤す
一　午后御屋敷へ出頭す、別に伺議事無之退出す

一一月八日

同月八日　晴
一　本日休暇に付上野辺へ遊歩す

一一月九日

同月九日　陰　夜雨
一　午前宮へ出勤す
高崎正風母〔高崎登米子〕死去知せに付、御悔使を以て花料金千疋被為贈候ことに世続へ談置候事
但墓地へは別段御使に不及ことに申添置く

一　本日宮内省集会定日に付参省す、藤井、児玉、武田也
一　来る十二日博愛社総会且懇親会とも不参断り書出す
一　午后御屋敷へ出頭す

一一月一〇日

同月十日　陰
一　午前宮へ出勤す
一　御拝領の鴨二羽　宮より御分与に付、御礼申上候事
一　式部職より左の通
　当　皇居御苑之菊盛開に付、別紙之通参観被差許候間、観菊之証札并参観者心得一葉宛御廻し申候也
　　十八年十一月九日　　式部職
　　　三吉御用掛殿
　右十三日雨天ならは十四日、又雨天なれは止む

一一月一一日

同月十一日　陰　晴
一　午前宮へ出勤す
一　御屋敷へ出頭す

一一月一二日

同月十二日　陰
一　午前宮へ出勤す
一　宮内省集会定日に付参省す、藤井、児玉、武田也

一一月一三日

同月十三日　晴
一　午前宮へ出勤す
一　午後御屋敷へ出頭す、御用談無之御奥様、欽麗院様へ御伺の上退出す
一　本日観菊被差許候処不参す

一一月一四日

同月十四日　小雨
一　午前宮へ出勤す
一　赤飯　一重
　右邦樹様〔毛利邦樹〕御紐解の御内祝として為持相成候事

一一月一五日

同月十五日　晴
一　於後楽園豊浦親睦会に付出席す、定例の通出金の事
一　午后御内祝に付御屋敷へ玉子一折呈上す、且又於御次御酒頂戴候事

一一月一六日

同月十六日　晴
一　午前宮へ出勤す
一　本日宮内省集会定日に付参省す、藤井、児玉、武田也
一　十月中勘定帳内蔵寮にて桜井へ引合出す

一一月一七日

同月十七日　陰
一　午前宮へ出勤す、宮殿下御在館也
一　午后御屋敷へ出頭す
荘原より書面、倉光出京の儀、四位公へ伺の上佐野へ引合荘原へ伺済に付、書面仕出方の儀を談置候事

一一月一八日

同月十八日　雨
一　午前宮へ出勤す、宮内省へ御用向有之直に退出す、右は伏見宮御用向に付別冊に記す〔下巻五九一〜五九二頁参照〕
一　来る廿一日松陰神社例祭参上の儀、紅葉館野辺地尚義へ請書出す

一一月一九日

同月十九日　陰
一　午前宮へ出勤す
一　宮内省集会定日に付参省す、藤井、武田不参なり、別に議なし
一　荘原へ尋問、夫より御屋敷へ出頭す、四位公御不在也
一　豊永氏へ賞与有之由、荘原氏より伝承に付歓状出す
一　桂弥一氏出京也、半皮鳥到来す
一　小松謙次郎より来書、金談の儀也、直に使へ相断候事

一一月二〇日

同月二十日　陰　后晴
一　午前宮へ出勤す、別に伺議事なし
一　午后御屋敷へ出頭す
四位公先般御下問の件に付再伺一条、外に御下問の御旨意下案を呈上し、是は御演説御手控に相成可然ことに上申す
但品川、荘原両氏協議上也
一　鳥　一羽　菓子　一箱
右午后菅野氏〔覚兵衛〕へ積る挨拶として持参す

一一月二一日

同月廿一日　晴
一　午前宮へ出勤す、別に議事無之退出す
一　松陰神社例祭に付、本日紅葉館へ案内に依て午後四時参席す、尤昨年の通り金壱円を出す

一一月二二日

同月廿二日　晴

一　宮殿下本日午前八時の御出発にて、高崎兵営御検視として被為成候に付、御見送として参殿す

一一月二三日

同月廿三日　小雨

一　倉光三郎儀昨夜出京の由にて来宿、午前桂弥一氏一同那須農場の儀、色々示談す

一　山林一件折田迄桂氏より序に引合置、追て四位公、品川公へ御申入可然ことに気附談決す

一　新嘗祭に付休暇也、依て在宿す

一一月二四日

同月廿四日　晴　后雨

一　午前宮へ出勤す

一　午后御屋敷へ出頭す、御上方へ御伺申上、別に議事なし

一一月二五日

同月廿五日　晴

一　午前宮へ出勤す

一一月二六日

同月廿六日　晴

一　午前高崎正風忌引に付悔として尋問す

一　宮へ出勤す

一　宮内省集会定日に付参省す、藤井、武田不参なり、別に議事無之

一　午后福原老人へ尋問す、先異状なし

一　御屋敷へ出頭す、別に議事無之

一一月二七日

同月廿七日　晴

一　午前宮へ出勤す、別に議事無之退出す

一　午后愛宕山へ栢老人同行見物之事

一一月二八日

同月廿八日　晴

一　午前宮へ出勤す
　昨夜御帰京御届書、本日宮内省へ為持候事

一　午后御屋敷へ出頭す

一一月二九日

同月廿九日　晴

一　本日は休暇に付、九時より新富座へ見物として栢老人誘引し、家族一同至る、於ヨネ参候事

一一月三〇日

同月三十日　晴

一　午前宮へ出勤す
　昨日より　宮殿下習志野御出張一同御帰京の事

一　宮内省集会参省の儀は、宮御用向有之不参の段御附中へ書面為持候、別に議事無之

一　午后御屋敷へ出頭す、上々様方へ御伺申上る、別に議事無之退出す

一二月一日

十二月一日　晴

一　午前宮へ出勤す

一　午后三時又宮へ出勤す、　宮殿下四時御帰殿也、別に相伺候件なし

一二月二日

同月二日　晴

一　午前宮へ出勤す、別に伺議事無之退出す

一　午后御屋敷へ出頭す

一二月三日

同月三日　陰　風

一　午前宮へ出勤す、相変儀なし、夫より宮内省集会定日に付参省す、児玉、東条也

一二月四日

同月四日　晴

一　午前宮へ出勤す

一　金二千匹　但御肴料
　小松宮へ御継嗣〔小松宮定麿王、伏見宮邦家親王第一七王子、小松宮彰仁親王の養子となる〕御決に付御歓

一　金千疋　但御肴料
　久邇宮へ多田王御方、梨本宮御相続に付御歓

一　金七円五拾銭位　但御端物
　多田王御方へ

一　金千匹　但御肴料
　菊王御方〔梨本宮菊麿王〕山階宮へ御出の上御歓
　右の通談合致し、伺の上取計方相決候事

一　午后御屋敷へ伺として出頭す、御用達所別に議事なし

一二月五日

同月五日　晴

一　午前杉氏宅へ至る
一　宮へ出勤す
一　小松宮へ定麿王御継嗣恐悦として参殿し、家従へ申出置候事

一二月六日

同月六日　晴　風少々
一　本日は休暇且少々所労に付在宿す

一二月七日

同月七日　晴
一　午前宮へ出勤す、別に伺議事無之
一　宮内省集会定日に付参省す、武田不参也、別に議なし
一　午后御屋敷へ出頭す

一二月八日

同月八日　晴
一　午前宮へ出勤す、別に伺議事無之退出す
一　金五拾円
右倉光三郎へ所有金貸渡候事

一二月九日

同月九日　晴
一　午前宮へ出勤す
一　午后御屋敷へ出頭し上々様方へ御伺申上候、御用達所別に議事無之
一　フラネル　一反　鰹　六本
右倉光氏へ進物す
一　煙草　十斤
右林和人へ過日の挨拶として右同氏へ頼差送候事
一　吉田周利氏病気養生不叶八日午後十一時死去の由為知状来る

一二月一〇日

同月十日　晴　后雨
一　午前宮へ出勤す、別に談議なし、夫より宮内省集会定日に付参省す、武田不参也、別に議事無之退出す
一　吉田へ悔として抵る
一　倉光三郎本日出立に付暇乞として来宿也

一二月一一日

同月十一日　雨
一　午前宮へ出勤す、別に伺議事無之退出す
一　午后御屋敷へ出頭す、上々様方へ御機嫌相伺、用達所へ出席す
一　平川町二丁目二番地高屋宗繁〔医師〕始て来診、明十二

日より薬用之事

一二月一二日

同月十二日　晴

一　早朝芝区田町五丁目十五番地青木周蔵大輔〔外務大輔〕へ着歓と、今般同官に被任候歓旁出頭す

一　午前宮へ出勤す、伺の件なし

一　小鴨　二羽
右小笠原氏より到来す

一　午后宮内書記官より左の通廻達
来年始賀礼の儀も、先年の例に倣ひ一月四日午后零時三十分政事始通出掛鹿鳴館に於て立食相開候ては如何哉、別紙昨年の同盟簿御廻し致候間、御同意の御方並に此余御賛成人も有之候はゝ、来る廿日迄参事院内局へ御報可被下候
此段御照会候也
　十八年十二月九日　　内閣書記官
　　宮内書記官御中
新年往復の虚礼を省き以て宴会の実礼に換ふる為め、来る十九年一月四日鹿鳴館に於て立食会相開候儀に付、別紙の通内閣書記官より照会有之候に付ては、拙者共一同致賛成候間、貴官方にも可成御同意相成候様希望致候、
此段得御意候也
　十八年十二月十二日　　宮内書記官
　　児玉源之丞殿
　　三吉慎蔵殿敬承と認め直に廻す
　　東条頼介殿
　　武田敬孝殿
追而本文御賛否、来る十五日迄に御報被下度候也

一二月一三日

同月十三日　晴

一　本日休暇也

一　青山御所御近火有之処、腹痛にて不参す

一二月一四日

同月十四日　晴

一　午前宮へ出勤す、別に伺議事無之

一　宮内省集会定日に付参省す、武田所労にて不参也

一　十九年新年賀礼、一月四日鹿鳴館に於て立食の儀賛成致し、児玉、三吉、東条、武田同盟の儀、本日宮内桜井書記官へ一同より同意の答申出置候事

一　高屋来診之事

一　午后御屋敷へ出頭、上々様方へ御伺申上、用達所出席す、別に議無之退出す

一二月一五日

同月十五日　晴
一　午前宮へ出勤す
一　西源四郎来る、十九日出船ヘルジー国〔ベルギー王国〕へ留学として被差遣候由にて、暇乞来宿也

一二月一六日

同月十六日　晴
一　午前宮へ出勤す、年末御宴会御交際御支に付、御見合のことに本日相伺候、別に議事なし
一　午后御屋敷へ出頭、御伺申上用達所へも出席す
一　十九年一月三日慶新会紅葉館に於て例年の通設に付、案内状来る

一二月一七日

同月十七日　晴
一　午前宮へ出勤す、別に伺議事なし
一　本日宮内省集会定例に付参省す、藤井、武田不参也
一　浅香茂徳昨日出京の由、参省也、別に議事なし
一　袴地　一着　　白七々子羽織地　一反
右年末に付下賜候、右御請香川少輔へ申出置候事
一　十一月分伏見、北白川両宮勘定帳内蔵寮桜井へ出之
一　十九年一月三日於紅葉館慶新会設に付幹事より照会有之、右参席可致段於同館城多〔董〕へ書附相渡置候事

一二月一八日

同月十八日　晴
一　午前宮へ出勤す、別に伺の件無之
一　午後御屋敷へ、故加子御方御一周祭に付、参拝として出頭す

一二月一九日

同月十九日　陰 后雨又初雪
一　本日は少々風邪に付、不参の儀宮家扶へ書面出す
一　賀田、阿曽沼、荘原家族一同、椙原〔俊太カ〕、福原、栢、岡本を午后より招請す

一二月二〇日

同月二十日　晴
一　式部職より左の通
歳末御祝詞として、来る廿九日より三日の内通常礼服着本省へ参賀可有之、此段及御通達候也
十八年十二月十九日　　式部職
正七位三吉慎蔵殿

十二月二十一日

同月廿一日　晴

一　午前宮へ出勤す

一　本日宮内省集会定日の処、風気に付不参の段、各御附中へ宮より書状為持候事

一　午后　宮殿下御用向有之候に付相詰候事

十二月二十二日

同月廿二日　晴

一　午前宮へ出勤す、別に伺議事無之

一　本日午后四時於紅葉館旅団附一同酒肴被下候事
右参席少々風邪に付、万事麻生へ依頼の事

一　野村靖帰朝に付歓として出頭す

一　午后御屋敷へ出頭す、別に御用談なし

十二月二十三日

同月廿三日　晴

一　午前宮へ出勤す

一　高屋来診の事

一　午后四時より、年末御祝宴御招請に付、御屋敷へ出頭す

十二月二十四日

同月廿四日　陰 后雨

一　午前宮へ出勤す、夫より宮内省集会定日に付参省す、児玉、浅香、小藤〔孝行〕、東条也、別に議事なし

一　午後御屋敷へ昨日の御礼として出頭す

一　白フラネル
右欽麗院様より被下候事

一　御用達所にて荘原より年末賞金俸給増額等の談有之候事

一　宮内省より左の御達
来る十九年一月一日午前九時より十一時迄の内礼服着用、
明宮御殿へ新年奏賀可有之候、此段相達候也
明治十八年十二月廿四日　宮内省
正七位三吉慎蔵殿

十二月二十五日

同月廿五日　晴

一　午前宮へ出勤す

一　金弐拾五円　外に三千匹
右年末に付、御直に被下候事

一　家扶始め小者中へ、例年の定通り年末心附、夫々へ相渡候事

一二月二六日

同月廿六日　陰
一　午前三宮書記官より宮内省に於て一月一日各国公使午后二時拝謁済次第各宮へ参賀に付、其刻御逢相成候様とのこと内達也
右に付、伏見宮始め夫よりの都合順路公使へ聞合せ可相成筈なり、伏見、北白川　両宮へ通弁差出可申とのことに談決す
一　午前宮へ出勤す
一　梅モトキ植込　一鉢
右歳末に付宮へ献上す
一　御品代り金三千匹
右染井御児様方へ歳末に付持参す
一　平岡へ歳末に付煙草持参す

一二月二七日

同月廿七日　晴
一　賀田貞一本日出発沖縄県へ出張也
一　午前御屋敷へ出頭す、本日四位公より小鳥御分配に付御直に御礼申上候事
一　月給増額年賞等の儀夫々見込相答置候、右荘原氏取調之筈也

一二月二八日

同月廿八日　晴
一　午前宮へ出勤す、別に伺の件なし
一　宮内省集会定日に付参省す、児玉、浅香、小藤、東条也、別に議事無之
一　高屋来診
一　午后御屋敷へ出頭す
一　四位公より例年の通御挨拶金被下候事
一　歳末に付献上物す

一二月二九日

同月廿九日　陰
一　本日は在宿す
一　宮御方より鏡餅一重被下候事
一　午後御屋敷へ出頭、昨日の御礼申上候事

一二月三〇日

同月三十日　晴
一　本日も在宿す
一　午后御屋敷御納会、品川氏御招の処、下拙こと少々差閊に付不参の儀、出頭の上、佐野へ申入置候事

一二月三一日

同月卅一日　晴

一　午前宮内省へ歳末参賀として出頭之上、山口書記官〔正定、徳之進、侍従長兼海軍中佐〕へ申出退出す

一　北白川宮へ歳末御祝詞御直に申上、家扶従へ役所にて申入置候事

一　年末議事引合等無之御用済に付、退出す

一　御屋敷へ歳末御祝詞申上候事

日記　七　明治十九年

明治一九年

一月一日

明治十九年一月一日　晴

一　午前七時
　朝拝之旨御達に付二十分前参
　内す、於　御内儀
　聖上〔明治天皇〕、皇后宮〔昭憲皇太后〕拝謁被　仰付、終
　て宮内大臣〔伊藤博文〕始省中諸官へ賀礼す

一　午前八時
　皇太后宮〔英照皇太后〕拝謁被　仰付候に付同刻青山
　御所へ参賀す、終て御祝酒頂戴被仰付候事

一　皇族中大臣其他廻礼、伏見宮御三方〔伏見宮貞愛親王、伏見宮貞愛親王妃利子女王、伏見宮邦家親王妃景子〕、北白川宮〔能久親王〕御直に祝賀申上、両宮にて御祝酒頂戴候事

一　御屋敷参賀、上々様〔毛利元敏〕へ御直に祝詞申上候事

一　各家廻礼す

一　諸所へ新年郵便端書仕出す

一月二日

同月二日　晴

一　本日も早朝より廻礼に出る

一　午后四位公御夫婦様〔毛利元敏、毛利保子〕御出に付、御祝酒呈上す

一月三日

同月三日　晴

一　元始祭に付、午前十時参拝として参
　内す、宮内省中勅任官始め順々
　賢所へ参拝す、終て退出、夫より諸所廻礼す

一　午后三時より於紅葉館例年の通慶新会設に付、同刻より参集す
　　但定め通り二円出金す

一月四日

同月四日　晴

一　本日政事始に付宮へ出勤す、別に伺議事無之

一　宮内省集会定日始に付定刻より参省す、児玉〔源之丞〕、東条〔頼介〕也、別に議事なし

一　本日於鹿鳴館新年礼賀として各省集会に付、宮内省より直に同所へ参集す
　　但立食設に付壱円五拾銭持参す

一　午后御屋敷へ出頭す、過る二日四位公御二方御出に付、

一　右の御礼荘原〔好一〕へ申出置候事

一　明五日新年御祝宴御招請の儀荘原より来書の処、明日は北白川宮御定例御宴会に付御招請相成候間、不得止参席仕兼、依て御断りを荘原へ申出置候、且又家扶差支に付是又御断り申出置候事

一月五日

同月五日　晴

一　新年宴会午前十時三十分酒饌下賜に付、大礼服着用にて参　内之事

一　午后三時北白川宮新年御宴会参殿す、家族共御案内の処差支に付不参す

一　梨本宮〔菊麿王〕近々山階宮へ御移に付、御離杯として御招請有之参殿す

一　午后御屋敷より新年御宴会御招請の処、差支に付御断り申上候、尤トモ女〔三吉トモ〕丈け参席為致候事

一月六日

同月六日　晴

一　午前宮へ出勤す、昨日の御礼申上候、別に伺議事等無之退出す

一　梨本宮へ昨日の御礼として参殿す

一　御屋敷へ昨日の御礼荘原へ申出置候事

一月七日

同月七日　晴

一　午前宮へ出勤す、議事伺の件無之、夫より本日宮内省集会定日に付参省す、児玉、小藤〔孝行〕、浅香〔茂徳〕、東条也

一　明日午后多田王〔久邇宮多田王、のちの梨本宮守正王〕御方御離杯を小松宮にて被為催、依て小藤より参殿の儀申入有之候事

一月八日

同月八日　晴

一　本日は宮へ不参の段、昨日麻生〔三郎〕へ申遣置候事

一　午后四時前小松宮へ参殿す、右は多田王御方近日梨本宮へ御移転に付、御離杯として御招請あり、参席す

一月九日

同月九日　晴

一　午前宮へ出勤す

一　来二月初旬御招請の儀、取調候様御直に被仰聞候事

一　御屋敷へ家内〔三吉イヨ〕参賀す

一月一〇日

同月十日　晴

一　梨本宮本日午前十時御出門山階宮へ御移転に付、御送として参殿す
一　小松宮へ過日被為召候御礼として参殿す
一　山階宮へ午前御移転済恐悦として参殿す
一　本日は休暇に付両宮へ出勤せす

一月一一日

同月十一日　晴
一　午前宮へ出勤す、夫より直に宮内省集会定日に付参省す、藤井〔希璞〕、児玉、浅香、小藤、東条也、別に議事なし
一　午后御屋敷へ出頭す、別に御用談も無之

一月一二日

同月十二日
一　午前宮へ出勤す

一月一三日

同月十三日　晴
一　午前十時多田王御方小松宮より梨本宮へ御移転に付、恐悦且御見送旁参殿す、夫より直に小藤御附同車にて梨本宮へ恐悦として参殿す、両宮にて御祝酒頂戴被仰付候事
一　午后御屋敷へ出頭す、御上方御不在、且荘原も不在に付、退出候事
一　本日は宮へ不参の段昨日家扶へ申入置候事

一月一四日

同月十四日　陰　夜雨
一　午前宮へ出勤す
一　宮内省集会定日に付参省す、児玉、浅香、小藤、東条也、別に議事なし

一月一五日

同月十五日　陰
一　午前宮へ出勤す、別に伺議事無之
一　午后御屋敷へ出頭、御上方へ御機嫌相伺、御用談所別に談なし

一月一六日

同月十六日　晴
一　午前宮へ出勤す、別に伺議事無之
一　午后紅葉館へ栢老人誘引す

一月一七日

同月十七日　晴
一　午前池田侍医〔謙斎〕宅江トモ体格検査診察を請るの為め同行す、高屋〔宗繁〕引受として至る也

右は先規則引合候に付差支無之、縁談等の儀決定可然とのこと也

一 午后山階〔山階宮晃親王〕、久邇〔久邇宮朝彦親王〕、梨本〔梨本宮守正王〕の三宮より先般御移転済に付、各宮方御親族方於紅葉館御祝宴御招請相成、各宮御附中御陪席被仰付候に付、四時より参席す

一 栢老人近々帰豊に付本日午后酒宴の事

一月一八日

同月十八日　晴

一 午前宮へ出勤す、別に議なし、夫より本日宮内省集会定日に付参省す、児玉、浅香、小藤、東条也

一 午后御屋敷へ出頭、上々様御伺、夫より御用達所へ出、別に議事無之

一 四位公御居間にて御酒頂戴す

一月一九日

同月十九日　晴

一 午前宮へ出勤す

一月二〇日

同月二十日　晴

一 午前十時四十五分発の汽車にて栢老人帰豊として十時出立の事

一 午前宮へ出勤す

一 午后御屋敷へ出頭、御上方へ御伺し、御用達所へ出席す御用談左の通

一 来二月勘定、栢〔貞香〕出張の事

一 於鏻様〔毛利鏻子〕御出京之事

一 四位公へ山林御払下一件、品川公使〔弥二郎、駐独公使〕へ御直談の儀を上申す

一月二一日

同月廿一日　陰 午后小雨

一 午前宮へ出勤す

一 本日宮内省集会定日に付参省す

一 十八年十二月中勘定帳、本日桜井へ差出す

一 午后復た参省す

一 外国人名取調書引合済に付　宮殿下へ午后御直に呈上す、前条御招請人名追て御決の筈也右御夜会に決し、日限先八日の御内意也

一 桂少将〔太郎〕妻〔歌子〕昨廿日死去の由承り、午后悔として出頭す

一 桂弥一明廿二日より任地兵庫へ向け出発の事

一 肴　一折

右栢貞香より到来す

一月二二日

同月廿二日　晴

一　午前宮へ出勤す

一　午后御屋敷出頭、御上方へ御伺し、夫より御用達所へ出る、別に変儀なし

一月二三日

同月廿三日　晴

一　午前宮へ出勤す

一　二月八日夜会御決の旨御直に相伺候事

一　桂少将家内埋葬に付会葬す

一月二四日

同月廿四日　晴

一　有栖川一品宮〔幟仁親王〕御儀、今暁来御危篤の御容体に被為及旨報知有之段、宮家扶麻生より通知状来る

右に付、午前即刻御伺として参殿し藤井御附へ面会す、御洋行先　伏見宮御方へ御報知の儀、藤井より依頼也

一　宮へ出勤す

一　御屋敷へ出頭す

一　宮内省より左の通

一品幟仁親王殿下兼て御病気の処、御養生不被為叶今廿四日薨去被遊候間、此段申入候也

一月二十四日　　宮内書記官

北白川宮御附

三吉慎蔵殿

一月二五日

同月廿五日　陰

一　午前宮へ出勤す、別に伺議無之、夫より宮内省集会定日に付参省す、児玉、小藤、東条也、別に議なし

一月二六日

同月廿六日　午後晴

一　午前宮へ出勤す

一　午后御屋敷へ出頭す、上々様方へ御伺、夫より御用達所へ出る、別に議なし

一月二七日

同月廿七日　晴

一　午前宮へ出勤す

一　午後品川公使宅へ見舞として至る、不在也

一月二八日

同月廿八日　晴

一　午前宮へ出勤す
一　本日宮内省集会定日に付参省す、児玉、小藤、東条也
一　午后御屋敷へ出頭し、上々様へ御伺し、夫より御用達所へ出る
一　非職章程下案協議有之候事

一月二九日

同月廿九日　晴
一　本日は有栖川一品宮御葬送に付宮へは不参す、伏見宮御名代の次第別冊に記す

一月三〇日

同月三十日　雪
一　孝明天皇御例祭に付、御達の通り午前十時大礼服着用参省の上、宮内省諸官一同にて御庭通り参拝す
一　午后御屋敷へ出頭、御伺且御用達所へ出る、別に議なし

一月三一日

同月卅一日　大雪
一　本日は休暇に付参殿せす
一　午后一時より御屋敷出頭、品川〔氏章〕、荘原、三吉一同集合、左の通り御決相成候事
一　於鏻様御出京の儀御決、御滞在三十日間と御決し、其辺は豊永〔長吉〕へも御引合の筈也
但三月下旬よりとのこと也

二月一日

二月一日　陰　後晴
一　午前宮へ出勤す、伺の件議事無之
一　本日宮内省集会定日に付参省す、児玉、小藤、東条也、別に議事なし

二月二日

同月二日　晴
一　午前宮へ出勤す、又午后御用向有之参殿す

二月三日

同月三日　晴　寒強
一　午前宮へ出勤す
一　午後御屋敷へ出頭す

二月四日

同月四日　晴　寒強
一　午前宮へ出勤す
一　宮内省集会定日に付参省す、児玉、小藤、東条也、別に議無之

一　本日宮内職制御改正に付、官報の通被仰出候事

二月五日

同月五日　晴
一　午前宮へ出勤す、別に伺の件議事無之
一　午后御屋敷へ出頭す、御伺の上御用達所へ出る
一　午后三時過宮内省より至急到来書左の通
御用有之候条、即刻礼服着用出頭可有之候也
明治十九年二月五日　　宮内省
正七位三吉慎蔵殿
右に付、請書使へ相渡、即刻参省す、則左の通
正七位三吉慎蔵
任北白川家令
明治十九年二月五日
宮内大臣従三位勲一等伯爵伊藤博文　宣
宮内書記官従五位勲五等桜井能監　奉
右次官吉井友実渡之御請申出、尚又当番書記官山口へ御礼申出候事
一　北白川宮へ参殿の上御直に上申し、且世続〔陳貞〕へ一統への吹聴相頼置候事
一　伏見宮へ御吹聴として参殿す

二月六日

同月六日　陰
一　午前宮へ出勤す、別に議事なし、夫より宮内省へ出頭し、受付へ十一日御請書宮内大臣へ御直に封書出す
一　桜井書記官へ、家令心得方の儀は是迄の振を以て取計可致哉の段聞合候処、先差支無之様とのこと也
一　御屋敷へ昨日拝命の御吹聴として出頭す、四位公御不在に付荘原御家扶へ現書を以て御帰殿の上は、上申の儀相頼置候事
一　品川少将、荘原御家扶右拝命歓として来宿也

二月七日

同月七日　晴
一　休暇に付在宿す
一　米熊〔三吉米熊〕へ拝命報知書出す

二月八日

同月八日　晴
一　午前宮へ出勤す
一　宮内省集会定日に付、参省す
一　来る十一日先般御達通り心得参拝参内致候て可然哉の段聞合候処、右心得通差支無之由也
一　午后御屋敷へ出頭の上、来る廿四日夜会御招請に付、御答書振り不都合に付御取替のことに上申し、右荘原へ引

合候様佐野〔善介〕へ談置候事

二月九日

同月九日　晴

一　午前宮へ出勤す

二月一〇日

同月十日　晴

一　午前宮へ出勤す、別に伺議事無之

一　本日午前一時十五分

皇女〔久宮静子内親王、明治天皇第五皇女〕御降誕の旨次官より　宮殿下へ上申書来る

一　午后四時より御屋敷へ出頭す、品川、田代、田辺〔惣左衛門〕、石津〔幾助〕へ御酒被下候に付、御相伴参席す

二月一一日

同月十一日

一　紀元節に付、酒饌下賜候間参拝の旨御達に依り、午前十時大礼服着用にて参

内致候事

一　午后御屋敷へ昨日御酒宴陪席致候御挨拶として出頭す

二月一二日

同月十二日　晴

一　午前後とも宮へ出勤す

二月一三日

同月十三日　晴

一　午前宮へ出勤す

一　武田敬孝死去に付、悔として到る

一　午后御屋敷へ出頭す、別に御用談なく退出す

一　鶏卵　一箱

右先般拝命の歓として品川氏より到来す

二月一四日

同月十四日　晴

一　午前宮へ出勤す、夫より宮内省へ出頭左の通

皇女御降誕に付

献上

一　御酒　壱樽

一　御交肴　壱台

右　小松宮
北白川宮

右手控にして当番書記官三宅へ引合、現品は大膳にて調製に付引合方万事依頼す

一　武田敬孝本日午后一時出棺埋葬に付参拝として抵る、尤

会葬は差支有之相断候て退散す、香料持参也

二月一五日

同月十五日　晴

一　本日宮内省集会定日の処、伏見宮御名代として華頂宮へ参拝に付不参の段昨日三宮書記官〔義胤〕へ申出置、又本日各宮家令宛にして右の段書面出す

北白川宮家令三吉慎蔵

奏任五等

年棒八百円下賜

明治十九年二月十五日　宮内省

右書記官より封書にして来る

二月一六日

同月十六日　陰　后雨

一　午前宮へ出勤す、別に伺の件議事無之

一　皇女御降誕に付、午前十時通常礼服着用参賀酒饌下賜之旨、宮内省より達に付、同刻参賀す

一　御命名

静《シヅ》　子

久　宮

右於宮内省拝見す

一　午后御屋敷へ出頭、上々様方へ御伺申上候、御用所行別に議なし

一　品川氏へ到来物の挨拶、且又見舞として至る

二月一七日

同月十七日　晴

一　本日は三宮書記官参殿に付午后より出勤す、右は来る廿四日踏舞会の御用意万事引合の件也

二月一八日

同月十八日　陰

一　宮殿下本日九時発車より埼玉県下へ御出張に付、御送旁早朝より出勤す、別に伺の件も無之

一　宮内省集会定日に付参省す、児玉、東条也

一　午后御屋敷へ出頭す

二月一九日

同月十九日　晴

一　午前宮へ出勤す

二月二〇日

同月二十日　晴

一　宮へ出勤す

一　午後御屋敷へ伺且用達所へ出頭す

一　於鱗様御出京、篤長殿〔細川篤長〕諸引合状の儀承候事

二月二一日

同月廿一日　陰

一　午前十時

仁孝天皇四十年祭に付、大礼服着用参拝の儀御達に付、同刻参省にて宮内諸官一同参拝す

一　宮へ右前後とも出勤す

二月二二日

同月廿二日　小雨　陰

一　午前宮へ出勤す、夫より宮内省集会定日に付参省す、東条のみ、別に議なし

一　午后も宮へ出勤す

一　品川氏来宿なり

一　御屋敷へ伺として出頭す

二月二三日

同月廿三日

一　午前宮へ出勤す、明日の御用意夫々申談の事

二月二四日

同月廿四日　晴

一　午前より出勤す

本日九時より夜会御催に付、相詰一泊す

一　皇族各大臣各国公使并に西洋人勅奏惣計四百六十名余御案内にて踏舞、十二時前立食、夫より又踏舞、二時退散の事

右終て宮内省外事課出張始め御内輪向階上にて立食被仰付、尚委細は宮へ記載有之也

二月二五日

同月廿五日　陰

一　昨夜より直に宮へ相詰候事

一　本日宮内省集会定日に付参省す、東条、児玉也、別に議事無之

一　香川〔敬三〕、岩倉〔具綱、掌典〕、堤〔正誼〕、三宮、小笠原〔武英、宮内省皇宮警察長〕、日高〔秩父、宮内省職員、書家〕の諸官へ、色々引合の挨拶申出置候事、右退出掛又出勤し諸始末向談合す

二月二六日

同月廿六日

一　本日午前五時御出発にて松山地方へ演習御出張に付、御送り、参殿す

一　小笠原武英近火見舞として来宿也

一　畳屋　　左官太田　　青木弥七同断
一　当宮より近大〔ママ〕〔火〕御尋として御使樋口綾太郎差越さる
一　午后御屋敷へ出頭す

二月二七日

同月廿七日
一　午前宮へ出勤す、夫より宮内省へ出頭す

二月二八日

同月廿八日　晴
一　本日休暇に付在宿す
一　午后　宮御方御帰殿也

三月一日

三月一日　晴
一　午前宮へ出勤す、御直御機嫌伺申上、且織君御方〔伏見宮邦家親王妃景子〕御療治一件御手続の儀上申す
一　本日宮内省集会定日に付参省す、児玉、東条也、別に議事無之
一　午后御屋敷へ伺として出頭す、用達所別に議なし

三月二日

同月二日　陰
一　午前宮へ出勤す
一　向後御家政向諸締方の件、色々上申す

三月三日

同月三日　雪
一　午前宮へ出勤す

三月四日

同月四日　陰
一　午前宮へ出勤す
一　本日宮内省集会定日に付参省す、東条、児玉也、別に議事無之
一　午后御屋敷へ出頭す、御上方へ伺、夫より用達所へ出る
一　午后四時三十分より宮御邸に於て懇親会相設、扶従始め雇家丁迄一同集会酒宴に付参席す
右宮より会費被下候儀、定例にて毎一ヶ年拾円宛也

三月五日

同月五日　陰
一　午前宮へ出勤す、別に議事なし
一　篤長殿出京一件に付、豊永より申出の儀に依て荘原氏来宿、右は伺の上出京見合可然ことに答置候事

三月六日

同月六日　晴

一　午前宮へ出勤す、本日は伺の件其他議事無之

三月七日

同月七日　晴

一　本日休暇に付在宿す

三月八日

同月八日　陰　夜大雨

一　午前宮へ出勤す

一　宮内省集会定日に付、参省す

一　恒久王〔北白川宮恒久王、のちの竹田宮〕幼稚園へ御通学願の儀奏上済に付、同園へ照会取計方家令より可致段大臣差図の由、桜井書記官〔能監〕より口達也

一　三宮別当午後参殿のこと

一　山尾別当〔庸三〕へ概算書面仕出方の事

一　午后御屋敷へ御伺申上用達所へも出頭す、別に議なし

三月九日

同月九日　晴

一　午前宮へ出勤す、本日御用有之午前十時参省可致段、桜井書記官より来書に付、参省左の通

一　金弐万五千円

　右十九年度四月より一書の通御渡可相成段書面御渡に付、次官吉井、内蔵頭〔杉孫七郎〕其他諸官へ御礼申出候事

一　御増額金御挨拶御序に被遊候様、御直に上申す

三月一〇日

同月十日　陰

一　午前宮へ出勤、夫より宮内省へ参省す

一　午后小早川殿〔四郎、毛利元徳四男〕へ御洋行に付、御暇乞として出頭す

一　毛利元忠殿〔清末毛利家九代当主〕へ同断の事

三月一一日

同月十一日　晴

一　午前宮へ出勤す

一　宮内省集会定日に付参省す、東条、児玉也、別に議なし

一　北白川宮別当井田譲儀、陸軍少将元老院議官り〔ママ〕兼勤の御沙汰有之、於宮内省同官へ面会す、宮殿下にも参省付御一同御招請一件記名等の儀是迄取調置通り仕出方の儀、別当へ申入候事

一　井田別当拝命に付頼旁参邸面会す、何れ大臣へ万事伺の

上夫々心得方相決可申ことに示談也
一　午后御屋敷へ出頭す、別に相変儀無之

三月一二日

同月十二日　晴
一　午前宮へ出勤す、別に伺の件無之
一　本日宮内省へ出頭可致段書記官より昨夜来書に付、十時過参省す
一　御出張委細の儀は近衛へ御打合御出発日限御決定の上早々御申出相成候との事

宮内書記官

北白川宮家令三吉慎蔵殿

三月一三日

同月十三日　陰　雨
一　谷大臣〔干城、農商務大臣〕、品川公使出発に付、見送りとして新橋へ午前七時至る
一　伏見宮織君御方御療治に付、八時より同御殿へ相詰め候事
一　午后宮へ出勤す

三月一四日

同月十四日　晴　風少々
一　午前杉氏宅へ抵る、右は嶋津家〔玉里島津家、当主は島津久光〕の方へ得と御当人へ宮の御次第引合の儀示談し、尚聞合依頼す、右承知也
一　午后御屋敷へ伺出頭す、別に御用談は無之

三月一五日

同月十五日　晴
一　午前宮へ出勤す、夫より直に宮内省集会に付参省す、東条、児玉也、別に議事無之
一　宮内大臣より御縁談一件、先嶋津家の外無之、伊達より引合の次第、楢原〔奈良原繁カ、島津家の元家令〕取調の儀直に伊達より承候に付、尚得と聞合の上は、順々其取計方可然とのことに伺置候事
一　本日は午后相詰居、御帰殿之上本日宮内省にて引合の件々上申し、退出す

三月一六日

同月十六日　晴
一　午前宮へ出勤す、別に伺の件議事無之
一　麻生本日より出勤す
一　午后御屋敷へ出頭す、別に議事なし

三月一七日

同月十七日　晴
一　午前宮へ出勤す
一　本日参省可致との儀、杉内蔵頭より宮にて申置の由に付、午前内蔵寮へ出頭す
一　午后五時より宮へ参殿し、前条夫々上申す
一　井田別当弁家族御招請にて御酒肴被下候に付、御陪席被仰付御相伴す

三月一八日

三月十八日　晴　風
一　午前宮へ出勤す、夫より宮内省集会定日に付参省す、東条、児玉也、別に議事なし
一　午后御屋敷へ相伺候、用達所別に達無之退出す

三月一九日

同月十九日　大風
一　午前宮へ出勤す

三月二〇日

同月二十日　風少々
一　午前宮へ出勤す
一　宮殿下より嶋津御縁談夫々引合済に付、本日内伺済は彼方へ聞合のことに決候との御沙汰御直に相伺候に付、織君御方小松宮〔彰仁親王〕思食の所相伺候処、其辺は直に噺合置候こと故、直に取掛り差支無之旨被仰聞候事
一　宮内省へ参省の上、杉内蔵頭へ引合候処、前条の手順夫々宮内大臣へも引合済、且別当井田へも夫々打合置候間、何も別に不都合無之、此上は
上へ内伺済、奈良原方へ家令より御所望相成候は丶御承諾可相成哉の段聞合として、本日罷出候様差図也
右午后宮へ出勤の上　殿下へ御直に上申す
一　午后杉氏〔孫七郎、皇太后宮大夫〕より来書、侍従長〔徳大寺実則〕を以て相伺候処、御沙汰の趣本日午后奈良原へ参候儀は見合、委細は河邑〔川村正平、内閣属〕より聞取可申との書面に付差控退出す

三月二一日

同月廿一日　陰
一　春季皇霊祭に付、午前十時大礼服着用参拝の儀、式部職より御達に付、同刻参省の上参拝致候事

三月二二日

同月廿二日　晴
一　午前宮へ出勤す、夫より宮内省集会定日に付参省す、東

条而已也、別に議事無之
一　午后御屋敷へ伺、且用達所へ出頭す、別に議なし

三月二三日

同月廿三日　風
一　午前宮へ出勤、夫より宮内省へ参省す
一　御縁談一件
聖上へ御内伺済に付即刻河邑へ打合、奈良原方へ三吉参り引合可申とのことに杉氏より差図に付、直に河村〔ママ〕正平へ引合、夫より　宮御方へ上申し即刻奈良原方へ至る、河村参集に付、北白川宮へ御所望致候はゝ御承諾に相成候哉聞合を依頼す、右早々取計方可致との答に付退散し又宮へ出勤す
一　午后七時三十分　小松宮及各国公使各大臣御招請に付、御陪席す

三月二四日

同月廿四日　風
一　午前八時宮へ出勤す
一　奈良原昨日申入の儀に付、御当人於富《トミ》様〔島津富子、宇和島伊達家当主伊達宗徳二女〕、二位殿〔島津久光〕へ上申す、御差支不被為在、就ては嶋津家扶不取敢前左大臣殿〔島津久光〕へ伺の為め、右の人差立、都合により電報を以て可申出とのことを同人より申入也
一　午后福原〔和勝〕へ昨日参拝不致候に付、玉串料壱円を持参拝礼す
一　金巾　壱包
右品川少将近々任地へ出発に付、離盃代りに持参す
一　御屋敷へ出頭す、明日於鱗様御着京の処、御用間に付、不参断り申出置く、別に御用談無之

三月二五日

同月廿五日　小雨
一　午前宮へ出勤す
一　本日宮内省集会定日に付参省す、東条のみ、別に議なし

三月二六日

同月廿六日　晴
一　午前宮へ出勤す、別に伺の件無之
一　於鱗様昨日御着京に付、御伺として午前御屋敷へ出頭す、御仕廻中に付御逢不致候事

三月二七日

同月廿七日　風　陰
一　午前宮へ出勤す
一　御屋敷へ出頭、御着京の於鱗様へ御逢申上候事

三月二八日

同月廿八日　晴

一　本日休暇に付在宿す

三月二九日

同月廿九日

一　午前宮へ出勤す、別に相変儀なし

一　本日宮内省集会定日に付参省す、同勤参省無之、依て退出す

一　肴　弐尾

右於鱗様御出京に付献上す

一　午后御屋敷へ伺として出頭の上、四位公へ於鱗様一件色々気附上申す

三月三〇日

同月三十日　晴

一　午前宮へ出勤す

一　煙草　一箱

右長野県令木梨精一郎氏出京に付、止宿檜物町廿六番地吉田安兵衛方へ持参す、不在に付、随従高橋文造へ面会之上、万事依頼致置候事

一　式部職より左の通

四月三日

神武天皇御例祭に付、参拝として大礼服着用午前十時参　内可有之、此段及御通達候也

十九年三月廿九日　　式部職

北白川宮家令三吉慎蔵殿

三月三一日

同月卅一日　晴　后陰

一　午前宮へ出勤す

一　午後御屋敷へ出頭す

四月一日

四月一日　陰　雨少々

一　午前宮へ出勤す

若宮御方〔北白川宮恒久王カ〕先御快方也、別に相変儀無之、夫より宮内省集会定日に付参省す、藤井、東条、児玉相揃、尤別に議事なし

一　梶山鼎介皈朝に付、歓として抵り面会す、無事也

一　御屋敷春季御定祭に付、玉串料金二百匹持参拝礼す

四月二日

同月二日　晴

一　午前宮へ出勤す、別に相変儀無之

一　午后品川氏へ見舞旁至る

一　同四時より御屋敷へ品川、梶山両氏御招に付陪席す

四月三日

同月三日　陰

一　午前十時より

　神武天皇御例祭に付、参拝として参

　内致候事

一　午后より外出す

四月四日

同月四日　晴　風

一　品川少将、本日午前十時十五分発の汽車にて丸亀へ出張

　として発途に付、暇乞且新橋へ送として送る

一　午前宮へ出勤す

四月五日

同月五日　小雨　風

一　午前宮へ出勤す

一　本日宮内省集会定日に付参省す、藤井、東条、児玉也、

　別に議事無之

一　午后御屋敷へ伺出頭す、且用達所へ出席す

一　帯地　　茶漬茶碗　十

　　右梶山氏より到来に付、答礼として到る

一　午后梶山氏来宿、清国の事情又同氏の目途承候事

四月六日

同月六日　晴　風

一　宮殿下本日午后より高崎分管へ御出張に付、十二時過よ

　り出勤す

一　午后四時より於紅葉館三条公〔実美〕旧交会に付、参席

　す

一　玉子　　一箱

一　ヒール　六本

　　右梶山氏着歓として為持候事

四月七日

同月七日　晴

一　午前より宮へ出勤す

一　別当へ一ヶ年金五百円被下の儀、内蔵頭杉氏より申出に

　付上申す、且又予算表取調の次第申上置候事

一　午后御屋敷へ出頭す、別に御用向なし

四月八日

同月八日　小雨

一　午前宮へ出勤す、本日九時半御出門高崎へ御出張に付、

御殿限り御送申上候事

一　本日宮内省集会定日に付参省す、東条、児玉也、別に議事無之

一　午后梶山氏へ至る、色々談議の事

四月九日

同月九日　晴　風

一　午前宮へ出勤す、別に相変儀無之退出す

一　午后御屋敷へ出頭す、別に御用談なし

一　午后三時三条公より御園会御催に付御案内に預り、同刻参上す、妻儀は所労に付、前以て御断り申上置候事

四月一〇日

同月十日　晴　風

一　午前宮へ出勤す、別に相変儀無之、夫より宮内省参省し輪王寺地面拝借一件、桜井書記官へ示談致置候事

一　火曜　金曜
右各宮家令参省のことに宮内省へ張り出相成居候事

四月一一日

同月十一日　晴　風

一　休暇に付在宿す

四月一二日

同月十二日　陰　后雨

一　午前宮へ出勤す、別に相変儀無之

一　午后御屋敷へ出頭す、別に御用談なし

四月一三日

同月十三日　陰

一　午前宮へ出勤す、別に相変儀無之

一　本日宮内省集会定日に付参省す、同勤中不参也、且又別当は井田不参、山尾のみ、別に議事無之、依て退出す

一　午后三時より故旧懇親会高輪御邸にて御設に付、当度より入会御案内に付参集す

一　高輪にて御奥様より於鏻様一先御帰豊被為在、又追々篤長殿〔細川篤長〕御修行御実行の上可然との御噺に付、右思召の通り相成候御永久に付、右様御決しのことに御答申上候事

四月一四日

同月十四日　陰

一　御屋敷へ出頭す、於鏻様御滞京御順序御帰豊一件昨日の次第等、荘原、河村〔光三〕の両氏へ談置候事

一　午后中ノ村伏見宮御別荘へ抵る

四月一五日

同月十五日　晴

一　午前宮へ出勤す、別に相変儀なし

一　本日高輪様〔毛利宗家〕御例祭に付、午后参拝として出頭す

四月一六日

同月十六日　雨

一　午前宮へ出勤す

一　本日宮内省集会定日に付参省す、東条のみ也、別に議事なし

一　午后御屋敷へ出頭す

四月一七日

同月十七日　雨

一　午前宮へ出勤す、別に相変儀無之

四月一八日

同月十八日　小雨

一　午后御屋敷へ出頭す、上々様方御不在也

四月一九日

同月十九日　小雨

一　午前宮へ出勤す、別に議事無之、退出す

一　午后四時より於御屋敷伊藤〔博文、内閣総理大臣兼宮内大臣〕、井上〔馨、外務大臣〕、山田〔顕義、司法大臣〕、青木〔周蔵、外務次官〕、野村〔靖、逓信次官〕、井上夫人〔武子〕来邸、御酒宴に付参席す

但山県夫婦〔有朋、友子〕所労にて断り也

四月二〇日

同月二十日　晴　夕雨

一　午前宮へ出勤す、相変儀無之、夫より宮内省集会定日に付参省す、東条、児玉也、別に議事なし

一　嶋津公より差間無之、御縁談相成候は丶大慶の段、伊藤大臣へ使を以て答有之旨、本日大臣より伝達の事

四月二一日

同月廿一日　小雨　陰

一　午前宮へ出勤す、別に相変儀無之

四月二二日

同月廿二日　晴

一　午后出勤す

宮殿下午后九時三十分御帰殿也、御異状不被為在、依て

退出す

四月二三日

同月廿三日　晴

一　午前宮へ出勤す

一　本日宮内省集会定日に付、参省す

四月二四日

同月廿四日　晴　後風

一　午前宮へ出勤す

一　御屋敷へ伺且用達所へ出頭す、別に御用談無之

一　梶山、阿曽沼〔次郎〕の両氏へ肴一折宛遣す

四月二五日

同月廿五日　晴　風

一　終日在宿す

四月二六日

同月廿六日　小雨　夕晴

一　午前宮へ出勤す

一　松平忠敬殿身代限り引合一件略　宮御方へ申上置候、右の外議事なし

四月二七日

同月廿七日　陰

一　午前宮へ出勤す、別に伺議事無之

一　宮内省集会定日に付参省す、藤井、東条也、児玉所労断り書面出る、別に議事無之、退出す

一　御屋敷用達所へ出頭す、別に議なし

四月二八日

同月廿八日　雨

一　午前八時より御用向有之、宮へ出勤す

四月二九日

同月廿九日　陰

一　午前宮へ出勤す、別に伺議事なし

一　午后御屋敷へ出頭の上御伺且用達所へ出る

四月三〇日

同月三十日　陰

一　午前宮へ出勤す、別に伺の件無之

一　本日宮内省集会定日に付参省す、東条限り也

一　午后三時より御屋敷にて梶山氏帰京後初て御集会に付出席す、荘原家扶と三名也

一　一ヶ月両度宛在京御旧臣の内四位公御酒御相伴被仰付、色々事情等御談話相成候はゝ、其内に御弁理の件も有之、又御教育等の御考合にも可相成に付、御談決也

五月一日

五月一日　雨

一　午前宮へ出勤す

一　午后御屋敷へ出頭す、別に議なし

五月二日

同月二日　晴　夕雨

一　午前九時より於御屋敷御旧臣春季懇親会に付参省す、右議事の件々詳細は御屋敷世話掛りの所に控有之、依て爰に略す

五月三日

同月三日　晴

一　午前宮へ出勤す

若宮御三方様〔北白川宮恒久王、北白川宮延久王、北白川宮満子女王〕御教育一件、殿下より色々御尋問に付見込上申す、御内決左に記す

一　恒久王御預けの思召也

一　延久王、満子御方御同宿の儀、目今御都合のことに御答申上候事

一　小松定麿王過る一日

聖上御養依仁と御称号賜り三品親王

宣下に付恐悦申上候事

一　午后より御屋敷へ四位公御誕辰に付、御祝宴有之御招請に依て出頭す

五月四日

同月四日　陰

一　午前宮へ出勤す、伺の件なし

一　宮内省集会定日に付参省す、東条のみ、議なし

一　山尾別当参省也

一　午后御屋敷出頭す

五月五日

同月五日　陰

一　午前出勤す、宮殿下少々御風気に付御出勤無之

一　午后四位公より出頭の儀御沙汰に付参邸す、梶山、荘原一同御教育一件御決の旨御答に付、御奥様にも御一同御出にて三名の気附を御聞取の上、尚又思召の旨被仰聞候様申上、御二方様御揃の上色々申上、人撰の儀に至りては見込一名宛別に申上候事

右は三太郎様〔毛利元雄〕先当分染井にて荘原御引受、元

智様〔毛利元智、毛利元敏二男〕別所にて佐野御引受のことに上申す、銘々よりの見込御聞取相成候、且又一同相揃候上公にも得と御勘考の上にて御決のことに相成候也

五月六日

同月六日　雨

一　午前宮へ出勤す
　宮殿下本日も御風気にて御在館なり

一　午后御屋敷へ出頭す

五月七日

同月七日　陰 雨

一　午前宮へ出勤す
　宮殿下本日も御所労に付、御在館也

一　宮内省集会定日に付参省す、東条、児玉、藤井不参也

一　過日来痛所有之不自由に付、午后高屋へ来診を請け薬用す、右に付伏、北両宮へ不参の段申出置候事

一　於鏻様御事本日午前御出発にて十二時十五分の汽車へ御乗車御帰豊也
　右は御用間且不快に付、御送不申上段、御断り申出候事

五月八日

同月八日　晴

一　不快に付在宿す

一　小肴　一折
　右北白川宮より御尋として被下候事

五月九日

同月九日　陰

一　本日も所労に付在宿す

五月一〇日

同月十日　晴

一　本日も在宿す

五月一一日

同月十一日　晴

一　宮内省集会定日の処、所労に付不参の段、内事書記官各宮家令へ書面を以て申出候事

一　田辺惣左衛門明日より帰豊の由にて来宿也

一　梶山氏見舞として来宿也

五月一二日

同月十二日　陰 后晴 風

一　療養の為め在宿す

一　佐野、小野〔安民〕見舞として来宿也

五月一三日

同月十八日〔ママ〕　晴　風

一　快方に付午前宮へ出勤す
　宮殿下今以て御風気に付、御囲ひ被遊候事
一　午前四位公御出にて御人撰御教育御改正の儀、御二方様御打合の上御決に付、本日夫々御達可相成、依て梶山氏も御呼よせにて弥御協議相決候事
一　午后四位公より御用の儀申来、依て出頭す
一　家令心得御相頼候事
一　自今金四拾五円月棒御渡の儀、荘原へ書附を以て御渡相成候事
一　荘原御伝役転任に付来宿也

五月一四日

同月十四日　陰

一　午前宮へ出勤す
　本日も　宮殿下御所労にて御在館也
一　宮内省集会定日に付参省す、東条限り也、別に議なし
一　午前後両度四位公御出左の件也
一　荘原儀は家扶の名称は其儘にて現勤を除き伝役専務のことにて可然段上申す
一　梶山氏公使附書記官被仰付、清国在勤之旨、昨日辞令御渡なり

五月一五日

同月十五日　晴

一　本日は午后宮へ出勤のことに郵書仕出置候事
一　午前御屋敷へ出頭す
一　転任御達書御取替済之事
一　来る十七日家扶荘原、栢へ交代の筈也
一　御伝役見込書調次第協議のことに上申し、且荘原へも談置候事
一　栢貞香家扶心得御免歓願申出に付、公へ上申致候得共、御許可不相成旨荘原一同にて栢へ申渡す
一　夫々転任布達御内輪、染井、豊浦へ仕出の筈也
一　午后三時より宮へ出勤す
　本日午后三時半伊国親王宮へ参殿に付、井田別当出頭なり

五月一六日

同月十六日　晴又陰

一　高杉東行先生〔晋作〕二十年祭於紅葉館有志者申合催事す、依て金二円会費持参す

五月一七日

同月十七日　晴

一　午前御屋敷へ出頭の上、四位公へ於暢様〔毛利暢子〕鹿鳴館へ御同行の儀に付、色々気附上申す

一　午前宮へ出勤す
本日も御不参にて御囲のことに別に伺議事無之

一　午后又御屋敷へ出頭す、本日荘原交代の筈に有之候処、栢御用間に付延引也

一　中川涼介秘記方御頼相成候事

五月一八日

同月十八日　陰

一　午前宮へ出勤す、別に伺の件無之

一　本日宮内集会定日に付参省す、別当山尾、家令藤井、東条、児玉也、別に議事なし

一　午后一時より御屋敷へ出頭す

一　御宝金四位公御改御調印、且家令座にて調印の上、佐野より小野へ引合検査致候事

一　御宝金根帳其他書類是迄家扶荘原受持の分、目録を以て夫々家令坐へ預り置、目録引合の上書面を以請書荘原へ渡す

一　御宝金鍵金庫鍵類一袋入にして出納簿を以四位公御手元に御預り之事

一　今般御教育の件に付御決定の次第、品川、乃木〔希典〕、豊永の三氏へ拙者より書面仕出す、尤別に控有之

五月一九日

同月十九日　雨

一　午前宮へ出勤す、別に伺の件無之

一　奈良原氏参邸、別に承候件無之、尤嶋津殿御養の儀宮内省へ願済相成候とのこと也

五月二〇日

同月二十日　陰

一　午前宮へ出勤す

一　伊国親王を当宮より御招請被成度に付、本日井田別当へ取計方被仰付候事

一　島津久光殿養女富子御結婚の儀、御書面御差出の儀被仰聞候に付、右は一応別当へ本日承知に入明日にも御差出可然ことに上申す、井田別当へは本日家扶麻生より申入の筈也

一　午后一時過より御屋敷へ出頭す

一　御土蔵金庫鍵の儀は本年五月十七日納戸方交代に付御宝金銀検査之節鍵封印家令坐にて調印す

一　毛利家用達所両印章目録の通預る

一　納戸方佐野善介本日交代、小野へ引渡に付、現金公債券証書根帳類一式引合検査致候事
一　会計に関する書類は荘原より栢貞香へ引合之事
一　那須農場書類一式
右納戸方小野へ荘原より渡す、是は別段同人の預り也

五月二一日

同月廿一日　陰
一　午前宮へ出勤す、別に伺議事無之
一　宮内省集会定日に付参省す、東条、児玉也、別に議なし
一　午后五時より鳥山〔重信〕、梶山、荘原、佐野、栢御教育の件に付御集会有之参席す、中川秘記方の訳を以て陪席す、右意見別冊に記載す
一　荘原、佐野両氏意見書出る、是は家令座に預る

五月二二日

同月廿二日　陰
一　午前宮へ出勤す

正二位公爵嶋津久光養女
島津富子
文久二年九月朔日生

右は、性質順良、温和、謹慎、且年齢も相応に付、縁談の儀、父久光へ及内儀候処、無異儀承諾之趣回答有之候に付、致結婚度存候此段仰
勅裁候也
明治十九年五月廿二日二品能久親王　印
宮内大臣伯爵伊藤博文殿

右御書面別当井田本日進達之事
正二位公爵嶋津久光養女富子と御結婚被成度旨、御願之趣遂
奏聞候処、被　聞召候間、此段申進候也
十九年五月廿二日
右の通写書にして家扶より来書の事

五月二三日

同月廿三日　雨
一　本日休暇に付在宿す

五月二四日

同月廿四日　陰
一　午前宮へ出勤す

五月二五日

同月廿五日　陰
一　午前宮へ出勤す
一　明廿六日午前十時島津久光殿邸へ向け、富子御方御所望

の旨別当井田を御使に被差立候段、宮内大臣へ別当より申出済の上同氏御使の事
一　本日宮内省集会定日に付参省す、藤井、東条也、別に議事なし
一　午后より御屋敷へ出頭す
一　荘原染井詰何時も差閊無之段申出候事
一　午后荘原より招に付、玉子一折持参す

五月二六日

同月廿六日　晴
一　午前梶山氏へ至る
一　荘原廿九日より染井詰のことに談す
一　午前宮へ出勤す
　宮殿下御不例に付御在館也
一　本日午前十時嶋津久光殿養女富子殿御所望被成度旨、御使別当井田を以て申入、右は即刻国許へ電報致し答次第、宮へ御答申出とのこと、別当参殿にて上申也

五月二七日

同月廿七日　小雨
一　午前宮へ出勤す
一　嶋津久光殿より、御家扶相良〔量右衛門〕御使を以て富子殿御縁談承諾の段答として参殿に付、井田別当、三吉家令、麻生家扶一同出会す
　右に付、御酒肴の儀は料にして出る、宮へ記事の事
一　午前参省の上、吉井次官へ御約定済の段申出置候事
一　荘原好一来る、廿九日より染井詰伺済の事
一　佐野三十日染井行にて三十一日御別居の儀、夫々伺引合済の事
一　御小児様方御費用区別の儀は、本年予算の金員にて繰合御三方へ引合、尚又勘定の儀は、御三方の分荘原より受取纏め、会計へ引合の筈談置候事
　右に付、若し元智様の分不足有之節は、予備を以て払方可致ことに談置候事

五月二八日

同月廿八日　前大雨
一　午前宮へ出勤す
一　皇后宮御誕辰に付、午前十一時参賀の儀御達に付同刻参賀す、拝謁被　仰付酒饌下賜候事
　但燕尾服着用す
一　本日は御屋敷へ不参之段、栢へ書面遣す
一　琴奥許伝授トモへ時恵より有之候事

五月二九日

同月廿九日　晴

一　午前宮へ出勤す、別に伺議なし
一　午后御屋敷へ出頭す
一　荘原本日午後より染井詰として引移也

五月三〇日

同月三十日　晴
一　本日休暇に付在宿す

五月三一日

同月卅一日　陰
一　午前宮へ出勤す
宮殿下より御結婚掛り麻生、安藤〔精五郎〕、加藤へ申付候様御沙汰に付、相達候事
一　井田別当参殿に付、御結婚取調御次第書調製宮内省属吏青木行方へ御頼等の儀、示談致置候事

六月一日

六月一日　陰
一　午前宮へ出勤す、別に伺の件も無之
一　本日宮内省集会定日に付参省す、藤井、東条、児玉也、本日は別御用向有之本省へ詰る
一　来る七日御結納島津家へ御遣の儀、別当井田より申出相成候様申出候事
一　青木行方宮御結婚取調掛りの儀、別当より申出済に付、青木へ明二日午后四時より宮へ参殿のことに談置候事

六月二日

同月二日　晴　后陰
一　午前宮へ出勤す

六月三日

同月三日　晴
一　午前宮へ出勤す
一　井田別当出勤に付、来る七日御結納迄の取調書引合異議無之に付、麻生へ談置候事
一　若宮方〔北白川宮恒久王、北白川宮延久王、北白川宮満子女王〕夫々御預け思召の旨別当へ談置候事

六月四日

同月四日　雨
一　午前宮へ出勤す、別に伺議事無之
一　宮内省集会定日に付参省す、東条、児玉也、別に議なし

六月五日

同月五日　晴
一　午前宮へ出勤す

六月六日

同月六日　晴

六月七日

同月七日　陰

一　午前宮へ出勤す

一　本日午前十時御結納被為贈候に付、家扶麻生三郎御使相勤候事

一　午后別当参殿也

一　本日の御祝酒料物にして別当始め一統へ被下候事

一　御結納済宮内大臣へ別当書面を以て届有之

六月八日

同月八日　晴

一　午前宮へ出勤す、別に伺の儀議事無之、夫より本日宮内省集会定日に付参省す、藤井、東条、児玉也

六月九日

同月九日　晴

一　井田別当参殿に付御結婚御当日御参内且御参拝の儀を宮へ相伺右の御都合大臣へ別当より照会のことに談決す

六月一〇日

同月十日　晴

一　本日は午后より宮へ出勤す

一　午后四時より富子御方嶋津本邸にて別当井田夫婦、下官麻生三郎、吉野一同御対面被仰付御酒宴御相伴す、右に付、奈良原、川村〔正平〕参邸且家扶相良参席也

六月一一日

同月十一日　小雨

一　午前宮へ出勤す、夫より宮内省集会定日に付参省す、藤井、東条、児玉也、別に議なし

一　有栖川宮〔熾仁親王〕一品　宣下に付、恐悦として参殿す

六月一二日

同月十二日　晴　風

一　午前宮へ出勤す、別に伺の件無之

六月一三日

同月十三日　陰

一　午后一時より小松宮御自邸にて園遊会御催し、余興角力御設に付、御案内家扶より来書に依り参殿す

一　午后宮へ出勤す

六月一四日

同月十四日　小雨

一　午前宮へ出勤す、別に伺の件なし

六月一五日

同月十五日　陰

一　午前宮へ出勤す

一　宮内省集会定日に付参省す、藤井、東条、児玉なり、別に議無之

六月一六日

同月十六日　晴

一　午前宮へ出勤す、本日は御入輿御規式取調として川村正平参殿に付、午后四時迄協議致候事

六月一七日

同月十七日　陰

一　午前鳥山氏へ到る、別記あり

一　宮へ出勤す、井田別当出勤也

六月一八日

同月十八日　晴

一　午前宮へ出勤す、別に議談無之、夫より宮内省集会定日に付参省す

六月一九日

同月十九日　晴

一　午前宮へ出勤す

一　午后三時より於紅葉館甲子京都殉難士祭典執行に付、参席す

六月二〇日

一　林和人来る廿二日出発米国行に付、暇乞として来宿也

同月二十日　晴

六月二一日

一　延久王御不例の段、麻生より報知に付参殿す

同月廿一日　晴

一　早朝より宮へ出勤す

六月二二日

同月廿二日　晴

一　午前宮へ出勤、午后復た同断

一　本日宮内省集会定日に付参省す、藤井、東条、児玉也

六月二三日

同月廿三日　晴

一　午前宮へ出勤す、本日も延久王御同様也

六月二四日

同月廿四日　晴

一　午前宮へ出勤す、別に議事伺の件無之

一　若宮御方本日も先御同様也

六月二五日

同月廿五日　晴

一　午前宮へ出勤す、若宮御方先御同様也

一　宮内省集会定日に付参省す、藤井、東条、児玉也

一　午后又出勤す

一　諏訪大佐〔好和〕出京に付尋問す、不在故面会を得す

六月二六日

同月廿六日　晴

一　午前宮へ出勤す、若宮御方少々は御快方也

一　金二百五拾円
右井田別当へ半季思召を以て本日御直に被下候事

一　金弐拾五円　外に七円五拾銭
右家令三吉へ同断

一　家扶始め小者迄定例の通夫々被下候分相渡す

一　午后七時　有栖川一品
宣下御祝宴として晩餐御招請に付参殿す
右に付、東条、児玉三名より鰹一筥を献上す

六月二七日

同月廿七日　晴

一　午前有栖川宮へ昨日の御礼として参殿す

一　宮へ御伺として出頭す
若宮本日は別に御異状不被為在、依て退出す

六月二八日

同月廿八日　陰

一　午前宮へ出勤す
延久王午前十時三十分御養生不被為叶候事

一　御内葬の儀、殿下思召にて御仏葬被遊度旨別当を以て宮内大臣へ聞合相成候処、思召の通可然段答也

一　御埋葬地は、豊島岡先般御借受相成候玉垣内へ御治定相成候に付、右別当より次官吉井へ申出通の事
右総て別当へ協議し、伺の上万事取極めに付、其次第は宮日記に記載有之、依て略す、日無し

六月二九日

同月廿九日　雨

一　午前より宮へ出勤す

一　本日宮内省集会定日の処、宮御用向に付不参の段書面を以て申出置候事

一　夜中宮へ相詰候事

六月三〇日

同月三十日　陰

一　午前宮へ出勤す、尤昨夜より相詰候事

一　延久王御埋葬午前二時御出棺、豊島岡へ御内葬に付御先着す

右御埋棺五時也

一　午后三時上野輪王寺に於て御法会に付、相詰め拝礼す

右終て午后五時過き宮へ出勤の上、御機嫌相伺ひ退出候事

七月一日

七月一日　小雨

一　午前宮へ出勤す

本日より御入輿御規式取調の事

一　来日十日富子御方御入輿、直に御婚礼御取極め、正午御治定の御届、宮内大臣へ宛て別当より書面差出済也

七月二日

同月二日　晴

一　午前宮へ出勤す、別に伺の件なし

一　本日宮内省集会定日に付参省す、藤井、東条、児玉也

七月三日

同月三日　晴

一　午前宮へ出勤す

一　梶山鼎介清国行に付、金巾一釜進物手紙添にて為持候事

七月四日

同月四日　晴

一　休日に付、宮へは不参す

七月五日

同月五日　晴

一　午前宮へ出勤す

一　午后四時より向島八百松方にて、鳥山、梶山両氏へ合集にて、諏訪氏始め諸氏一同宴会の事

七月六日

同月六日　晴

一　午前宮へ出勤す、別に御用談無之、夫より宮内省集会定日に付参省す、東条、児玉也

一　御入輿に付金千円宮へ被下候由、井田別当より承候事

一　梶山氏来宿、明日出発の暇乞也

七月七日

同月七日　晴

一　梶山氏へ暇乞として至る、又門前にて相送る也

一　午前宮へ出勤す、井田別当出頭、御入輿御席割等取調、午後退出す

七月八日

同月八日　晴

一　宮殿下本日午后御帰殿也

一　午前より夜迄宮へ相詰、御入輿御用意の事

七月九日

同月九日　晴

一　午前出勤す、御入輿御用意の事

一　本日宮内省集会定日に付参省す、藤井、東条、児玉、別に議無之

七月一〇日

同月十日　晴（夕雨少々）

一　本日富子御方十二時御入輿御婚礼の事

一　午后四時半、皇族、大臣、其他別当、家令御招請御内祝也

　但燕尾服着用之事

一　御婚礼御式中は大礼服着用の事

一　勅使参向之事

　但大礼服なり

前条御規式其他総て宮へ別記に付略之

七月一一日

同月十一日　晴

一　午前より宮へ出勤す、午后御奥にて御懇意近衛殿〔忠熙〕其他御内祝の事

一　御婚礼済嶋津家へ御使、又同家よりの御使等、右次第は略す

七月一二日

同月十二日　陰

一　午前宮へ出勤す

一　本日午前十時御二方様御参内　賢所御参拝の事
右御次第書は略之

七月一三日

同月十三日　晴
一　午前宮へ出勤す
一　宮内省集会定日に付参省す、各宮別当、家令参省無之、依て退出す

七月一四日

同月十四日　晴
一　午前宮へ出勤す

七月一五日

同月十五日　晴
一　午前出勤す
一　御旅行箱根へ御決に付、御転地の儀御届書出る
一　箱根離宮御拝借願別当より差出す
右許可相成候事

七月一六日

同月十六日
一　午前宮へ出勤す
一　来る十九日御出発の段、宮内大臣へ別当より届書出る
一　宮内省集会定日に付参省す、各宮家令面会せす

七月一七日

同月十七日　雨少々
一　午前宮へ出勤す、別に伺の件なし

七月一八日

同月十八日　雨少々
一　午前宮へ出勤す、諸家へ諸答礼、且又別当始め御内輪一統へ無御滞御慶事済に付、夫々思召を以て被下もの配賦致候事

七月一九日

同月十九日　雨
一　午前宮へ出勤す
本日午前三十五分発汽車にて箱根へ御二方様被為成候、依て麻生、安藤、御女中サチ随行也

七月二〇日

同月二十日　晴
一　本日は宮へ不参す

一　宮内省集会定日の処、伏見宮御用有之候に付、不参の段
　書面出す

七月二一日

同月廿一日　雷雨

一　午前宮へ出勤す、別に御用向無之

一　満子御方御快方の由也

七月二二日

同月廿二日　陰

一　本日は在宿の儀、世続へ宛て手紙仕出置候事

七月二三日

同月廿三日　晴

一　午前宮へ出勤す、別に異儀無之、夫より宮内省集会定日
　に付参省す、東条、児玉也、一議事無之

七月二四日

同月廿四日　晴

一　午前宮へ出勤す、別に相変儀無之、退出す

七月二五日

同月廿五日　陰

一　休日に付、在宿す

七月二六日

同月廿六日　晴

一　午前宮へ出勤す、別に相変儀なし
　昨日箱根より御到来御異状無之

七月二七日

同月廿七日　晴　后大雨

一　午前宮へ出勤す、別に変儀無之
　筥根御滞在所川村正平氏より御二方様御機嫌宜段申来り、
　且別当態々御伺者用捨にて可然段申来候に付、右井田氏
　へ申入置候事

一　本日宮内省集会定日に付参省す、東条、児玉也、別に儀
　談無之

七月二八日

同月廿八日　晴　夜雨

一　午前八時、故延久王御初忌日御法会輪王寺に於て執行有
　之、参拝として同寺へ詣る、右に付、宮へは不参也

七月二九日

同月廿九日　晴

一　午前宮へ出勤す、別に相変儀無之

七月三〇日

同月三十日　陰
一　午前宮へ出勤す、別に相変儀無之
一　本日宮内省集会定日の処、伏見宮御用向有之、不参に付、書面出す

七月三一日

同月卅一日　晴
一　本日は差掛御用向も無之に付、不参の段、世続迄手紙を以て申出置候事
一　高輪様、二本榎様〔毛利元功〕へ暑中御伺として参殿す
一　梨本宮へ同断

八月一日

八月一日　晴
一　伏見宮御用向に付、参省す

八月二日

同月二日　晴
一　午前宮へ出勤す、別当井田参殿也、別に相変儀無之
一　箱根御滞在所より追々御到来有之、御異状不被為在との事也

八月三日

同月三日　晴
一　午前宮へ出勤す、別に変儀無之
一　本日宮内省集会定日に付参省す、東条のみ、別に議なし

八月四日

同月四日　晴
一　午前宮へ出勤す
箱根随行麻生より来書、右は御二方様御機嫌克御滞在之旨、且又随員中異状無之段報知也、別に御用向無之退出す

八月五日

同月五日　晴
一　本日は宮へ不参す、尤昨日世続へ相頼置候事

八月六日

同月六日　陰
一　午前宮へ出勤す、別に相変儀無之
一　本日宮内省集会定日に付参省す、東条、児玉也、別に議事御用向無之

一　宮殿下今朝箱根御出発、午后五時御帰殿に付又出勤す

八月七日

同月七日　晴

一　午前宮へ出勤す

八月八日

同月八日　晴

一　本日休暇に付、在宿す

八月九日

同月九日　晴

一　午前宮へ出勤す

一　小松、山階両宮へ暑中伺として参殿す

八月一〇日

同月十日　晴

一　午前宮へ出勤す、別に相変儀無之

一　宮内省集会定日に付参省す、東条、児玉也、別に議事無之退出す

八月一一日

同月十一日　晴

一　午前宮へ出勤す

八月一二日

同月十二日　晴

一　本日は宮へ不参之段、郵便を以て世続へ申入置候事

八月一三日

同月十三日　晴

一　午前宮へ出勤す

一　本日宮内省集会定日の処、宮御用向有之、不参の段書面出す

八月一四日

同月十四日　晴

一　本日は差掛御用向無之、依て在宿す

八月一五日

同月十五日　晴

一　故延久王四十九日御相当に付、上野輪王寺に於て御法会有之、午前より参拝として出頭す

但香料金壱円備之

八月一六日

同月十六日　晴
一　午前宮へ出勤す

八月一七日

同月十七日　晴
一　午前宮へ出勤す、別に議事無之
一　本日宮内省集会定日に付参省す、東条、児〔玉〕也、議
事なし

八月一八日

同月十八日　陰
一　本日は在宿す、右に付世続へ書面出置候事

八月一九日

同月十九日　暁に時雨
一　午前宮へ出勤す

八月二〇日

同月二十日　陰　雨少々
一　午前宮へ出勤す、議事なし
一　本日宮内省集会定日に付参省す、東条、児玉也、別に議
事無之

八月二一日

同月廿一日　陰
一　午后　宮殿下御息所御帰殿に付、六時より出勤し御二方
様へ拝謁す

八月二二日

同月廿二日　晴
一　休日に付、別に御用向無之、依て在宿す

八月二三日

同月廿三日　晴
一　午前宮へ出勤す、別に伺の件無之、麻生より御滞在中の
件々承候事
一　御二方様御帰京に付
天機御伺として午前御参
内被為在御取帰品御献上なり
一　御二方様より御祝酒料幷御取帰品盆三枚被下候事
一　野田老人死去に付、見舞として完道へ至る

八月二四日

八月廿四日　晴
一　午前宮へ出勤す、夫より宮内省集会定日に付参省す、東

一　条、児玉也、別に議事なし

一　内蔵頭より今般
皇后宮御洋服御飭御地合御新調独逸国へ御註文相成、来一月一日より被為召候に付、各宮方にも御同様相成度旨宮内大臣より協議の由伝達有之、就ては右御費用金壱万円宛の見込にて宮御貯金を以て払方可相成とのこと候得共、御差閊も有之旁に付、金五千円宛貯金の内より出金し、不足五千円の辻は内蔵寮より繰合可申都合に相決候間、右の段至急上申可致とのことに付、退出掛け　宮殿下へ上申す、右は伝達の通可然との御事に付、杉内蔵頭宅へ出頭の上申出置候事

一　御平常服の儀は、右の外に心得、御用意可然とのこと也

八月二五日

同月廿五日　晴

一　午前宮へ出勤す

八月二六日

同月廿六日　晴

一　午前宮へ出勤す

八月二七日

同月廿七日　暁より大雨　后晴

一　午前宮へ出勤す、夫より宮内省集会定日に付参省す、藤井、東条、児玉揃也、別に議事無之

八月二八日

同月廿八日　晴

一　午前宮へ出勤す

一　金五千円
右御内儀より御息所御服料下賜候由承候事

一　本日御息所御参内に付、右御礼の儀、世続へ談置候事

八月二九日

同月廿九日　晴

八月三〇日

同月三十日　晴

一　本日は伏見宮御帰朝に付、午后より宮へ出勤す、別に伺の件なし

八月三一日

同月卅一日　晴

一　明宮本日御誕辰に付、御達の通午前九時参賀す、則拝謁被仰付、終て於御学問所洋酒下賜候事

一　午前宮へ出勤す、別に伺議事等無之
一　本日は宮内省集会定日の処、申合不参す

九月一日

九月一日　晴
一　午前宮へ出勤す
一　土方氏〔久元〕へ帰朝に付、歓として抵る

九月二日

同月二日　雨
一　本日は在宿の儀、昨日麻生へ申出置候事
一　諏訪氏来宿也

九月三日

同月三日　陰
一　午前宮へ出勤す、別に伺議事無之
一　宮内省集会定日に付、参省す
　当宮八月中勘定帳桜井へ出之
一　桂弥一氏来宿也

九月四日

同月四日　暁大雨
一　本日は在宿の儀、家扶麻生迄申出置候事
一　玉子　一筥
　右鳥山氏〔重信、内務省書記官兼総務局図書課長〕へ出京に付、
　本日歓旁イヨ持参す

九月五日

同月五日　陰
一　休日に付、在宿す

九月六日

同月六日　晴
一　午前宮へ出勤す、夫より宮内省集会定日に付参省す
一　午后宮へ相詰候事
　井田別当一同へ御通称の儀、御別銘に可相成談御内決被
　仰聞候事
　右は寛《ヒロ》君と御内決也

九月七日

同月七日　晴　暁小雨
一　午前宮へ出勤す、夫より宮内省集会定日に付参省す、東
　条、児玉、浅田〔新五郎〕也、別に議談なし
一　本月一日当御息所御誕辰に付、一統へ御祝酒料夫々被下
　候事

九月八日

同月八日　晴

一　午前宮へ出勤す、別に伺の件無之

九月九日

同月九日　陰

一　午前宮へ出勤す

九月一〇日

同月十日　雨

一　午前宮へ出勤す、夫より本日宮内省集会定日に付参省す、於本省御用有之候内、各宮家令不得面会候事

一　御息所御名称の一件は先御見合のこと、宮内大臣へ内々心得方示談致置候事

九月一一日

同月十一日　陰　風

一　午前宮へ出勤す

九月一二日

同月十二日　陰

一　休暇に付、在宿す

九月一三日

同月十三日　陰

一　午前宮へ出勤す

井田別当参殿、明十四日午后　殿下の御都合により、一同拝謁致度ことに麻生家扶へ申入置候事

九月一四日

同月十四日　晴

一　午前宮へ出勤す、夫より宮内省集会定日に付参省す、藤井、東条也

一　午后　宮殿下へ井田一同御直に御奥向の御締向相伺候処、右は御考合の上、追て可被仰聞旨に付退出す

九月一五日

同月十五日　晴　暁雨少々

一　午前宮へ出勤す、別に伺の件議事無之

九月一六日

同月十六日　晴

一　午前宮へ出勤す、別に伺の件議事無之、退出す

九月一七日

同月十七日　晴　夜風雨
一　午前宮へ出勤す
一　本日宮内省集会定日に付参省す、藤井、浅田、東条、児玉相揃候、尤別に議事なし
一　米熊より左の通来書

三吉米熊

任長野県属

明治十九年九月十五日

長野県属三吉米熊

叙判任官五等　但月給三拾五円

明治十九年九月十五日

右の通昇等の段、報知書本日落手す
右に付、即日歓状郵便仕出候事

九月一八日

同月十八日　陰
一　午前宮へ出勤す、別に伺の件議事無之退出す

九月一九日

同月十九日　晴　夜雨
一　休日に付、在宿す

九月二〇日

同月二十日　陰
一　午前宮へ出勤す、別に伺議事無之退出す

九月二一日

同月廿一日　陰
一　午前宮へ出勤す、夫より宮内省集会定日に付参省す、藤井、東条、児玉也
一　午后四時前より又出勤す
井田別当一同　宮殿下へ拝謁を願ひ、御奥向御改正一件色々向後の見込上申す、尤本日は御決定不被為在、依て退散のこと

九月二二日

同月廿二日　陰　暁雨
一　午前宮へ出勤す、別に伺の件なし

九月二三日

同月廿三日　陰
一　本日秋季皇霊祭に付、午前十時参拝として大礼服着用参内可仕旨、式部職より御達に依り、参拝として参内致候事

九月二四日

同月廿四日　雨
一　午前宮へ出勤す
一　本日宮内省集会定日に付参省す、東条、児玉也、別に議事無之退出す

九月二五日

同月廿五日　暁大風 后雨又晴
一　午前宮へ出勤す

九月二六日

同月廿六日　雨
一　小松宮、御息所〔頼子、小松宮彰仁親王妃、旧久留米藩主有馬頼咸長女〕御同伴にて来十月上旬より欧州へ御出立に付、本日午后四時於紅葉館御招に依り同刻参席す
各宮方、御親族方、別当、家令参席也、十二時帰宿す

九月二七日

同月廿七日　雨
一　午前宮へ出勤す、別に伺の件議事無之、夫より伏見宮へ御用向有之参殿す

九月二八日

同月廿八日　陰
一　午前宮へ出勤す
一　本日宮内省集会定日に付参省す、藤井、東条、児玉也、別に議なし
一　伏見宮へ昨日の御礼として参殿す
一　小松宮へ一昨日の御礼として参殿す

九月二九日

同月廿九日　陰
一　午前宮へ出勤す、別に伺議事無之
一　午后四時伊達殿〔宗徳、宇和島伊達家当主、伯爵のち侯爵、二女富子は北白川宮能久親王の室〕より於紅葉館御招請に付同刻より参席す、初ての訳を以御肴料金千疋頂戴す

九月三〇日

同月三十日　雨
一　午前宮へ出勤す、別に伺議事なし
一　伊達宗徳殿邸へ昨日の御礼として出頭す

一〇月一日

十月一日　晴

一　午前宮へ出勤す、夫より宮内省集会定日に付参省す、浅田、東条、児玉也、別に議事無之

一〇月二日

同月二日　陰

一　小松宮幷御息所、午前七時四十五分発別仕立汽車へ御乗車にて海外へ御出発に付、横浜御用邸まて御送として出張す

一　午后宮へ出勤す

一　明宮本日午后三時半当宮へ御遊行、階上辺御巡覧直に還御なり

一〇月三日

同月三日　晴

一　本日休暇に付在宿す

一〇月四日

同月四日　陰

一　午前宮へ出勤す、夫より有栖川綾子女王〔績子、有栖川宮威仁親王長女〕御埋葬に付、北白川宮御名代として有栖川宮へ参拝し、且又豊島岡へ御会葬相勤候事

但燕尾服着用す、尤黒覆は不致候事

黒紗の覆は国葬又は親族、或は其家に関し候節は用ひ可申心得にて可然こと

一　トモ事本日より京橋英語学校へ入学に付、証書調印の上出す

一〇月五日

同月五日　雨

一　本日は故延久王百ヶ日御法会を上野輪王寺に於て被為行候に付、参拝として午前出頭す、御香料金壱円備之

一　右に付、宮内省集会不参の段、昨日東条家令へ相頼み置候事

一〇月六日

一　本日は宮へも不参す

同月六日　晴

一　午前宮へ出勤す

一　宮殿下本日午后二時高崎より御帰殿、御異状不被為在、別に伺の件も無之退出す

一〇月七日

同月七日　陰

一　午前宮へ出勤す、別に伺議事なし

一〇月八日

同月八日　晴

一　午前宮へ出勤す、夫より宮内省集会定日に付参省す、尤本日は早めに退出す

一　宮殿下本日より佐倉地方へ御出張、午時御出発に付御見送申上候事

一〇月九日

同月九日　晴

一　午前宮へ出勤す

一〇月一〇日

同月十日　晴

一〇月一一日

同月十一日　晴

一　午前宮へ出勤す

一　阿曽沼次郎帰京に付、見舞として至る

一〇月一二日

同月十二日　陰　雨少々

一　午前宮へ出勤す

一　本日宮内省集会定日に付参省す、東条、児玉也、別に議事なし

一〇月一三日

同月十三日　陰

一　午前宮へ出勤す

宮殿下本日午後一時御帰京被為在候事

一〇月一四日

同月十四日　雨

一　午前宮へ出勤す

一　午后宮内省へ参省す

一〇月一五日

同月十五日　晴

一　午前宮へ出勤す、夫より宮内省集会定日に付参省す、浅田、東条、児玉也、別に議なし

一　午后高輪毛利殿秋季御例祭に付参拝す

一〇月一六日

同月十六日　晴

一　午前宮へ出勤す

一　午前宮内省へ出頭す

一　午后五時過より曲馬見物として家族中遊行す

一〇月一七日

同月十七日　晴

一　本日神嘗祭に付大礼服着用、午前十時参内之上参拝す、右は式部官より達有之候也

一〇月一八日

同月十八日　陰

一　午前宮へ出勤す、別に伺の件議事等無之

一〇月一九日

同月十九日　雨

一　午前宮へ出勤す、別に議問なし

一　宮内省集会定日に付参省す、児玉限り、別に議事なし

一〇月二〇日

同月二十日　陰

一　午前宮へ出勤す、別に伺の件議事無之

一〇月二一日

同月廿一日　小雨

一　午前宮へ出勤す

一〇月二二日

同月廿二日　陰

一　午前宮へ出勤す、別に伺の件なし

一　宮内省集会定日に付参省す、東条、児玉也、議事無之

一〇月二三日

同月廿三日　陰

一　午前宮へ出勤す

一〇月二四日

同月廿四日　晴

一　休暇に付在宿す

一〇月二五日

同月廿五日　雨

一　午前宮へ出勤す、別に伺の件議事なし

一〇月二六日

同月廿六日　陰

一　午前宮へ出勤す、夫より宮内省集会定日に付参省す、東条、浅田也、別に議事無之

一〇月二七日

同月廿七日　晴

一　午前宮へ出勤す

一　宮殿下本日午後より神奈川県下地方へ御出張のこと

一〇月二八日

同月廿八日　晴

一　午前宮へ出勤す、本日は別に御用向無之、退出す

一〇月二九日

同月廿九日　小雨

一　午前宮へ出勤す、夫より宮内省集会定日に付参省す、東条、児玉也、別に談なし

一　午后　宮殿下御還殿也

一〇月三〇日

同月三十日　雨

一　午前宮へ出勤す

一〇月三一日

同月卅一日　晴　風

一　休日に付在宿す

一　来月一日吹上御苑において、伊太利人「キアリニ」曲馬〔チャリネ曲馬団〕天覧に付、陪覧被差許候旨、宮内大臣より来書の事
右に付受取証のみ出す
但着服は「フロックコート」也

一一月一日

十一月一日　陰　暁雨

一　午前宮へ出勤す、別に伺議事無之

一　午后六時吹上御苑曲馬
天覧に付御達の通同刻御場所へ陪覧として参席、十時前退出す

一一月二日

同月二日

一　午前宮へ出勤す、別に伺議事なし

一　本日宮内省集会定日に付参省す、浅田、東条、児玉也、別に議事無之

一　昨夜御陪覧被
仰付候御礼、宮内次官及書記官へ申出候事

一一月三日

同月三日　晴

一　天長節に付、参内の儀御達に依りて、午前九時半参内十時拝謁被　仰付、終て御酒饌下賜候事
但大礼服着用也
一　午后より浅草辺へ、家族中、品川、賀田小児を同行す

一一月四日

同月四日　陰
一　午前宮へ出勤す

一一月五日

同月五日　晴
一　午前宮へ出勤す
一　本日宮内省集会定日に付参省す、東条、児玉なり、別に議事なし

一一月六日

同月六日　陰
一　本日は宮へ不参の段、書面家扶宛にて出置候事
一　午后競馬見物として家族一同至る

一一月七日

同月七日　陰

一一月八日

同月八日　晴
一　午前宮へ出勤す、別に議事無之

一一月九日

同月九日　陰
一　午前宮へ出勤す、夫より宮内省集会定日に付参省す、東条、児玉也、別に議事無之

一一月一〇日

同月十日　陰
一　本日宮へ不参す
一　十二時より皇居御苑菊拝見被差許候に付、イヨ同伴拝見す

一一月一一日

同月十一日　雨
一　午前後宮へ相詰候事

一一月一二日

同月十二日　雨　風
一　午前宮へ出勤す、直に宮内省集会定日に付参省す、児玉

限り也、追て浅田参省、別に議事無為之、退出す

一　午后冨見軒へ至る

桂、倉光〔三郎〕、三吉三名洋食、四位公御一同参会被仰付候事

一一月一三日

同月十三日　晴

一　午前宮へ出勤す、別に議事無之

一一月一四日

同月十四日　陰

一　休日に付在宿す

一一月一五日

同月十五日　陰

一　午前宮へ出勤す、別に伺の件なし

一一月一六日

同月十六日　陰

一　午前出勤、夫より宮内省集会参省す、東条、児玉也

一一月一七日

同月十七日　晴

一　午前宮へ出勤す、夫より博愛社開場式に付、皇后宮行啓被為在、依て同社より案内有之参席す

右相済四時過退去す

一一月一八日

同月十八日　大雨

一　午前宮へ出勤す、別に議事なし

一　松陰神社例祭来る廿一日紅葉館へ案内に付、右参席の儀、野辺地〔尚義〕へ答書出候事

一一月一九日

同月十九日　晴

一　午前宮へ出勤す、夫より宮内省集会定日に付参省す、東条、児玉也、別に議事なし

一一月二〇日

同月二十日　晴

一　宮へ出勤す、夫より宮内省へ参省す

一一月二一日

同月廿一日　晴

一　本日午前八時より土浦地方へ宮殿下御出張に付、御見送として出勤す

一　松陰神社本日例祭に付、午后四時紅葉館へ案内に依て参席す

十一月二十二日

同月廿二日　晴

一　午前宮へ出勤す、別に議事無之、退出す

十一月二十三日

同月廿三日　晴

一　新嘗祭に付休暇也、依て宮へ不参す

一　午后一時より於吉川殿元春公〔吉川元春、毛利元就三男、戦国時代の武将〕三百年祭に付、御案内に依参拝として出頭す、酒肴本膳にて酒宴也

但フロツクコート着用す

十一月二十四日

同月廿四日　晴

一　賀田氏昨夜帰京の由にて来宿也

一　午后より宮へ出勤す

本日は四時より御殿において家扶を始め家丁まてへ酒肴飯出し候て宴会を催す、小者馬丁共へは酒料遣す

右は夜に入退散の事

十一月二十五日

同月廿五日　晴

一　午前宮へ出勤す、別に議事無之退出す

十一月二十六日

同月廿六日　雨

一　午前宮へ出勤す、夫より宮内省集会定日に付参省す、藤井、浅田、東条也、別に議なし

十一月二十七日

同月廿七日　晴

一　午前宮へ出勤す

十一月二十八日

同月廿八日　晴

一　本日は休暇に付、在宿す

十一月二十九日

同月廿九日

一　正午宮へ出勤す

先般御出張之処、本日午後二時半過御機嫌克御帰殿也、別に伺の件無之退出す

一一月三〇日

同月三十日　晴
一　午前宮へ出勤す
一　宮内省集会定日に付参省す、藤井、児玉也、別に議なし
一　左の通届書出す

出張御届

当宮御用筋を以て、来月二日当地出発、栃木県下日光表へ出張仕候間、此段御届申上候也

十九年十一月卅日　　北白川宮家令三吉慎蔵　印

宮内大臣伯爵伊藤博文殿

右田辺書記官へ出し置候事

一二月一日

十二月一日　晴
一　午前宮へ出勤す

一二月二日

同月二日　晴
一　午前四時四十分麻生へ立寄り、夫より直に五時上野発の汽車にて日光表へ出張す
一　十時五十分宇都宮へ着、夫より人力車にて麻生一同日光表へ着す
一　長井、河野、山口旧臣三名止宿所へ至る
一　戸長入江止宿へ至る
一　今般御買入の地所、明日実地引合方の儀を夫々打合せ候事

一二月三日

同月三日　晴
一　日光山中雪なり
一　戸山脇御地所実地、入江戸長弁惣代人立会、旧臣三名とも一同出張し夫々引合、午前十二時検査済也
一　輪王寺にて昼飯案内に付到る
一　午后戸長役場にて売買証書引合、右代価相渡す
右書類夫々麻生へ相渡候事
一　午后七時より入江其他旧臣の者へ止宿に於て酒宴相開候事

一二月四日

同月四日　晴
一　午前迄に夫々引合相済候に付、日光町十二時出発馬車にて宇都宮へ着す
一　午后四時五十分発汽車にて十時前東京宮御邸へ着、直に退散の事

一二月五日

同月五日　陰

一　本日風邪に付不参の段、麻生へ使を以て書面遣す

一　宮内省へ帰京届書調印し麻生へ取計方を依頼す

一二月六日

同月六日　陰

一　午前宮へ出勤す

宮殿下へ御直に日光表検査の次第上申す

一二月七日

同月七日　晴

一　賀田氏沖縄へ出発に付見送る

一　午前宮へ出勤す、夫より宮内省集会定日に付参省す、両宮別当及ひ藤井、浅田、東条、児玉也

一　来る十三日、故旧臣懇親会御用問に付、断り書高輪幹事へ出す

一二月八日

同月八日　晴

一　午前宮へ出勤す

一二月九日

同月九日　晴

一　午前宮へ出勤す

一　日光表へ地所引合状、夫々談決す

一二月一〇日

同月十日　晴

一　午前宮へ出勤す、夫より宮内省集会定日に付参省す、浅田、東条也

一　山尾、浅田、東条へ学校御出金一件再議の儀、申入置候事

一　本日午後七時半より於御邸晩餐御招請の処、少々風邪に付、今晩は不参の段、麻生迄申出置候事

一二月一一日

同月十一日　晴

一　午后宮へ出勤す、別に伺議事なし

一　坂本〔龍馬〕、石川〔中岡慎太郎、土佐国安芸郡北川郷大庄屋中岡小伝次長男、陸援隊長〕両先生二十年祭に付、冨見軒へ案内に依参席す、右に付両染筆類色々持参す、諸氏と色々談会有之

一二月一二日

同月十二日　晴

一　午前御屋敷へ出頭し、夫より馬術練習開業式案内に付、出席候事

一二月一三日

同月十三日　晴

一　午前宮へ出勤す

一　内外人晩餐御招請の処不参す

一二月一四日

同月十四日　雨

一　午前宮へ出勤す、夫より宮内省集会定日に付参省す、別当御家令一同会す、尤藤井は不参也

一　服部潜蔵〔海軍大佐〕十三日死去の由、荘原より報知有之

一二月一五日

同月十五日　午前大風

一　午前宮へ出勤す、別に議伺等無之

一二月一六日

同月十六日　晴

一　午前七時半宮へ出勤す
宮殿下千葉県下へ御出張に付、御見送申上候事

一　井田別当参殿也

一　午前高輪御邸へ出頭す
右は元徳殿〔毛利元徳〕より昨日御書面を以て左の通被仰越候に付、一応の御請として家扶井関氏〔美清〕へ申出置候事

山口県中学校を高等中学の制に改め、文部大臣の管理とせらるゝに付、締役第六項により、私立防長教育食員〔ママ〕の内より商議委員七名を指定し、山口県知事〔原保太郎〕を経て文部大臣〔森有礼〕へ推薦する事

会　長

商議委員

野村　靖
頓野　馬彦〔山口県書記官〕
江木　千六〔ママ〕〔千之、文部省参事官〕
三吉　慎蔵
下　連城〔吉川家家令〕
吉富　簡一〔山口県議会議長〕
松田　誠

以上七人

今般私立教育会の内より商議し推薦致候間、此段御承諾冀

望候也

会長毛利元徳

三吉慎蔵殿

追而御参考別紙一葉相添差進候也

一二月一七日

同月十七日　晴

一　午前宮へ出勤す、議なし

一　宮内省集会定日に付参省す、各宮別当家令揃也

一二月一八日

同月十八日　晴

一　午前宮へ出勤す

一二月一九日

同月十九日　晴

一　本日は高輪様へ出頭す

一二月二〇日

同月二十日　晴

一　午後宮へ出勤す

一　忘年会を四時より相開き、依て別当出席其他一同参集之事

一二月二一日

同月廿一日　晴

一　午前宮へ出勤す、夫より宮内省集会定日に付参省す、別当家令揃の事

一二月二二日

同月廿二日　陰

一　午后宮へ出勤す、五時前千葉県下より御帰殿也、別に伺の件無之退出す

一二月二三日

同月廿三日　陰

一　午前宮へ出勤す

一二月二四日

同月廿四日　陰

一　午前宮へ出勤す、別に伺の件なし

一　本日宮内省集会定日に付参省す、東条、児玉也、別に議事無之

一二月二五日

同月廿五日　晴

一　午前宮へ出勤す
一　例年の通頂戴物被仰付候事
一　扶従始め御奥向末々迄例年の通被下物夫々相渡す
一　午后一時より、故大佐服部氏祭典を於紅葉館有志一同執行候に付、出席す

一二月二六日

同月廿六日　晴
一　午后万代亭へ四位公思召にて晩餐御招に付参席す、鳥山〔重信、内務省県治局次長〕、山田〔愛介〕、粟屋〔景明、検事〕、因藤〔成光カ〕、三吉也、別冊に記事す

一二月二七日

同月廿七日　晴　后雨
一　午前宮へ出勤す、別に伺の件無之

一二月二八日

同月廿八日　陰
一　午前宮へ出勤す、伺の件なし
一　宮内省集会定日に付参省す、井田別当及ひ東条、児玉也、別に議事なし
一　花房氏〔義質〕伏見宮別当拝命の由、面談す
一　御息所〔北白川宮能久親王妃富子〕本日御着帯に付、御祝酒料として金二百匹頂戴す
一　金二千疋
右嶋津家より御祝に付御贈り相成頂戴す

一二月二九日

同月廿九日　晴
一　午后宮へ出勤す
一　餅　一重
右例年之通被下候事
一　午后五時半より紀尾井亭に於て歳末宴会有之、招に付参席す

一二月三〇日

同月三十日　晴
一　福原、乃木、品川、阿曽沼へ年末祝儀として至る
一　本日は宮へ不参す

一二月三一日

同月三十一日　晴
一　歳末参賀として午前参省、山内書記官〔勝明〕へ申出置候事
一　伏見宮へ歳末御祝詞申上候事
一　北白川宮へ同断

但御用仕舞、別に引合等無之

一　来一月三日紅葉館へ不参之段、本日林議官〔友幸〕へ書面出す

一　来一月一日、三日、五日
右所労に付不参の段、式部職へ届書進達の儀、加藤へ依頼致候事

日記　八　明治二十年

明治二〇年

一月一日

明治二十年一月一日　晴
一　午前九時
　朝拝御達の処、所労に付参
　内不参の儀、届書出す

一月二日

同月二日　晴
一　在宿す

一月三日

同月三日　晴
一　元始祭不参す、右届書は過日式部職へ出之
一　本日慶新会、紅葉館へ案内の処、不参に付会費為持候
　事

一月四日

同月四日　晴
一　本日宮内省集会定日の処不参の段、東条家令〔頼介〕へ
　使を以て相頼置候事
一　本日於鹿鳴館新年賀宴不参の儀も同断
　但出金参拾銭も依頼す

一月五日

同月五日　晴
一　新年宴会参
　内の儀御沙汰の処、所労に付不参す、右に付届書出す
一　午后四時より新年御宴会に付、家族一同参殿可致旨、加
　藤御使に来る、右に付同刻参殿す、尤家内〔三吉イヨ〕は
　不参トモ〔三吉トモ〕参殿候事
一　右に付例年の通献上物且小使迄夫々仕向致候事
　但品附等は勘定帳に記す

一月六日

同月六日　雪
一　午前宮〔北白川宮〕江出勤す、別に伺議事等無之
一　年礼往来筋廻勤致候事

一月七日

同月七日　晴
一　午前宮へ出勤す、別に伺議事無之、夫より本日宮内省集

会定日に付参省す、東条、児玉〔源之丞〕也、別に議なし

一月八日

同月八日　晴
一　本日は不参す

一月九日

同月九日　晴
一　休日に付在宿す

一月一〇日

同月十日　晴
一　午前宮へ出勤す、別に伺議事無之
一　午后より年礼廻礼す
一　山県大臣〔有朋〕宅へ土産持参す

一月一一日

同月十一日　雨
一　午前宮へ出勤す、夫より宮内省集会定日に付参省す、別当、家令相揃候事

一月一二日

同月十二日　陰
一　乃木少将〔希典〕七時発の汽車にて出発洋行に付、新橋まて見送致候事
一　午前宮へ出勤す

一月一三日

同月十三日　陰
一　本日は在宿す、右に付断り書麻生〔三郎〕へ出す

一月一四日

同月十四日　雨
一　午前宮へ出勤す
一　本日宮内省集会定日に付参省す、東条のみ、別に議なし

一月一五日

同月十五日　風
一　午前宮へ出勤す

一月一六日

同月十六日　晴
一　休日に付在宿す

一月一七日

同月十七日　晴

一　午前宮へ出勤す、別に伺議無之

一月一八日

同月十八日　大雪

一　午前伊藤大臣〔博文〕より宮家事の儀に付面談の儀申来り、依て参邸す

一　宮へ出勤す

一　宮内省集会定日に付参省す、外に参省無之、山尾〔庸三〕、井田〔譲〕両別当参省也、別に議無之、退出す

一月一九日

同月十九日　陰

一　午前宮へ出勤す、別に伺議事なし

一月二〇日

同月二十日　陰

一　午前宮へ出勤す、伺議事等無之

一月二一日

同月廿一日　雨

一　午前宮へ出勤す

一　本日宮内省集会定日に付参省す、東条のみ、別に談なし

一　午後三時迄宮へ相詰候事

一月二二日

同月廿二日　晴

一　宮御方〔北白川宮能久親王〕本日西京表へ御参拝として午前九時三十分発の汽車にて御出発に付、新橋迄御見送申上候事

一　別に伺置の件無之

一月二三日

同月廿三日　雨

一　本日休暇に付、高輪様〔毛利元徳〕其他年始廻礼す

一月二四日

同月廿四日　陰

一　本日午前九時西京表へ
聖上〔明治天皇〕、皇后宮〔昭憲皇太后〕御発輦に付、正門外にて奉送の旨式部職より達に付参内候処、海上少々天気予報横浜御艦より申出に付、御延引の旨被　仰出候、依て退出す

一　伏見宮〔貞愛親王〕へ出頭、明廿五日西京へ御出発に付、

御暇乞申上置候事
一　宮へ出勤す

一月二五日

同月廿五日　雪少々雨
一　聖上、皇后宮本日七時御発輦に付、奉送として参
内し、正門外にて奉送の事

一月二六日

同月廿六日　雨
一　午前宮へ出勤す、別に相変儀無之
一　西京へ御安着の旨電報有之候事

一月二七日

同月廿七日　晴
一　本日は在宿申出置候事

一月二八日

同月廿八日　晴
一　午前宮へ出勤す、相変儀無之、夫より宮内省集会定日に
付参省す、東条のみ也、御用向も無之、退出す

一月二九日

同月廿九日　陰
一　本日は在宿の儀、麻生へ書面仕出置候事

一月三〇日

同月三十日　風雨后晴
一　孝明天皇御二十年祭式に付、式部職より参拝の儀達し相
成、午前十時参
内参拝致候事
一　本日は宮へ不参す

一月三一日

同月三十一日　陰
一　午前宮へ出勤す、異議なし

二月一日

二月一日　晴風
一　午前宮へ出勤す、議事無之
御息所〔北白川宮能久親王妃富子〕御機嫌克被為入候事
一　本日宮内省集会定日に付参省す、山尾、井田両別当及ひ
藤井〔希璞〕、東条也、議事なし
一　帰省出願左の通
帰省御暇願
私儀

山口県下豊浦に居住の老母〔小坂かつ子〕へ面会の為、本月中旬より帰省仕度候間、往復を除き二週間御暇下賜度、此段奉願候也

二十年二月一日　北白川宮家令三吉慎蔵　印

宮内次官伯爵吉井友実殿

右当直田辺書記官〔新七郎〕を以て進達す

一四七

願之通

明治廿年二月二日　印

二月二日

同月二日　陰

一　午前宮へ出勤す、別に相変儀無之

二月三日

同月三日　晴

一　本日は在宿の儀を宮へ申出置、且御暇済の段加筆す

二月四日

同月四日　陰　風

一　午前宮へ出勤す

一　宮内省集会定日に付参省す、東条、児玉、浅田〔進五郎〕なり、別に議なし

二月五日

同月五日　晴　風

一　本日不参の段、麻生へ書面仕出置候事

二月六日

同月六日　晴　風

一　休日に付在宿す

二月七日

同月七日　陰

一　午前宮へ出勤す、別に相変儀無之

二月八日

同月八日　晴

一　午前宮へ出勤す、相変儀なし

一　本日宮内省集会定日に付参省す、別当揃ひ家令は浅田不参也

二月九日

同月九日　陰

一　本日は在宿す

二月一〇日

同月十日　晴
一　午后宮へ出勤す
一　海苔　五箱
　宮、御息所御二方様より
一　細工物　色々
　御息所より
　右帰省に付被下之、依て御礼申上候事
一　井田別当より離盃として富見軒に於て晩餐招請に付至る
　但麻生、世続〔陳貞〕、安藤〔精五郎〕陪席也

二月一一日

同月十一日　晴
一　紀元節に付、午前十時参拝且参賀す
　但式部官より達し有之、大礼服着用なり、本日は酒肴賜無之
一　出発に付、左の通届
　　出発御届
　　　　　　　　　　　　　　　　　　　私儀
　願済之上来る十五日当地出発、山口県下豊浦へ帰省仕候間、此段御届申上候也
　　二十年二月十一日　北白川家令三吉慎蔵　印
　　　　宮内次官吉井友実殿
　右当直書記官山内〔勝明〕へ出す

二月一二日

同月十二日　晴

二月一三日

同月十三日　晴
一　本日休暇に付在宿す
一　山県大臣、品川〔氏章〕、阿曽沼〔次郎〕の諸氏へ尋問す
一　午后高輪様より於紅葉館旧懇親会御設に付、四時より参席す

二月一四日

同月十四日　陰
一　午前宮へ出勤の上御息所へ拝謁、御暇申上置候事
一　公用向麻生へ段置候事
一　井田別当へ万事依頼致置候事
一　伏見宮昨日御帰京に付御歓、且又明日より帰省に付、御暇乞申上候事

三月二五日

三月廿五日　晴

一　着京す、尤本日は届不出候事
一　帯地　一筋　茶　壱
　右宮御帰京に付被下候事
一　蒸菓子　壱
　右宮より留守御尋として、御使麻生を以て被下候事

三月二六日

同月廿六日　晴
一　午前宮へ出勤す
　御二方様へ拝謁御伺申上候、別段御異状無之、且又留守中相変儀無之、依て退出す
一　煙草　一箱
　右献上候事
一　本日帰京之段、宮内大臣へ宛届書封書にして進達す

三月二七日

同月廿七日　晴
一　休暇に付在宿す

三月二八日

同月廿八日　晴　風
一　午前宮へ出勤す
一　井田別当へ面会す

三月二九日

同月廿九日　風
一　午前宮へ出勤す、別に伺議事なし
一　本日宮内省集会定日に付参省す、東条、児玉なり、別に議事無之

三月三〇日

同月三十日　風
一　午前宮へ出勤す、本日相州地方へ御出張の処、御送りは不申上候事
一　井田別当宅へ尋問す

三月三一日

同月卅一日　晴
一　午后宮へ出勤す、別に議事なし

四月一日

四月一日　晴
一　午前宮へ出勤す
一　本日宮内省集会定日に付参省す、児玉、東条なり、別に議事無之

四月二日

同月二日　雨

一　午前宮へ出勤す、別に議なし

四月三日

同月三日　雨

一　神武天皇御例祭に付、午前十時参拝として参内す、右は大礼服着用也

一　三吉周亮へ、桂少将〔太郎〕へ聞合置候件、書類墨検査向ロ無之段礼書とも仕出す

四月四日

同月四日　晴　風

一　午前宮へ出勤す

恒久王〔北白川宮恒久王〕御方三吉へ御預け之旨別当より示談に付、右は佐々木高行〔宮中顧問官〕方如何哉と申出候処、可然ことに御決し、本日同家へ　宮殿下御出にて御頼相成候事

四月五日

同月五日　晴

一　午前宮へ出勤す

一　久宮〔静子内親王〕至て御太切の由に付、直に同御殿へ御伺として参上致候事

一　宮内省へ

天機伺として参省、山内書記官当直に付申出置候事

一　本日集会定日、児玉のみ也

一　宮殿下明日御出発の儀、宮内大臣へ相伺候処、先御見合にて九日後御出発の御都合、同官へ聞定置候事

一　右井田別当へも申入置候事

四月六日

四月六日　晴

一　午前宮へ出勤す、別に伺議事等なし

一　品川少将へ礼状仕出す

四月七日

四月七日　陰

一　午後宮へ出勤す、議事伺無之

四月八日

同月八日　陰

一　午前宮へ出勤す、伺議事無之

一　宮内省集会定日に付参省す、浅田、東条、児玉なり、別に議談なし

四月九日

同月九日　晴　風少々

一　午前宮へ出勤す

来る十四日午後四時、於紅葉館旧友会三条公〔実美〕例の通り御設に付、幹事楫取〔素彦〕、野村〔靖〕の両官より案内状廻達来る、右廻達方を加藤へ相頼候事

一　久宮御葬送豊島岡へ午后一時御出棺に付、御先出着御奉送の儀、宮内省より達有之、同刻奏送す

但着服燕尾黒紐のみ、別に附するものなし

一　佐々木夫人〔貞子〕、宮へ御請参殿の由、麻生より承る

四月一〇日

同月十日　晴

一　宮殿下より御用之旨に付参殿す

四月一一日

同月十一日

一　午前宮へ出勤す

一　井田別当へ昨日　殿下より御答の次第夫々示談す、尚再考打合可申ことに談置候事

四月一二日

同月十二日　雨

一　午前宮へ出勤す、別に伺議事なし、夫より本日宮内省集会定日に付参省す、浅田、児玉也

一　来る十五日伏見宮御別荘へ御招の処、差支に付、浅田へ御断り申入置候事

四月一三日

同月十三日　晴

一　午前宮へ出勤す

四月一四日

同月十四日　陰　風少々

一　午前宮へ出勤す、伺議事無之退出す

一　午后四時より於紅葉館三条公旧友会に付参会す

四月一五日

同月十五日　陰

一　午前宮へ出勤す、別に議事なし、夫より宮内省集会定日に付参省す、東条のみ、議事無之

一　高輪様春季御例祭に付、参拝として出頭す

四月一六日

同月十六日　晴

一　本日宮へ不参の段書面麻生へ為持候事

四月一七日

同月十七日　晴

一　米熊〔三吉米熊〕こと御用済にて本日長野県小県郡上田蚕糸組合事務所へ出張す

一　本日は休暇に付在宿す

四月一八日

同月十八日　晴

一　午前宮へ出勤す、別に伺議事等無之直に退出す

一　午后四時五十分御息所御分娩の旨家扶より来書に付直に参殿す、御男子様〔北白川宮成久王、北白川宮能久親王第三王子〕御誕生、御二方様御異状不被為在、依て退出す

四月一九日

同月十九日　晴

一　午前宮へ出勤す

宮殿下へ御直に別当一同恐悦申上、且御誕生様拝謁す

一　宮内省集会定日に付参省す、東条、児玉也、別当三名参席、尤別に議事なし

四月二〇日

同月二十日　陰

一　午前宮へ出勤す

御息所御分娩に付、歓として鰹節一箇献上す

四月二一日

同月廿一日　晴

一　午前宮へ出勤す、別に伺議事等無之

一　嶋津家より御奥向へ御伽御尋として鰻飯御贈りに付、御表一統頂戴の事

一　御分娩に付、明廿二日午前十時

勅使被差立候段、桜井書記官〔能監〕より内報有之候事

四月二二日

同月廿二日　陰

一　午前宮へ出勤す

本日午前十時

勅使堀川侍従〔堀河康隆〕を以て御息所御分娩御歓として被差遣、別当一同御洋館石壇へ出迎御二之間へ案内す、夫より御二階一之間へ案内、宮殿下御逢相済、又々御二之間にて茶菓を出す、直に送り前同断也、右

勅使着服フロックコート也、引受別当同様着用の事

一　宮内省集会定日に付参省す、東条、児玉也、別に談議なし

一　恒久王佐々木へ御預けに付御届之儀、桜井書記官へ取計方示談候処、別に書面不差出候て可然とのことに付、其段大臣へも含置の儀相頼置候事

四月二三日

同月廿三日　雨

一　午前宮へ出勤す
吉井次官即刻面談の儀来書に付参省す、右は御誕生様御名附の儀に付、宮内大臣へ引合方の儀伝達に付、直に大臣官舎へ出頭面会し、右申入候処、後刻書面にして宮へ為持候旨談決、依て直に宮へ出勤す

四月二四日

同月廿四日　晴

一　午前宮へ出勤す
本日は御七夜に付御名付左之通
成《ナル》久王
右伊藤宮内大臣より御続を撰ひ呈上に付、宮殿下御決定にて御誕生様へ被為進候、其次第は伏見宮の御例に拠り御規式の事

一　伏見宮御二方様〔伏見宮貞愛親王、伏見宮貞愛親王妃利子女王〕御招請、当宮別当幷家令、外に小松宮家扶〔長尾寛助カ〕、伏見宮家扶御陪席御酒宴也

一　御息所へ恐悦申上候事
前条詳細は家扶座に記載に付略之

四月二五日

同月廿五日　晴

一　午前宮へ出勤す、昨日の御礼申上候、別に議事なし

四月二六日

同月廿六日　晴

一　午前宮へ出勤す、別に議なし

一　本日宮内省集会定日に付参省す、別当不参也、東条のみ、別に議談無之

四月二七日

同月廿七日　晴

一　本日は在宿の儀、宮へ申出候て不参す

四月二八日

同月廿八日　陰　后晴

一　午前宮へ出勤す、別に伺議事無之

一　交肴　一折
右献上物御答礼として御使樋口綾太郎持参也

四月二九日

同月廿九日　晴　風

一　午前宮へ出勤す、別に議なし、夫より宮内省集会定日に付参省す、東条のみ、議事無之、退出す

四月三〇日

同月三十日　雨

一　本日は在宿のことに昨日麻生家扶へ申出置候事

五月一日

五月一日　晴

一　休暇に付在宿す

五月二日

同月二日　晴

一　午前宮へ出勤す、別に伺の件なし

五月三日

同月三日　陰　雨

一　午前宮へ出勤す、別に伺の件議事なし、夫より宮内省集会定日に付参省す、藤井、東条なり、別当には花房〔義質〕、井田出省の事

五月四日

同月四日　晴

一　午前宮へ出勤す、別に伺議事無之

五月五日

同月五日　陰

一　午前宮へ出勤す、別に議事なし
御息所及ひ成久王へ御伺申上候、何も御異状不被為在候事

五月六日

同月六日　陰　夜雨

一　午前宮へ出勤す、夫より宮内省集会定日に付参省す、議事無之退出す

一　午後三時より於紅葉館伊達殿〔宗徳〕より御招請に付参席す
右は年賀祝宴に付、井田別当申合、鰹節一箱昨五日為持候也

五月七日

同月七日　雨

一　福原沖縄県知事〔実〕任地へ発足に付、見送りとして新

橋迄至る
一　午前宮へ出勤す、相変儀無之、退出す

五月八日

同月八日　晴
一　休日に付在宿す

五月九日

同月九日　陰
一　午前宮へ出勤す
一　今般共進会へレース製造出品に付、本日授与式呼出に而、トモ及ひ加藤女、中林女の三名へ二等賞銀牌を総裁三品有栖川宮〔威仁親王〕より御渡相成候事
　但着服紋付白襟繻絆にて出頭す、現書別に有之略す

東京府工芸品共進会
　褒賞授与証
二　○　銀　　三吉トモ
等　　　　　　加藤トク
賞　○　牌　　中林ハル
総裁有栖川三品親王
東京府知事〔高崎五六〕其他主任
審査官連名なり

五月一〇日

同月十日　雨
一　午前宮へ出勤す
一　午后二時有栖川宮苑遊会御催に付、御招請に依り参会す

五月一一日

同月十一日　陰
一　午前宮へ出勤す、別に伺議事無之、退出す
一　杉〔孫七郎〕、香川〔敬三〕の両官へ授爵華族に被列候、歓として到る

五月一二日

同月十二日　晴
一　午前宮へ出勤す、議事なし
一　有栖川宮へ過る十日御招の御礼として出頭す

五月一三日

同月十三日　雨
一　午前宮へ出勤す
一　本日宮内省集会定日に付参省す、東条、児玉不参也

五月一四日

同月十四日　雨
一　午前宮へ出勤の上御内使申入の次第、麻生へ答置候事

五月一五日

同月十五日　晴
一　本日休暇に付在宿す

五月一六日

同月十六日　晴
一　午前宮へ出勤す
　来る十八日御内祝に付、午後五時より参席可仕段御下命也

五月一七日

同月十七日　晴
一　午前宮へ出勤す、夫より宮内省集会定日に付参省す、三宮別当〔義胤〕各家令参省也
一　恒久王、佐々木氏へ御滞在費凡一ヶ年の総計を五百円と見込、此内にて夫々分方の儀、麻生より同家へ引合の都合に別当一同協議し、麻生へ談置候事

五月一八日

同月十八日　陰
一　午后出勤す
　御誕生様御内祝に付、伊藤大臣及令夫人〔梅子〕、伊達家、嶋津家、奈良原〔繁〕并夫人〔スガ〕、井田別当、三吉家令御招請也、奈良原断りに付、杉内蔵頭并夫人〔千世子〕御招之事

五月一九日

同月十九日　晴
一　午前宮へ出勤す、議事なし

五月二〇日

同月二十日　雨
一　午前宮へ出勤す、議事無之
一　宮内省集会定日に付参省す、東条而已、別に議なし

五月二一日

同月廿一日　晴
一　午前宮へ出勤す、別に議なし
一　成久王、伊達宗徳殿へ御預の儀、宮殿下より被仰聞、右は御直に御頼可被遊とのこと也

五月二二日

同月廿二日　晴

一　休日に付在宿す

五月二三日

同月廿三日　小雨　雷

一　午前宮へ出勤す、井田別当出勤也
　来る廿六日懇親会可致、就ては伏見宮別当、家令津田〔宗元〕へ照会状出す

一　来る廿五日赤十字社へ参席の儀、差支に付断状出す

五月二四日

同月廿四日　晴

一　午前宮へ出勤す、夫より宮内省集会定日に付参省す、東条のみ、議事なし

一　赤十字社へ入社の儀、桜井書記官より廻達有之、右は先般入社済に付其段答置、廻達名下へも記置候事

一　来る二十六日午后四時より星ヶ岡にて懇親会の儀、決定の事

五月二五日

同月廿五日　陰

一　午前宮へ出勤す

一　成久王、廿八日より伊達宗徳殿方へ御預けの事

五月二六日

同月廿六日　陰

一　本日は午后出勤す、夫より星ヶ岡茶寮に於て伏見宮別当、家令、家扶、当宮別当、家令、家扶安藤〔精五郎〕懇親会午后四時より参集に付至る
　右は北白川宮に於て相設候也

五月二七日

同月廿七日　陰

一　午前宮へ出勤す、伺議事無之

一　本日宮内省集会定日に付参省す、藤井、児玉也、議問なし

五月二八日

同月廿八日　陰　后雨

一　午前宮へ出勤す、夫より本日は
　皇后宮御誕辰に付、午前十一時参賀す、同刻拝謁被仰付、終て於御会食所立食下賜候事
　　但通常礼服燕尾着用す

五月二九日

同月廿九日　雨

一　午前山尾別当〔庸三〕方へ授爵歓として至る

五月三〇日

同月三十日　晴

一　午前宮へ出勤す
井田別当より退職相願療養致度に付、宮殿下へ下官より申上置の儀示談に付、不取敢上申し、尚別当よりも御直に相願候段、添て申上置候事

五月三一日

同月卅一日　雨

一　井田別当より願書差出方依頼に付、右は　宮殿下へ一応上申の上ならでは取計方不相成ことに答置候事

一　午前宮へ出勤す

一　宮内省集会定日に付参省す、東条のみ、別に談なし

一　午后宮へ相詰、井田出願書の件を上申す、右願書は先つ留置候旨御下命に付、預り置候事

一　午后井田別当参殿也

六月一日

六月一日　雨

一　午前宮へ出勤す、別に伺議事無之

一　午后　宮殿下御用之旨、家扶より来書に依て即刻参殿候処、別当辞表の儀は許可不致、書面差返可申旨にて、下官より明日井田へ相渡候様にとの御沙汰也、尚御直にも可被仰聞段　殿下の御命也

六月二日

同月二日　晴

一　午前宮へ出勤す、夫より井田別当へ　宮殿下の御使として至る、右は辞表願出の儀は思召の旨被為在候に付、一先つ返却可致御命に付、願書相渡候事

六月三日

同月三日　晴

一　宮へ出勤す、夫より宮内省集会定日に付参省す、藤井、浅田、東条也、議事なし

六月四日

同月四日　陰

一　午前宮へ出勤す、別に議事無之

一　井田別当出頭、出願一件は猶篤と勘考の上、上申可仕との談也

六月五日

同月五日　雨

一　休日に付在宿す

六月六日

同月六日　陰

一　午前宮へ出勤す

六月七日

同月七日　雨

一　午前宮へ出勤す、別に伺議事無之、夫より宮内省集会定日に付参省す、藤井、浅田、児玉也、議なし

六月八日

同月八日　晴

一　午前宮へ出勤す

一　来る十九日午後三時、紅葉館へ参席の受書、本日清浦〔奎吾、内務省警保局長〕、野村の両官へ手紙仕出候事

六月九日

同月九日　雨

一　午前宮へ出勤す

六月一〇日

同月十日　陰

一　午前宮へ出勤す

一　宮内省集会定日に付参省す、藤井、児玉也、議なし

一　正村信一より老人〔正村マス、三吉イヨの実母〕異例の段来書に付即日見舞、且又家内出豊不致段加筆し、書面出す

六月一一日

同月十一日　晴

一　午前宮へ出勤す、本日は正午より星岡茶寮に於て麻生、世続、安藤、麻生延太郎、佐藤、加藤、樋口〔綾太郎〕、桜井〔一生〕、大塚〔盛正〕、浜野〔春次郎〕、外に津田家扶を招請す、右に付、午后は取持として栢貞香相招候、相済午後十一時帰宿す

六月一二日

同月十二日　晴

一　休日に付在宿す

六月一三日

同月十三日　晴

一　午前宮へ出勤す、別に伺議事無之、退出す

六月一四日

同月十四日　晴

一　午前宮へ出勤す、諸帳簿検査の上調印す

一　本日宮内省集会定日に付参省す、児玉、東条なり

一　香川大夫より別当山尾、花房、別当代理三吉、右一同へ先般　思召を以て御洋服の件被仰出、就ては右の御趣意各宮方にも御行相成度、尚追々御取調の上御目途又々同大夫より談有之筈に談決の事

六月一五日

同月十五日　雨

一　午前宮へ出勤す

一　日枝神社大祭に付、明宮〔嘉仁親王、のちの大正天皇〕午後一時御成に付、午后宮へ相詰候、各若宮方御親族御出御覧所御設相成候事

六月一六日

同月十六日　小雨

一　午前宮へ出勤す、別に伺議事無之

六月一七日

同月十七日　雨

一　午前宮へ出勤す

一　正村へ見舞状仕出候事

六月一八日

同月十八日　陰

一　午前宮へ出勤す、別に伺議事無之

六月一九日

同月十九日　陰

一　元治甲子七月殉難士祭典於紅葉館執行に付参席す

一　来る廿一年幹事順番相成候事

六月二〇日

同月二十日　陰　后雨

一　午前宮へ出勤す、別に議事なし

六月二一日

同月廿一日　雨

一　午前宮へ出勤す、夫より宮内省集会定日に付参省す

一　正村老人七日后の次第、十六日付を以て栢俊雄より之来書着す

六月二二日

同月廿二日　陰
一　午前出勤す、別に議無之
一　米熊へ正村老人大病の件、且便り無之旁、尋問書出す

六月二三日

同月廿三日　陰 后大雨
一　午前宮へ出勤す、別に伺議事なし

六月二四日

同月廿四日　晴
一　午前宮へ出勤す、御内祝之御招請は七月一日と御決の次第、夫々麻生より承候事

六月二五日

同月廿五日　晴
一　午前宮へ出勤す
一　宮殿下へ御直に御息所御洋服向後御目途御取調の上、何分の伝達可有之段を上申す

六月二六日

同月廿六日　雨
一　午后一時三十分発汽車にて　宮殿下川崎近辺へ御出張に付、正午出勤す

六月二七日

同月廿七日　雨 后晴
一　午后宮へ出勤す
宮殿下午後六時御帰殿に付、御機嫌相伺候て退出す

六月二八日

同月廿八日　陰
一　午前宮へ出勤す、夫より本日宮内省集会定日に付参省す、児玉、東条也
一　故延久王御一周年に付相頼、上野輪王寺へ参拝として十二時出頭す

六月二九日

同月廿九日　陰
一　午前桂弥一氏へ尋問し、夫より宮へ出勤す、井田別当出勤也、別に議事無之
一　午后一時頃北白川宮近火に付伺として参殿す
一　本日午后七時より於御殿踏舞御納会に付参殿す

六月三〇日

同月三十日　晴
一　午前宮へ出勤す

一　例年之通半期被下物、別当始め小者迄夫々定格御渡也
一　昨日御近火に付、宮内省　明宮青山御所より御使被差立候に付、右御礼として午前夫々相勤候事
一　福原老人へ尋問す

七月一日

七月一日　雨　后晴
一　午前宮へ出勤す、別に議なし
一　午后六時御内祝御招請晩餐御洋食　有栖川宮、伏見宮、大臣方の内其他御招に付、御陪食被仰付参席す

七月二日

同月二日　雨
一　午前宮へ出勤す

七月三日

同月三日　雨
一　休暇也

七月四日

同月四日　陰
一　午前宮へ出勤す、別に議なし

七月五日

同月五日　晴
一　午前宮へ出勤す、別に伺議事無之、夫より宮内省集会定日に付参省す、浅田、児玉、東条也、各宮別当参省無之

七月六日

同月六日　小雨　風
一　午前宮へ出勤す、議事なし

七月七日

同月七日　晴
一　午前宮へ出勤す、別に伺議事無之退出す

七月八日

同月八日　陰
一　宮内省集会定日に付参省す、又宮へ出勤す

七月九日

同月九日　陰
一　午前宮へ出勤す、夫より宮内省へ参省し、明十日より三日間　宮殿下日光へ御出被成度、尤御職務御休暇有之候に付、右の都合を以て思召立、就ては御届にて可然哉之

段、桜井、田辺〔新七郎〕両書記官へ聞合候処、右は伺の上と申事にて伺に相成、侍従長〔徳大寺実則〕より伺済に付御届のことに決す

七月一〇日

同月十日　陰
一　本日午前六時発汽車にて日光へ御出発也

七月一一日

同月十一日　晴
一　午前宮へ出勤す

七月一二日

同月十二日　陰　后雨
一　午前宮へ出勤す、夫より宮内省集会定日に付参省す、浅田、児玉、東条也、山尾別当参集、所得税一件其他家扶従月給等の儀、近日の内協議可相成談也
一　梨本宮〔守正王〕来る廿日頃より西京へ御出に付、東条陪従に依て留守中御用向の儀依頼なり

七月一三日

同月十三日　陰
一　宮殿下本日二番発十一時三十分の汽車にて御帰殿の由申来る、右に付午後五時前出勤す、御機嫌相伺候上退出候事

七月一四日

同月十四日　雨
一　午前宮へ出勤す、伺議事等無之

七月一五日

同月十五日　晴
一　午前宮へ出勤す
一　宮内省集会定日に付参省す、別当山尾、花房家令、浅田、東条也、児玉不参

七月一六日

同月十六日　陰　風
一　午前宮へ出勤す、伺議事なし
一　賀田氏〔貞二〕本日出立にて筑前へ出張也、右に付、正村老人江見舞物料を栢俊雄へ相頼み書状出す

七月一七日

同月十七日　風
一　本日休暇に付在宿す

七月一八日

同月十八日　凪

一　午前宮へ出勤す

七月一九日

同月十九日　凪　少々

一　午前宮へ出勤す、夫より本日宮内省集会定日に付参省す、山尾、花房、浅田、児玉、桜井、小松宮家扶、有栖川宮より亀井〔満成、有栖川宮家従〕、右参集す、所得税一件に付協議の上桜井書記官へ相頼み、伺書認め内蔵頭へ聞合のことに決す

七月二〇日

同月二十日　陰

一　本日家族出立にて豊浦正村老人面会として到る、高介〔岡本高介〕差添候也

七月二一日

同月廿一日　晴

一　午前宮へ出勤す

七月二二日

同月廿二日　陰

一　家族昨午后六時神戸着船の報知夜十一時半に有之

一　午前宮へ出勤す、別に伺議無之、夫より本日宮内省集会定日に付参省す、児玉のみ也

七月二三日

同月廿三日　晴

一　午前宮へ出勤す

七月二四日

同月廿四日　晴

一　休暇に付在宿す

七月二五日

同月廿五日　晴

一　本日少々歯痛に付不参の段、家扶へ書面出す

七月二六日

同月廿六日　晴

一　午前宮へ出勤す、議事なし、夫より宮内省集会定日に付参省す、別に参省人無之、依て退出す

七月二七日

同月廿七日　晴
一　午前宮へ出勤す、議なし

七月二八日

同月廿八日　晴
一　午前出勤す、議事無之

七月二九日

同月廿九日　晴　夜雨
一　午前宮へ出勤す、別に議なし、夫より本日宮内省集会定日に付参省す、児玉のみ、御用向無之退出す

七月三〇日

同月三十日　晴
一　本日は宮へ不参す
一　高輪様、元功様〔毛利元功〕へ暑中御伺として出頭す

七月三一日

同月卅一日　晴
一　休暇に付在宿す

八月一日

八月一日　陰　少雨
一　麻生家扶来宿、本日は別段御用向も不被為在由に付不参す

八月二日

同月二日　陰　后晴
一　午前出勤し御二方様へ拝謁す、御息所明昼前御用向被為在の旨御沙汰なり
一　宮内省集会定日に付参省す、浅田、児玉也、別に議なし

八月三日

同月三日　陰
一　午前宮江出勤す
一　御息所拝謁、御奥向御女中順序の件々御内話に付、篤と愚考の上御答可申上ことに上申す

八月四日

同月四日　小雨
一　本日宮江不参申出候事

八月五日

同月五日　暁より風雨
一　午前宮へ出勤す、議なし、夫より宮内省集会定日に付参省す、浅田、児玉也、別に議無之退出す

八月六日

同月六日　大雨

一　本日は在宿申出候事

八月七日

同月七日　晴

一　昨六日侍女〔岩浪稲子〕分娩、御女子〔貞子、北白川宮能久親王第二王女〕御誕生に付、恐悦として参殿す、右御届御報知等は無之

八月八日

同月八日　晴　午後大雨

一　午后宮へ出勤す

八月九日

同月九日　陰　雨風

一　火曜日の集会暑中は不参のことに申合有之段、浅田家令より廻達也
右に付、本日は宮内省へは不参す

一　午前宮へ出勤す

八月一〇日

同月十日　晴

一　本日在宿申出候事

八月一一日

同月十一日　晴

一　午前宮へ出勤す、伺議事無之、依て退出す

八月一二日

同月十二日　晴

一　午前宮へ出勤す、夫より宮内省集会定日に付参省す、各令不参に付退出す

一　本日御誕生様御七夜に付、御祝酒肴料宮より頂候事

一　御誕生様御届は先例に因り不申出候得共、含まて田辺書記官へ申出置候事

一　田上陳鴻〔内務省勤務〕父〔田上源兵衛、正陳、旧長府藩士〕死去に付、悔状昨日出す

八月一三日

同月十三日　陰

一　午前宮へ出勤す

八月一四日

同月十四日　雨　后晴

一　本日休暇に付在宿す

八月一五日

同月十五日　晴

一　午前宮へ出勤す

八月一六日

同月十六日　晴　后大風雨雷

一　午前宮へ出勤す、別に伺議事無之、退出す

八月一七日

同月十七日　晴

一　本日午前上野一番汽車にて御二方様日光へ御出発、麻生、樋口、サチ、コウ御供也、本日は御送不申上段昨日御断り仕置候事

八月一八日

同月十八日　晴

一　午前宮へ出勤す、相変儀無之

八月一九日

同月十九日　陰

一　本日は宮内省、宮とも不参す

一　午前九時三十分イヨ、トモ、高介一同着す

八月二〇日

同月二十日　晴

一　本日も宮へ不参す

八月二一日

同月廿一日　晴

一　休暇に付在宿す

八月二二日

同月廿二日　晴

一　午前宮へ出勤す
日光表御二方様御機嫌克御滞在の報知有之、井田別当連名にして伺書仕出候事

八月二三日

同月廿三日　晴

一　本日宮へ不参す

八月二四日

同月廿四日　陰

一　宮へ出勤す、夫より宮内省へ出頭し、過る廿二日

皇子〔昭宮猷仁親王、明治天皇第四皇子〕御降誕御布達は無
之候得共、田辺書記官迄恐悦申出置候事

八月二五日

同月廿五日　陰
一　本日宮へ不勤す
一　栢俊雄へ挨拶状仕出す、正村其他へも伝達の儀加筆す

八月二六日

同月廿六日　晴
一　午前宮へ出勤す
一　宮内省集会定日に付参省す、余は不参也

八月二七日

同月廿七日　陰
一　本日宮へ不参す

八月二八日

同月廿八日　晴　夕雷雨
一　休日に付在宿す

八月二九日

同月廿九日　晴
一　宮へ不参す

八月三〇日

同月三十日　陰
一　梨本宮御帰京に付、湯皮一箱御持せ相成候事
一　午前宮へ出勤す、十時前
宮殿下御帰殿、御異状不被為在、別に何も議なし

八月三一日

同月卅一日　暁雨　少々
一　明宮御誕辰に付午前十一時参賀す、右は御達に通常礼服
着用とあり、依て燕尾服着用す
但御祝酒下賜候事
一　皇居へ午前十一時三十分参賀す
儲君嘉仁親王殿下追々御成長に付、御先例に依り儲君御
治定被遊候段、宮内大臣より演説有之、御会食所に於て
御祝酒下賜候事
一　午時宮へ出勤す
一　午後七時より　宮殿下御参
朝相成候事

九月一日

九月一日　晴

一　在宿す

九月二日

同月二日　晴

一　午前宮へ出勤す、夫より宮内省集会定日に付参省す、各令不参也

九月三日

同月三日　晴

一　貞子御方本日より御預け也

一　御用閑に付在宿す

九月四日

同月四日　雨

一　休日に付在宿す

九月五日

同月五日　陰　后晴

一　梨本宮へ御礼として出頭す

一　宮へ出勤す

九月六日

同月六日　晴

一　本日在宿す

九月七日

同月七日　晴

一　午前宮へ出勤す、別に御用向無之、井田別当参殿也

九月八日

同月八日　陰

一　本日在宿す

九月九日

同月九日　雨少々

九月一〇日

同月十日　陰　后晴

一　本日在宿す

九月一一日

同月十一日　晴

一　休日に付在宿す

九月一二日

同月十二日　陰

一　午前宮へ出勤す

九月一三日

同月十三日　雨

一　午前宮へ出勤す

九月一四日

同月十四日　風雨

一　宮殿下弁御息所本日二番汽車にて前橋御出発御帰殿に付、午后より出勤す

九月一五日

同月十五日　晴

一　午前宮へ出勤す

九月一六日

同月十六日　晴

一　今晩三時過盗難の次第、芝警察署へ訴書為持候事

一　午前宮へ出勤す、夫より宮内省集会定日に付参省す、児玉、東条也、別に議事無之

九月一七日

同月十七日　晴

一　午前宮へ出勤す、別に伺議事なし

一　警察署へ時計一個品附落ちに付、本日郵便にて訴書出し候事

九月一八日

同月十八日　陰

一　休日に付在宿す

九月一九日

同月十九日　雨

一　午前宮へ出勤す

浅田家令参殿にて明二十日より至急帰県致し候に付、留守中御用弁の儀依頼也

九月二〇日

同月二十日　陰　后雨

一　午前宮へ出勤す

九月二一日

同月廿一日　晴　雨少々

一　午前宮へ出勤す

九月二二日

同月廿二日　陰
一　本日午前八時御出発にて神奈川県下地方へ御出張に付参殿す、少々腹痛に付直に退出す

九月二三日

同月廿三日　陰
一　秋季皇霊祭に付参拝之旨御達の処、所労に付不参届書式部官へ出す
　　但本日は休暇也

九月二四日

同月廿四日　陰
一　宮殿下午前御帰殿也
一　本日御息所御誕辰に付、御祝酒肴料赤飯等御持せ被下候事

九月二五日

同月廿五日　晴
一　休日に付在宿す

九月二六日

同月廿六日　晴
一　本日少々腹痛に付不参の段、家扶へ書面出す

九月二七日

同月廿七日　晴
一　午前宮へ出勤す、夫より宮内省集会定日に付参省す、山尾別当及藤井、児玉、東条也、別に議事無之
一　伏見宮へ出勤す、伺なし

九月二八日

同月廿八日　晴
一　午前宮へ出勤す、伺議なし

九月二九日

同月廿九日　陰　小雨
一　午前宮へ出勤す

九月三〇日

同月三十日　陰
一　午前宮へ出勤す
一　宮殿下高崎分営へ三番汽車にて御出張也
一　宮内省集会定日に付参省す、尤東条へ相頼直に退出す

一〇月一日

十月一日　陰

一　本日は宮へ不参の儀申出る

一〇月二日

同月二日　小雨

一　休日に付在宿す

一〇月三日

同月三日　雨

一　午後出勤す、　宮殿下本日午後九時御帰殿也

一〇月四日

同月四日　雨

一　午前宮へ出勤す、夫より宮内省集会定日に付参省す、山尾別当と児玉、東条也、別に議なし

一〇月五日

同月五日　風雨

一　午前出勤す、別に議伺等無之

一〇月六日

同月六日　陰　后雨

一　午前宮へ出勤す、別に伺の件なし

一〇月七日

同月七日　大雨

一　午前宮へ出勤す、夫より宮内省集会定日に付参省す、東条のみ、別に議事なく退出す

一〇月八日

同月八日　雨

一　午前九時二十分上野発汽車にて御出張に付、参殿の上御送申上候事

一　東京軽罪裁判所より来る十日午前八時呼出し状来る、姓名下へ見とめ印を押し、一枚使部へ渡し一枚留置、此分出頭人持参の筈也

一〇月九日

同月九日　晴

一〇月一〇日

同月十日　晴

一　本日は在宿す

一〇月一一日

同月十一日　陰

一　午前宮へ出勤す、夫より宮内省集会定日に付参省す、児玉、東条也、別に議なし

一〇月一二日

同月十二日　晴

一　午前宮へ出勤す

一〇月一三日

同月十三日　晴

一　午前出勤す

一〇月一四日

同月十四日　晴

一　久光公〔島津久光〕御不例に付麻生三郎来宿す、右は御息所即日御出発被遊度旨に付、宮殿下へ延太郎被差立候事

一　右に付即刻出勤す

一　御息所本日横浜まて被為成候得共、御答無之に付御帰殿被遊候也

一〇月一五日

同月十五日　晴

一　御出先　宮殿下より御許可に付、御供麻生三郎へ被仰付、一人は御息所思召にて可然旨に付、延太郎へ被仰付候事

一　本日九時四十五分発の汽車にて御出発に付、右両人及御女中サチ御供、奈良原御同行也

右に付宮内省へ御届書出る、其他為御知夫々取計候事

一　下官儀新橋迄御見送申上候事

一　御帰路宇和島へ御立寄の件、御出先へ郵便を以て伺方の儀、世続へ申達置候事

一〇月一六日

同月十六日　陰

一　本日は高輪様秋季祭に付、参拝に出頭す

一〇月一七日

同月十七日　小雨

一　神甞祭に付参拝の儀御達の処、所労に付不参届書出す

一〇月一八日

同月十八日　晴

一　午前宮へ出勤す

一　宇和嶋御立寄は御息所御都合次第御差支不被為在段、宮殿下へ伺済に付、其旨麻生へ郵便状仕出方を世続へ談置候事

一　宮内省集会定日に付参省す、山尾別当及児玉、東条なり、

別に議無之

一〇月一九日

同月十九日　晴

一　午前宮へ出勤す

一　宇和島へ御息所御立寄伺済に付、明廿日御出先麻生迄電報を以て上申のことに、本日世続へ談置候事

一　藤野より昨日書留郵便にて清国公使館棒給引合書類来着に付、本日電報を以て返答す

一　正村老人死去電報到来す、午後八時半也

一〇月二〇日

同月二十日　晴

一　午前十一時半正村へ宛て悔の電報を掛る

一　本日は宮へ不参す

一　米熊へ来書の答且又正村老人の死去を通知す

一　岡本高介へ正村老人の死去報知書出す

一　栢俊雄へ悔状、且各家同断伝達の儀を加筆し、郵便状仕出置候事

一〇月二一日

同月廿一日　晴

一　午前宮へ出勤す、別に相変件なし、夫より本日は宮内省集会定日に付、出省掛け伏見宮へ出頭し集会、別に議事無之、退出す

一〇月二二日

同月廿二日　晴

一　午前宮へ出勤す、別に御用向無之、退出す

一　午后より浅草辺へ遊歩す

一〇月二三日

同月廿三日　小雨

一　日曜に付在宿す

一〇月二四日

同月廿四日　陰

一　午前宮へ出勤す、別に議事無之退出す

一〇月二五日

同月廿五日　陰

一　午前宮へ出勤す
本日正午浦和発汽車にて御帰殿の御報知有之候事

一　宮内省集会定日に付参省す、山尾別当、浅田、児玉、東条也

一　正午宮へ出勤す

一〇月二六日

同月廿六日　陰
一　午前宮へ出勤す
　井田別当より不日出願の儀含置とのこと談有之
一　米熊へ御地所検査御頼相也度、就ては長野県知事〔木梨精一郎〕へ照会致置候様御含の事
一　肉地伴上下
　右阿曽沼氏近々北海道へ出張に付、暇乞旁持参す

一〇月二七日

同月廿七日　陰
一　午前宮へ出勤す

一〇月二八日

同月廿八日　陰
一　午前宮へ出勤す、伺無之、夫より宮内省集会定日に付参省す、児玉、東条也、議なし

一〇月二九日

同月廿九日　雨
一　午前宮へ出勤す
一　御息所本日御出発の電報有之由承候事
一　宮殿下より井田別当申出通り相決候に付、後役の儀御人撰等御示談有之候事

一〇月三〇日

同月三十日　晴
一　日曜に付在宿す
一　金五拾円豊浦教育会へ出金の書面仕出す
一　午后一時於近源亭旧藩在京懇親会に付参席す

一〇月三一日

同月卅一日　晴
一　午前宮へ出勤す、別に伺議事無之、退出す

一一月一日

十一月一日
一　午前宮へ出勤す、夫より宮内省集会定日に付参省す、東条のみ、議事無之

一一月二日

同月二日　晴
一　午前宮へ出勤す、別に伺議事なし
一　御息所昨一日神戸へ御着の談、電報の由、世続より申出、尚委細は郵便にてとのこと也

一一月三日

同月三日　晴

一　天長節に付、式部職より通知の通、午前十時前参内拝謁後御祝酒下賜候事

一　退出掛け新橋内にて写真二通り写し候事

一一月四日

同月四日　晴

一　午前宮へ出勤す

一　宮内省集会定日に付参省す、浅田、東条、児玉也、議なし

一　井田別当御用に付代聞の儀を田辺書記官へ相頼候所、右は依願兼官御免相成候事
右宮へ上申の為参殿し、大塚へ相頼置退出す

一一月五日

同月五日　雨

一　午前宮へ出勤す、別に議事無之退出す

一一月六日

同月六日　雨

一　日曜記事なし

一一月七日

同月七日　陰

一　午前宮へ出勤す

一一月八日

同月八日　晴

一　午前宮へ出勤す、別に伺議事無之

一　本日宮内省集会定日に付参省す、浅田、児玉、東条也、別に議事なし

一一月九日

同月九日　晴

一　午前宮へ出勤す

一　午后田辺書記官より内報、従一位久光公御容体岩佐〔純、侍医〕より電報書到来に付、右書面相添申来る、依て直に出勤之上　宮殿下へ上申す、且又幸橋御邸よりも電報来る、右に付同邸へ御使樋口相勤候事

一　御息所御寄宿所不分りに付、箱根ハフ屋まで電報仕出候事

一一月一〇日

同月十日　雨

一　御息所本日沼津御発途にて直に御帰京の旨電報有之候由申来る、右に付午后より宮へ出勤す

一一月一一日

同月十一日　晴
一　午前宮へ出勤す
一　久光殿危篤に付、御都合に依り御使等の件々を色々　宮殿下へ伺置候事
右に付、御招請一件等の儀も色々伺置候事
一　本日宮内省集会定日に付参省す、山尾別当、児玉、浅田、東条也、議なし

一一月一二日

同月十二日　晴
一　午前宮へ出勤す
一　御息所御取帰御土産被下候事

一一月一三日

同月十三日　晴
一　休日に付、上野、浅草辺へ遊行す

一一月一四日

同月十四日
一　米熊へ豊浦教育一件且出金拾五円の辻寄付等の儀申遣す
一　午前宮へ出勤す

一一月一五日

同月十五日　陰
一　午前宮へ出勤す、別に議事無之
一　本日宮内省集会定日に付参省す、藤井、児玉、東条也

一一月一六日

同月十六日　晴
一　午前宮へ出勤す

一一月一七日

同月十七日　陰
一　午前宮へ出勤す、別に議なし

一一月一八日

同月十八日　晴
一　午前宮へ出勤す
本日宮内省集会定日に付参省す、児玉、東条なり、別に議事無之

一一月一九日

同月十九日　晴
一　午前宮へ出勤す
一　午後より上野、浅草辺へ遊歩す

一一月二〇日

同月二十日　晴
一　休暇に付在宿す

一一月二一日

同月廿一日　晴
一　午前宮へ出勤す
一　宮殿下本日御帰殿也
一　来る二十四日上野江参拝可致ことに春性院〔東叡山寛永寺の子院〕へ本日答置候事
一　午后四時より松陰神社例祭に付参会す
　　但会費壱円五拾銭出す

一一月二二日

同月廿二日　晴
一　午前宮へ出勤す
一　本日宮内省集会定日に付参省す、児玉、東条不参也

一一月二三日

同月廿三日　晴
一　新嘗祭休暇なり

一一月二四日

同月廿四日　陰
一　本日宮へ不参す

一一月二五日

同月廿五日
一　午前宮へ出勤す
一　宮内省集会定日に付参省す、浅田、児玉、東条也
一　来る三日高輪様へ一時より御招のこと、東条より承る
一　品川少将へ時気見舞状出す

一一月二六日

同月廿六日　晴
一　午前宮へ出勤す
一　諸帳簿調印す

一一月二七日

同月廿七日　晴

一　本日休暇に付在宿す

一一月二八日

同月廿八日　晴

一　午前宮へ出勤す

一一月二九日

同月廿九日　晴

一　宮江終日相詰候事

一　宮内省集会定日の処、御用向有之遅参す、諸家令居合無之

一　御奥向御改正の件々　宮殿下へ御内々上申す、右は夫々御承諾に相成、追て御実行の筈に御決也、右万事御都合克御聞入相成候事

一一月三〇日

同月三十日　晴

一　午前宮へ出勤す

一　小松宮御帰朝に付、御迎として御出張被成度、依て御出願下官名前にて宮内大臣〔土方久元〕へ宛、本日書面出す

一二月一日

十二月一日　晴

一　午前宮へ出勤す

一二月二日

同月二日　晴

一　午前出勤す

宮殿下九時卅分発の汽車にて　小松宮御帰朝に付、御迎として御出発に相成、就ては新橋迄御送申上候事

一　本日宮内省集会定日に付参省す、東条而已也

一二月三日

同月三日　晴

一　宮へ出勤す

一　午后二時高輪様へ御婚礼済に付、ソワレイ御案内に依参席す

一二月四日

右に付、昨日鰹節一箱呈上す

同月四日　晴

一二月五日

同月五日　晴

一　小松宮御迎として横浜へ出張す、夫より宮へ出勤し、御二方様へ拝謁の上、小松宮へ恐悦として出頭候事

一二月六日

同月六日　晴

一　宮内省にて杉、香川、桜井諸官方へ、久光公薨去に付当宮より御名代一件示談致候所、右は国葬の御事旁家令被差立候方可然との気附、宮殿下思召相伺候処、三吉明日御仕出し被仰付候旨に付、出先御動向御備物等夫々相伺置候事

一　明七日出発届宮内大臣宛にして出之

一　浅田家令へ留守御用弁頼状出す

一　各宮家令へ通知状出す

一　御招請御延引状出す

一　御息所御仮服の儀、皇族方之方にて五ヶ月服三十日忌御届也

一　金弐百円也
　右世続より受之

一　仕人飯田親其向へ申出随従也

一二月七日

同月七日　晴

一　午前八時十五分新橋発車、横浜津井屋休憩、夫より山城丸へ乗船、午後一時出帆す、海上無類平波也

一　大迫〔貞清、元老院議官〕、田中〔頼庸、大教正〕、股野〔琢、法制局参事官〕、石橋〔政方、内大臣秘書官〕の諸官同行、式部属朝倉〔義高〕其他にも有之

一　勅使富小路侍従〔富小路敬直〕也

一二月八日

同月八日　晴

一　午后四時半神戸着、後藤勝造〔後藤回漕店経営〕方へ揚陸止宿す、同船の諸官同宿也

一二月九日

同月九日　晴

一　有栖川宮御備物取計方御依頼也

一　閑院宮御名代御備物等昨夜電報を以て御依頼也

一　栢へ着神報知状仕出す

一　俊雄へ出張の儀書面出す

一　後藤方へ止宿す

一二月一〇日

同月十日　晴

一　午后四時美濃丸へ乗船す、夫より順々海上平波周防灘少々波あり、宇和島沖より日州灘へかゝる十一日正午頃也、十二日暁佐田岬前、夫より順々右は大隅、左は鹿児島海門ヶ岳、沖に硫黄島あり、右手前種ヶ島也、山川港

を入り内海平波也、桜島を入る、十二時半着す

一　渡辺知事〔千秋、鹿児島県知事〕始め嶋津殿より船迄御出張なり

一　山下多八郎方へ案内にて止宿す鹿児島郡築町三十三番地也

一　書記官其他家令家扶尋問也

一　収税属龍田冨太郎〔鹿児島県職員〕

一　嶋津家摂伴員永山平左衛門、山崎隆篤

右嶋津殿より宿用弁として詰合也

一　渡辺知事より来書左の通

拝啓今般嶋津前左大臣葬儀に付、御出張の旨遠路御苦労奉存候、右に付、御旅宿へ官吏龍田冨太郎差出置候間、万事無御服臓御申聞御用弁被下度、此旨得貴意候也頓首

十二月十一日　渡辺鹿児島県知事

北白川宮家令三吉慎蔵殿

一　浅田家令より電報、小松宮、伏見宮御備物、御代拝、嶋津家へ御使等のことを申来る也

一　来る十八日午前六時御出棺御治定の段、股野葬儀掛りより来書也

一二月一三日

同月十三日　晴

一　午前十時玉里邸へ御二方様よりの御使として参殿す

一　午后磯野御邸へ御使相勤候事

右引合別紙に記す

一　渡辺知事、肝付〔兼弘、鹿児島県書記官〕、多賀〔義行、鹿児島県書記官〕両書記官、中田収税長〔直慈〕、森岡嶋司〔真、大島島庁島司〕各家江到る

一　帰路田ノ浦とある下等の陶器屋へ立寄焼物見物す

一　宮家扶宛にて、十二時過き昨日着、浅田電報承知のことを電報す

一　午后七時郵便状栢宛にして無事着、海上の概略、凡廿五日頃出発の積りと申遣候事

一　官軍墓所、西郷〔隆盛〕始め墓所へ参詣す

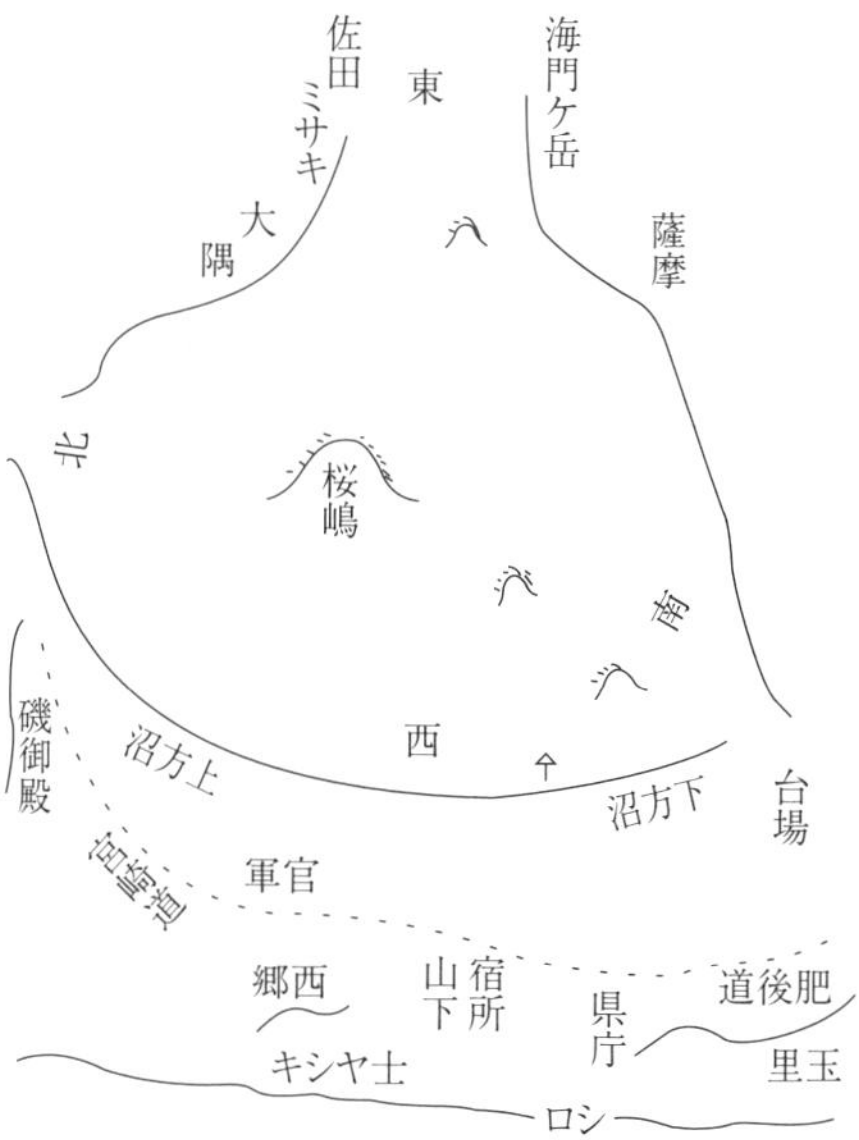

一　高崎式部次官〔正風、葬儀御用掛長〕より来書、明十四日
遷魂祭の段を申来る
右別記す

一二月一四日

同月十四日　風雨　桜島雪
一　岩佐侍医本日出帆の筈の処、警報に付延引也
一　午后一時より玉里御邸へ遷魂祭に付、別記御備物菓子一
折御息所より御備物持参、御名代相勤候事
一　午前冨小路侍従、石橋秘書官来宿也
一　大迫議官同断
右の外は是迄夫々名札有之、依て書記せす

一二月一五日

同月十五日　晴　風少々
一　岩佐侍医本日午前八時過乗船見送す、右に付当地の事情
宮へ伝言依頼す
一　午前高崎式部次官、冨小路侍従、石橋秘書官、田中教正、
大迫議官右宿所へ尋問す
一　玉里へ備物の儀、石橋秘書官へ一統並加入の儀依頼致置
候事

一二月一六日

同月十六日　晴　夕雨少々
一　午後当宮御備物、四宮御備物共玉里江為持、尚亦手目録
を以て引合候事
右相済尚又忠済殿〔島津忠済、島津久光七男〕よりの御挨拶
相良〔量右衛門〕を以て御答有之候事、依て退出す
一　来る十八日参向の節、控所御列帳廻し方の儀、朝倉へ談
置候事
一　御当日人力車にて会葬のことに答置候事
一　慎蔵御備物取計方の儀、朝倉へ為念申入置候事

一二月一七日

同月十七日　晴
一　葬儀御用掛より明十八日御式付相廻り受取候事
一　西郷氏死地は城山後西表穴なり、旧住所武村城下西の方
也
一　南林寺内に月照〔僧侶、安政五年一一月錦江湾に西郷隆盛と入
水〕の墓あり

一二月一八日

同月十八日　雨　風少々　桜島雪
一　本日久光公御出棺に付、午前五時より玉里御邸へ参向す
一　御出棺前拝礼なし
御息所御続の訳を以て御列に入る

右御次第別紙の通、御埋葬地は福昌寺也
一 御着棺の上休所にて弁当也
一 御息所御親族の訳を以て先而拝礼、後て勅使参向、直に皇族方御代拝す、右相済引取候事
一 榊は御墓所へ
一 餅は御邸へ残る
一 弁当一万五千人前也
一 御加勢人夫五百八十人也
一 御埋棺済を電報す

一二月一九日

同月十九日　晴

一門　長吉卿　嶋津又七〔島津久籌、霧島神宮宮司〕
家令　東郷重持〔島津忠義家令〕
家扶　桐〔ママ〕友徳〔城井友徳、島津忠済家扶〕

右三氏を以て昨日の挨拶として不取敢来宿也
一 午后より珍彦殿〔島津珍彦、島津久光四男〕、士族授産場、造士館、師範、男女学校等巡覧す
一 高崎次官、田中教正、股野参事官来宿也

一二月二〇日

同月二十日　晴　風少々
一 相良量右衛門来宿、右は従五位殿〔島津忠済〕より御尋問の御使也
一 午后より西南の方松原通りを行き、須先台場跡を見物し、月照墓所へ参詣す、此辺総て墓地也、海手は遊女場両家あり、万勝亭又一戸洋館造也
一 台場の手前茶亭にて桜島沖を見物す
一 帰路冨小路侍従止宿所へ尋問す
一 伊苗城は鹿児島焼の原素也
一 渡辺知事より左の通

拝啓来る廿二日山下町興業館に於て晩餐差上度候間同日午后五時より御来臨被下度致冀望候敬具
十二月二十日　鹿児島県知事渡辺千秋
三吉北白川宮家令殿

一二月二一日

同月廿一日　雨　夕晴
一 玉里より御使本日山下町鶴鳴館に於て午后五時晩餐差上度旨にて、平田正久を以て御案内相成、同人へ御請答置候事
一 右御招請に付、午後五時より鶴鳴館へ参席す、大迫、高崎、冨〔ママ〕小路、股野、石橋、三吉、県庁書記官以上、島津久時、島津又七令扶相伴成、八時退散す

一二月二二日

同月廿二日　雨
一　午前侍従宿所へ抵る、不在也
一　谷山慈眼寺に行く
一　戊辰戦死者の社ある同所にて昼仕舞し、午後三時帰宿す、
　但里程二里半也
一　渡辺知事来宿也
一　午后五時より知事案内に付興業館へ参席す、和食也、八
　時退散す
一　美濃丸入港す

一二月二三日

同月廿三日　晴
一　午前磯御邸へ積る御礼且又廿五日出発に付、御暇乞旁と
　して参殿す、御庭拝見候事
一　紡績所拝見す
一　珍彦殿、忠歓〔ママ〕殿〔島津忠欽、島津久光五男〕両家へ御暇乞
　旁出頭す
一　午后玉里御邸へ御礼且廿五日出発に付、御暇乞旁参殿す
一　知事官舎へ昨日の挨拶暇乞旁抵る
一　本日龍田属官、山崎、永山の三名へ晩餐を出す、右に付
　宿山下を相伴為持致候事
　右は吸物二つ取肴三種にて酒を出す
一　島津家より左の通
　一　白縞紬上布　壱端
　右乍麁末不取敢被送候間御領収可被下候也
　　　　島津忠義〔島津久光長男、島津家当主〕
　　十二月廿三日　　家令
　　　三吉慎蔵殿
右に付請書を出す

一二月二四日

同月廿四日　晴
一　忠済殿より御使平岡之隆来宿、左の通
　　手控
　一　御料理代金　千疋
　一　細紬縞　二端入　一箱
　一　源氏煙草　一箱
　　右今般の御挨拶として被下之
一　相良量右衛門来宿、従五位殿よりの御挨拶且自分暇乞旁
　也
一　封物　三包
一　手紙　二通
一　右宮御奥上り千代野ヱイより

一　カルカン　一箱
右三吉へ山下より
一　金五百匹
右永山より花王宮へ献上に付遣す、但樺山口細工人也

一二月二五日

同月廿五日　小雨　后晴
一　午前九時前美濃丸へ乗船す、十時前出帆也
右に付船まで知事、書記官見送、且島津家より御見送人其他有之候事
一　股野氏御用有之居残也
一　午后一時佐田ノ岬を越へる

一二月二六日

同月廿六日　晴　風ある
一　暁周防灘大風也

一二月二七日

同月廿七日　晴
一　午前五時神戸へ着す
一　同十一時近江丸へ乗船、十二時出帆、尤平波也

一二月二八日

同月廿八日
一　午前六時横浜着、八時発の汽車にて帰宿す

一二月二九日

同月廿九日　晴
一　宮へ出勤の上御二方様へ上申す、且又勘書麻生へ渡し置、尚出先引合勘定書をも同断之事
一　有栖川宮へ復命す
一　午后御屋敷へ出頭す、年末諸引合協議の事

一二月三〇日

同月三十日　晴
一　歳末に付参賀し桜井書記官へ申出候事
但フロークコート着用也
一　伏見、閑院、小松の三宮へ復命す
一　宮へ出勤す、歳末御祝儀上申し退出候事

一二月三一日

同月三十一日　暁大雨
一　本日は在宿す
一　午后御屋敷へ出頭、歳末御祝儀申上候事

日記　九　明治廿一年

明治二一年

一月一日

明治廿一年一月一日　晴

一　新年拝賀午前九時三十分
皇太〔英照皇太后〕、皇后〔昭憲皇太后〕拝賀同十時
右時限二十分前参
内致し候事

一　北白川宮〔能久親王〕へ午前八時三十分参殿拝賀す、且扶
従へも新年を賀す

一　明宮〔嘉仁親王、のちの大正天皇〕へ拝賀す
右相済各宮方各大臣屋敷其他各家新年廻礼す

一月二日

同月二日　晴

一　高輪毛利殿〔毛利元徳〕其他へ廻礼す

一月三日

同月三日　晴

一　元始祭参拝十時の処、本日は不参す

一月四日

同月四日　晴

一　午前宮へ出勤す、別に議事無之

一　宮殿下〔北白川宮能久親王〕へ拝謁す、別当人撰、先山尾
〔庸三〕兼勤のことに御内決也

一　御奥向先般よりの件々、不日伊藤大臣〔博文〕御内話の
上御取計可相成御噂なり

一月五日

同月五日　晴

一　昨今日之内新年祝賀各省鹿鳴館へ参集之事
但出金壱円持参す、十二時過より集会也

一　新年宴会酒饌下賜に付大礼服着用、十時三十分参
内之事

一　午前宮江出勤す

一月六日

同月六日　晴

一　午前宮へ出勤す、別に伺議なし
本日宮内省集会定日に付参省す、外不参也、依て退出す

一　内蔵寮にて桜井属官〔能監〕へ仕人、飯田親鹿児嶋随従
旅費如何相成候哉聞合候処、右は内蔵寮より渡方致し候

間、宮より払方に不及段相答、依て宮より引合無之こと
に決す

一月七日

同月七日　晴
一　本日は在宿す

一月八日

同月八日　晴
一　休日に付在宿す

一月九日

同月九日　晴
一　午前宮江出勤す、議事なし

一月一〇日

同月十日　晴
一　午前宮へ出勤す
一　鹿児島行旅費受取候也
一　宮御用物勘定引合済なり
一　宮内省集会定日に付参省す

一月一一日

同月十一日　晴
一　本日は在宿の儀宮へ上申す

一月一二日

同月十二日　晴
一　午前宮へ出勤す
一　午后山尾別当宅へ至る
右は、過る十日北白川宮別当兼勤に付、歓旁也

一月一三日

同月十三日　晴
一　午前宮へ出勤す
一　御仮服の儀に付御参内、且御交際等の儀、宮内省に於て夫々御次第御規則御廻し相成候事
一　本日宮内省集会定日に付参省す、児玉〔源之丞〕、東条〔頼介〕、浅田〔進五郎〕也

一月一四日

同月十四日　晴　風
一　午前宮へ出勤す、別に議事伺の件無之

一月一五日

同月十五日　晴

一　本日休暇に付在宿す

一月一六日

同月十六日　晴

一　午前宮へ出勤す、異儀なし

一月一七日

同月十七日　暁雨少々

一　午前出勤す、夫より宮内省集会定日に付参省す、山尾別当、藤井〔希璞〕、児玉、東条也

一月一八日

同月十八日　晴

一　午前宮へ出勤す

一月一九日

同月十九日　陰

一　午前出勤す、山尾別当出勤なり

一　皇族方仮服内規則書面御治定に付持参也

一月二〇日

同月二十日　陰

一　午前宮へ出勤す、議なし

本日宮内省集会定日に付参省す、児玉而已也

一月二一日

同月廿一日　陰

一　午前宮へ出勤す、議無之

一月二二日

同月廿二日　晴

一　本日休暇に付在宿す

一月二三日

同月廿三日　晴

一　宮江不参す

一　皇太后宮御誕辰に付、午前十時三十分青山御所へ参賀す

一月二四日

同月廿四日　晴

一　午前宮へ出勤す、夫より宮内省集会定日に付参省す、山尾別当及ひ東条なり

一　昨日青山御所に於て山尾別当へ示談の上、宮内大臣〔土方久元〕へ別当より申出、満子〔北白川宮満子女王〕、貞子

〔北白川宮貞子女王〕御二方の処、御略譜に御加筆の儀、可然ことに御決相成候事

一月二五日

同月廿五日　晴
一　本日は風邪に付不参の儀、書面を以て宮へ申出る

一月二六日

同月廿六日　晴
一　本日も宮へ不参す

一月二七日

同月廿七日　晴
一　本日も宮へ不参す
一　菓子　一折
右嶋津忠済殿より隈元八郎太使を以て五十日祭に付被為贈候事

一月二八日

同月廿八日　晴
一　御息所〔北白川宮能久親王妃富子〕新年御祝詞幷新年御宴会、御一同本日午后一時被為受候に付、同刻参殿す
右に付例年の通夫々献上物、尚一統へも夫々持参す

一月二九日

同月廿九日　晴
一　本日休暇に付在宿す

一月三〇日

同月三十日　晴
一　本日は
孝明天皇御例祭の処、風邪に付不参届書出す
一　山尾別当夜中来宿にて松方大臣〔正義、大蔵大臣〕、奈良原氏〔繁〕へ引合談決之次第、且右に付速に実地行方の儀を談決の事

一月三一日

同月卅一日　晴
一　本日宮内省集会定日の処、不参の儀各家令へ書面出す
一　午后出勤す、宮殿下へ御直に別居の件々上申す

二月一日

二月一日　陰
一　午前山尾別当宅へ抵る、過日の挨拶且又別居一件、昨日宮へ上申し差閊無之様申出候段を談置候、就ては御出立前夫々相決可申様依頼致置候也

二月二日

同月二日　暁雪　少々

一　午后宮へ出勤す、宮殿下へ拝謁の上、本日山尾別当より御内慮伺の件、夫々相伺候事

二月三日

同月三日　晴

一　午前宮へ出勤す、別に議なし

本日宮内省集会定日に付参省す

一　鹿児島県知事〔渡辺千秋〕を紅葉館に於て高崎次官〔正風〕始め旧年同県へ出張の各官より一同招請致し、右に付参席す

二月四日

同月四日　雪

一　午前宮へ出勤す

二月五日

同月五日　晴

一　午后山尾別当へ到る、御奥向御改正一件を協議す

二月六日

同月六日　夜中大雪

一　午前宮へ出勤す、山尾別当参殿なり

二月七日

同月七日　晴

一　本日午前九時三十分発の汽車にて、九州地方へ御職務御用を以て　宮殿下御出発に付、横浜御乗艦まで別当一同御見送申上候事

二月八日

同月八日　晴

一　午前宮へ出勤す、本日は別段引合の件無之退出す

二月九日

同月九日

一　午前宮へ出勤す

一　宮殿下昨午后六時神戸御着の旨電報来る

二月一〇日

同月十日　晴

一　午前宮へ出勤す、別に異状無之

一　本日宮内省集会定日に付参省す、児玉のみ

二月一一日

同月十一日　風

一　紀元節に付、大礼服着用午前十時参賀参拝す
但酒饌下賜候事

二月一二日

同月十二日　陰

一　本日休暇に付在宿す

二月一三日

同月十三日　晴

一　正午より出勤す、山尾別当出勤也、別に議事なし

二月一四日

同月十四日　晴

一　午前出勤す、夫より宮内省集会定日に付参省す、外に参省なし、依て復た宮へ出勤す

二月一五日

同月十五日　陰

一　午前宮へ出勤す
本日は華頂宮御祭典に付、　宮殿下御名代として豊島岡、華頂宮右両所相勤候事

二月一六日

同月十六日　晴　后陰

一　午前宮へ出勤す、別に議無之退出す

一　明治学校へトモ〔三吉トモ〕入塾に付、十二時過き同行し引合致し置候事

二月一七日

同月十七日　雪

一　本日宮内省集会定日に付参省す、同勤中参省也

一　聖上〔明治天皇〕御風気に付、田辺書記官〔新七郎〕へ御様子相伺候処、順々御快方の旨承候事

二月一八日

同月十八日　陰

一　午後出勤す、別に異儀なし

二月一九日

同月十九日　陰　夜半雪

一　休日に付在宿す

二月二〇日

同月二十日　晴

一　山尾別当宅へ至る

二月二一日

同月廿一日

一　午前宮へ出勤す、別に異状無之

一　宮内省集会定日に付参省す

二月二二日

同月廿二日　晴

一　午前宮へ出勤す

二月二三日

同月廿三日　晴

一　午前宮へ出勤す

二月二四日

同月廿四日　陰

一　午前宮江出勤す

一　宮内省集会定日に付参省す

一　畝傍艦建碑御寄付金一件、三宮〔義胤〕、浅田申合之上、小、伏、北の三宮より三拾五円と相決す、外に山、華、梨の三宮より拾五円、合計金五拾円御寄付のことに、当宮より有栖川宮へ相答候事

一　午后又宮へ出勤す、御茶道具類御息所御見分に付、陪覧致候事

二月二五日

同月廿五日　晴　昨夜雨雪少々

一　午前宮へ出勤す

二月二六日

同月廿六日　雨

一　本日は休暇に付在宿す

二月二七日

同月廿七日　晴

一　午前宮へ出勤す

二月二八日

同月廿八日　晴

一　午前後出勤す

一　本日宮内省集会定日に付参省す、児玉、東条也

二月二九日

同月廿九日　晴

一　午前宮へ出勤す

三月一日

三月一日　陰

一　午前宮江出勤す

三月二日

同月二日　雨

一　午前宮へ出勤す

一　本日宮内省集会定日に付参省す、各令不参也

三月三日

同月三日　晴

一　午前出勤す
　御息所御風気追々御快方なり、別に伺の件も無之に付退出す

三月四日

同月四日　晴　夜雨雪少々

一　本日休暇に付在宿す

三月五日

同月五日　晴

一　午前宮へ出勤す

三月六日

同月六日　晴

一　午前出勤す
　宮殿下昨日神戸へ御着の旨、電報有之由なり

一　本日宮内省集会定日に付参省す、浅田、藤井、東条也

一　浅田家令両日間出行之由、留守依頼なり

三月七日

同月七日　晴　風少々

一　午前宮へ出勤す、別に異儀なし

三月八日

同月八日　晴

一　午前宮へ出勤す

三月九日

同月九日　雨

一　午前宮へ出勤す

一　本日宮内省集会定日に付参省す、浅田、児玉、東条也、別に議なし

三月一〇日

同月十日　雨少々后晴

一　午前宮へ出勤す

三月一一日

同月十一日　晴

一　独逸国皇帝〔ヴィルヘルム一世（Wilhelm I）〕崩御に付、十日より二十一日間宮中喪仰出さる

一　右に付、来る二十日御招請一件の儀御延引のことに御出先へ電報を以て申上す
右山尾別当参殿の上治定也

一　本日休暇に付在宿す

三月一二日

同月十二日　晴

一　午前宮へ出勤す

三月一三日

同月十三日　晴

一　午前十時半紅葉館に於て故久光公〔島津久光〕祭典に付、宮殿下御代拝相勤候事

一　本日宮へは不参す

三月一四日

同月十四日　陰

一　午前宮へ出勤す

三月一五日

同月十五日　風

一　午前宮へ出勤す

三月一六日

同月十六日　晴

一　午前宮へ出勤す

一　本日宮内省集会定日に付参省す、東条のみ、別に議なし

三月一七日

同月十七日　雨

一　本日不快に付在宿す、宮へは昨日高屋〔宗繁〕を以て申出置く

三月一八日

同月十八日　晴

一　本日宮御帰殿御延引の旨電報有之由、昨日申来る

一　高屋来診、両三日在宿可致とのことに付、宮へ不参す

一　来る二十日参拝不参の儀も添て届方の儀、相頼置候事

三月一九日

同月十九日　晴

一　本日も在宿保養す

三月二〇日

同月二十日　晴

一　本日も在宿す

一　宮、家扶より本日神戸御乗艦、明廿一日御帰京の談電報の旨申来候事

三月二一日

同月廿一日　晴

一　本日も不参す
宮殿下午后八時御帰殿の由也、尤不快に付御迎出張不致候事

一　高屋正午来診の事

三月二二日

同月廿二日　晴

一　午前家丁浜野〔春次郎〕来宿す、麻生よりの口上、昨夜御機嫌克御帰殿の儀を申来る

三月二三日

同月廿三日　晴

一　本日も不参す

一　久留米カスリ　一本
右　宮殿下御取帰の由にて御使を以て被下候事

三月二四日

同月廿四日　晴

一　本日も不参す

三月二五日

同月廿五日　陰

一　三位公〔毛利元敏〕御尋問として被為成候事

一　麻生家扶尋問として来宿也

三月二六日

同月廿六日　雨

一　本日も不参す

三月二七日

同月廿七日　晴

一　本日も同断

三月二八日

同月廿八日　雨

一　本日も同断

三月二九日

同月廿九日　風

一　午前宮へ出勤す、御二方様へ拝謁候事

三月三〇日

同月三十日　晴

一　午前宮へ出勤す、別に伺等無之

三月三一日

同月卅一日　陰

一　午前宮へ出勤す、品川氏より地所一件の儀伺置候事

四月一日

四月一日　晴

一　休日に付在宿す

四月二日

同月二日　晴

一　午前宮へ出勤す、別に伺議なし

四月三日

同月三日　晴　夕風雨

一　神武天皇御例祭の処、参拝不参す

一　上野より浅草辺へ遊歩す

四月四日

同月四日　晴

一　午前宮へ出勤す

四月五日

同月五日　晴

一　午前宮へ出勤す

四月六日

同月六日　雨

一　午前出勤す、別に伺無之、夫より宮内省集会定日に付参省す、東条のみ也

四月七日

同月七日　小雨

一　本日元周公〔毛利元周〕二十年祭に付参拝、榊一対を献備

す
但宮へは昨日在宿の都合申出置候事

四月八日

同月八日　晴
一　本日休暇也
一　午后五時より井田前別当〔譲〕宅へ招に付至る、麻生、世続〔陳貞〕、安藤〔精五郎〕一同也

四月九日

同月九日　晴
一　午前宮へ出勤す、別に議伺の件無之

四月一〇日

同月十日　雨
一　午前宮へ出勤す、別に議伺なし
一　本日宮内省集会定日に付参省す、児玉而辰已
一　午后元園町竹村〔謹吾〕宅地売却の由に付、栢〔貞香〕同行にて検査す、案内人花岡なり

四月一一日

同月十一日　雨
一　午前宮へ出勤す

四月一二日

同月十二日　陰
一　午前宮江出勤す

四月一三日

同月十三日　晴
一　午前宮へ出勤す、夫より宮内省集会定日に付参省す、児玉、東条、藤井也
一　杉内蔵頭〔孫七郎〕より本日午后七時晩餐鹿鳴館に於て招請に付、請致置候事
右に付同刻参席す

四月一四日

同月十四日　陰
一　杉、井田の両家へ挨拶に至る
一　午前宮へ出勤す

四月一五日

同月十五日　晴
一　本日休暇に付在宿す

四月一六日

同月十六日　小雨
一　午前宮へ出勤す、御招一件取調の事

四月一七日

同月十七日　小雨
一　午前宮へ出勤す、夫より宮内省集会定日に付参省す、児玉、東条なり
一　午后七時参謀部御出張の節御同行の将佐、其他晩餐御招に付、下官儀陪席す、依て終日相詰候事

四月一八日

同月十八日　陰　后晴
一　午前宮へ出勤す

四月一九日

同月十九日　晴
一　午前宮へ出勤す
一　成久王〔北白川宮成久王〕御誕辰に付、御祝酒料二百匹被下候事

四月二〇日

同月二十日　陰
一　午前宮へ出勤す、伺なし
一　宮内省集会定日に付参省す、児玉、東条不参、議なし

四月二一日

同月廿一日　雨
一　午前出勤す
宮殿下本日午前御出発にて高崎地方へ御職務にて御出張の事

四月二二日

同月廿二日　晴
一　本日休暇也
一　在京豊浦人親睦会御屋敷に於て集会に付参席す

四月二三日

同月廿三日　雨
一　午前宮へ出勤す

四月二四日

同月廿四日　陰
一　午前宮へ出勤す、異儀無之
一　宮内省集会定日に付参省す、藤井、浅田、東条、児玉也、無議
一　午后三時より高崎次官の園遊会招請に付参集す

四月二五日

同月廿五日　晴

一　午前宮へ出勤す

四月二六日

同月廿六日　風

一　午后　宮殿下御帰京に付出勤す

四月二七日

同月廿七日　晴

一　午前宮へ出勤す、夫より宮内省集会定日に付参省す、東条、児玉也

四月二八日

同月廿八日　晴

一　午前宮へ出勤す

一　竹村宅へ参り、買入約定書を受取、手合金を出す

一　午后二時急に不快に付、河野へ診察相頼服薬す

四月二九日

同月廿九日　雨

一　本日午前高屋へ相頼診察を請同人の薬服用候事

四月三〇日

同月三十日　雨

一　麻生家扶見舞として来宿也
　右に付、明一日宮内省へ不参の儀相頼候事

五月一日

五月一日　陰

一　午前竹村謹吾宅地約定に付、挨拶として来宿也

一　本日宮内省集会定日之処、不快に付不参届出る

五月二日

同月二日　雨

一　不快に付在宿す、別に御用向無之

五月三日

同月三日　陰

一　前に同し

五月四日

同月四日　晴

一　宮殿下明五日御帰京の旨家扶より来書也

一　宮内省へ不参申出る

五月五日

同月五日　暁雨　陰

一　本日も宮へ不参す

五月六日

同月六日　暁雨　陰

一　前日に同し

五月七日

同月七日　雨

一　同前

五月八日

同月八日　雨

一　同前

五月九日

同月九日　小晴

一　午前出勤　宮殿下へ拝謁す、別に伺議無之、退出す

五月一〇日

同月十日　雨

一　本日は宮へ不参す

五月一一日

同月十一日　雨

一　午前宮へ出勤す

一　宮内省集会定日に付参省す、各家令参省なし

五月一二日

同月十二日　晴

一　午前宮へ出勤す、別に議事伺の件無之、退出す

五月一三日

同月十三日　晴

一　休日に付在宿す

五月一四日

同月十四日　晴

一　午前宮へ出勤す

一　山尾別当方へ被下物の儀上申す、白縮緬一反、鰹一箱即刻為御持相成候事

一　午后花岡氏来宿也
　右は来る十六日竹村へ金員引合地券受取方のことに談決す

五月一五日

同月十五日　晴

一　午前宮江相詰候事

五月一六日

同月十六日　陰

一　午前宮へ出勤す、夫より竹村謹吾宅地本日買入に付代金引渡し、夫々証書類引合方致候に付、代理栢貞香同行の上同人へ相頼置候事

右引合済の上、地券書類等夫々栢持参受取候事

一　明宮過日来御不例に付御伺　宮御代理にて参上、高辻侍従〔宜麿〕を以て上申す

五月一七日

同月十七日　小雨

一　宮へ出勤す

一　明宮へ昨日伺相勤、御次へ被下物差出候ことを上申す

五月一八日

同月十八日　晴

一　本日は宮内省及ひ宮へ不参す

一　午前より買地へ滞在荷物送方為致候事

五月一九日

同月十九日

一　前日に同

五月二〇日

同月二十日　晴

一　本日転居す

右に付、栢、小野〔安民〕両人立会にて城山町住所引渡す

一　御屋敷へ肴一折、右は転居に付、是迄の挨拶として差出候事

一　宮様より酒一樽転居に付被下候事

一　地券書替の儀栢へ相頼置候事

一　芝区役所へ転居届出す

一　所得税の儀に付同断

一　日本銀行へ報知のこと

一　東京府庁江届之事

一　本日午前家族一同元園町一丁目十六番地へ転居す

五月二一日

同月廿一日　陰

一　午前宮へ転居御吹聴幷被下物御礼として参殿す

一　宮内省、内閣へ転居届書出す
一　各宮方幷山尾へ報知書出す、其他通知之事
一　三位公御滞豊に付荘原〔好一〕へ転居状出す
一　豊永〔長吉〕へ転居報知且他家への分は番地附を送る
一　親族其他の分は栢俊雄へ依頼す
一　水川〔正亮〕幷に米熊〔三吉米熊〕へ報知す

五月二二日

同月廿二日　晴
一　麻生家扶来宿也
一　本日宮内省集会定日に付参省す、各宮家令揃也、別に議なし
一　麹町区役所へ転居届書上下とも一同現在の通り出す、落手済の事
　　但大河内正質区長宛にて出す、尤別紙控書有之

五月二三日

同月廿三日　陰　后雨
一　午前后とも宮へ出勤す

五月二四日

同月廿四日　晴
一　午前宮へ出勤す
一　米熊へ非職一件答書出す

五月二五日

同月廿五日　晴
一　午前宮江出勤す
一　本日宮内省集会定日に付参省す、児玉、東条也
一　地券三吉慎蔵所有に当区役所に於て改替の事

五月二六日

同月廿六日　晴
一　本日は宮へ不参す
一　午后十二時三十分より相生社へ黒田大臣〔清隆、農商務大臣〕より招に付参集す、右は角力催し也
一　同三時より見晴亭に於て宮家扶始め一統懇親会招きに付到る

五月二七日

同月廿七日　晴
一　午前出勤す　宮殿下十時過御帰殿の電報有之候得共、一時過迄御帰殿無之に付退出す

五月二八日

同月廿八日　雨

一　午前宮へ出勤す
一　皇后宮御誕辰に付午前十一時参賀す、拝謁被　仰付且御祝立食下賜候事
　但燕尾服着用す
一　午后御屋敷より御招に付両人出頭す

五月二九日

同月廿九日　陰
一　午前宮へ出勤す、夫より宮内省集会定日に付参省す、藤井、東条なり

五月三〇日

同月三十日　陰
一　午前宮へ出勤す
一　独逸皇孫参殿の事

五月三一日

同月卅一日　陰
一　午前宮へ出勤す、別に議なし

六月一日

六月一日　陰
一　午前宮江出勤す、夫より本日宮内省集会定日に付参省す、各令面会不致候事
一　本日午后七時三十分御邸に於て過日着京の独逸皇孫を御招請に付、御陪席す

六月二日

同月二日　晴
一　本日宮へ不参、午后御屋敷へ出頭す、別に議事無之

六月三日

同月三日　陰　后雨
一　休日に付在宿す

六月四日

同月四日　陰
一　午前宮へ出勤す

六月五日

同月五日　晴
一　午前宮へ出勤す、別に伺なし
一　本日宮内省集会定日に付参省す、桜井別当及ひ藤井、東条、児玉也
一　各宮家令集会所は、本省の内に出頭のことに桜井別当より談有之候事

六月六日

同月六日　晴

一　午前宮へ出勤す、別に伺なし

六月七日

同月七日　晴　風少々

六月八日

同月八日　陰　后雨

一　午前宮へ出勤す、伺議事等無之

一　本日宮内省集会定日に付参省す、児玉、東条なり

一　藤井家令元老院議官に転任也

一　御屋敷へ御悔として出頭す

一　午后五時より星岡茶寮にて諏訪〔好和、陸軍歩兵大佐〕、鳥山〔重信〕、梶山〔鼎介〕、山田〔愛助〕、三吉参集す

一　后会は本月末土曜日午後より茶寮へ集会に決す、右に付三吉引受とす

六月九日

同月九日　晴

一　午前宮へ出勤す

一　両嶋津殿〔島津忠義、島津忠済カ〕へ伺として出頭す

六月一〇日

同月十日　晴

一　日曜休暇也

六月一一日

同月十一日　陰

一　午前宮へ出勤す

六月一二日

同月十二日　晴

一　宮内省集会定日に付参省す、児玉、東条なり

六月一三日

同月十三日　雨

一　午前宮へ出勤す

一　宮内省集会定日水曜金曜と改定なり

一　午后又宮へ出勤す

六月一四日

同月十四日　雨

一　午前宮へ出勤す、夫より山尾別当へ御用向に付抵る、面会を得す、依て復た宮へ出勤す

一　溝口誠心院様御死去に付、荘原へ宛て、三位公へ御悔上申の儀書面仕出置候事

六月一五日

同月十五日　雨

一　午前宮へ出勤す

一　本日宮へ御用向有之、宮内省へ不参届書出す

六月一六日

同月十六日　雨

一　午前宮江出勤す

一　嶋津忠義殿本日御出発の儀宮より来報、又午前八時四十五分発汽車にて御出発のこと申来る

但御送り少々風邪且至急旁不参す

六月一七日

同月十七日　陰

一　休日に付在宿す

一　独逸国皇帝〔フリードリヒ三世（Friedrich Ⅲ）〕過る十五日崩御に付、宮中喪今十七日より廿一日間被　仰出、右に付宮内省出仕の輩も喪服着用の儀、宮内大臣〔土方久元〕より達の段、式部職より来書也

六月一八日

同月十八日　雨

一　午前宮へ出勤す、別に伺議事なく、退出す

六月一九日

同月十九日　晴

一　午前宮江出勤、直に退出し、夫より藤井、乃木〔希典〕、福原、東条へ廻礼致候事

六月二〇日

同月二十日　晴

一　午前出勤す

宮殿下本日〔午〕前九時発車にて高崎へ御職務を以て御出張に付、御送申上候事

一　本日宮内省集会定日に付参省す、山尾、桜井、花房〔義質〕各別当、児玉家令参集也

六月二一日

同月廿一日　陰

一　午前宮へ出勤す

六月二二日

同月廿二日　陰

一　宮へ出勤す、夫より宮内省集会定日に付参省す、児玉のみ、別に議なし

六月二三日

同月廿三日　晴

一　本日は宮へ不参す

一　三位公昨日御着也

一　豊永氏来宿の事

六月二四日

同月廿四日　晴

一　宮へ出勤す

一　宮御方本日御帰京也

一　午前市兵衛町御屋敷へ出頭す

右は御着御歓申上、豊永へも同断申入候事

一　三位公より略御出豊の件々拝承す、尚委細は荘原より伝達との御事なり

六月二五日

同月廿五日　晴　后雨

一　宮殿下本日午前七時御出門にて佐倉分営へ御出張に付出勤す

一　午后三時より藤井議官の招請に付参席す、依てビールを贈る

一　荘原氏今夕来宿也、御用談は追て協議の筈にす

六月二六日

同月廿六日　雨

一　午前宮へ出勤す、別に議事なし

一　来る廿八日故延久王御三回忌御法会、昨年の通上野輪王寺に於て被仰付候段伺済の事

六月二七日

同月廿七日　陰

一　午前宮へ出勤す

一　明廿八日新皇居御拝見の儀大臣より申来る、右に付御出先へ伺電報の事

一　本日宮内省集会定日に付参省す、各家令不参也

一　午后より御屋敷へ出頭す

一　肴　一折

右御歓として差出候事

六月二八日

同月廿八日　陰

一　午前宮へ出勤す、議なし

一　本日は故延久王三回御忌に付、上野輪王寺に於て御法会有之、依て参拝す

六月二九日

同月廿九日　陰

一　午前宮江出勤す、夫より宮内省集会定日に付参省す、児玉のみ也

一　江本泰二出京右に付、小坂へ電報す

一　午后御息所新皇居御拝見被為成候に付、下官儀陪覧仕候事

六月三〇日

同月三十日　雨

一　午前出勤す

一　宮殿下御帰殿被為在、依て退出す

一　午後星岡茶寮に於て懇親集会に付参席す、本日第一回世話引受候事

七月一日

七月一日　晴

一　午前宮へ出勤す

七月二日

同月二日　晴

一　午前宮江出勤す

一　当前半季被下物別当始め一統へ本日被下候事

七月三日

同月三日　雨

一　午前宮へ出勤す、伺議事無之、退出す

一　午后五時於紅葉館島津殿〔忠済ヵ〕へ御離杯御招請として御二方様被為成、依て参席す、右に付、伊達〔宗徳〕、吉井〔友実〕、同夫人、高崎、奈良原弁に令扶両人相良〔量右衛門〕御招也

七月四日

同月四日　陰

一　午前嶋津公御発足に付、新橋へ御見送申上候事

一　宮へ出勤す、夫より本日宮内省集会定日に付参省す

七月五日

同月五日　雨

一　昨日来腹痛に付、本日宮へ不参申出候事

一　市兵衛町御屋敷午后五時より集会の処、所労に付断り申出候事

七月六日

同月六日　陰　后雨

一　本日も不参申出、尚宮内省へも同断の事

七月七日

同月七日　陰

一　本日も在宿す

七月八日

同月八日　半晴

一　本日は午后より御屋敷へ、乃木、梶山、豊永、荘原一同集会に付参席す

七月九日

同月九日　陰　風

一　午前宮へ出勤す、別に議なし

七月一〇日

同月十日　小雨

一　午前宮へ出勤す

一　鶏卵　一折
　右御慰問として御屋敷より被為贈候事

七月一一日

同月十一日　陰

一　午前宮江出勤す

一　本日宮内省集会定日に付参省す、児玉、東条也、別に議事無之、退出す

七月一二日

同月十二日　晴

一　本日は宮へ不参す

七月一三日

同月十三日　晴

一　本日不参の儀、麻生へ書面出す、尚又宮内省へも同断相頼候事

七月一四日

同月十四日

一　午前宮へ出勤拝謁す、別に議事無之退出す

一　麻生《〔ママ〕》〔布〕御奥様〔毛利保子〕本日御着帯の儀、荘原より申来る

七月一五日

同月十五日　晴

一　午前より麻生〔ママ〕御屋敷へ出頭し御二方様へ御転居再伺、豊永一同伺定め、乃木、梶山、荘原へ答、向後助力気附の儀を協議す

一　午后二時より教育会の件に付、会員一同協議有之

七月一六日

同月十六日　陰

一　午前宮へ出勤す、別に議事無之退出す

七月一七日

同月十七日　陰

一　午前宮へ出頭す

一　御屋敷へ出頭す、伺の件なし

一　米熊へ非職の件着請幷に家事一件等を加筆し、書面仕出す

七月一八日

同月十八日　晴夕小雨

一　午前宮へ出勤す

一　本日宮内省集会定日に付参省す、東条のみ也

七月一九日

同月十九日　陰

一　午前宮へ出勤す

七月二〇日

同月二十日　晴

一　午前宮へ出勤す、夫より本日宮内省集会定日に付参省す、児玉のみ、別に議なし

七月二一日

同月廿一日　雨

一　午前八時宮江出勤す

七月二二日

同月廿二日　雨

一　休暇に付在宿す

七月二三日

同月廿三日　大雨

一　午前宮へ出勤す、伺の件なし

一　児玉家令より来書、右は暑中休暇は参省にても別に御用無之ことに付、不参可然段、山尾別当より談合の由申来

候事

七月二四日

同月廿四日　陰　夜雨

一　午前宮へ出勤す

一　市兵衛町御屋敷へ出頭す、別に議伺無之

一　明廿五日より三太郎〔毛利元雄〕、元智〔毛利元智〕両君豊浦表御出発に付、御暇乞旁城山町へ出頭し、佐野善介へ申出置候事

一　手拭　一反
右佐野へ送候事

一　砂糖　一筥
右麻布御邸より時候御見舞として被為贈候事

七月二五日

同月廿五日　陰

一　午前宮へ出勤す

一　午前宮内省へ参省す

一　金六拾六円也　七月分
右改正に付毎月渡り、依て本日一書の辻を受取候事

一　米熊明日出京の段、今晩八王子より電報来る

七月二六日

同月廿六日　陰

一　本日宮へ不参す

一　カステーラ　一箱
右豊永入院見舞として持参す

一　米熊午后帰着す、久能同行也

七月二七日

同月廿七日　晴

一　午前宮内省へ参省、夫より宮へ出勤す

一　米熊こと本日午後五時三十五分上野発の汽車にて群馬地方へ出立、久能同行の事

七月二八日

同月廿八日　雨

一　午前宮江出勤す

七月二九日

同月廿九日　雨

一　本日　宮殿下日光地方へ御出発の処、御送り申上兼候間、昨日御用伺御暇乞として夜中参殿す、尤御不在に付麻生へ相頼退出す

一　午前市兵衛町御屋敷へ、過日時季御尋として砂糖被下候に付、右御礼出頭す

七月三〇日

同月三十日　雨
一　午前宮へ出勤す

七月三一日

同月卅一日　陰
一　午前宮へ出勤す

八月一日

八月一日　陰
一　本日宮江は不参す
一　市兵衛町御邸へ出頭す

八月二日

同月二日　陰
一　午前宮へ出勤す
一　中山侍従忠光病死の次第書を杉氏より尋問に付、市兵衛町御邸家記の控を相廻し候事

八月三日

同月三日　晴
一　午前品川少将〔氏章〕着歓として鶏二羽持参す
一　宮へ出勤す、別に議事なし

八月四日

同月四日　晴
一　本日宮へ不参す

八月五日

同月五日　晴（雨少々又晴）
一　午前市兵衛町御邸へ出頭す
一　荘原へ御家事要件会近々取極の次第、又御招の都合早々取計方の儀談合す
一　午后井戸替仕直し為致候事

八月六日

同月六日　晴
一　午前宮へ出勤す

八月七日

同月七日　晴
一　午前乃木、福原、楫取〔素彦〕の三家へ尋問す
一　宮へ出勤す、殿下御帰京の御報未た着せす
一　乃木氏へ演説の件左の通
一　毛利家集会豊永も不快彼是にて遅々相成、就ては各位方

へ御意見伺時々可致処無其義、然るに色々自問致見大箇条なる者御内決向来に実施するに、只永続とか何とか通知のみに止り、是行の本を立上下とも忘却不致ヶ条を書記致度、左すれは是よりして往々実行相立可申と愚考す、又御同族中兼て御定期も有之ことに付、其辺は得と道理を以て御申入相成、不都合無之様手順相立置度と愚考す

一 慎蔵進退一件の義、豊永より過日演説も有之候得共答弁を不致、是に付実は一家に関係する件々も有之、此等の儀は一身のことをも申出候に付、御家事集会には態と相控候、乍去御都合により進退の儀、重て御尋問相成るとも、御即答は相成兼候、右事情を申上置候、尤御請申上るに於ては、小生の決心丈け御含迄答弁致すと内話す、余は不日に御談会可相成と申置退出す

一 午后七時半御帰殿に付宮へ出勤す、別に伺なし

八月八日

同月八日　晴

一 諏訪氏明九日午后より鎮流館に於て品川少将出京に付歓迎会相設、会費二円の都合申合候間、右一応申入候とのこと也、依て参席可致尚万事を相頼置候事

一 午前宮へ出勤す

一 ヒール　二本

右石川良平〔赤間関市第二代市長、山県有朋義父〕より到来す

一 桂弥一氏来宿、不日出豊の由也

八月九日

同月九日　晴

一 午前宮へ出勤す

一 品川少将出京に付、本日鎮流館に於て懇親会設に付午后より参席す、乃木、品川、諏訪、鳥山、梶山、林、桂、荘原、山田、諸葛〔小弥太〕等なり

一 来る九月八日八百勘にて午后懇親例会のことに衆決す、尤本月は休なり

八月一〇日

同月十日　晴

一 洋酒　二本

右菅野〔覚兵衛〕より挨拶として使を以て到来す

一 大庭友槌より八月四日附を以て先達てより老人気分相に て臥床の段書面来る、右に付見舞書面出す

一 午前宮へ出勤す

八月一一日

同月十一日　陰　后晴

一 午前宮へ出勤す、別に伺議事なし

一 麻布御邸へ出頭す、夫より城山町九番地にて乃木、梶山、

豊永、荘原一同集会す、右は御家政向気附談会也、其件々は荘原筆記す

八月一二日

同月十二日　陰　后晴

一　午前宮へ参殿す、御二方様御旅行に付御送申上候事

一　巣鴨にて於コウ〔申橋幸子〕分娩、御男子〔輝久王、北白川宮能久親王第四王子〕御誕生被為在候段、午后麻生家扶より来書、右は御控所なり

一　トモ事池田氏〔謙斎〕へ診察相頼又高屋同断

八月一三日

同月十三日　晴

一　午前宮へ出勤す

一　昨日御誕生の恐悦申上候事

一　伏見宮御息所〔伏見宮貞愛親王妃利子女王〕御旅中に於て御不例に付、御様子伺として参殿す

一　麻布御邸へ出頭す、要件左に記

一　向来御目的一件の義は目今のことに非す、其次第は兼て御心得被為在何時他より御尋問あるとも御即答の御覚悟云々の次第上申す、就ては荘原一席のこと尚荘原よりも再応申上候ことに談置く、右は其起る元は御帰京御沙汰御出発の前に御直書を以て夫々仰聞られ、伝達の儀は御人撰肝煎より請々へ通す、右に付豊永向後の仕法主任也、右上申候事

八月一四日

同月十四日　陰

一　午前宮へ出勤す

八月一五日

同月十五日　陰　雨少々

一　当宮御出先より返電、誰にても御使可差出旨に付本日世続出発、伏見宮御息所御所労御伺として岡崎駅へ派遣なり

一　右に付、宮へ出勤の上、其次第山尾別当へ書面出す

一　午后五時より上野精養軒に於て三位公より晩餐御招請、品川、乃木の両少将、諏訪大佐、鳥山次長、梶山次長なり、右に付下官及ひ荘原陪食として同刻参集す、尤梶山氏は不参也

八月一六日

同月十六日　陰　小雨

一　本日在宿す

一　品川少将来宿、近々家族一同出発の由也

八月一七日

同月十七日　陰

一　午前宮へ出勤す、別に議事なし、夫より市兵衛町御邸へ出頭し、過日精養軒御陪食の御礼申上候事

一　鳥山、諏訪の両氏より御尋問の件、各見込を以て上申の由、右は諸氏と大意に於て異状なし、乍去御施業方は順席を以てし、軽率無之様にとの次第有之ことに止り、大目は同意也と荘原より承候事

八月一八日

同月十八日　陰

一　午前宮へ出勤す

一　午后三位公御来光、御直尋問の件を左記す

一　豊浦地御永住の際は、宮の御都合をし、退身の上豊浦にて公の御補助御頼相成候、右は是迄前々より家職の助力に付、彼地へ御住居相成候上は、別而色々の事情も有之に付、尽力致呉れとの御旨意なり、就ては当住居は米熊へ譲り置候へは、三吉の儀は豊浦にて住所を設け遣し可申との御事、豊浦諸氏は素より前々三吉を御附添と申訳に付、別に異論も無之筈、又乃木、品川、諏訪、粟屋〔景明〕の諸氏も其辺申出候に付、目今至急と申す訳には無之候得共、前以て頼置との御内諭なり

一　三吉一人にて何も事務を為致候訳には無之ことに候得共、公の御左右を助力致し呉との御事也

右大要を以て御頼に付、御答決定の義は篤と愚考仕、尚諸氏へも愚意談し、其上何分可申上と上申す

八月一九日

同月十九日　晴

一　本日午后五時より集会の義、荘原より来書也、依て出席す、品川、乃木、梶山、荘原、豊永会合、右に付三位公御臨席也

一　是迄集会の節色々談合の次第を御尋問に付、大要を各自より上申有之、且又豊浦御用達所の名称を以て切通し地所を御決也

一　過日三位公より御頼に付、慎蔵進退の次第を色々各氏へ申入、其末公へ奉命可致段を本日御請申上候、尚亦梶山氏へ出頭の都合は、追々示談可致ことに談置候也

八月二〇日

同月二十日　晴

一　午前宮へ出勤す

一　伏見宮御息所明日御帰京に付、横浜迄御迎出張の儀、麻生へ談置候事

一　本月十二日御誕生様を輝久王と御命名、過る十八日の御

七夜に　宮殿下より御送相成候事

八月二一日

同月廿一日　晴
一　午前宮へ出勤す
一　輝久王御命名に付、御祝酒料として金五百匹被下候事
一　乃木少将、老人〔乃木寿子、乃木希典母〕一同明廿二日熊本へ出発に付暇乞として至る、尤先般進物致候に付別段持参せす
一　レモン　五本　　梨子　一個
右は品川少将家族一同、来る二十五日松山へ出立に付持参す
一　豊永氏へ尋問す
一　梶山氏へ尋問す、御家事向色々協議す、総て豊浦地御所有物等の義は追々順序を以て引合、且又豊永引合金の義は、是迄の約定通に先差置可申ことに議す、其他地所買入等の儀は、篤と取調協議不致候ては向後人気にも関係候に付、勘考の上決定可然見込に議す

八月二二日

同月廿二日　晴
一　本日午前八時四十五分発汽車にて、乃木少将、同老人熊本へ出立に付、新橋まで見送候事
一　宮殿下御息所本日御帰京に付、午前より午后五時まで相詰候得共、御帰殿不被為在、依て退出す
一　伏見宮へ御帰京に付、御伺として参殿す
一　鶏卵　一箱
右先般輝久王御誕生御歓として宮へ献上す

八月二三日

同月廿三日　雨
一　午前宮へ出勤す
一　恒久王〔北白川宮恒久王〕御入学一件、佐々木〔高行〕より申出の次第を上申す
一　品川氏より肴到来す

八月二四日

同月廿四日　雨　后晴
一　午前宮へ出勤す、夫より宮内省へ参省す
一　市兵衛町御邸へ出頭す、又豊永、荘原へ尋問す、別に御用談なし

八月二五日

同月廿五日　陰
一　品川氏家族一同松山へ出発に付、新橋迄送候事
一　午前宮へ出勤す

八月二六日

同月廿六日　晴

八月二七日

同月廿七日　晴

一　山尾別当へ悔として参邸す

一　午前宮へ出勤す

八月二八日

同月廿八日　陰

一　午前宮へ出勤す、夫より麻生御邸へ出頭す、別に議事等無之

一　来る三十日午前より出頭の都合に荘原へ談置候事

八月二九日

同月廿九日　雨

一　午前宮へ出勤す

八月三〇日

同月三十日　陰

一　午前宮へ出勤す、別に議事なし

一　本日は午前より市兵衛町御邸へ御宝物類取分下調として出頭し、午后七時帰宿す

一　豊永帰豊の上取計方の件々、御下命相成候様荘原へ談置候事

八月三一日

同月卅一日　暁より大風雨　夕晴

一　本日宮へ不参す

一　明宮御誕辰の処、別に参賀御達無之に付、不参す

九月一日

九月一日　晴

一　午前宮へ出勤す

一　本日は御息所御誕辰に付、御祝酒被下候事

九月二日

同月二日　晴

一　午前六時宮江出勤す

一　長野県小県郡住吉村、渡辺智意、尋問として巻煙草一筥持参也

九月三日

同月三日　晴

一　午前宮へ出勤す

一　市兵衛町御邸幷に城山町へ御着御歓として出頭、且又佐野へ面会す

九月四日

同月四日　晴

一　午前宮へ出勤す、夫より宮内省へ参省のこと

九月五日

同月五日　晴

一　本日は宮へ不参す

一　午后三時より市兵衛町御邸へ出頭す、梶山、豊永、荘原一同、豊浦地所其他色々協議に付、筆記荘原へ頼置候事

九月六日

同月六日　晴

一　午前宮へ出勤す

一　山尾別当へ辞職の件含置候事

九月七日

同月七日　小雨　后晴

一　午前宮へ出勤す、異儀なし

一　本日は宮内省へ不参す

九月八日

同月八日　晴

一　本日午后より両国新柳町生稲にて例月懇親会に付参席す、粟屋、日原〔素平〕、因藤不参也

一　午后宮へ出勤す

九月九日

同月九日　雨

一　宮殿下本日御帰殿之処御迎参殿の儀、少々不快に付不参す、右に付書面麻生へ為持候事

一　豊永長吉氏へ明十日那須行天気不順に付延引可然段、書面仕出す

一　三太郎様御出明後十一日より加納〔ママ〕氏〔嘉納治五郎、教育者、講道館創設者〕へ御入込可相成とのこと、荘原随従也

九月一〇日

同月十日　雨

一　午前宮へ出勤す、山尾別当参殿也

一　明後十二日宮内省より直に宮へ参殿にて勘定帳簿協議の筈に決す

九月一一日

同月十一日　雨
一　午前宮江出勤す
一　菓子　一箱
　右荘原老人へ挨拶旁持参す
一　三太郎様本日より加〔ママ〕納氏へ御出に付、植村氏〔俊平〕
　色々配慮有之、右挨拶旁出頭す
一　御本邸へ出頭す、来る十五日午后参邸致様、三位公、欽
　麗院様〔毛利欽子〕より御噂有之候事
一　豊永、荘原本日より那須豊浦農場へ出張也

九月一二日

同月十二日　雨
一　宮内省集会定日に付参省す、児玉、東条也、別に議なし
一　午前後宮へ出勤す
一　山尾別当十二時より参殿勘定予算取調致候事

九月一三日

同月十三日　雨
一　午前宮へ出勤す、伺の件無し
一　午后五時より梶山氏へ抵る
一　植村洋行一件に付、金附与等の議あり
一　豊浦地建築等の現場は、来夏季に梶山、品川一同実地取
　調の上取極めのことに談す、尚又其節豊永地面も協議の
　筈にす
一　向後の目的を立て順々之を行に付、若し三吉一名にて事
　務不弁の節は一名人撰のことを協議す

九月一四日

同月十四日　晴
一　午前宮へ出勤す、別に伺議事無之
一　本日宮内省集会定日に付参省す、児玉のみ、議問なし

九月一五日

同月十五日　陰
一　午前宮へ出勤す
一　山尾別当出勤の上予算表改正す
一　午前より市兵衛町御邸へ出頭す
一　篤長殿〔細川篤長〕一件、河村〔光三〕より荘原へ来書の
　件、荘原へ気附答置候事
一　豊永止宿所へ尋問す
一　本日市兵衛町祭に付、午后御宴会有之参席す

九月一六日

同月十六日　雨

九月一七日

同月十七日　陰
一　午前宮へ出勤す
一　スメ子様〔毛利須女子〕御改葬青山墓地へ、右に付、市兵衛町御邸にて御祭に付参拝す

九月一八日

同月十八日　晴
一　午前より宮へ出勤す

九月一九日

同月十九日　晴
一　午前宮へ出勤す、昨日の予算表別に思召不被為在との事なり
一　本日集会山尾、桜井の両別当と三吉、東条也
一　午后市兵衛町御邸へ出頭す
一　豊永出立前集会の件、右御手当金の件、荘原より協議有之
一　於鏻様〔毛利鏻子〕一件は、御出京御住居先御見合のことに相成候由
一　豊浦三ヶ寺より出願の件は、先つ追て御都合有之筈也
一　植村へ御挨拶金の儀は、洋行日限等決定の都合を以て尚協議のことにす

九月二〇日

同月二十日　陰　夜雨
一　荘原来宿にて来る廿二日午后一時より御邸にて集会、夫より諏訪、豊永を晩餐御招請に付、鳥山、梶山両氏参集の都合に談す
一　午前宮へ出勤す、明二十一日午後四時より別当出勤の筈なり

九月二一日

同月廿一日　陰
一　午前宮江出勤す
一　本日宮内省集会定日に付参省す、東条、児玉也、別に議事無之
一　午后四時より御改正の件に付、山尾別当上申として参殿に付、同刻又出勤す

九月二二日

同月廿二日　雨
一　本日秋季皇霊祭に付、午前十時参内にて参拝す、尤大礼服着用也、右は式部次官〔高崎正風〕より通知書来る

一　午后一時より市兵衛町御邸へ集会に付出頭す
一　御財産御届一件、御小児様方御分配金一件の儀、梶山氏より尋問有之、右は兼て取調置又御分配金は追々御積立可然ことに談合す、追て荘原へ協議の儀、豊永氏見込の方法、書記の都合に談す
一　午后五時より於八百勘諏訪、豊永の両氏を御招き御離杯に付、鳥山、梶山両氏御案内也、依て荘原一同参席のこと

九月二三日

同月廿三日　小雨
一　石川良平より本日午后三時大川端大橋楼へ招請の処、差支に付、使へ断置候事
　但料理贈来る

九月二四日

一　宮殿下午后六時御着に付出勤す

同月廿四日　陰
一　午前宮へ出勤す
一　石川良平へ挨拶として抵る
一　諏訪氏へ見舞旁至る、右は帰豊に付て也、尤出立は未定の由
一　フラネル地　六ヤル半
右豊永氏近々帰豊に付進物す、尤滞在中招請不致且到来物の答礼を兼、右の通持参す
一　午后五時より市兵衛町御邸に於て教育一件集会に付参席す

九月二五日

一　植村俊平氏より豊浦教育の件に付、気附の談あり

同月廿五日　陰
一　午前宮へ出勤す

九月二六日

同月廿六日　陰
一　午前宮へ出勤す
一　本日は御息所大磯へ被為成候事
一　宮内省集会定日に付参省す、山尾、花房の両別当と児玉、東条也、別に議事無之、依て退出す

九月二七日

同月廿七日　陰　后晴
一　市兵衛町御邸へ伺として出頭す
一　御家職御所有物随従名前下案一件の儀、気附荘原へ談置候事
一　宮へ出勤す、異儀なし、仍て退出す

九月二八日

同月廿八日　晴
一　宮へ出勤す、別に談議なし
一　本日宮内省集会定日に付参省す、各家令不参に付退出候事
一　豊永氏明日出発に付来宿也

九月二九日

同月廿九日　陰
一　午前宮へ出勤す
一　豊永夫婦及ひ因藤〔和吉カ〕帰豊に付、新橋迄見送候事
一　梶山氏来宿にて、豊永より深雲所云々の件示談有之候由伝達に付、右は追て申合の上、思召相伺決定にて可然ことに談合致置候事
一　豊浦地所御買入の儀は、先般協議伺の上御決定通りにて、余は明年実地検査の上談合御決定と談合す

九月三〇日

同月三十日　晴
一　午前六時三十分
皇女〔常宮昌子内親王、明治天皇第六皇女〕御降誕の旨、宮内省次官より　宮殿下宛て来書に付、右は御出張先き相分り次第、電報を以て上申可致ことに家扶へ申合置候事
一　午后より八百勘に於て懇親会す、右は十月の例会を本日に開く、是は政人、植村洋行、諏訪も帰豊旁に付、繰上けとなる

一〇月一日

十月一日　雨
一　市兵衛町御邸秋季例祭に付、参拝として出頭す
一　午前宮へ出勤す
一　御出張先きへ
御降誕の御報知仕出済の事

一〇月二日

同月二日　晴
一　午前宮へ出勤す
一　宮内省へ参省の上
御降誕恐悦書記官迄申出候事
一　乃木少将へ尋問郵便状仕出す、右は熊本第六師団宛てなり

一〇月三日

同月三日　晴
一　午前宮へ出勤す、別に議なし

一　宮内省集会定日に付参省す、浅田、東条也、議無之
一　本日は市兵衛町御邸御祖先御小祭に付参拝す
一　梶山氏来宿、右は報国隊記念碑主公御発起一件の儀示談に付、尽力可致段決答す

一〇月四日

同月四日　晴
一　午前宮へ出勤す

一〇月五日

同月五日　晴
一　午前宮へ出勤す
一　本日宮内省集会定日に付参省す、東条而已なり、別に議事なし
一　午后市兵衛町御邸へ出頭す、公御不在也

一〇月六日

同月六日　雨
一　本日御七夜御命名式に付、午前十一時三十分参賀の旨御達に依て同刻参賀す
　但通常礼服と書面に有之候処、追而フロコート着用のことに宮内省にて林属官より申継有之
一　御命名
　昌《マサ》子　常《ツネ》宮
一　御祝酒洋立食下賜候事
　右御息所へ上申として参殿す
一　進献物の儀上申す
一　豊永真里〔豊永長吉養子〕午后一時三十分発汽車にて独逸国へ留学として出発に付、新橋迄見送候事

一〇月七日

同月七日　晴
一　休日に付在宿す

一〇月八日

同月八日　晴
一　午前宮へ出勤す
一　市兵衛町御邸へ出頭す
一　三位公へ記念碑御設立の件上申す、右荘原家扶へ被仰聞候て、其向の諸氏へ引合の儀添て申出置候事

一〇月九日

同月九日　晴
一　午前宮内省へ出頭す、昨日内事課長〔桜井能監〕より面談の儀来書に依て也、右は
　聖上思召を以て久邇宮御小児様御男子二人御女子四人、

来月十五日迄御出京にて御学業相成候様御沙汰に付、小松、伏見、北白川各宮方にも御世話の儀、大臣より打合に付、当宮御出張中故其段含候様、尚御帰京の上は御都合被仰合候筈に相成候とのことを、桜井課長より伝達なり

一　午前宮へ出勤す、前条の次第を山尾別当へ承知に入れ置候事

一　別当より、御女子様御二方〔北白川宮満子女王、貞子女王〕は、高等女学校へ御入込相成度段を可申上との談有之

一〇月一〇日

同月十日　陰

一　午前宮へ出勤す

一　本日宮内省集会定日に付参省す、東条のみ、議事なし、依て退出す

一〇月一一日

同月十一日　陰

一　午前宮へ出勤す

一〇月一二日

同月十二日　晴

一　午前出勤す

一　本日は　宮殿下御帰殿に付宮内省へ不参す

一　久邇宮御引合の件

一　御女中一件其他夫々上申す

一　麻布御屋敷へ出頭す、邦樹様〔毛利邦樹〕一件狩〔ママ〕野へ引合の由、荘原家扶より談有之尤未決也

一〇月一三日

同月十三日　晴

一　宮殿下本日午前十時過上総地方へ御出張に付、御送り申上候て退出す

一　午后より高輪毛利家にて故旧懇親会に付参席す

右会は向後一ヶ年一度に改正、立食と定る也

一〇月一四日

同月十四日　晴

一　本日は豊浦在京懇親会を旧主毛利邸に於て設之、就ては植村、竹中、諸葛の諸氏不日洋行に付、添て余興を催す

是は臨時寄付金を以て手ヅマ〔手妻〕の技師を雇入有之、

右参集す

一〇月一五日

同月十五日　雨

一　午前宮へ出勤す

一　本日は
　皇后宮進水式へ　行啓に付、当御息所御供奉にて被為成
　候事

一〇月一六日

同月十六日　陰　后晴
一　午前宮へ出勤す
一　毛利御邸へ出頭す、公御不在、別に談なし

一〇月一七日

同月十七日　晴
一　神嘗祭に付、午前十時参
　内之上参拝候事
　　但大礼服着用す

一〇月一八日

同月十八日　雨
一　午前宮へ出勤す、別に議なし
一　午後毛利邸へ出頭す、荘原家扶より財産名前替一件談に
　付、家扶名義の分は是迄通り一纏めにし可然ことに答候
　事
一　旧臣記念碑一件思召の旨談に付、右は主公の思召を以て
　梶山、鳥山其他打合可然ことに答ふ
一　豊永より来書の儀は、於鏻様へ御転居の件を申上候迄の
　ことを承るのみ也

一〇月一九日

同月十九日　雨
一　午前宮へ出勤す、議なし
一　本日宮内省集会定日に付参省す、児玉、東条也、議なし
一　弘中定潔〔逓信省勤務、旧長府藩士〕へ尋問、積る挨拶状出
　す
一　式部職長崎主事〔省吾、式部主事〕より左の通
　　自今参
　　内参賀等の場合に於て、当省より着服の儀に付、通常
　　礼服又は通常服と記載候節は、通常礼服は燕尾服、通
　　常服は「フロックコート」と御承知有之度、此段予て
　　及御通知候也
　　　廿一年十月十九日　　式部主事長崎省吾
　　　　北白川宮家令三吉慎蔵殿

一〇月二〇日

同月二十日　雨
一　午前宮へ出勤す、別に議なし

一〇月二一日

同月廿一日　雨

一　日曜日に付在宿す

一〇月二二日

同月廿二日　雨

一　午前宮へ出勤す

一　毛利邸へ出頭す、不日集会の都合荘原家扶より談有之

一　諸葛へ案内の挨拶且政太〔諸葛政太、諸葛信澄長男〕洋行に付ハンケチを持参す

又植村氏へ同品を進物す

一〇月二三日

同月廿三日　雨　后晴

一　午前宮江出勤す

一　御息所本日より山島へ御乗馬御稽古被為成候事

一〇月二四日

同月廿四日　晴

一　本日宮内省集会定日に付参省す、児玉、東条なり、別に議なし

一　金港堂より出版の書籍を、昨日　殿下幷令夫人と認め直宛にして郵便を以て呈上に付、右は不敬の次第に付、桜井別当、斎藤家令へ協議し差返すことに談す、向後たりとも右様の次第有之節は、呼出の上返却のことに談決す

一〇月二五日

同月廿五日　晴　后雨

一　午前宮へ出勤す、別に議なし

一　午后より毛利邸へ出頭す、右は三位公より過日旧臣記念碑御発起に付、梶山、鳥山、日原、山田、荘原一同仕法等の儀を御尋問也、尚品川、乃木、豊永へも照会の上、其次第御決の筈に相成候事

一〇月二六日

同月廿六日　雨

一　午前諸葛、植村の両氏出発洋行の処、本日見送り差支候に付、宅へ暇乞として至る

一　本日正午赤十字社へ

皇后宮行啓に付社員参集す、正社員へ社章授与式有之、終て祝酒出る

右正社員章佩用す、向後公会の節佩用の記載相添

一〇月二七日

同月廿七日　朝小雨

一　午前宮へ出勤す

一〇月二八日

同月廿八日　晴

一　休日に付遊歩す

一〇月二九日

同月廿九日　晴

一　午前出勤す、又午后三時過き　宮殿下御帰殿に付、相詰候事

一　毛利御邸へ出頭す、記念碑一件豊浦へ照会の件に付、少々文案之気附を談す

一〇月三〇日

同月三十日　晴

一　午前宮へ出勤す、別に伺議無之

一〇月三一日

同月卅一日　陰　夜雨

一　午前宮へ出勤す、夫より宮内省集会定日に付参省す、児玉、東条也、議なし

一　倉光三郎氏より手製織物一反送達に相成候事

一一月一日

十一月一日　陰

一　午前宮へ出勤す

一　会計向改正に付、本日金庫相改、是迄世続預りの現金蓄金并勘定帳、外に別口金仕払の分を検査す、家扶麻生一同改置金庫入の事

一　午后毛利邸へ出頭す、御児供様方御住所の件、受付等の儀を談す

一一月二日

同月二日　晴

一　午前宮へ出勤す

一　本日宮内省集会定日に付参省す、児玉のみ、議なし

一一月三日

同月三日　陰

一　天長節に付、午前十時前参内拝謁被　仰付御酒饌下賜候事

一　午后よりトモ一同菊花見物遊歩す

一一月四日

同月四日　雨

一　休暇に付在宿す

一一月五日

同月五日　陰　后雨

一　午前宮へ出勤す、別に議無之

一　毛利邸へ出頭す、議なし

一一月六日

同月六日　陰　后晴

一　本日は在宿す

一一月七日

同月七日　陰

一　午前宮へ出勤す、夫より宮内省集会定日に付参省す、浅田、東条也、議無之

一一月八日

同月八日　晴

一　午前宮江出勤す

一　午后毛利邸へ出頭す、議なし

一一月九日

同月九日　晴

一　午前宮へ出勤す、議なし

一　宮内省集会定日に付参省す、浅田、東条也、且又山尾別当昨夜帰京の由にて参省なり

一一月一〇日

同月十日　晴

一　午前宮へ出勤す

一　照宮〔ママ〕〔昭宮猷仁親王〕過日来御不例の処、昨夜より別て御不出来の旨、内事課長より宮へ上申の由に付、直に中山邸御住居所へ相伺候事

一　御門衛兵卒両名被差置候ことに決す

一　午后毛利邸出頭す、議なし

一一月一一日

同月十一日　陰　后雨

一　午前出勤す、宮殿下御不在也

一　毛利邸へ出頭す、昨日梶山氏より山県大臣〔有朋〕洋行に付御離杯の件、色々示談気附有之、同意に付、本日三位公へ其次第を上申す、然而取計方梶山氏へ引合御依頼のことに伺済也、且又荘原へは公より御下命の儀を添て上申致候事

一　照宮〔ママ〕御住居所中山邸へ御伺として参殿す、御快方の御様子無之

一　本月懇話会新大橋際万千楼にて参集に付、午後三時より参席す

一一月一二日

同月十二日　雨

一　中山邸御住居所へ伺として出頭す

一　午后独逸国公使息女〔テオドール・フォン・ホレーベン（Theodor von Holleben）娘〕参殿に付出勤す

一一月一三日

同月十三日　晴

一　午前宮へ出勤す

一　照宮〔ママ〕昨十二日午後二時三十分薨去被遊候旨、麻生より通知有之

一　右に付、午前宮内省へ参省
　天機伺山内書記官〔勝明〕へ申出置候事

一　午後毛利邸へ出頭す

一　豊浦御買入地の件に付、豊永よりの来書を荘原より伝達あり

一一月一四日

同月十四日　陰　后晴

一　宮へ出勤す

一　本日宮内省集会定日の処、宮に於て金庫現金引合致し候に付不参す、金員出入引合は別紙に記載す

一一月一五日

同月十五日　晴

一　宮へ出勤す、別に伺議事なし

一一月一六日

同月十六日　晴

一　午前出勤す

一　宮内省集会定日に付参省す、議なし

一　午后毛利御邸へ出頭す、議なし

一一月一七日

同月十七日　晴

一　本日は宮へ不参す

一　照宮〔ママ〕御出棺午十二時御先着にて豊島岡へ奉迎として出頭す、右着服通常礼服なり
　但白襟紐帽に黒羅紗を巻き手套黒色也

一　右拝礼相済、三時半退出す

一　来る廿一日松陰神社例祭参席の義〔ママ〕、野辺地〔尚義〕へ請書出す

一一月一八日

同月十八日　晴
一　日曜に付在宿す

一一月一九日

同月十九日　晴　風
一　午前宮江出勤す
一　荘原氏来宿、御奥様〔毛利保子〕御分娩御女子〔毛利幸子、毛利元敏六女〕御誕生の由、且又染井御別邸売却の儀、昨夜取極の由談有之

一一月二〇日

一　午后毛利邸へ御分娩御歓として出頭す

同月二十日　晴
一　午前出勤す

一一月二一日

同月廿一日　大雨
一　午後宮へ出勤す
一　宮内省集会定日に付参省す
一　午后四時より松陰神社例祭に付、紅葉館へ参席す

一一月二二日

同月廿二日　晴
一　本日宮へ不参の儀、申出他出す

一一月二三日

同月廿三日　晴
一　新嘗祭に付休暇也、尤午前宮へ出勤す
一　毛利邸へ出頭す
一　午后四時より山県大臣洋行御離杯御送別として御招請相成、大森書記官〔鍾一、内務大臣秘書官〕も御招也、右に付、梶山、三吉、荘原の三名御取持陪席す

一一月二四日

同月廿四日　晴
一　午前宮へ出勤す

一一月二五日

同月廿五日　晴
一　午前毛利邸へ出頭す、別に議なし

一一月二六日

同月廿六日　晴

一　午前宮へ出勤す、別に議事無之
一　豊永氏へ尋問、且染井引合済の件、郵便状仕出す

一一月二七日

同月廿七日　晴
一　午前宮へ出勤す
一　宮内省へ参省す、右は御招請御案内状仕出方の儀、御料理向等の都合引合す
一　水川氏〔正亮〕出京来宿、栢氏も来る、右に付米熊志願洋行一件事情協議す、旁近々同人出京の都合致し、直に談合も可致見込を議す

一一月二八日

同月廿八日　晴
一　午前後共宮へ出勤す
一　宮内省集会定日に付参省す、山尾別当及ひ浅田、児玉、東条なり
一　午后毛利邸へ出頭す、議なし

一一月二九日

同月廿九日　陰
一　午前宮へ出勤す
一　明卅日午后二時迄に酒井邸へ出張可致旨、御下命也

一一月三〇日

同月三十日　陰
一　午前出勤す
一　宮内省集会定日に付、参省す
一　桜井書記官より別当交代の件承候事
一　本所にて酒井邸御覧に付、御陪従にて同所へ至る
一　午后六時於弥生社山県大臣送別宴ジンネル、右参席す尤一名出金四円宛なり

一二月一日

十二月一日　晴　風
一　午前宮へ出勤す
一　殿下御留守に付、別に伺の件無之
一　午前毛利邸へ出頭す
一　豊永氏昨夜出京の由途中にて面会す
一　午后梶山、豊永の両氏来宿也
右に付、豊浦表の事情を一同承る、又梶山氏より記念碑一件談有之、豊永氏其次第を同意也
一　水川氏来宿、近々帰県の由、右に付、肉地伴上下進物す
一　米熊こと都合相成候は丶、出京の上万事協議の都合を依頼す

一二月二日

同月二日　晴

一　午后四時より毛利邸へ出頭す、豊永氏両人にて豊浦表の事情同人より公へ上申に付、甚重大の件、公之御心得御不都合有之、依て色々存寄申上る、尚又万事御家政向の儀、御怠り御目途無之に付、充分不談愚考を上申す

一二月三日

同月三日　晴

一　午前宮へ出勤す

一二月四日

同月四日　雨

一　午前宮へ出勤す

一　荘原家扶へ豊永氏一同に上申の次第を談す、且亦廿二年度予算一件示談に付、答弁す

一二月五日

同月五日　晴

一　本日午后七時三十分大臣各国公使御招請に付、午前後宮へ出勤す、晩餐御陪食被仰付候事

一　山尾別当当宮の処御免、右代り岩倉具経当宮別当御沙汰也、右宮内省参省中に付、両別当より吹聴有之候事

一　本日集会、児玉、東条、浅田也、別に議なし

一　正午毛利邸へ出頭す、右は過日上申致し候順序を以て三位公へ再伺致候、於鏻様の御引合重て伺定、且又高輪様にての御引合は、欽麗院様より御奥様へ引合の由也

一二月六日

同月六日　晴

一　午前宮へ出勤す

一　午后七時三十分独逸協会員御招請に付、午后又出勤す右御陪食被仰付候事

一二月七日

同月七日　晴

一　午前宮へ出勤す

一　本日宮内省集会定日に付参省す、児玉不参、浅田、東条なり

一　岩倉具経別当へ頼み歓旁出頭す、尤不在に付、受付へ申置候事

一　毛利邸へ出頭す、荘原家扶より会計繰替仕法示談に付、家扶見込通り可然ことに答置候事

一二月八日

同月八日　晴
一　午前宮へ出勤す
一　午後より星岡茶寮に於て、例月懇話会に付参席す

一二月九日

同月九日　晴　夜雨
一　交肴　一折
右麻生へ歓として為持候事

一二月一〇日

同月十日　小雨
一　午前宮へ出勤す
一　午后七時三十分於御殿、各大臣各国公使晩餐御招請に付、陪席す
一　成久王過日来御異例に付、橋本〔国手カ〕、池田の両医拝診、伊達殿より佐藤代大滝〔冨三〕被差越候事

一二月一一日

同月十一日　風　晴
一　成久王御伺として、午前参殿す
一　御宮城拝観被差許候に付、正午よりイヨ一同、宮城正門より入、坂下に出候事
一　午后茶寮に於て宮扶従家丁六名を相招候事

一二月一二日

同月十二日　晴
一　午前宮へ出勤す
一　宮内省集会定日に付参省す、各家令揃、山尾、花房両別当不参也
一　成久王御不例に付、御奥へ鮨一重と菓子一重を差出す
一　午后於茶寮宮家従を招候事

一二月一三日

同月十三日　陰
一　成久王御異例に付、午前後出勤す、本日も御同様也
一　茶寮に於て豊永氏を梶山氏と両名にて相招く、荘原氏も会す
一　梶山氏出豊の儀を談決す
一　荘原より豊地買入金壱万二千円の予算を以て、豊永氏請求の由談有之

一二月一四日

同月十四日　陰　后雨
一　成久王御不例に付、午前後出勤す
一　宮内省集会定日に付参省す

一二月一五日

同月十五日　晴

一　本日も午前後宮へ出勤す

一　坂井邸引合壱万三千円にて譲りの儀御決のこと、右書面を以て下官より家扶へ出す

一　来る廿二年一月三日午后三時より紅葉館へ参席の儀答書出す

一　同年一月四日十二時三十分鹿鳴館へ年始賀礼参会の儀、答書出す

一二月一六日

同月十六日　晴　風

一　若宮御方御伺として参殿す、本日も御同様也

一二月一七日

同月十七日　晴

一　午前出勤す

一　成久王本日は御熱度先四十度以内に付、少々御順の御様子也、外に伺議事等無之、退出す

一二月一八日

同月十八日　晴

一　午前宮へ出勤、午后復た出勤す、先相変儀なし

一二月一九日

同月十九日　晴

一　午前后宮へ出勤す

一　本日宮内省集会定日に付参省す、各宮別当と東条也

一　荘原来宿にて梶山氏差出の由談有之、右に付、梶山氏へ抵る、代理人気附の儀を書記し出置候事

一二月二〇日

同月二十日　陰

一　午前出勤す

一　成久王本日は御順快被為在候事

一　午后岩倉別当宅へ至る、右は宮会計出入勘定実費人名書等を以て御家政向の件々議す

一　毛利邸へ出頭す、梶山氏代りの儀を御勘考相成候様公へ上申す

一　欽麗院様御移転は、先つ御見合せ相成候儀を荘原へ申入候事

一二月二一日

同月廿一日　陰

一　午前出勤す

一　成久王続て御順快也
一　宮内省集会定日に付参省す、東条のみ、別に議なし
一　午后梶山氏来宿にて出豊一件を談す
一　荘原家扶出豊のことに談決す、右に付、買入地所の儀は都合により、豊永地所は不及申先切通し見合にても可然の意味を含み、御遣しの談をす
一　明廿二年夏休、豊浦に於て品川、乃木、梶山の三官を御招き、万事議決の思召あり、就ては三官へ御直書御送付、添書を三吉より不日仕出のことに談決す

一二月二二日

同月廿二日　雨
一　午前宮へ出勤す

一二月二三日

同月廿三日　陰
一　毛利邸へ出頭す、三位公へ梶山氏の代り荘原御遣しの件、品川、乃木両氏来夏出豊の件、右直の御内々上申す

一二月二四日

同月廿四日　晴
一　午前宮へ出勤す
一　児玉源之丞過日来不快の処、今朝死去の由、親族松平説三申来る、右に付、参省の上桜井課長へ引合届等の件を、児玉へ至り色々協議致置候事

一二月二五日

同月廿五日　晴
一　水川氏より来書に付
　　テガミアリガタクシツタツタノム
　右電報を以て水川氏へ答ふ
一　午前宮へ出勤す
一　児玉源之丞の死去を上申す、右に付、香花料千匹被下伺済に付、取計相達す
一　午后毛利邸へ出頭す、本日は御誕辰年末会御内祝也
一　荘原より昇級一件、梶山、鳥山等へ歳末御贈物一件、右談有之

一二月二六日

同月廿六日　晴
一　午前宮へ出勤す、別に議なし
一　本日宮内省集会定日に付参省す、各宮別当家令揃にて色々議事、下案追て廻送の事
一　萩原家令〔是和、華頂宮家令〕拝命に付来る
一　児玉宅へ尋問す
一　同家へ花料壱円弐拾五銭為持候事

一二月二七日

同月廿七日　晴
一　午前宮へ出勤す、別に伺議事なし
一　一楽織　一反　金　二千疋
右酒井殿より御挨拶として到来す
一　午后一時児玉源之丞埋葬に付、会葬す
一　米熊こと午后八時前出京す

一二月二八日

同月廿八日　晴　風
一　午前宮へ出勤す、別に伺議事無之
一　本日宮内省集会定日に付参省す、浅田のみ、別に議なし、依て退出す、尤本日限り御用仕舞の事
一　午前より毛利邸へ出頭す
一　荘原より賞与の談有之、夫々見込答弁す
一　荘原家扶へは金拾円にて可然段を上申す
一　金百五拾円
右三位公より年末謝儀として被下候事
一　白フラネル　一巻
右欽麗院様より被下候事
一　午后栢貞香来宿に付、家族中一同三吉家々事向の件々一書にして協議す、一同別に異議なし

一二月二九日

同月廿九日　風
一　久邇宮女王純子《サカ》御方〔久邇宮朝彦親王第九王女〕本日より当宮へ御預けに付、午后四時出勤の上拝謁す

一二月三〇日

同月三十日　晴
一　歳末参賀として午前宮へ出頭す
一　毛利邸へ歳末御祝詞として出頭す
一　元智様へ同断
一　荘原へ同断

一二月三一日

同月卅一日　晴
一　午前宮へ歳末御祝詞として参殿拝謁す、家扶始め一同へも賀し御用済退出候事

日記　十　明治廿二年

明治二二年

一月一日

明治廿二年一月一日　晴

一　午前九時卅分
聖上〔明治天皇〕、皇后宮〔昭憲皇太后〕拝賀、夫より
明宮〔嘉仁親王、のちの大正天皇〕拝賀、午前十時
皇太后〔英照皇太后〕拝賀之事
　但大礼服着用也

一　北白川宮御二方様〔能久親王、能久親王妃富子〕へ、午前九時別当、家令、家扶従一同新年御祝詞申上候事

一　各宮方市兵衛町御邸御祝詞申上、各家新年廻礼す

一月二日

同月二日　晴

一　本日は在宿す

一　三位公〔毛利元敏〕御来車也、午餐呈上す

一　年礼廻勤す、夫より午后三時例により於紅葉館明治維新の盛業を記念し宴会に付、参席す

一月三日

同月三日　雪

一　元始祭参拝す、午前十時也、大礼服着用の事

一月四日

同月四日　晴

一　政事始なり

一　午前宮へ出勤す、夫より本日政事始集会定日に付、参省の事

一　来る六日より磯部へ他行の儀、内々桜井課長〔能監〕、斎藤家令へ含相頼置候事

一　磯部行の儀、宮殿下へ上申、且又別当へ申入状の儀、麻生〔三郎〕へ相頼置候事

一　新年祝賀、鹿鳴館へ十二時より一同集会に付、参席す

一　毛利邸へ出頭す、明五日御宴会不参の段、荘原〔好一〕へ申出る

一月五日

同月五日　晴

一　本日当宮新年御宴会に付家令始め一同御酒被下候、尤本年は午前十時参集也

一　右に付、例年献上物其他とも左に記

一　鶏卵　一箱
　但献上もの
一　酒　五升
　但家扶始め一同へ
一　家丁へ　金二十五銭宛
一　馬丁頭一人へ　同二十銭
一　小使五人へ　同二十銭宛
一　午前十時三十分新年御宴会に付参内す、酒饌下賜候事
　但大礼服着用也
一　本日毛利邸より新年御宴会に付御招請の処、差支に依て御断り仕候事

一月六日

同月六日　晴
一　米熊〔三吉米熊〕洋行一件に付、磯部にて井上大臣〔馨、農商務大臣〕別荘へ相談の件有之、午前上野発の汽車にて米熊一同出発、午后一時過共寿館へ着す、夫より直に井上別荘へ出頭す、同人志願是迄の次第夫々申入、当度自費洋行為致度段を示談致候処、誠に大臣賛成被致、金千円限にて洋行の儀引受為致候段を承諾被致候に付弥相決し、総て右千円を差出し依頼すへきことに談決の事
右は二月下旬大里〔忠一郎、西条村製糸場（六工社）や同伸会社の設立に参画〕洋行、尚農商務省より官員一人伊太利、仏国へ仕出に付、同行可然とのこと也、依て米熊其出立前大臣面会の上万事授方相成候様約定す、右相済候て退出す
一　止宿にて大里氏へ面会し、米熊洋行相決し、就ては同行可相成段申入る、又前条の次第を米熊へ申聞一同満足也、大里氏へ酒肴を出す

一月七日

同月七日　晴
一　大里氏、米熊一同午前十時発し長野へ出立也
一　午前十一時十七分発の汽車にて午后四時東京帰宿す

一月八日

同月八日　晴
一　午前宮へ出勤す、明九日午前内蔵寮金引合の次第を麻生へ談置候事
一　農商課長平野侯〔ママ〕太郎〔侯次郎、長野県農商課長〕止宿、京橋宗十郎町田中方へ到り面会す、磯部にて井上大臣へ引合の次第を申入弥相決候に付、此上万事取計方の儀を相頼候処、誠に平野氏も満足、充分尽力可致とのことなり
一　桂氏〔弥一〕宿所へ抵る、不在也
一　毛利邸へ出頭す

一　荘原家扶出豊の儀を上申す、同人へ御達相成候事
一　栢〔貞香〕へ米熊一件相決候次第を談し、且又先般箇条書を以て協議の件々、不同意無之段同人より相答候次第を承る、尤都合相成候は丶、帰朝迄の処是迄通りを望み候由、妻の儀は帰朝の上取極め可申とのこと、外に何も論なしとの事也
一　桂弥一氏来宿に付洋行一件を談す、品川弥二郎氏〔宮内省御料局長〕へ其次第報知のことを頼置候事

一月九日

同月九日　晴
一　午前宮へ出勤す
一　宮内省集会定日に付参省す、浅香家令〔茂徳〕出京、東条家令〔頼介〕参省なり
一　米熊へ平野氏へ引合の件を郵便状仕出す

一月一〇日

同月十日　晴
一　午前宮へ出勤す、勘定諸引合早々精書可致儀を安藤〔精五郎〕へ達す
一　御改正御門鑑
　　宮第壱八四号
　　宮内省　御門鑑
　　イ第二七八号
　　　宮内省　御門鑑
　　イ第二七九号
　　　宮内省　御門鑑
右三枚本日受取候也
一　午后毛利邸へ出頭す
一　元智様〔毛利元智〕残金総計一件の儀、荘原へ談置候事
一　重要の件は、篤と御協議の上調印等の儀有之度事を上申す、尤軽重の区分有之段を添て上申候事

一月一一日

同月十一日　晴
一　午前宮へ出勤す
一　聖上、皇后宮本日午前十時御出門にて宮城へ御移転に付、同刻正門内外にて奉迎、右終て御祝酒立食下賜候事
　　但着服は「フロックコート」也
一　東車寄まて乗車にて昇降致候事

一月一二日

同月十二日　晴
一　午前宮へ出勤す
一　動産不動産帳簿仕法勘定書の件を麻生へ協議す

一　午前より毛利邸へ出頭す、当夏於豊浦、品川〔氏章、陸軍少将〕、乃木〔希典、陸軍少将〕、梶山〔鼎介、陸軍歩兵中佐〕一同集会の儀、三位公より御書面にて御頼の件を上申す

一月一三日

同月十三日　陰

一　本日休暇に付在宿す

一　栢貞香来宿、米熊向後目的色々協議の件を承候事

一　栢俊雄へ宅地買入の件に付、旧羽仁某の宅地買入度、就ては板垣熊太郎へ示談の件々を相認め、照会状を本日貞香へ依頼す

一月一四日

同月十四日　晴　風少々

一　午前宮へ出勤す

一　岩倉別当〔具経〕へ下官儀退身の件、山尾前別当〔庸三、臨時建築局総裁〕へ内情申出置候処、何卒　宮殿下へ御上申被下度、其上にて宮内省へ出願可仕段、本日宮に於て申出置候事

一月一五日

同月十五日　晴

一　午前宮へ出勤す

一月一六日

同月十六日　雨

一　午前十時より宮内省集会定日に付参省す、浅香、東条、萩原〔是和〕也、岩倉別当参省、別に議事無之

一　本日は午后宮へ出勤す

一月一七日

同月十七日　陰

一　午前宮へ出勤す

一　午后毛利邸へ出頭す

一　本年度予算表御調印済拝見す

一　豊浦農場同断

一　豊永氏〔長吉〕より来書、別に御用談なし

一月一八日

同月十八日　晴

一　宮内省集会定日に付参省す、浅香、東条、萩原也、別に議事無之

一月一九日

同月十九日　晴

一　午前宮へ出勤す、別に伺議なし

一　午后三時より築地壱丁目寿美屋に於て豊浦旧友懇談会を設け、三位公新年を賀し御招請す、依て参席す

一月二〇日

同月二十日　晴

一月二一日

同月廿一日　晴

一　午前宮へ出勤す、別に伺議なし

一　午后毛利邸へ出頭す

一　本日午后三時より、於紅葉館華頂宮〔博恭王〕御招請に付、参席す

一月二二日

同月廿二日　晴

一　午前宮江出勤す

一　午后毛利邸へ出頭す、梶山〔鼎介〕、荘原、三吉会合、其議事は左に記す

一　荘原出豊に付兼て御内決の地所一件、於鏻様〔毛利鏻子〕御進退一件を議す、右の件々三位公へ上申す、就ては其事件を荘原家扶へ御依頼のことに御決定也

一　品川〔氏章〕、乃木両少将へ御使、尚又御直書をも御送の筈也

一　高輪御奥様〔毛利安子〕よりも於鏻様へ御書面御送の件、就ては三位公よりも御送の筈に上申す

一　記念碑一件も荘原へ協議也

一月二三日

同月廿三日　晴

一　山階宮御父子様〔晃親王、菊麿王〕、華頂宮様御出発に付、新橋まで御送り申上候事

一　宮へ出勤す

一　本日

皇太后宮御誕辰に付、午前十一時参賀す、立食下賜、尤拝謁は無之候事

但着服通常礼服也

一　午后七時杉内蔵頭〔孫七郎〕より於鹿鳴館晩餐招請に付参席す

一　品川、乃木両少将へ三位公より御直書御送、当夏出豊の件御加筆に付、右添書し、本日仕出候事

但品川氏へは米熊洋行の内報す

一　賀田〔貞一〕、栢の両氏へ米熊洋行内報す

一月二四日

同月廿四日　晴

一　午前宮へ出勤、左の通伺済の上銘々へ相遣す

家従　麻生延太郎
同心得　佐藤
同断　桜井〔一生〕
同断　樋口〔綾太郎〕
同断　浜野〔春次郎〕

右心得には候得共、外面御用の節は、家従名称にて御用弁可致段、四名へ相達候事

一　右の次第を以て本日山内書記官〔勝明〕へ役名書出候事

一　前条の趣御息所へ上申し、且岩倉別当へ申出候事

一　午前岩倉別当宅へ出頭す、右は勘定書仕法其他御家政向の件々色々協議す

一　午后迄宮御邸にて勘定協議し、精書次第岩倉別当へ仕出方の儀を談合す

一　荘原来宿にて高輪御邸へ出頭の上、於鏻様へ御書一件御認めの儀御承知に　相成候由、且品川少将は八日頃出京の由に付、乃木少将へ電報にて照会のことに談決す

一月二十五日

同月廿五日　晴

一　午前宮内省集会定日に付参省す、浅田〔進五郎〕、浅香、東条、萩原也、別に議なし

一　本日宮へ不参の段尚亦今朝引合の略を加筆し、麻生家扶へ書面為持候事

一月二十六日

同月廿六日　陰

一　午前宮へ出勤す、昨日伊藤議長〔博文、枢密院議長〕へ引合置候件々を
殿下へ上申す

一　毛利邸へ出頭す、昨日の御礼を申上、且又明日五時御陪食出頭の御請をも申上候事

一　右に付、梶山氏参集の由に付、午后同時頃梶山氏出頭のことを荘原へ相頼置候事

一　宮内省より左の通

北白川家従　麻生延太郎
同断　桜井一生
同断　浜野春次郎

大膳職兼勤申付

右之通本日相達候条此段及御通知候也

明治廿二年一月廿六日　宮内書記官桜井能監
内事課長

北白川宮家令三吉慎蔵殿

一月二十七日

同月廿七日　晴

一　水川氏〔正亮、長野県兵事課長〕より米熊送別新聞相添来書

也、右答礼、尚又諸君へ挨拶の儀を相頼、書面仕出置候事

一　午后梶山氏へ至る、夫より本日三位公より三緑亭に於て桂弥一氏御送別として御招に付、日原〔素平〕、梶山、荘原一同陪食す

一　三位公へ辞職一件、別当へ申出、且又御出豊の節は、必す出豊可致段を上申す、尚亦米熊こと洋行為致候段を添て申上る、尤梶山氏其席に居る也

一月二八日

同月廿八日　陰

一　午前宮へ出勤す

一月二九日

同月廿九日　晴

一　午前宮へ出勤す

一　毛利邸へ出頭す

一　会計備金の儀に付、荘原家扶尋問有之、右は決て消費金に遣払を禁し、向後特別会計備金の訳に付、三位公始め令扶会計主任調印可致筈に談決の事

一月三〇日

同月三十日　晴

一　孝明天皇御例祭に付、午前十時通知の通り参拝す、尤大礼服着用の事

　但吹上御門を入り一の御門にて下乗す、参拝参集所控、夫より順々拝礼す、右は

　宮城へ御移転後初ての御祭なり

一　本日宮内省集会定日の処、右御例祭に付、参省せす

一月三一日

同月卅一日　晴

一　午前宮へ出勤す

一　御別邸御買入届出す

一　午后岩倉別当宅へ到る、不在也

一　毛利邸へ出頭す、別に議事なし

一　山尾別当来宿の由、不在中也

一　トモ〔三吉トモ〕事本日明治女学校を退校し、直に本日より麻布氷坂町一番地香蘭女学校へ入校す

二月一日

二月一日　晴　風

一　午前山尾別当宅へ至る、同官儀　北白川宮より被為召慎蔵辞職申出の処、是迄永年相勤功労不浅、就ては昇等為致候ことに兼て勘考も有之候処、目今辞職申出候ては、彼是家事の儀も差閊候に付差留可申、依て尚又同人事情

も有之候は丶、無遠慮申出候にとの旨を　殿下より御下命に相成候、依之山尾迄申出事情有之候は丶申入、其段山尾より上申可致との尋問也

一　右は下官別に望の件有之候て辞職申出候訳には無之、追々老衰致し、就ては県地へ住居致し保養、且本年は隠居可致決心にて、追々其取計引合等も仕居候ことに付、決て昇進等のこと御断り申上候、入々御下命の儀を即刻御断申上候ては御不敬に付、先本年丈けの御約定に候は丶相勤可申、就ては県地へ引合置候事情も御座候に付、其辺を以て当分の内帰県御暇被下度、此段は前以て御約定仕置度、右可然御上申可被下と答置候事

一　宮内省集会定日に付参省す、萩原而已、別に議なし

一　午后宮へ出勤す

一　米熊こと本日長野出立、上田へ一泊、明二日帰京の由来書、荷物着の儀は昨日電報にて申遣す

二月二日

同月二日　晴

一　午前宮へ出勤す

一　山尾別当、岩倉別当参殿にて一同辞職上申の処、御差留に付、三吉事情上申の次第も有之候得共、御承知無之、依て一応の御請申上候、就ては本年限相勤可申、且又本年都合を以て帰県御暇被下度段御約定の儀、御上申被下度、右夫々示談致置候事

一　右の次第、麻生家扶へも申入置候事

二月三日

同月三日　晴

一　午前梶山氏へ抵る、来る九日品川、乃木両少将集会のことを議す、夫より乃木氏へ着歓として至る

一　毛利邸へ出頭す

一　三位公へ辞職一件、昨日御差留の次第、且又下官より御約定の次第を上申す、但梶山氏へも申入置候事

一　来る九日於御邸午后二時より集会のことを上申す

　但荘原へも打合置候、又鳥山氏〔重信〕は晩餐の節、御招の儀も談置候事

一　米熊こと本日九時過帰宅の事

二月四日

同月四日　陰

一　午前宮へ出勤す、別に議なし

一　毛利邸へ出頭す、豊永出京延引の報有之由也

二月五日

同月五日　晴

一　午前宮へ出勤す、金庫引合調印す

二月六日

同月六日　晴

一　午前宮へ出勤す

一　宮内省集会定日に付参省す、萩原家令のみ、別に議なし

二月七日

同月七日　暁より大雪

一　米熊こと午前井上大臣宅へ出頭の処、差支に付、面会不致由なり

一　午前宮へ出勤す、岩倉別当出勤也

一　金廿五円也
　右水川正亮氏へ米熊より返金、本日為替にして仕出し候事

二月八日

同月八日　晴

一　宮内省集会定日に付参省す、萩原家令のみ、別に議なし

一　午后宮へ出勤す

二月九日

同月九日　雨

一　午前宮へ出勤す

二月一〇日

同月十日　陰

一　午前より品川、乃木、梶山、荘原一同毛利邸へ集会す

一　豊浦地所是迄の次第、尚又豊永よりの来書を各へ見せ候事

一　碑一件は、品川氏の意見通り報国記念碑と認め、其出る次第を加筆のことに決す

一　辞職一件は過日両別当より申入、尚上申の次第を今日迄に各氏へ申入置候事

二月一一日

同月十一日　暁より雪　後晴

一　紀元節に付参賀す、酒饌料五拾銭下賜候事

一　本日は憲法発布式に付、左の通御達有之依て参内参拝夫々致候事

　明十一日憲法発布式に付、本省奏任五等の総代として左記之通被　仰付候条、此段相達候也

　　但大礼服着用の事

　　明治廿二年二月十日　宮内省

　　　北白川宮家令三吉慎蔵殿

一　午前九時

　賢所御親祭に付着床

一　午前十時憲法発布式参列
一　午后一時御出門、青山練兵場に於て観兵式
　御覧に付御場所へ先着参観
　　宮内大臣〔土方久元〕
　皇帝
　　皇后両陛下之旨を奉し、北白川宮家令三吉慎蔵殿を、
　　来る十一日午后九時宮中に催さる丶舞楽の陪覧に
　　　招請す
　　　明治廿二年二月十日
　右陪覧後立食下賜候事
一　菊御紋附袋入御菓子下賜候事
　　但大礼服着用也
　右現書別紙有之

二月一二日

同月十二日　晴
一　午前昨日の御礼として参
　内す
一　午前宮へ出勤す
一　森大臣〔有礼、文部大臣〕への御見舞御使相勤候事

二月一三日

同月十三日　晴
一　本日宮内省集会定日に付参省す、花房〔義質〕、桜井両別
　当、萩原家令也、別に議なし
一　今夕嶋津殿、伊達殿〔宗徳〕を御内祝御招請の処、森大
　臣の死去に付、宮内省の御都合を桜井課長へ聞合候処、
　別に御用捨に不及とのことに談有之、右に付出勤の上麻
　生へ談し、尚亦嶋津殿への御都合を御息所へ相伺候事
一　午后四時より御内祝に付御陪席す
一　井上大臣住所少々焼失に付見舞として至る、且又佐々木
　〔高行〕、山尾〔庸三〕、児玉〔愛二郎〕の三家へ近火に付同
　断

二月一四日

同月十四日　晴
一　午前出勤す
一　宮殿下本日御不例に付、御出張御延引也

二月一五日

同月十五日　晴
一　午前宮へ出勤す、前同断
一　宮内省集会定日に付参省す、萩原のみ、別に議なし

二月一六日

同月十六日　晴

一　有栖川三品宮〔威仁親王〕幷御息所〔慰子〕御洋行に付、当宮より御名代として横浜表へ御見送申上候事
一　午后より毛利御邸集会に付出頭す、品川、乃木、梶山の三氏、荘原家扶一同、於暢様〔毛利暢子〕一件、邦樹様〔毛利邦樹〕御通学一件等協議なり
一　午后五時半より三緑亭に於て品川、乃木、鳥山、梶山、荘原、三吉御洋食御陪食被仰付出頭す
一　記念碑一件は題字無名のことに決定の事

二月一七日

同月十七日　晴
一　午前八時三位公より御用召に付、通常礼服にて出頭の旨、荘原家扶より来書に因て、右同刻参邸の上、於神殿、三位公より御直書御渡相成候事
　但現書別に在り、明細の御趣意略之
一　午后御宝金封合に付、荘原と両人連印す

二月一八日

同月十八日　晴
一　午前宮へ出勤す、　殿下今日も御同様也
一　木梨知事〔精一郎〕へ尋問す、来る廿日案内申入候事
一　午后より浜野屋に於て懇親会例月の通参集す、米熊洋行に付案内也
一　品川、乃木、梶山の三氏へ吹聴の為め至る、右荘原より演説なり

二月一九日

同月十九日　晴
一　午前宮へ出勤す、　殿下追々御快方なり
一　午前より毛利邸へ出頭す、荘原へ豊浦引合示談す、同氏明日出発也

二月二〇日

同月二十日　晴
一　本日宮内省集会定日に付参省す、萩原家令のみ、別に議なし
一　午后四時より於富見軒、木梨知事、小野田書記〔元凞、長野県書記官〕、水川兵事課長、沢野技師、大里、右父子一同にて招候事

二月二一日

同月廿一日　晴
一　午前出勤す　宮殿下御快方也
一　午后五時より三位公、品川少将、梶山氏、鳥山氏、林練〔ママ〕作氏〔錬作〕、石津氏〔幾助〕、諸葛氏〔小弥太〕、清水門之助、清水円三、日原氏、林静介、右星岡茶寮に於て招

請す、乃木少将、荘原、椙原〔俊太カ〕、小笠原〔武英〕の諸氏差閊也、右父子一同引受の事
一 栢俊雄へ米熊出発を報知す、且各家への分頼遣す

二月二二日

同月廿二日
一 午前毛利邸へ出頭、昨日の御礼申上候事
一 宮へ出勤す
一 本日宮内省集会に不参す

二月二三日

同月廿三日 晴
一 米熊洋行に付各家の家族方を招請す、依て本日は在宿候事

二月二四日

同月廿四日 晴
一 午前毛利御邸へ出頭す
一 品川、乃木、梶山、三吉へ、公より豊永へ被下金一件の儀に付、御下問有之、右は是迄壱万円御預けの分を御呼出にて、其御旨意を御添被下候ことに協議し上申す、右御決定相成候事
一 午后写真、家族中、栢、江本〔泰二〕一同写候事

二月二五日

同月廿五日 陰
一 午前宮へ出勤す、別に伺議事無之
一 毛利御邸へ出頭す
一 豊永長吉御用呼出御下命の通、本日郵便状仕出す

二月二六日

同月廿六日 小雪雨
一 乃木少将出発に付、新橋へ見送に抵る
一 毛利御邸へ出頭す
一 佐野〔善介〕入院に付、御見舞被下物一件の儀を上申す
一 品川少将へ暇乞として到る、尤菓子一筥を小児へ贈る
一 午前宮へ出勤す、別に伺議事無之退出す

二月二七日

同月廿七日 陰 后晴
一 品川少将出発に付、新橋迄見送る
一 宮内省集会定日に付参省す、花房、岩倉両別当、東条、萩原の両家令なり、別に議なし
一 本日宮へ不参す

二月二八日

同月廿八日　陰
一　午前宮へ出勤す
一　毛利御邸出頭す

三月一日

三月一日　晴
一　宮内省集会定日に付午前参省す、萩原家令のみ也、別に議なし
一　花房別当より献上玉台の談有之、別に異論無き段を答候事

三月二日

同月二日　陰
一　午前宮へ出勤す
一　毛利御邸へ出頭す
一　幸子様〔毛利幸子、毛利元敏六女〕御初節句に付、人形一箇を呈上す
一　荘原家扶より来書を上申す
一　梶山氏へ荘原よりの来書を持参す
一　佐野善介入院に付、尋問として菓子一箱を持参す

三月三日

同月三日　雨
一　休日に付在宿す

三月四日

同月四日　晴
一　午前宮へ出勤す、別に議事なし
一　毛利御邸へ出頭す、昨日米熊へ被下物の御礼申上候事
一　日本銀行へ引合の件々、栢へ相頼置候事

三月五日

同月五日　晴
一　午前宮へ出勤す

三月六日

同月六日　晴
一　宮内省集会定日に付参省す、東条、萩原なり、別に議無之退出す
一　午后毛利御邸へ出頭す、三位公昨日来少々御風邪に付相伺候、別に議なし

三月七日

同月七日　晴
一　毛利御邸へ出頭す、公御風邪御伺申上候事
一　米熊洋行免状、農商務省より下渡相成候事

一 往来船賃一割五歩引の書面二枚、右同省より下附相成候事
一 右に付、米熊本日横浜迄引合として出張のこと

三月八日

同月八日　晴
一 宮へ出勤す
一 毛利御邸へ出頭す、昨日の御礼且御風気御伺申上候事
一 栢俊雄より来書、板垣〔直貞〕宅地買受のこと相決候段報知に付、不取敢着請状出す

三月九日

同月九日　陰
一 本日は宮へ不参断り申出る
一 井上農商務大臣より、伊仏へ御用向蚕業取調の為め被差遣候段、辞令箇条書相添、米熊へ御渡相成候事
一 米熊こと本日午后四時新橋発汽車にて出発横浜一泊し、明十日午前九時仏船ヤンチー号へ乗組、伊仏両国へ出発の事
一 右に付同行人名左に記す

農商務省技師　高嶋　某〔高島得三、北海〕
長野県松代　大里　忠一郎
群馬県　田中　甚平〔中之条生産会社頭取〕
埼玉県　木村　九蔵〔養蚕改良競進組（社）設立〕
三吉　米熊

一 栢貞香氏を代理として横浜へ出張相頼、家族一同は新橋まで見送りす
一 三位公より御名代送り、小野安民、又鳥山、梶山、因藤〔和吉カ〕其他各人見送に付、挨拶致し散す

三月一〇日

同月十日　雨
一 休日に付在宿す
一 米熊こと午前九時出帆、見送諸引合済の上、十一時半栢氏帰京の事

三月一一日

同月十一日　陰
一 午前宮へ出勤す
一 殿下より米熊へ御肴料被下、御礼を上申す
一 毛利御邸へ出頭す、一昨日御見送りの御使有之、御礼を上申す
一 米熊到来物并見送挨拶として廻礼す

三月一二日

同月十二日　小雨

一　本日は在宿す、別に相変儀なし

三月一三日

同月十三日　雨

一　本日宮内省集会定日に付参省す、東条、萩原両家令のみ、議なし

一　昨日来少々風邪に付、本日宮へ不参の段、麻生家扶へ書面仕出す

一　毛利御邸へ同断、栢へ書面出候事

三月一四日

同月十四日　陰

一　風邪に付在宿す

一　毛利御邸へ不参の段、栢へ書面出す

三月一五日

同月十五日　晴

一　本日も風邪、在宿す

三月一六日

同月十六日　晴

一　前日同断

一　荘原へ両度の答書本日仕出候事

一　豊永へ礼状出す

一　栢氏来宿に付、荘原よりの次第を談す、尚三位公へ上申の儀を頼む

一　桂氏より依頼の蚕種四枚、小林より壱円八拾銭にて買入栢氏へ相頼、倉光三郎へ送り方を本日頼置候事

一　大里、小林、塩入、塚田の四氏へ夫々米熊挨拶として進物す

一　右は小林へ相頼候事

一　栢より病中見舞として菓子一箱到来す

三月一七日

同月十七日　晴

一　本日も在宿す

一　麻布様〔毛利元敏〕御家族中様より、病中御尋として鶏卵一箱を中川〔凉介〕御使にして被下候事

三月一八日

同月十八日　晴

一　本日も在宿す、先快方也

三月一九日

同月十九日　陰
一　本日も在宿す
一　土方大臣より本日招請の処、不快に付不参す

三月二〇日

同月二十日　雨
一　本日は春季皇霊祭に付、参拝の旨御達の処、所労にて不参の段、式部職へ書面出す
一　荘原家扶より豊地御買入の件に付、結果の始末方を照会ある

三月二一日

同月廿一日　晴
一　午前梶山氏へ豊浦地所一件、荘原より照会の件に付協議として至る、右は色々談合し、荘原は早々帰京のことに本日電報可致筈に決す
一　毛利御邸へ出頭す、病中御尋の御礼申上候事
一　荘原帰京のことを上申す
一　同氏へ「ハヤクカエレ」と電報す
一　午前宮へ出勤す、病中御見舞御使の御礼を御直に申上候事

三月二二日

同月廿二日　晴
一　米熊より十五日上海着報知有之
一　本日宮内省集会定日に付参省す、東条、萩原両家令なり、別に議事無之
一　午后栢来宿す、佐野善介半身不通の由に付、公より一名御附相成候様談置候事
一　成田敬一郎氏へ米熊よりの謝状を出す

三月二三日

同月廿三日　雨
一　佐野善介不快に付尋問す
一　梶山氏へ面会す、右に付、公より善介へ御手当の件を談合す
一　午前宮へ出勤す
一　午后毛利御邸へ出頭す
一　三位公御不在に付、御奥様〔毛利保子〕へ佐野善介病気に付、思召を以て御手当金五拾円被下可然と心得候に付、三位公へ御打合の上、明日栢へ被仰付其取計可仕様御沙汰の儀を上申す
一　右の趣、栢へ含置候事

一　本日は福原故大佐〔和勝〕忌日に付、玉串料壱円持参拝礼す

三月二四日

同月廿四日　晴

三月二五日

同月廿五日　雨

一　午前宮へ出勤す、別に議なし

三月二六日

同月廿六日　陰

一　午前宮へ出勤す

一　毛利御邸へ出頭す

一　佐野病中御尋の儀を上申す

三月二七日

同月廿七日　陰

一　午前宮内省集会定日に付参省す、浅田、東条、萩原也

三月二八日

同月廿八日　陰

一　昨夕荘原家扶より来書に付、今朝梶山氏へ至り協議の上左の通電報す

テカミショウチハナシツカネバイソキカヱレ

右は、三位公へ若し地所高価の節は、梶山旧屋敷へ御住居の儀を相伺候て、右の通也

一　梶山氏過日盗難に付、金員差閊の由、右は非常の儀に付、三位公へ上申し、会計方、納戸方両人へ打合せ、直に金三百円梶山氏受取証を添、拙者仮証書を以て借入、直に小野安民へ相頼、梶山氏へ為持候事

一　午前宮へ出勤す

三月二九日

同月廿九日　陰

一　本日宮内省集会定日の処、少々風邪に付不参す

一　本日は宮へ不参す

三月三〇日

同月三十日　陰

一　午前宮へ出勤す

一　午前より毛利御邸へ出頭す

一　三太郎様〔毛利元雄〕明日御同行一件の儀は、加納氏〔嘉納治五郎〕へ得と御聞合の上、可然ことに御奥様へ上申す

三月三一日

同月卅一日　雨

一　日曜日に付在宿す

四月一日

四月一日　雨

一　午前宮へ出勤す

一　本日は市兵衛町御邸にて御例祭に付、終日出頭す

一　梶山氏より乃木少将帰京に付、豊浦表の事状荘原と談合の次第承候事

四月二日

同月二日　晴

一　午前出勤す

一　乃木少将来宿にて豊浦事情荘原より伝承、尚又談合の次第を承る

四月三日

同月三日　晴

一　本日は
神武天皇御例祭に付、参拝の旨御達の処、足痛に付不参の段届書出す

一　午前毛利御邸へ出頭す、昨日乃木少将来宿の談を上申候事

四月四日

同月四日　雨

一　午前宮へ出勤す

四月五日

同月五日　晴　風

一　本日宮内省集会定日之処不参す

一　午前より市兵衛町御邸へ出頭す

一　荘原本日篤長殿〔細川篤長〕一同帰京に付、篤長殿仕向等の儀気附上申し、用達所にて一統へ談置候事

四月六日

同月六日　陰

一　午前宮へ出勤す、岩倉別当出勤也

一　荘原帰着に付歓として抵る

一　午后三時より於御邸、乃木、梶山の両氏一同豊浦表の件々、荘原より示談に付出頭す
右は概略見込通り相調候事

一　徳山会社一件に付、井上大臣より示談の件は難応に付、若し三位公へ御直談有之節は、御答振り篤と御勘考のことにて、追而答振り協議のことに決す

一　サイゴ廿三日発し米熊よりの書状到着す

四月七日

同月七日　雨

一　午后より外出、梶山氏へ至る、豊浦地所着手順序のことを色々談合す

一　第一を豊功神社御移転、第二を記念碑とす

一　第三は御住居所実地取調の上、建築のこと

一　安養寺地面は当分其儘にし、追て再議の上、於鏻様御進退を可決事

右

四月八日

同月八日　晴　風

一　午前宮へ出勤す

一　午前より毛利御邸へ出頭す、別に議なし

四月九日

同月九日　雨

一　午前宮へ出勤す

四月一〇日

同月十日　雨

一　本日は宮内省集会定日に付参省す、世続〔陳貞〕、安藤届書、別当より出す

一　午后より毛利御邸へ出頭す

一　豊地着手一件は、得と取調の上順序相立、其上にて実行のことに上申す

一　梶山氏より金員皆納に付、証書を消す

一　荘原家扶不在中諸伺調印の上出す

一　御小児様方の御始末、且佐野一件其他、朝夕の御事情を荘原へ協議す

四月一一日

同月十一日　陰

一　本日は宮へ不参の段断り置候事

一　横浜本町三丁目同伸会社副頭取高木三太郎〔ママ〕〔三郎〕方へ到る、右は米熊へ三号迄の着受答書す、並回覧実記五冊を相添、高木、津田〔正英、同伸会社員〕両氏へ面会相頼置候事

四月一二日

同月十二日　雨

一　本日宮内省集会定日に付参省す、各宮家令不参に付、別に談無之、退出す

一　午后より毛利御邸へ出頭す

一　御小児様方御教育御家政向等の儀を、色々御二方様へ申上候事

四月一三日

同月十三日　風

一　午前宮へ出勤す

一　午后星岡へ遊歩す、帰路より麹町三丁目出火に付直に帰宿す、門前迄焼失、尤住所は無事にて鎮火也

一　右に付、各家より加勢又は見舞に預かる

四月一四日

同月十四日　晴

一　本日午前十時より豊浦懇親会城山町御邸にて参集也写真取ある

一　午后より各家へ近火見舞の挨拶廻礼す

四月一五日

同月十五日　陰

一　午前宮へ出勤す

一　本日も各家へ近火見舞の挨拶廻礼す

一　走附の挨拶、夫々為持候事

四月一六日

同月十六日　陰

一　午前宮へ出勤す

一　午前より毛利御邸へ出頭す

四月一七日

同月十七日　陰

一　午前後とも宮へ出勤す

一　宮内省集会定日に付参省す、山尾別当及ひ東条、萩原家令なり

一　午后六時過より毛利御邸へ、乃木少将、梶山氏、荘原一同集会す

一　井上大臣へ先般の筈の件を議す、右は梶山氏を以て同官へ尋問の上出金方の儀を御決の筈に談決し、三位公にも御聞済なり

一　篤長殿入学一件は、本人の見込通り取掛りのことに決す

四月一八日

同月十八日　小雨

一　午前宮へ出勤す

四月一九日

同月十九日　雨

一　本日宮内省集会定日に付参省す

一　午后宮へ出勤す
一　同四時より向島前植半において例月懇談会に付参集す、尤本日は諸葛の洋行を祝し、又林〔洋三カ〕近々出張に付、併て会する也
一　毛利御邸へ出頭す

四月二〇日

同月二十日　風雨
一　午前宮へ出勤す、別に議なし

四月二一日

同月廿一日　晴
一　休日に付在宿す

四月二二日

同月廿二日　陰
一　午前宮へ出勤す、別に議伺なし
一　午后毛利御邸へ出頭す、別に議事無之
一　同四時より岩倉別当の招請にて茶寮に至る
一　本日正午本社より送附の御神を御安置す

四月二三日

同月廿三日　雨
一　岩倉別当宅へ昨日の挨拶として抵る
一　午前宮へ出勤す、別に議なし
一　米熊より三月三十一日セイロン着無事の書面本日着す、○シイロン島コロンポ港よりの郵便也

四月二四日

同月廿四日　晴
一　午前宮内省集会定日に付参省す、別当は山尾、真木〔長義〕、岩倉、家令は東条、萩原也
一　毛利御邸へ出頭す、昨夜より御奥様少々御不例に付、御伺申上候事

四月二五日

同月廿五日　陰
一　午前宮へ出勤す、別に議伺無之

四月二六日

同月廿六日　陰　后雨
一　本日宮へ不参す
一　宮内省集会定日に付参省す、東条、萩原両家令也、別に議事なし
一　午后毛利御邸へ出頭す、御奥様追々御快方也

四月二七日

同月廿七日　陰

一　午前宮へ出勤す

四月二八日

同月廿八日　雨

一　午前毛利御邸へ出頭す、御奥様追々御快方也

一　元忠様〔毛利元忠〕一昨日御帰朝の由、右は三位公より御様子を相伺候事

四月二九日

同月廿九日　陰

一　午前宮へ出勤す

一　午后六時より毛利御邸にて集会す、梶山氏、井上大臣引合の件を荘原一同承る、三位公御出席也

一　元功様〔毛利元功〕御家政向を井上大臣へ依頼のことに談決す、就ては壱万円出金のことに極る

一　右に付、元功様へ三位公より色々高輪様御一同にて万事御説諭のことを上申す

右荘原御末席にて早々御引合の筈に談決す

四月三〇日

同月三十日　陰

一　午前宮へ出勤す、別に伺議事無之

一　午后佐野善介へ尋問す

五月一日

五月一日　陰

一　午前宮内省集会定日に付参省す、山尾、桜井、真木、岩倉各別当、浅田、東条、萩原家令也

一　本日は皇族方官制面に付、向後取扱等級等の儀を夫々御詮議に相成度ことを協議す、右主任を桜井別当へ依頼の事

一　午后毛利御邸へ出頭す

一　明二日三位公荘原随行にて高輪様へ御出之上、元功様御引合の筈也

一　那須豊浦農場引合の件々、荘原へ談合す

五月二日

同月二日　風

一　午前宮へ出勤す、本日は廿一年度三月迄の総勘定仕調帳へ調印、検査済の事

一　午后毛利御邸へ出頭す

一　徳山様〔毛利元功〕へ御仕向金壱万円仕出方の儀を荘原へ協議す

右は先納戸金旧公債売却し、株金の入金を以て納戸へいるゝことに談合す

五月三日

同月三日　晴

一　午前児玉大佐〔源太郎、陸軍歩兵大佐〕宅へ至る、御下命の件々聞合、夫より直に宮へ出勤、其次第を上申す

一　本日宮内省集会定日に付参省す、浅田、東条、萩原家令也、別に議なし

一　午后毛利御邸へ出頭す

一　三位公、高輪様へ御出の上、徳山様へ御出金一件御引合の処、二位公〔毛利元徳〕にも御同意に付、一先井上大臣へ御気附御申入を然との御事、元功様への御引合は柏村〔信〕不在に付、追而のことに御談詰の由也

右梶山氏へは其次第御照会に付、井上大臣へ早々御出の御都合を明朝荘原家扶より上申の筈に談決し、退散す

五月四日

同月四日　陰

一　午前宮へ出勤、現金検査す

五月五日

同月五日　陰

五月六日

同月六日　雨

一　午前宮へ出勤す

五月七日

同月七日　風

一　午前宮へ出勤す、別に伺議事無之

一　午后毛利御邸へ出頭す

一　梶山氏へ面会す、別に談なし、同氏、乃木氏へ尋問の由也

五月八日

同月八日　晴

一　午前宮内省集会に付参省す、真木、桜井別当、浅田、東条、萩原家令也

五月九日

同月九日　晴

一　米熊より四月七日アデン仕出の書面本日落手す

一　午前宮へ出勤す

一　勘定帳仕法夫々本年度の分麻生へ談合の事

一　午后毛利御邸へ出頭す、荘原未着、別に議なし

五月一〇日

同月十日　雨

一　午前出勤す

一　本日宮内省集会定日に付参省す、別に参省なし

一　午后五時より、於紅葉館真木別当より招請に付、参席す

一　毛利御邸へ出頭す

一　三位公、井上大臣へ御出にて御尋問の次第を相伺候、右に付御出金の儀は、先井上大臣表面承諾の上有之度ことに荘原へ談、尚又梶山氏へ引合のことに相頼置候事

五月一一日

同月十一日　晴

一　午前宮へ出勤す、別に伺なし

一　本日午后三時より、教育補助会城山町九番地に於て集会の処、少々差支に付相断り、撰挙人名書は栢貞香へ相頼置候事

五月一二日

同月十二日　晴

一　毛利御邸へ出頭す、伺議なし

一　見晴亭に於て、諸葛小弥太洋行に付、各氏と離盃を設け参席す

五月一三日

同月十三日　晴

一　午前宮へ出勤す

一　午后高輪毛利殿より園遊会招請に付参席す

五月一四日

同月十四日　雨

一　午前宮へ出勤す

五月一五日

同月十五日　大雨

一　本日宮内省集会定日に付参省す、真木、岩倉別当、浅田、東条家令也、別に議事無之

五月一六日

同月十六日　雨

一　午前宮へ出勤す

一　午后四時より教育補助会集会に付参席す、幹事鳥山議員、荘原、梶山、外に乃木、狩野〔広崖ヵ〕也

右は九番地御別邸にて設の事、又御本邸へ出頭す

五月一七日

同月十七日　陰　小雨

一　午后宮へ出勤す、夫より直に延遼館へ出頭す

一　本日午后三時より同所において園遊会を御設けにて、士官以上を立食御招き、終て講談有之、右に付御陪席致候事

五月一八日

同月十八日　晴

一　午前宮へ出勤す

一　午后より毛利御邸出頭す

一　佐野善介へ金五拾円を御補助として被下候事

五月一九日

同月十九日　陰　小雨

一　休日に付在宿す

五月二〇日

同月二十日　雨

一　午前宮へ出勤す、別に伺議なく退出す

一　午前より毛利御邸へ出頭す、議事無之

五月二一日

同月廿一日　晴

一　午前宮へ出勤す

五月二二日

同月廿二日　陰　后雨

一　午前宮へ出勤す

一　本日宮内省集会定日に付参省す、真木、岩倉別当、東条、萩原家令也、別に議なし

一　午后毛利御邸へ出頭す

五月二三日

同月廿三日　雨

一　午前宮へ出勤す、別に議事無之、退出す

五月二四日

同月廿四日　晴　后陰

一　本日宮内省集会定日の処不参す

一　宮へ不参す

一　午后より毛利御邸へ出頭す

一　豊浦御転居一件書類荘原より当分借受置候事

一　御奥様より御子様方御教育一件、色々御尋有之、御預け被成度御内含也

五月二五日

同月廿五日　陰　夜風雨

一　午前出勤す

一　宮殿下本日御帰殿也

五月二六日

同月廿六日　晴　風

一　宮江出勤す

五月二七日

同月廿七日　晴

一　午前宮へ出勤す、伺議事なし

一　午前より毛利御邸へ出頭す

一　元功様御家政向の件々、二位公幷に柏村へ御打合の処、三位公の思召通り可然との由也

五月二八日

同月廿八日　陰　夜雨

一　午前十一時前宮内省書記官室へ参集にて、皇后宮御誕辰に付参賀の儀御達により、通常礼服燕尾着用にて参集す

右　御内儀於て拝謁被　仰付終て立食下賜候事

一　本日は宮へ不参す

五月二九日

同月廿九日　雨　后晴

一　午前宮内省集会定日に付参省す、山尾別当、東条、萩原家令也

一　午后毛利御邸出頭す、別に議事なし

一　明三十日荘原家扶、槙氏へ直談として出張の筈なり

五月三〇日

同月三十日　晴

一　三位公より御直書、本日高輪様へ御出にて元功様幷に柏村、桜井外に一両名御集会の儀を御報知也

一　午前宮へ出勤す、又午后より独逸御学友会御設に付、青木〔周蔵〕始め惣人数八十名余参集、立食被下候事

五月三一日

同月卅一日　晴

一　本日宮へ不参す

一　午后四時より星岡茶寮に於て懇談会例月設に付参集す、本日は粟屋景明氏の引受也

一　荘原家扶より槙氏外浦の屋敷直談にて、弥毛利家へ売渡可申とのこと決答相成候由、本日於茶寮承候事

一　元功様御家政向の件々、高輪様に於て二位公、三位公、元功様、柏村、桜井御集会有之、兼て三位公の御気付通り昨日御決定相成、右に付井上大臣へ三位公御出の上御頼入、大臣被引受とのことを荘原より伝承す

六月一日

六月一日　陰　風 午後雨

一　午前宮へ出勤す、伺の件なし

一　毛利御邸へ出頭す、公より御直に昨日荘原家扶より伝承の元功様御家政向御議決の件々を相伺候事

一　右に付、井上大臣へ御出金の次第を乃木少将、梶山氏へ打合のことを荘原より承る、右気附同様の儀に付、明後日井上大臣へ荘原家扶より申入の筈也

六月二日

同月二日　晴

一　豊永氏昨日出京の由にて来宿也、本日は別に議事せす

六月三日

同月三日

一　午前宮へ出勤す

一　午后毛利御邸へ出頭す

一　豊永宿所へ尋問す、面会不致候事

六月四日

同月四日　晴

一　午前宮へ出勤す

一　午後四時半より於見晴亭宮扶従懇会相開候に付、岩倉別当始め一同参集す、右に付特別参集人有之

六月五日

同月五日　晴

一　本日宮内省集会定日に付参省す、各宮別当及ひ浅田、東条、萩原家令也

一　午后毛利御邸へ出頭す

一　昨日豊永氏へ御直書幷に御金被下候由也

一　右に付、同氏より申出の趣有之、右は乃木、梶山両氏より引合の由なり

一　米熊より四月十九日付仏国リオンへ十八日着の書面来る、且又仏国リオン府大日本領事館宛にして手紙仕出の儀を申来る

六月六日

同月六日　陰　后晴

一　米熊へ仏国リオン府領事館宛にして、五号まて同所着歓状且出立後本日まて別に異状無之段書面認め来る、八日

仏国郵便船メルボン号へ仕出候事

一　午前出勤す、別に議なし

一　宮殿下本日御帰館なり

一　午后より毛利御邸へ乃木、梶山、豊永、荘原一同集会に付出頭す

一　右集会定日を月金毎に午后より参集のことに決す

一　豊永氏より被下金の儀に付荘原へ内願有之、乃木、梶山の両氏より色々示談にて本日御請仕候、右の趣公へ梶山氏より上申の事

一　於鱗様御住所を第一に着手の儀談決に付、図面調方の儀荘原へ取計を談す

一　豊永氏来宿、右は御請申上の挨拶也

六月七日

同月七日　晴

一　本日宮内省集会定日に付参省す、萩原のみ、議なし

一　諸葛氏明日出発洋行に付、暇乞として来宿也

一　右に付ハンケチ一ダス持参す

六月八日

同月八日　晴

一　午前梶山氏へ抵る

一　小笠原より於暢様御縁談、清末御家政向目途高輪様へ過日柏村一同にて上申の処、二位公御聞済に付、是非とも御縁談相決候様尽力の儀を梶山氏へ依頼の由、右は第一元忠様清末へ御寄留にて御家政御永続のことにて、御洋行は御止め、御養母様〔毛利万佐子、毛利元純継室〕東京御住居に決し、就ては不取敢於暢様御入縁御取極め、直に御夫婦清末へ御寄留可相成ことに相決候間、右の次第を以て、高輪御奥様より三位公へ御示談可相成筈に有之由也

一　右の次第は、昨日小笠原氏来宿にて承候次第の通也

一　毛利御邸へ出頭、三位公へ上申し且又御奥様へ御内々申上候事

一　荘原家扶示談の上御答の次第、且又小笠原へ一応御直に御尋問相成、弥御取極の儀表面御答、就ては於暢様へナミ〔臼杵ナミ〕より伺、元功様御同族方へ御申入等の御手順相立候様、本日談合致置候事

一　豊永、乃木の両氏へ、前条の次第を荘原家扶より打合のことに談置候事

一　午前宮へ出勤す、別に議事なく退出す

六月九日

同月九日　雨

一　本日は休暇に付、春木座へ家族小児両人同行す

六月一〇日

同月十日　晴
一　午前宮へ出勤す
一　午后より毛利御邸へ集会に付出頭す、乃木、梶山、豊永也
一　於鏻様御住居地券、毛利家の地所に決置候事
一　於暢様御縁談、本日三位公、高輪様へ御出の処、御奥様より御引合の儀は、御当人様御家族中御申合の上御答の筈に相成候由、右に付此上は明日荘原を高輪様へ御使にて、元忠様御見合の上弥御取極可相成、依て其御取計御奥様へ御依頼可相成ことに談決也
一　於鏻様御建築坪数は五拾坪迄を限り、金額凡千五百円の目途にて、総て御取纏相成候様協議す

六月一一日

同月十一日　陰　后晴
一　午后宮へ出勤す、議なし
一　梶山氏へ近火見舞尋問す
一　豊永氏へ到来物挨拶に到る
一　水川氏出京にて来宿也、米熊休職給本年二月より五月までの分持参に付右受取、尚又水川氏の引合帳へ受取調印す

六月一二日

同月十二日　陰
一　本日宮内省集会定日に付参省す、浅田、萩原、米津政敏〔梨本宮家令〕各家令なり、別に議なし
一　午后毛利御邸へ出頭す
一　明日高輪御奥様御出之上、於暢様へ向後の御目途等色々御尋問の御都合也、右に付、御内決丈けの御引合、早々可被在由承候事

六月一三日

同月十三日　晴
一　午前宮へ出勤す

六月一四日

同月十四日　晴
一　本日宮内省集会定日の処不参す
一　午后より毛利御邸へ出頭す
一　本日集会定日の処、乃木、梶山の両氏不参也、豊永氏出頭
一　左の件々
一　高輪御奥様昨日御出にて、於暢様御縁談弥御内決相成、来る十七日高輪御邸にて御見合の上、表面御取極めの筈

に決候由也

一　右に付御仕度の次第、金額等取調の儀、荘原へ談置候事

六月一五日

同月十五日　晴

一　本日宮へ出勤不致ことに家丁へ申置退出す

六月一六日

同月十六日　晴

一　午前宮江出勤す

六月一七日

同月十七日　雨

一　午前宮へ出勤す、別に議なし

一　中村勝平氏へ悔状出す

一　午后市兵衛町御邸へ出頭す

一　同四時より、星岡茶寮に於例月懇談会設に付、参集す
本月は乃木氏引受也

一　徳山様へ御加入金の儀は、井上伯へ荘原氏引合の上、弥家扶の名称にして出金の儀に決す

六月一八日

同月十八日　陰

一　午前宮へ出勤す

一　朝彦親王殿下〔久邇宮朝彦親王〕御出に付、拝謁仕候事

一　米津家令宅へ拝命歓、且又過日来宿の挨拶申入置候こと

六月一九日

同月十九日　陰

一　午前出勤す

一　高野盛三郎御雇入家従辞令相渡、且出納専務の旨申渡候事

一　本日宮内省集会定日に付参省す、桜井、真木、岩倉の三別当及浅田、萩原、米津の三家令也

一　毛利御邸へ出頭す

六月二〇日

同月二十日　昨夜より大雨

一　午前出勤す

一　宮家扶以下二期被下物一口にして改正の事

一　午后小笠原始め日向〔駒三郎、清末毛利家扶〕其他今般出京の清末御家職掛り、於茶寮、乃木、梶山、豊永、荘原、三吉を招に付参席す、右は於暢様御縁談御内決に付ての懇談集会也

一　来る廿四日於紅葉館前原祭典設に付案内の処、差支に付断り書出す

六月二一日

同月廿一日　陰

一　本日宮内省集会定日に付参省す、萩原、米津家令也、別に議なし

一　午后より市兵衛町御邸へ出頭す、梶山、豊永、荘原集会の事

一　ナミ御附に付御内命のこと、就ては支度金百円被下、且清末滞在中月給八円宛と決議也

一　右に付当人慎方禁酒の儀、家扶より注意致へくことに協議の事

一　暢子様御支度、高輪様よりの御目途書付通り於御当家も御用意可然ことに御決定也、尚又荘原并にナミ、明日高輪様へ御照会可致筈に談決の事

一　井〔ママ〕〔伊〕皿子御邸へ荘原引合可致筈に談合也

一　井上大臣へ御縁談御治定報知の儀協決す

一　於鱗様へ右一件御直書出る

一　御旧臣其他への手順を議す

一　御奥様へ総て伺可致筈に議す

一　暢子様御腹〔美濃子、毛利暢子生母〕へ通知を議す

六月二二日

同月廿二日　晴

一　午前宮へ出勤す

一　半期被下物并諸家へ御贈物等の儀を本日議決す

一　毛利御邸へ出頭す

一　御支度御注文本日夫々御取極相成候事

六月二三日

同月廿三日　陰

一　休日に付在宿す

六月二四日

同月廿四日　雨

一　午前宮へ出勤す、別に議なし

一　毛利御邸へ午后出頭定日集会也、乃木、豊永、荘原会す

一　於暢様御支度御用意を議す、詳細は荘原へ托置く

一　豊浦にて旧御用所学校地所の儀、千円にて買入置のことに決す

六月二五日

同月廿五日　雨

一　午前宮へ出勤す

一　半期御贈物并別当始め令扶従御女中家丁末々一統へ被下物、本日相渡候事

六月二六日

同月廿六日　陰

一　本日宮内省集会定日に付参省す、別当家令揃也

一　午后荘原氏来宿也

右は於暢様御縁談、弥高輪様より表面御申入に付、本日御取組御決答御使荘原家扶相勤候由、尚亦御内輪其他へ夫々御知せ、手順等為取計候由承候事

一　午后毛利御邸へ出頭す

一　御惣容様へ御縁談御取極恐悦申上候事

一　於暢様へ、兼て欽麗院様〔毛利欽子〕より御譲りの金員取計方の儀、本日御直に改て御奥様より被仰聞候に付、其次第申合之上、上申可仕ことに御請申上置候事

六月二七日

同月廿七日　陰

一　午前宮へ出勤す

一　毛利御邸へ出頭す

六月二八日

同月廿八日　雨

一　久邇宮殿下本日御出発御帰京に付、午前五時過き新橋迄御見送す

一　宮内省集会定日に付参省、各不参に付退出す

一　午后より毛利御邸にて集会定日に付参集す、乃木、梶山、荘原也、豊永は不参

一　欽麗院様より御譲り金御取分の次第を議す、右御取分に付、乃木、梶山両氏の意見左に記す

一　御小児様方御分与金仕方夫々相立、其余金御持参とする仕法の件々を議す

一　右に付御幼年よりの勘定取調、尚又男女の区別、又は御入家に至るまでの目途相立、然る上御持参金の額を相定むることに協議し、其取調を月曜日協議の筈にして終る

一　米熊より仏国マルセール五月十一日仕出の書状着す、同月二十日頃伊太利国へ巡回の由、乍去是迄通り仏国リオン府大日本領事館宛にして書状仕出方可然との事なり

六月二九日

同月廿九日　雨

一　午前宮へ出勤す

一　荘原より品川少将病気の様子報知ある、宜き由也

一　品川少将へ病気見舞状書留郵便にして本日午后四時過き仕出す

六月三〇日

同月三十日　陰

一　休日に付在宿す
一　荘原氏へ不参書状出す

七月一日

七月一日　陰
一　午前宮へ出勤す
一　午后毛利御邸へ集会定日に付参集す、乃木、梶山、豊永、荘原なり
一　於暢様御支度金払出の件々
一　御持参金の儀、是迄の総金額を勘定し、尚又御不足金となる、依て御分与金を以て相払、差引残金四百円余の分を差上、兼て欽麗院様より被仰聞の御譲りの内二千五百円を加へ、三千円御持参のことに協議決す
一　右に付二千二百円残金の分を御小児様中へ、後年欽麗院様より御分与のことに議決也

七月二日

同月二日　陰
一　午前毛利御邸へ出頭す
右は昨日協議の通り、元智様御身上御所置の儀を上申し、尚明日にも思召の旨相伺可申段申上退散す
一　三位公の思召は荘原へ御預け、又は他人へ、又は豊浦御住居の三つ也
一　御奥様は他人を撰御預けの思召也
右に付、当分城山邸にて御慎み方相成候様、添て申上置候事
一　午后宮へ出勤す

七月三日

同月三日　雨
一　本日宮内省集会定日に付参省す、真木、岩倉の両別当、萩原家令也、別に議なし
一　午後より毛利御邸へ出頭す
一　元智様御処置の儀、御二方様より荘原思召の旨を相伺候由、昨日の通也
一　明宮御伽御断りの儀、中川御使にて聞合候由也

七月四日

同月四日　陰
一　午前宮へ出勤す

七月五日

同月五日　雨
一　米熊へ第六号、五月十一日仏国マルセールより仕出状着に付、右答書明六日仏国郵船ジムナ号へ仕出し、本日投函す

一　本日宮内省集会定日に付参省す、萩原家令のみ、別に議事なし
一　午后より毛利御邸へ集会定日に付参邸す、乃木、梶山、豊永、荘原也
一　元智様御行状に付、三位公より御当人様へ御直に被仰渡、御謹慎の事
一　品川少将へ申合、出京診察の儀を乃木氏より書面出す

七月六日

同月六日　雨
一　午前宮へ出勤す
一　午后荘原家扶来宿、左の件々示談なり
一　暢子様御入輿に付、御招請御区別の件
一　御内祝の件

七月七日

同月七日　陰　后晴

七月八日

同月八日　晴
一　午前六時四十分上野発汽車にて、御二方様日光御別荘へ被為成候に付、五時宮へ参殿す
一　暢子様来る十五日御入輿に付、御暇乞として午前被為成候事
一　午后より毛利御邸集会定日に付出頭す、乃木出張、豊永不快にて梶山、荘原両氏也

七月九日

同月九日　陰
一　午前宮へ出勤す、別に議事無之退出す
一　豊永氏へ尋問す、本日は快方の由也、昨夜集会の次第は概略談置候事

七月一〇日

同月十日　大雨
一　本日宮内省集会定日に付参省す、山尾、真木両別当、浅田家令也

北白川宮家令正七位三吉慎蔵

防海の事業を賛成し、宮内省奏任官八十九名共同金弐千円献納候段奇特に候事

明治廿二年七月六日

賞勲局総裁従三位勲一等伯爵柳原前光　印

賞勲局副総裁従三位勲二等子爵大給恒　印

右本日宮内省にて御渡のこと
一　午后毛利御邸へ出頭す
一　午后八時前御二方様日光より御帰殿に付、宮へ出頭拝謁

す、別に伺の件なし

七月一一日

同月十一日　小雨
一　午前宮へ出勤す、別に議なし
一　予而上申の通り、旧地へ本月下旬又は八月初旬より帰県
　可仕段上申仕置候事
一　午后毛利御邸へ出頭す

七月一二日

同月十二日　晴
一　宮江出勤す、兼て御願申上置候御直筆を本日被下候事
一　毛利御邸出頭す
一　本日は、暢子様御持参の御道具出来に付、拝見す

七月一三日

同月十三日　風陰
一　米熊より五月廿五日リオン仕出し第六号書面本日受取、
　右は廿六日出発にて伊国へ巡回之由也
　　但書状仕出し宛の儀は是迄通り仏国リオンへ向け仕出
　　の事
一　午前宮へ出勤す
一　麻生家扶より伺置候由御息所塩原御出の儀は宮より御免、
尤成久王には必す日光山御別荘へ御滞在のことに御決な
り
一　午后毛利御邸へ出頭す
一　青銅　二百匹
　右御入輿に付御祝として呈上す
　　外に
一　紅白真綿五把　一台
　右同断家扶より呈上す
一　本日御招に付、トモ出頭為致候事

七月一四日

同月十四日　風雨
一　飯田信臣氏〔旧長府藩士、海軍少佐〕へ悔として至る
一　毛利御邸へ昨日の御礼として出頭す
一　宮へ出勤す
一　明十五日午前六時十分御乗車の御決定也

七月一五日

同月十五日　晴
一　午前宮へ出勤す
一　暢子様本日十一時御出門にて御入輿、三位公御二方様御
　同車也、右御見送として御邸へ出頭す
一　御婚礼御規式十二時也、後段四時より於紅葉館御祝宴御

一　招請の処、差支に付御断り申上不参す
一　荘原家扶へ服料として金五千疋、右は暢子様御入輿に付、万事専務の労に依り被下之可然ことに三位公へ上申候事
一　大鯛一尾右家族へ被下候ことに上申す
一　元忠様より御料理夜に入御持せ相成候事
一　本日毛利御邸定例集会は休也

七月一六日

同月十六日　晴
一　午前毛利元忠殿へ御歓として松魚一折持参す
　但代金壱円五拾銭の分也
一　高輪御邸へ暢子様御縁談積る御挨拶として出頭し、御二方様へ御逢申上る、又柏村へ面会候に付挨拶す
一　市兵衛町御邸へ出頭、昨日御結婚無御滞被為済候、恐悦申上候事
一　午后宮へ出勤す

七月一七日

同月十七日　晴
一　本日宮内省集会定日に付参省す、岩倉別当、萩原家令也、議なし
一　山内、萩原之両家令へ、帰県不在中万事を相頼置く
一　午后三時元忠様御夫婦御里入に付御邸へ出頭す、右者二位公御夫婦、新田殿〔忠純カ〕、元功様、柏村御招き、小笠原は断り也、相済十二時帰宿す

七月一八日

同月十八日　陰
一　午前毛利御邸へ出頭す、談なし
一　元忠様御夫婦本日御出発也
一　荘原家扶来宿也
一　帯地　壱
右元忠様御里入に付被下候由にて、持参に付頂戴す
一　暢子様御縁談に付、前后荘原家扶御引受尽力に依て三位公より服料五千疋被下候由吹聴ある
一　御内輪表奥一統へは無御滞相済候に付、御祝酒料夫々順序を立被下候ことに談決す、当度家扶を除の外、別に引受人も無之こと故、一同へ御祝料にして御渡の訳也
一　右の外御加勢の者へは其労取調の上御挨拶有之度と談合す
一　午后宮へ出勤す、別に御用無之

七月一九日

同月十九日　晴
一　午前宮へ出勤す
一　御息所、成久王明廿日御出発日光山へ被為成候に付御伺

申上、且又下官こと月末より帰省の段をも上申す
一 毛利御邸へ出頭す
一 乃木、梶山の両氏へは、御到来品の内御分配御持せ可然ことに談す
一 小生出発は、廿一日迄のことに談す

七月二〇日

同月二十日　小雨
一 午前宮へ出勤す
一 午前毛利御邸へ出頭す
一 三位公へ気附の件々覚書にして上申す、委細御承知に相成候事
一 午后より於星岡茶寮例月懇話会に参集す、本月は日原氏引受也

七月二一日

同月廿一日　雨
一 休日に付在宿す

七月二二日

同月廿二日　雨
一 午前宮へ出勤す
一 午后より毛利御邸へ集会に付参集す、乃木、梶山、豊永、荘原の諸氏也
一 三位公御出席、荘原家扶より向後財産目途不足を来すに付、其仕法不相立候ては終に繰合に困却の儀を発言あり
一 右に付三位公より豊浦転地の件も彼是都合により遅々す、就ては差向本邸を畳み、家族中城山町九番地へ引纏め可申の御下問ある
右公の思召斯まて御決の儀一同感服す、右思召に付ては、兼て御内意の豊浦御転地を可成早々被為行候ては如何哉と、乃木、梶山両氏の説也
一 財産御届夫々御取分に相成候ては如何との説、梶山氏より出る、又乃木氏は御家職限りの目途にて、御取纏めの御仕法相立如何哉の説あり
一 豊永氏曰く、九番地に御引纏と相成るも誠に御親族始め其他へ御不都合、又豊浦へ急に御転地のことは、東西会計取分確たる仕法不相立して御取極の儀は誠に無算に付、是は篤と取調可然との説により、豊浦、東京両地会計の目途取調の儀を、豊永へ御頼のことに相成候事
一 右の外談話も有之候得共略す

七月二三日

同月廿三日　雨
一 午前宮へ出勤す、相変儀無之退出す
一 毛利御邸へ出頭す

一　御転地一件に付、取調書五通り荘原へ相渡す
一　第一銀行増株出金は、豊永返上金の内よりも出すことに先年決す
一　海防費御出金の儀、是亦豊永返上金の内にて年々立戻しのことに相成居候事
右会計方へ打合置候也
一　梶山氏へ東西取分け勘定書抜書にして持参す
一　同氏より来書、明廿四日乃木氏打合の上、廿五日談合ある筈に申来る

北白川宮家令三吉慎蔵
賜一級俸
明治廿二年七月廿三日
宮内省
右の通封書にして御渡相成候事

七月二四日

同月廿四日　雨
一　本日宮内省集会定日に付参省す、岩倉別当、萩原、米津両家令也
一　官制御改正に付扶従申立の儀、別当より尋問有之、見込の儀は相答置候得共何分　宮殿下御旅行中に付伺兼、依て御帰殿迄御猶予相成可然と申出置候事
一　右に付、各宮の御振合御聞置可然と添て申入置也
一　昨日御達の昇級御礼田辺書記官〔新七郎〕へ申出置候事
一　午后毛利御邸へ出頭す
一　梶山氏へ抵る、色々談合あり、其件々を公へ上申のことに決す

七月二五日

同月廿五日　雨
一　宮へ出勤す、夫より岩倉別当宅へ抵る、従扶家丁迄の月給渡方の控を持参す、且又今般御改正に付、扶従辞令申立等級等の儀、慎蔵見込を申入置候事
一　毛利御邸へ出頭す
一　三位公へ廿六日会議の節御尋問の件々を上申す
一　梶山氏へ到る、会議尋問の件々を議す
一　本日公へ上申の件々は取消の筈に議決す
一　明廿六日会議の件々、乃木氏気附もあり其件を談合す

七月二六日

同月廿六日　陰
一　午前宮へ出勤す、相変儀なし
一　品川少将病気追々重り、清水氏〔門之助〕、於コウ本日四時出発、松山行に付尋問す、右に付見舞且用向等の儀、報知次第取計可申段演説す
一　毛利御邸へ出頭す、集会定日也、乃木、梶山、豊永、荘

原の各氏揃なり
一　品川少将病気日々差重り、三位公より明日荘原家扶被差遺旨に付、着の上は万事加勢、尚又一同の気附夫々書取にして談合す
一　公より御見舞上等葡萄酒壱、欽麗院様、御奥様より菓子一箱御贈り也
一　右の外、様子により御仕向の儀は、先福原大佐の見合を以て出先にて取計のことに決す
一　三位公より御直書荘原家扶御名代として被差立、就ては公の厚き御心情の旨は、荘原家扶より伝へ候との旨、御加筆に相成る
一　向後少将へ対する御取扱の儀は、追て協議の筈也
一　一同よりの仕向取計方の儀も、同氏へ一同より依頼致置候事
一　過日協議に付、会計法案荘原家扶より夫々書面にして出る
右書面上に付、諸氏の理論色々有之候得共、終に保守の二点に止り、直に難決大要に付、追て公にも御勘考相成、且執れも勘考有之度ことに慎蔵演説す
一　豊永曰殖利を行ひ度と申す訳には無之、借財点に関する次第を論するのみにて、両用の内を一に御取極めの儀は、別に不申上との演説主儀也
一　来る廿九日月曜例会は、豊永の参不参に関せす、乃木、梶山の両氏四時より集会のことに談す

七月二七日

同月廿七日　陰
一　午前宮へ出勤す、別に議なし

七月二八日

同月廿八日　晴
一　午前乃木氏へ尋問す、不在也
一　小笠原、福原両氏へ尋問す
一　毛利御邸へ出頭す
一　梶山氏へ抵る、品川氏の様子を聞合せ、向後の儀色々談合す
一　明廿九日集会の節、過日来の件々打合可申ことに談す
一　清水氏、松山宿品川少将少し折合の由電報ありと中川氏より書面来る

七月二九日

同月廿九日　朝陰
一　午前宮へ出勤す
一　午后より毛利御邸へ出頭す、集会者乃木、梶山、豊永の三氏なり
一　過日より協議ある会計方法取分の件

右は荘原家扶も不在に付、再調六ッヶ敷、就ては豊浦にても半途に付、本年九月後豊永出京の上整理、是迄の順序にして外に別途予備の仕法相設、向後借財消却のことに相成候ては如何哉の段を豊永尋問也、右の趣意にて一同殖利法とならさることを解し賛成す、依て本日始めて同意の議事となる

一　慎蔵出豊は暫時見合の上、出発のことに協議す

一　三位公御滞豊中御仕向の儀は、豊永曰可成寛にては如何哉の説に、慎蔵の曰当度可相成前に返り実行の心得と答置候事

一　来る二日金曜日は集会のことに乃木、梶山の両氏へ談置候事

七月三〇日

同月三十日

一　午前宮へ出勤、明日より出発の儀暫時見合のことに申入置、又岩倉別当出勤に付申出置候事

七月三一日

同月卅一日　陰　夕小雨

一　宮内省集会定日に付参省す、萩原家令のみ也

一　来る七日頃旅行の都合に付、別段報知不致留守中相頼置候事

一　毛利御邸へ出頭す

一　豊永氏へ御勘渡金、荘原家扶より談置の次第、尚又出勤度数取調の上、照会有之候様、栢へ談置候事

右の次第三位公へも上申す

一　過る月曜廿九日協議の次第詳細に上申す

一　米熊より六月十七日ローマ仕出し手紙、本日午后落手す　第八号也

八月一日

八月一日　晴

一　午前栢貞香来宿、豊永氏滞京中十八度御邸へ出勤に付、御勘渡引合の示談に依り二円を加へ、弐拾円御渡方可然ことに答置候事

一　午前宮へ出勤す

一　御二方様共本日御帰殿可相成旨電報あり、今晩御迎へ可申上処不参の段を麻生家扶へ相頼置候事

一　米熊よりの書面第八号迄の答書を来る三日仏国郵便船サガレン号にて仕出す、右は帰国旅費三百円向後送附の儀を加筆す

八月二日

同月二日　晴

一　午前宮へ出勤す、岩倉別当参殿也

一　官制御改正に付、当宮扶従申立の件に付、気附左の通上申す

　四等下級三拾円　　家扶　麻生　三郎
　六等二級二十円　　家従　安藤　精五郎
　八等　　十五円　　家従　麻生　延太郎
　同　　同　　　　　同　　高野　盛三郎

右の通辞令相成候様申立、余の人名雇のことに改正相成度段を上申す、尤各宮方の御振合せ可有之に付、其辺は照会の上御取極のことに添て別当へも本日申出る

一　御奥向の件々御内話に付、右は山尾別当へ御内話の御都合可然段を申上置候事

一　午后毛利御邸へ出頭す

八月三日

同月三日　晴

一　午前宮へ出勤す、別に伺の件議事無之

八月四日

同月四日　晴

一　午前毛利御邸へ出頭す

一　三太郎様御転地一件、御奥様へ豊浦御転地の御都合、日原へ引合等の儀を上申す

一　午后芝浦見晴へ遊歩す

八月五日

同月五日　晴

一　午前宮へ出勤す

一　午后毛利御邸へ出頭す、乃木、梶山の両氏集会の事

一　慎蔵儀、来る七日出発にて大坂緒方氏〔惟準、医師〕へ引合、同行にて松山品川少将診察の儀を御頼御使のことに決し、石黒よりの書面持参、公より御頼の手筈を乃木氏へ御頼也

八月六日

同月六日　晴

一　午前宮へ出勤す

一　明七日より休暇中山口県地方へ旅行の段、宮内大臣へ宛て届書出す

一　留守中公務麻生へ頼置、尚同勤萩原へ兼て相頼置候事

八月七日

同月七日　晴

一　品川少将先般来不快に付、今般三位公より大坂緒方医師を御頼、少将の病気診察の儀御依頼相成度、依て其取計致し松山表へ同行の命を蒙り候に付、本日出発神戸丸へ乗船す

八月八日

同月八日　晴

一　午后二時半神戸港後藤勝造方へ着す、夫より直に大坂今橋四丁目紫雲楼へ宿を取り、北浜町緒方氏宅へ至る、不在に付、明早朝重て出頭のことを申入帰宿す

八月九日

同月九日　晴

一　緒方氏へ抵り面会す、公よりの御使且又石黒氏より之書面を出し、品川氏診察の儀を依頼す、同行の儀未決に付、后刻出頭のことに談合し帰宿す

一　十二時過又々緒方氏へ尋問す、弥明十日出発可相成答に付、是より神戸港に於て船用意し、後藤方にて待請の手順を約定し退散す

一　午后二時廿五分発汽車にて神戸へ至る、万事同行の用意致置候事

八月一〇日

同月十日　晴

一　伊予国松山滞在荘原好一へ左の電報す

　　アスヲガタトユク

一　東京栢へ緒方氏同行の儀、公を始め乃木、梶山の両氏へ通知、尚亦公の御出発御報知を頼候段書状出す

一　午后七時第弐三光丸へ緒方氏一同乗船出帆す

右総て費用の儀は夫々仕向す、緒方氏従者一名あり、是亦仕向同断

　　但従者は松本某也

八月一一日

同月十一日　晴

一　午后四時半三津浜問屋石崎方へ上陸す、出迎荘原、金山〔世高カ〕、清水門之助也、晩餐済せ、夫より汽車にて松山三番地城戸屋へ止宿す

一　少将の病室へ、緒方、荘原一同尋問す、右に付、荘原より今般三位公の御頼にて緒方氏を三吉同行の次第を演説の上、緒方氏診察ある

一　杉山中佐〔直矢、陸軍歩兵中佐〕、長瀬医師、北村同、清水其他の諸氏へ会す、夫々挨拶し、公の思召を述置候事

一　少将の容躰、先折合の方也

一　品川本宅へ抵る、細君へ面会し、夫々挨拶の上帰宿す

一　清水円三氏挨拶として来宿也

八月一二日

同月十二日　晴

一　渡辺氏、清水門之助氏、品川細君よりの挨拶として来宿

也

一　午前緒方氏、少将の診察として出向ある
　右昨今診察の次第書を東京表へ拙者より電報す
　　ジ、小異同アレトモキトクノチヨウナシオヒ〳〵ヨロ
　　シキホウ

一　長瀬医士今朝帰芸也

一　杉山佐官及金山氏来宿なり

一　午后少将へ尋問す、宜き方也、御家職是迄協議の件々は、
　追て書記し送可申ことに申縮置候事

一　夜中荘原氏と市中を遊歩す

一　乃木少将来着宿に付、是までの次第を談す

一　緒方氏明日出立に付、夜中又々診察ある、右に付、乃木、
　緒方、杉山、北村一同へ荘原氏申談、宿所に於て酒肴を
　出す

一　鶏卵　一籠
　右少将へ見舞として進呈す

八月一三日

同月十三日　晴

一　緒方氏幷随行松本とも午前八時発車にて出立に付、三津
　浜迄同行し、石崎方へ休所を設け両人へ午餐を出し、神
　戸迄の仕向夫々致し、十一時豊浦丸へ乗組也、右見送り
　夫々始末す

一　松山宿所へ帰る、午后少将へ尋問、様子宜き方也

一　東京栢より電報、本日三位公御出立の旨申来る

八月一四日

同月十四日　晴

一　肴　一折
　右品川氏へ誕生歓として贈る

一　品川氏両宅へ至る、本日出立候に付暇乞す、杉山氏へも
　到る也

一　乃木少将一同松山を出発、午后七時長崎丸にて出船す、
　清水門之助、同コウの両人浜辺まで送ある、右に付晩餐
　を出す

八月一五日

同月十五日　陰

一　午前八時馬関へ着船す、難波〔舟平〕、小坂〔住也〕、栢迎
　として川卯へ来る、乃木氏は直に出萩也、拙者ことは切
　通し御抱地旧坂井へ至る

一　於鏻様より御使船越氏来る

一　諏訪〔好和〕、桂の両氏来る、又豊永、河村〔光三〕同断

一　正午豊永氏へ至る、三位公御引受の次第を夫々談合し、
　午餐出る

一　午后小坂老母〔かつ子〕へ伺として抵る、晩餐出る也

一　緒方氏へ是迄の仕向勘定受取等は、夫々別に取置候事

八月一六日

同月十六日　陰
一　栢貞香へ着豊の郵便状を出す
一　本日より新市方仕出にて弁当賄の事
一　朝御膳一汁香の物
一　昼御膳一汁一菜香の物
一　夜御膳一汁一菜外に一種御酒
　右御定飯一日三拾銭宛
一　朝香の物　昼一汁一菜　夜一汁一菜
　右乃木、梶山の両氏賄一日金弐拾銭宛
一　朝香の物限　昼一汁一菜　夜香の物限
　右三吉始め一統賄一日金拾銭宛
　右の通相定新市より仕出のこと、豊永、河村協議の上、三位公御着後賄方の儀相決置候事
一　台所調理人日別金廿五銭にて御滞豊中雇入の事
一　小使其他雑用岡村吉兵衛雇入、豊永氏月給渡方の金員を日割にして豊永より出す事
一　下女一人右同断
一　午后より栢氏へ至る、各家へ進物配達の儀、夫々相頼置候事
一　買入宅地其他山林等現場を検査す、右万事向後の都合を依頼候事

八月一七日

同月十七日　晴
一　本日松山御出発にてあす御着の旨電報来る
一　豊永へ尋問す、河村出関に付、明日三位公御着御用意の儀を談す

八月一八日

同月十八日　晴
一　三位公午前九時旧坂井方へ御着、随員は梶山氏及ひ荘原家扶也
一　品川少将続て先折合の由、松山にての御仕向万事御都合克相済候由也
一　右の次第諏訪氏へ梶山氏より談ある
一　坂井両家へ色々事情有之、依て河村より内含申入、尚又公の思召を以て荘原御使に至る、其趣意は坂井退去不都合に付、公には御転住に付早々帰宅可致の旨也、然るに思召は恐入候得共、何も差支無之、御引渡可仕こと前以て手筈仕候故、御断りのことに申出候也
一　前書の事情、梶山、豊永、荘原一同協議し、其件々を上申す
一　三位公御滞在中御家政向其他の件々、得と万事御勘考被

遊候様上申す

八月一九日

同月十九日　陰　夕小雨

一　午后於鱗様へ御伺として出頭す、夫より梶山氏止宿所新市へ尋問す、不在に付申置候事

八月二〇日

同月二十日　陰

一　三位公少々御腹痛に付、宮原〔斎、医師〕御診察申上る、全く時候の一時御障のみ、別に御異状なく御散薬を呈上す

一　午后豊永方へ御散歩也

一　乃木少将着豊に付御逢被遊候事

一　右に付明日より会議を開くことに決す、乃木氏は馬関止宿なり

八月二一日

同月廿一日　晴

一　午前八時より旧御城山御買入地御検査として三位公御出に付、乃木、梶山、豊永、荘原、河村、三吉随行の事

一　午后豊永方へ梶山、原田〔政佳カ〕、荘原一同晩餐招に相成候事

八月二二日

同月廿二日　晴

一　午前六時より安養寺御買入地御検査、夫より切通し御買入地不残御検査に付、昨日の各氏一同随行す

一　覚苑寺御墓参幷に破損所見分の事

一　午后より御滞在所に於て、向後の実地目途検査の御場所に付集会す、乃木、梶山、豊永、荘原一同也、右議事の件々夫々書取別紙ある、是は荘原家扶所持也

一　三位公御出発は、来る廿八、九日の内に御決の事

一　芸州洞雲寺へ三吉御遣に決す

一　品川少将へ尋問御使同断

一　三吉儀は御用済の上、四、五日間滞豊のことに願置候事

一　本日午后より於新市懇親会設に付、諏訪氏より三位公御出席の儀を相願御臨席也

　　但御酒御仕向相成候事

一　乃木、梶山、三吉、荘原其他参集の事

　　但会費三拾五銭を出金す

八月二三日

同月廿三日　晴

一　元忠様幷御奥様午前十一時御出、随従竹中氏、御女中ナミ也

右に付御昼一汁一菜御湯漬を呈上す

一　午后豊永方へ御運動、夕刻に至り於御滞在所御酒肴晩餐を呈上す、七時半御帰也

一　於鱗様御出なり

八月二四日

同月廿四日　陰

一　来る廿七日三位公御出発のことに協決す

一　三位公午後より豊永方へ御招請に付被為成、乃木、梶山、荘原、三吉陪席す、別に議なし

八月二五日

同月廿五日　晴　午後小雨

一　午前御社参、夫より中村勝三墓所へ御参詣也

一　同十時より元忠様御住居所へ御出、乃木、梶山、豊永、荘原、三吉陪従す、午餐、小月村重村方に於て御酒肴出る、小笠原其他御家職の人員参集也

一　御帰路塩田へ御出御巡覧、一同御供酒肴出る、午后五時御帰豊の事

一　豊永、荘原引合の件、左の通

一　東京御台所料理人々撰のこと

一　豊浦用達所番人同断

一　地所買入に付、御謝儀金の事

一　御用達所、仮り御住居所、有形の儘にて取繕ひ等仕法の件々

右豊永氏へ夫々見込相頼置く、尤荘原家扶一同に談し置候事

八月二六日

同月廿六日　陰

一　飯田松三是迄篤長殿御預りの処、今般御手切に付、金百円御謝儀として被下候事

右に付三吉周亮、細川〔頼彬〕の両家へ通知の儀は、河村光三へ慎蔵より相頼置候事

一　乃木、梶山の両氏本日出発也

一　元忠様御暇乞として御出、午餐被為進候事

一　日向其他出頭に付、各氏へは豊永方にて午餐を相頼仕向候事

一　東京留守へ出立の次第書を以て栢氏まで郵便状出し置候事

　但御暇願麻生へ引合の件を加筆す

一　御晩餐の節、肴二種にて豊永夫婦、河村、荘原、梶間艦次郎、三吉一同御相伴被仰付候事

一　於鱗様へ御暇乞として午后御出被遊候、尤此度は別に御招不被遊、依て鶏卵一籠を御持参也

一　此度は郡長其他御旧臣へ御酒肴御招は差控らる

一　御到来品の内、郡長高洲〔素介〕及吉田、坂井〔精一カ〕、河村等へ御贈り豊永へも同断

一　於馬関も御酒宴等は総て無之ことに談決す

八月二七日

同月廿七日　晴

一　杉山中佐より電報、少将スイシヤクヤマイ追々ヲモシト申来る

右に付、三位公へ上申し、直に梶山氏へ示談として荘原出関、左の通決す

一　荘原氏を松山へ御使被差立今晩出船也

一　三位公御供は梶山氏へ依頼す

右に付、加納〔ママ〕引合、其他東京表の都合、同氏へ依頼也

八月二八日

同月廿八日　陰

一　本日午前西京丸入港に付、四時御出立、外浦よりイロハ丸にて直に御乗船、神戸迄御出に決す、御見送豊永、河村、梶間、木村〔安八〕等也、三吉は御止宿限り御出立後御道具類始末其他の諸引合し、豊永氏へ御夜具類を預け候事

一　西京丸は前七時出船す

一　午后より小坂、桂、金子〔蔀〕、江尻、安尾〔清治〕、弓削田、岩谷、藤野、浅野〔一之〕、難波の各家へ尋問す、小野於ツイへ面会す

八月二九日

同月廿九日　晴

一　中村、山田〔七郎カ、山田愛助の子〕、宇原〔義佐〕其他へ尋問す、夫より宅地検査す、栢、江尻、日雇昌蔵一同実地の縄張を定む

一　金五拾銭也

右墓参法華寺へ備之

八月三〇日

同月三十日　晴

一　佐竹へ尋問す、同氏明日より松山行に付、荘原へ是迄の順序都合により直に帰京のことを伝言す

一　正村金次明日より神戸へ出発の由にて来る

一　荘原氏より廿九日附松山よりの電報左の通

ケサキタヤマイスコシヨキホウ

右に付河村へ談し各家へ通す

一　午后桂弥一、安尾清治、諏訪、正村、佐竹、松本〔廉平〕、土居、江良〔和祐、豊浦郡役所書記〕右各家へ尋問す、夫より栢一同小坂へ至る、晩餐酒宴也

一　熊谷、坂井へも尋問す

八月三一日

同月卅一日　陰

一　佐竹出立に付、松山行未決を伝言す

一　桂氏来る、色々談あり

一　浅野一之を晩餐に招き酒肴を出す

一　諏訪氏来宿、尤議なし

右は過日尋問の節、生徒試験其他色々の談あり、追て照会の筈なり

一　三位公東京へイマオツキとの電報来る

九月一日

九月一日　陰　風少々

一　荘原より来書松山出、少将又追々折合、就ては帰京の含ある也

一　服部吉太郎及岡本方へ尋問す、夫より栢貞香留守より招に付、夕刻到る

九月二日

同月二日　雨

一　明三日飛脚船便りに送荷仕出す、但二個也

一　於松山荘原氏へ両度の答書を郵便にて出す

一　建築図面幷仕法積書、夫々相決し、栢俊雄へ依頼す

一　午后江尻へ酒肴を出す、且又日雇頭昌蔵へ酒料五十銭を遣す

一　賀田氏来宿、東京老人幷に於セイ滞京の示談ある、依て東京の決定は前以て報知し、其上進退を決することに談す

一　同氏より金員預けに付、夫々預り証書を出置候事

右の引合は詳細に賀田氏預り金帳面に記載致置候事

九月三日

同月三日　晴

一　豊永氏来宿、明日出発のことに決し置く

一　午前正村一件に付、林、正村、栢、小坂、岡本の各氏を招き、初発岡本、正村両人限り破談を決候段不都合の儀を尋問し、向後の始末に付ては一言を発せすして離散のこと

一　正午豊永氏より招に付至る、別に議なし

一　河村氏とは御滞在諸勘定仕詰示談し、尚夫々仕払帳へ決算仕詰為致引合の事

一　午后暇乞として於鏻様、諏訪、浅野、小坂へ至る、晩餐小坂にて栢一同也

右終て午后六時半より出立、馬関川卯へ止宿す

九月四日

同月四日　晴

一　午前八時乗船に付、諏訪、豊永、桂、難波、河村、福田清三、嘉蔵〔有光嘉蔵カ〕見送なり

一　馬関出帆、海上平波也

九月五日

同月五日　小雨

一　午前四時神戸着港、後藤〔勝造〕方へ揚陸す

一　大坂緒方氏へ積る挨拶として煙草一筥を持参す、面会の上少将の様子を尋ぬる也

一　大坂縄彦方にて昼支度す、午后二時廿五分発汽車にて神戸後藤方へ帰宿す

九月六日

同月六日　陰　小雨

一　本日も後藤方滞在す

一　山階宮御二方様〔晃親王、菊麿王〕御出港に付拝謁、且小藤家令〔孝行〕へ面会す

　但和歌山県出水に付、御寄附金一件依頼也

一　午后滝川氏へ尋問、品川少将の様子を聞合す、又滝川氏来宿、いま死去電報に付、是より直に松行すと告来る、右に付、小生は不参に依て荘原氏へ伝言す

九月七日

同月七日　陰

一　品川少将死去に付、荘原迄電報す

　クヤミソノタタノム

一　本日正午神戸丸出船に付乗組む、海上平波也

九月八日

同月八日　午后小雨

一　十二時三十分横浜入港、直に津久井屋へ上陸す、午后二時発汽車にて帰京す、新橋へ栢来る、且又宿へ三位公より御使小野来る也

九月九日

同月九日　陰

一　毛利御邸へ出頭す、又梶山氏へ至る、栢一同談あり、則左の通り

一　田耕村小野谷山一件、服部より承候次第不納者の件

一　加納《ママ》へ追々元智様御預け一件引合の件

一　川上《ママ》氏〔河上謹一、外務省通産局次長、旧岩国藩士〕へ人撰打合の件

一　元智様当分学校御不参可然件

右上申致置候事

一　品川、清水、阿曽沼〔次郎〕、賀田へ尋問す
一　豊浦より色々各家へ引合状幷金五円栢へ許田〔杏平〕より預けの分共、夫々引渡候事

九月一〇日

同月十日　雨
一　午前宮へ出勤す、殿下御不在拝謁を得す
但煙草一箱を献上す
一　乃木、小笠原、福原へ尋問す
一　梶山氏来宿也
一　豊浦にて地所色々向来の見込を議す

九月一一日

同月十一日　大風雨
一　午前宮へ出勤す
一　勘定帳簿夫々検査す、岩倉別当も同断也
一　殿下へ拝謁す、伺の件無之
一　午后毛利御邸へ出頭す、別に伺の件無之
一　伊皿子毛利殿へ御悔として参殿す

九月一二日

同月十二日　風少々
一　午前宮へ出勤す、別に伺議事なし

一　正午於紅葉館加納〔ママ〕氏洋行に付御離杯御宴会あり、御取持に出る、大蔵某氏、三太郎様御世話申上るに付御招也

九月一三日

同月十三日　雨
一　宮内省集会定日に付参省す、梨本宮家令のみ、議なし
一　水害御寄附金、山階宮家令〔浅香茂徳〕よりの伝言を桜井別当へ申入置候事
一　午后毛利御邸へ出頭す、別に議なし

九月一四日

同月十四日　雨
一　午前宮へ出勤す、伺なし
一　米熊へ左の答書仏国郵便船に仕出す
一　第九号八月廿四日着状
一　第十号九月九日着状
右両通の返答幷に送金は、十一月中着の手筈にすると加筆す

九月一五日

同月十五日　陰
一　梶山氏談議あり、毛利御邸へ参会す
一　故品川少将仏事、来る六日公より御設の件々

一　品川氏子供始末の件々
一　元智様御附川上〔ママ〕気附もあり、宇治益次郎御雇にては如何
哉の件々
右談議す、尚追て協議の筈也

九月一六日

同月十六日　陰
一　荘原氏昨日帰京の由、小野より申来る、右に付積る挨拶
として同家へ尋問す
一　梶山氏へ抵り、松山其他御家職一件荘原へ尋問、乃木一
同如何哉の段を示談す、右は明十七日晩のことに相成度、
尤乃木氏へ引合の都合を荘原より取計有之候筈に取極め、
右荘原氏へ談置候事
一　栢俊雄へ着報と積る答礼状出す
一　同氏より梶山官兵衛抱地買入致登記引合済現書送達、昨
日落手す
右に付本日着受答書厚礼状出す

九月一七日

同月十七日　晴
一　午前より宮内省集会定日に付参省す、岩倉別当、萩原家
令也
一　午后宮へ出勤す
一　毛利御邸へ出頭す、本日は故品川少将葬儀其他同家の始
末、荘原より打合に付、乃木、梶山両氏一同協議す、且
又来る六日追善の儀、三位公より御設、引続品川宅へ集
会迄の次第を協議す、別に異議なし、終て清水氏を招き、
品川後室進退の儀を談す、其件異議なし、依て荘原氏よ
り松山へ答弁書状仕出のことに決す

九月一八日

同月十八日　陰
一　午前宮へ出勤す、夫より宮内大臣御用談の儀来書に付参
省す

九月一九日

同月十九日　晴
一　午前宮へ出勤す
一　午前より毛利御邸へ出頭す
一　旅費日当改正の件を協議す
一　豊浦勘定帳一纏にして荘原へ相渡置候事

九月二〇日

同月二十日　陰　后晴
一　本日宮内省集会定日の処、岩倉別当へ御用談有之、依て
不参す

一　午后より星岡茶寮に於て月次懇話会に付参集す、本月は幹事順番に付引受す

九月二一日

同月廿一日　陰　風少々

一　午前出勤す

一　宮殿下へ、過る十八日宮内大臣より以後別当御人撰の儀は、御照会不相成、聖上思召を以て被　仰出候旨に付、此段上申可致との儀を本日申上候事

九月二二日

同月廿二日　陰

一　午前毛利御邸へ出頭す

九月二三日

同月廿三日　陰

一　本日秋季皇霊祭参拝の儀、式部職より通報の処、差支に付不参す

一　午前毛利御邸へ出頭す

九月二四日

同月廿四日　雨

一　本日は横浜本町三丁目同伸会社へ米熊帰朝費金三百円を持参し、高木三郎氏留守代理人津田正英へ引合、同人の預り証書を受取置候事

右仏国里昂府ピゼイ街十番地同伸会社支店福田乾一〔同伸会社員〕なる人へ引合にて、何時も同人より渡方可相成筈に約定し、右の次第は来る廿八日出の郵便船にて其引合を出すことに決す

一　右に付米熊へ仏国リオン支店の番地附等を添へ、拙者より其次第を廿八日に仕出候事

但廿八日英船ベロナ号を郵送に付前日投函す

九月二五日

同月廿五日　陰

一　本日宮内省集会定日に付参省す、別に御用向無之、依て退出す

一　午前より毛利御邸へ出頭す、別に議事なし

一　午后宮へ出勤す

九月二六日

同月廿六日　陰

一　午前七時過伊藤議長官舎へ至る、小田原地方へ転居に付、夫より直に八時発国府津行の汽車にて出発し、国府津より鉄道馬車にて小田原へ着、議長の宿所へ十一時出頭す

一　右相済午后二時四十七分国府津発汽車にて帰京す

九月二七日

同月廿七日　陰　夜雨

一　宮へ出勤す

一　本日は宮内省集会定日の処不参す

九月二八日

同月廿八日　陰

一　午前宮へ出勤す、別に議事なし

一　毛利御邸へ出頭す

九月二九日

同月廿九日　陰

一　休日に付在宿す

一　来月一日毛利御邸御例祭の処、三位公御不快に付、本年に限り十一月一日御執行相成候段、荘原家扶より報知ある

九月三〇日

同月三十日　小雨

一　午前宮へ出勤す

一　毛利御邸へ出頭す、公御不快に付御伺申上候事

一〇月一日

十月一日　陰

一　午前宮へ出勤す、別に議事無之退出す

一〇月二日

同月二日　陰

一　本日宮内省集会定日に付参省す、真木、岩倉、米津、萩原の四名也、別に議談なし

一　午后毛利御邸へ出頭す

一〇月三日

同月三日　陰

一　山県大臣〔有朋〕昨夕帰着に付、歓として午前出頭す

一　午前宮へ出勤す

一〇月四日

同月四日　陰

一　本日宮内省集会定日に付参省す、岩倉別当、米津家令也、別に議なし

一　毛利御邸へ出頭す

一〇月五日

同月五日　晴

一　米熊より八月二十三日ハリー府出第十一号の書面本日着す

一　午前宮へ出勤す

一〇月六日

同月六日　陰　后雨

一〇月七日

同月七日　晴

一　午前宮へ出勤す、別に議なし

一　午后より毛利御邸へ出頭す

一〇月八日

同月八日　晴

一　午前宮へ出勤す

一　昨日葡萄被下の御礼申上候事

一〇月九日

同月九日　陰　后雨

一　午前宮内省集会参省す、真木別当、米津、小藤、萩原家令也

高崎〔正風〕、桜井の両別当にも面会す

一　午前より毛利御邸へ出頭す

一　時田氏〔光介〕へ面会す

一　佐野へ被下金の儀は、凡三ヶ年五ヶ月の由に付、月給三十ヶ月分を伝附の慰労に被下可然こと、又御奥様より御紋染地被下候は丶、先前々の荘原引合より割出しとなるに付、右荘原と協議し、尚梶山氏へ其辺の都合を談あり度ことに議す

一　佐野より借用金申出の儀は、先梶山氏へ引合可然ことに議す

一〇月一〇日

同月十日　雨　后晴

一　午前宮へ出勤す

一〇月一一日

同月十一日　晴

一　宮内省集会定日に付参省す、浅田、小藤、米津なり、別に談なく退出す

一　華頂、山階両宮近々御洋行に付、御離盃御招請有之、午后四時より紅葉館へ参席す、各宮よりも御合併にて御宴会なり

一　毛利御邸へ出頭す
一　品川後室明日発途出京の電報に付荘原より談あり、依て気附答、尚又梶山氏へ打合可然ことに談す
一　英雲公御年祭に付、御続合格別の訳を以て御備物被為在候ことに談合す、右は荘原協議の事

一〇月一二日

同月十二日　陰　后雨
一　午前宮へ出勤す、別に議事なく退出す

一〇月一三日

同月十三日　晴
一　毛利御邸へ出勤す、議なし
一　佐野善介本日出立帰豊に付、暇乞として至る
一　ハンケチ　一タス
　　善介へ
一　足袋　三足
　　老人へ
　右過る十一日イヨ〔三吉イヨ〕持参す
一　荘原へ面会す、故品川少将仏事の件は、本日梶山氏方にて談合の筈也

一〇月一四日

同月十四日　晴
一　午前宮へ出勤す、別に議なし
一　毛利御邸へ出頭す
一　明十五日より宇治益次郎を元智様御附御雇入に付、九番地へ入込の由也
一　右に付、元智様御通学相成候て如何哉伺の儀を家扶より申置に付相伺候処、通学致し可然との思召に付、其段一応宇治へ示談の上取計方の儀、栢へ談置候事
一　明十五日より元智様御附宇治益次郎御雇入相成候間、用達所へ通し置候事
一　那須豊浦農場出火に付、本日荘原御仕出也

一〇月一五日

同月十五日　雨
一　午前宮へ出勤す、別に議無之
一　本日は高輪毛利殿秋季御例祭に付、参拝として出頭す
一　英雲公五十年祭も被為行候事
一　華頂宮へ過日御招請の御礼として参殿す

一〇月一六日

同月十六日　雨
一　午前宮内省集会定日に付参省す、山尾、真木別当、小藤家令也、別に議なし

一　午后毛利御邸へ出頭す、議なし

一〇月一七日

同月十七日　晴

一　神嘗祭に付午前十時参拝の儀、式部職より通知の処、痛所に付不参届書を出す

一　梶山氏へ至る、品川始末一件且又未亡人出京に付、見舞旁品川へ同行す、本日は別に気附不申入退散す

一〇月一八日

同月十八日　陰

一　午前宮へ出勤す、別に議なし、夫より毛利御邸へ出頭す、後六時過より梶山氏出邸にて品川氏始末件を議す

一　高島篤〔マヽ〕助氏〔得三〕帰朝に付、午后一時新橋へ出迎面会す、尚不尋問のことにして去る

一　大隈外務大臣〔重信〕内閣より帰邸の途、馬車中へ爆裂弾投入、大臣には負傷、右投入の者〔来島恒喜、政治活動家〕は自殺の趣、宮内大臣秘書官長崎〔省吾〕より通知状来る、但四時頃の由也

一　本日宮内省集会定日の処不参す

一〇月一九日

同月十九日　晴

一　本日は正誕内祝を致し在宿す

一　石津、賀田、於コウ始め、栢、岡本、石川〔良平〕等を相招候事

一〇月二〇日

同月二十日　晴

一　休日に付在宿す

一〇月二一日

同月廿一日　風雨

一　根岸金杉村百十七番地高嶋得三氏へ、帰朝に付米熊挨拶としてビール一タス持参す、不在に付申置く

一　午前宮へ出勤す、議なし

一　故品川少将写真一枚

一　火鉢壱つ　コップ　五つ　カラス徳　二本

右遺物として到来す

一　午后より品川氏宅へ梶山、荘原の両氏と一同抵る、清水氏一同、未亡人向後の始末方協議あり、各気附を申入、右気附通り異論なしと決す

一〇月二二日

同月廿二日　風　少々晴

一　午前宮へ出勤す、別に議事無之

一　午后より毛利御邸へ出頭す
一　品川氏家事算当一件を梶山、荘原一同議す、就ては荘原より品川へ一応示談の筈にす
一　元智様是迄御本邸へ御出入を御禁し相成候処、来る一月御祭典に付御免相成可然ことに梶山、荘原一同議決之事

一〇月二三日

同月廿三日　晴
一　本日宮内省集会定日に付参省す、山尾、真木、高崎別当、浅田、長崎、山内、米津、萩原家令也

一〇月二四日

同月廿四日　晴
一　午前宮へ出勤す
一　昨日申出置候ホルトガル公使館への御使下官へ被仰付候に付、同館へ御下命の旨を申入置候事
一　毛利御邸へ出頭す、御用談議なし
一　昨日荘原より品川進退一件申来候に付、集会の都合を談置候事
一　品川故少将四十九日に付拝礼す
一　午后梶山氏来宿、於コウ事預りの儀を決定す、就ては同氏より品川後室へ談し、尚松山行中止の件々示談に付、其取計可致ことにす

一〇月二五日

同月廿五日　陰
一　本日宮内省集会定日に付参省す、別に出省する人なし、依て退出す
一　品川後室来宿にて於コウ依頼のこと、又松山行は止め暫時帰京にて帰豊のことに弥決定也、又断髪すと決す、右はイヨ承る也
一　於コウ預の頼み、弁に松山行無之ことは直に承候事

一〇月二六日

同月廿六日　陰
一　本日宮へ不参す
一　大里忠一郎、木村九蔵の両氏帰朝に付、午前より来宿にて外地の事情色々談話有之、午餐酒肴を出す
一　写真大小六枚八月廿一日出の書状とも木村氏より受取、又米熊こと廿三年十月帰朝可致見込、其件々詳細に同氏へ托し候由にて伝言の儀承る、右に付滞在費は持参金にて引合の目途の由、就ては帰路費の件談ある、是は先般承諾答書、尚又同伸会社へ引合出金済のことを両氏へ答置候事
一　平野、水川両氏への書面
一　阿曽沼、桂、栢氏への書面

右米熊より送付也
一　午后品川氏へ梶山、荘原の両氏一同会す、夫々概略始末の談決す、清水氏明日より松山行也

一〇月二七日

同月廿七日　陰
一　午前宮へ出勤す、別に議なし

一〇月二八日

同月廿八日　雨
一　福羽氏〔逸人、農学者、福羽美静養子〕帰朝に付米熊の挨拶としてビール半タスを持参す、右は面会の上色々米熊滞在の次第を承候事
一　午后大里氏へ尋問す、止宿所は鍛冶町四番地林文右衛門方也
一　毛利御邸へ出頭す、別に議なし
一　高嶋氏来宿也

一〇月二九日

同月廿九日　晴
一　午前宮へ出勤す、別に議無之
一　午后木村九蔵氏へ米熊海外同行の挨拶として、ビール半タス、煙草一筥を持参す

一〇月三〇日

同月三十日　晴
一　本日宮内省集会定日に付参省す、各宮別当岩倉のみ、余は不参、又梨本宮家令不参也
一　明宮立太子
宣下に付、慶賀御進献物各宮御一同にして進呈のことに協議の上、品物取調の儀、高崎別当へ依頼し、代金取纏の儀は、有栖川宮にて取計のことに談決也
一　午后毛利御邸へ出頭す

一〇月三一日

同月卅一日　陰
一　午前宮へ出勤す
一　昨日於宮内省各宮別当家令協議の件々上申の儀を、麻生家扶へ相頼置候事
一　午后大里忠一郎氏へビール半タス、煙草一箱を持参す
一　阿曽沼、桂の両氏へ米熊よりの封書を本日仕出す
一　茶　　二本
一　菓子　一箱
右岩倉別当より昨夜着の由にて使を以て到来す

一一月一日

十一月一日　朝陰
一　米熊へ仏国里昂府領事館を経て、第十一、十二、十三号迄の着請書、并に高嶋、福羽、大里、木村着に付、夫々仕向致候件、其他豊浦にて追々建築等の件々を加筆し、本月二日仏国郵便船メルボルン号にて書状一通出す
一　午前より宮内省集会定日に付参省す、岩倉別当、米津、萩原、山内家令也、高崎、桜井、俣〔ママ〕野〔股野琢〕の三別当一同献上物を見分す、山尾、真木の両別当へ照会の上治定の筈也
一　服紗　一枚　ハンケチ　一枚
右大里より使小林輔三郎を以て贈来る
一　午后岩倉別当宅へ到来物の挨拶として出頭す
一　午前より毛利御邸へ出頭す
一　前月の御例祭御延引の処、本日被為行、依て参拝す
　但玉串料五拾銭を献備す

十一月二日

同月二日　陰　后晴
一　午前宮へ出勤す、進献物の次第を上申す

十一月三日

同月三日　陰
一　天長節に付、午前十一時拝謁被　仰付候に付、参内の旨御達に依て同刻参内す、右終て酒饌下賜候事
一　午后二時　宮中へ参賀の儀御達に付、同刻参賀す、右は
本日
嘉仁親王皇太子
宣下に付、夫より花御殿へ参賀す、拝謁被　仰付、終て立食下賜候事

十一月四日

同月四日　晴
一　午前宮へ出勤す
一　毛利御邸へ出頭す

十一月五日

同月五日　雨
一　午前宮へ出勤す
一　蓮門大数社より招請に付出頭す

十一月六日

同月六日　晴
一　宮殿下御職務に付御出張、午前十一時四十五分発汽車へ御乗車也、依て十時より出勤し、御送申上候事
一　右に付宮内省集会不参申出る

一　来る九日、別当始め家丁迄例年の通星岡茶寮において宴会相設候に付、案内す
一　午后毛利御邸へ出頭す
一　欽麗院様明七日より御湯治に付、御暇乞申上置候事

一一月七日

同月七日　晴

一　午前宮へ出勤す

一一月八日

同月八日　陰

一　本日宮内省集会定日に付参省す、岩倉別当、浅田、米津、萩原家令也

一一月九日

同月九日　風雨

一　午前梶山氏へ至る、品川縁談の都合見込通りに付、無論のこと也
一　毛利御邸へ出頭す、追々欽麗院様御安着の御報に付、三位公へ拝謁の上御伺申上置候事
　　但別に議なし
一　午后四時より星岡茶寮に於て、岩倉別当幷に麻生、安藤、高野、佐藤、桜井、樋口、浜野、奈良、加藤を例年の通り相招き、酒宴す
一　麻生延太郎は出張也

一一月一〇日

同月十日　陰

一一月一一日

同月十一日　陰

一　午前宮へ出勤す、別に議なし、依て退出す
一　毛利御邸へ出頭す
一　豊永長吉氏昨夜着京の由に付止宿所へ尋問す、不在に付、和吉〔豊永和吉、因藤和吉、豊永長吉二男〕氏へ面会す

一一月一二日

同月十二日　陰

一　豊永氏来宿也
一　御家職御用向の儀は定日を取極の談ある
一　午前宮へ出勤す

一一月一三日

同月十三日　晴

一　山階宮独逸国へ御留学として本日御出発に付、六時四十五分発汽車にて横浜へ出張し、御送申上候事

一　毛利御邸へ出頭す

一一月一四日

同月十四日　晴
一　荘原氏来宿、欽麗院様御滞在の御都合入々承る
一　午前宮へ出勤す

一一月一五日

同月十五日　陰　后晴
一　本日宮内省集会定日に付参省す、別に議なし
一　午后宮へ出勤す
一　毛利御邸へ出頭す、本日は議事之件なく、退出す
一　品川氏へ帯持参す

一一月一六日

同月十六日　晴
一　午前宮へ出勤、午后在宿す

一一月一七日

同月十七日　晴
一　午前毛利御邸へ出頭す
一　米熊より仏国リオン府出の書状、九月十三日附の分着、受取候事

一一月一八日

同月十八日　晴
一　午前宮へ出勤す、議なし
一　入浴出願左の通

慎蔵儀

来る廿一日より、為療養往復日数を除き一週間神奈川県下豆州熱海温泉へ入浴致度候に付、右許容被下度此段奉願候也

明治廿二年十一月十八日北白川宮家令三吉慎蔵　印

宮内大臣子爵土方久元殿

一　左の通許可相成、内事課長桜井より廻達也

願之通

明治廿二年十一月十八日　印

一　宮殿下御帰京の旨申来る

一一月一九日

同月十九日　雨
一　午前出勤す
一　宮殿下へ拝謁し、来る廿一日より熱海温泉へ一周〔ママ〕間入浴仕候段上申す、御聞済也
一　来る廿一日松陰神社例祭案内の処、断り状出す
一　午后毛利御邸へ出頭す、別に議事無之

一　午后より星岡茶寮に於て本月定例懇親会に付参集す
一　藤嶋氏〔常興〕六十一の年賀として、同氏より狂言末広
　宗論等、外に一同より好みにて佐渡狐ある
一　餅一重、歌一首、翁金判写相添、銘々引物ある也
一　右に付参集人一同より金拾円を肴料として為持候ことに
　談置候事

一一月二〇日

同月二十日　晴
一　宮へ出勤す
一　宮内省集会定日に付参省す、真木、桜井、岩倉各別当、
　長崎、山内、浅田、米津の家令也
一　明廿一日より熱海へ入浴に付、不在中米津家令へ相頼置、
　尚同勤中へも頼置候事
一　岩倉別当へ右の趣申出候事

一一月二一日

同月廿一日　晴
一　御暇済にて本日より熱海温泉へ欽麗院様御入浴伺とて出
　発す
一　午后二時三十分乗車、イヨ一同小田原小伊勢屋方へ六時
　過き着、同家へ一泊す

一一月二二日

同月廿二日　晴
一　午前七時小田原出発、夫より順々江ノ浦にて休息、又吉
　浜にて同断、十二時過き熱海温泉富士屋欽麗院様御止宿
　所へ着す、二階廿四号を借受止宿の事
一　午后四時御伺す、誠に御機嫌克御歩行も相成候事
　　但小野幷に女中ユカ、タミ各無事也
一　羊羹　一箱
一　煮豆　一重
一　煎餅　一袋
　右献上す
一　菓子　一袋
　右小野始一同へ進物す
一　夜中御酒肴被下御相伴す
一　両人とも富士屋へ賄方万事仕出を依頼す

一一月二三日

同月廿三日　小雨
一　午后近辺御歩行に付、両人とも御供致し、別に異儀なく
　滞泊す

一一月二四日

同月廿四日　晴
一　午后より海辺御出に付、両人とも御供す、御弁当御用意相成り、御相伴す

一一月二五日

同月廿五日　晴
一　午后より梅園へ御出に付、両人とも御供す
右は御料局地にて色々御手入に相成、尤梅数十本ある也、本日も御弁当御持せ相成御相伴す
一　夜中常盤津語りを雇ひ、欽麗院様へ御紛れに出す

一一月二六日

同月廿六日　陰　夜大風雨
一　本日は御歩行なし
一　明日両人共出発に付、夜中御酒肴御相伴す
一　長唄御雇に相成候事
一　金壱円五拾銭
但富士屋へ謝儀
一　金五拾銭
但下女へ同断
一　金三拾銭
但手代へ同断
右之通遣候事
一　荘原氏より書状到着す

一一月二七日

同月廿七日　晴
一　午前六時富士屋を発す
一　十二時五分小田原小伊勢屋へ着、午餐相仕舞、夫より国府津へ至る、同所二時四十七分発汽車に乗り、午后六時三十分帰宅す
一　於熱海欽麗院様如何れも体重を検査すること左の通
一　九貫七百五拾目
右欽麗院様也
一　拾弐貫四百目　掛目
一　五尺二寸　丈け
一　二千五百　吹気
右慎蔵也
一　拾四貫五百七拾三匁一七四　掛目
一　四尺八寸　丈け
右イヨ也
右は滞在中の概略を記す

一一月二八日

同月廿八日　晴
一　午前宮へ出勤、家扶を以て夫々御伺の儀を上申す

一　帰京届の儀は明日差出すことに浜野へ相頼置候事
一　井田議官〔譲〕大病に付午後尋問す
一　午前毛利御邸へ出頭す
一　昨日帰着に付、欽麗院様の御様子を詳細に申上、且御直書を三位公へ呈上す、公には先つ来月一日より熱海へ御出の思召也
一　右に付御宿の御都合等申上置候事
一　御奥様へも夫々御様子申上る

一一月二九日

同月廿九日　晴
一　宮内省へ本日帰京届差出候事
一　岩倉別当宅へ帰京に付抵る
一　梶山氏へ同断
一　豊永氏へ同断
一　宮へ出勤す、別に議なし
一　毛利御邸へ出頭す
一　本日は宮内省集会定日の処不参す

一一月三〇日

同月三十日　晴
一　午前宮へ出勤す、別に議なし
一　井田氏死去に付、悔として至る
一　午後毛利御邸へ出頭す

一二月一日

十二月一日　晴
一　午后二時より毛利御邸へ出頭す、豊永、荘原一同左の件を議す
一　故品川少将仏事来る八日執行の節公より福原大佐へ御備の目途を以て五百円を減し、品川氏へ金千五百円御備のことに内議す、尤二百円丈け少将生前御仕向費有之に付、当度現金千三百円御備可然ことに談す、右の次第は乃木、梶山の両氏へ荘原より内議の次第を相談有之ことに談す
一　御家職会計臨時御払金始末方の儀を議す
右は明治十七年御改正の御制度有之に付、其仕払方特別を以て蓄金より払出しの儀は難取計筈に付、往々其支払方年々繰合の上、元金へ加入の取調法致し候ことに決す

一二月二日

同月二日　晴
一　午前宮へ出勤す、別に議なし
一　故井田議官埋葬に付、午后小石川伝通院迄会葬す、右に付蠟燭一箱（一円也）備之

一二月三日

同月三日　陰　雪少々
一　午前宮へ出勤す
一　午后毛利御邸へ出頭す
右は教育補助会集会に付参席の事
一　故品川少将へ御香典金額を梶山氏へ談合す、右は千五百円ならは可然、生前厚き御仕向有之こと故、別に異議なしとのこと也

一二月四日

同月四日　雨
一　午前宮内省集会定日に付参省す、山尾、高崎、真木、桜井、岩倉各別当、浅田、萩原家令也

一二月五日

同月五日　晴
一　午后宮へ出勤す
一　小楠公〔横井小楠、幕末維新期の学者〕御寄附各宮御一同に有之都合之事
一　午后市兵衛町御邸へ出頭す
一　三位公本日午前六時熱海御出発御帰京の旨電報有之、依て午后四時迄相詰候得共、御帰着無之に付退去す

一二月六日

同月六日　晴
一　午前八時過毛利御邸へ出頭す
一　三位公昨日六時御帰殿也、拝謁御機嫌相伺、尚又欽麗院様続て御機嫌克御滞在被為入候との御事也
一　御香典金千五百円也
右品川故少将へ御備の儀、御決定の事
一　本日宮内省集会定日に付参省す、米津、萩原両家令なり、別に議事なく退出す

一二月七日

同月七日　晴
一　午前宮へ出勤す

一二月八日

同月八日　晴
一　本日は故品川少将百日祭に付、正午案内有之、午前九時より両人とも参席す

一二月九日

同月九日　晴
一　午前宮へ出勤す、十一月分勘定帳検査の上証印す
一　毛利御邸へ出頭す、別に伺議なし

一二月一〇日

同月十日　晴　寒さ強

一　午前宮へ出勤す、伺なし

一二月一一日

同月十一日　晴

一　本日宮内省集会定日に付参省す、各宮別当家令参集也

一　賞勲局より左の通

　本月十三日憲法発布記念章授与可相成候条、同日午前十一時参内可有之候也

　　但実印持参の事

　明治廿二年十二月十一日　賞勲局

　　北白川宮家令三吉慎蔵殿

　　　昇降　東車寄

　　　着服　文官通常服「フロックコート」

一　式部職より左の通

　来る二十九日より三日の内参内、歳末御祝詞言上可有之、此段及御通知候也

　明治廿二年十二月十一日　式部主事

　　北白川宮家令三吉慎蔵殿

一　来廿三年一月三日慶新会紅葉館に於て丁卯、戊辰の交倶に艱辛を嘗め、右記念集会の案内状来る

　但右会幹事順番に当る也

一二月一二日

同月十二日　雨　后大風雨

一　午前宮へ出勤す

一　毛利御邸へ出頭す

一二月一三日

同月十三日　晴

一　本日憲法発布記念章授与御達に付十一時参内す、同刻授与、夫より受書に調印す、御礼記名の事

一　宮内省集会定日に付参省す

一　本日宮へ不参の事

一二月一四日

同月十四日　晴

一　午前宮へ出勤す

一　欽麗院様本日小田原御出発、十一時十分御乗車御帰京に付、新橋迄御迎として夫婦とも出る、夫より御邸へ出頭候事

一　小笠原氏へ懇談の件あり、午后四時前より到る

一二月一五日

同月十五日　晴

一二月一六日

同月十六日　晴
一　午前宮へ出勤す
一　年末に付、別当始め小者まて不残被下金、本日夫々御渡方相成候事
一　例年の通慎蔵被下金頂戴す
一　毛利御邸へ出頭す

一二月一七日

同月十七日　晴
一　午前宮へ出勤す、別に議事伺の件無之
一　午后四時より、星ヶ岡茶寮に於て岩倉別当より懇親会として招請に付参席す、家扶従家丁迄一同也

一二月一八日

同月十八日　陰
一　本日宮内省集会定日に付参省す、各宮別当家令揃也
一　午后毛利御邸へ出頭す

一二月一九日

同月十九日　陰
一　午前宮へ出勤す
一　午前より毛利御邸へ出頭す

一二月二〇日

同月二十日　晴
一　本日宮内省集会定日に付参省す
一　米熊へ第十四号答書、明廿一日発英国郵便船ニサム号にて書状仕出候事
一　金弐円
　右妙法神社へ年末献納す

一二月二一日

同月廿一日　晴
一　午前宮へ出勤す
一　午后五時より毛利御邸へ乃木、鳥山、梶山、豊永、日原、荘原一同参邸、公より晩餐被下、其節記念碑ヶ条書を出し、追々取調の儀を談す、其書類追て廻達のことに決す

一二月二二日

同月廿二日　晴

一　休日に付在宿す

一二月二三日

同月廿三日　陰

一　午前宮へ出勤す、別に議なし

一　毛利御邸へ出頭す

一二月二四日

同月廿四日　陰　后雨

一　午前宮へ出勤す、別に議なし

一　午后毛利御邸へ出頭す、歳末の献上物持参候事

一二月二五日

同月廿五日　晴

一　午前宮へ出勤す

一　本日宮内省集会定日に付参省す、山尾、真木、高崎、保野〔ママ〕〔股野〕、岩倉各別当、浅田、米津、萩原家令也、別に議なし

一　来る廿七日午后四時より欽麗院様御快気御祝、幷に年末の御宴御開きに付、家族中参席の儀を家扶荘原より申来候事

一二月二六日

同月廿六日　晴

一　午前宮へ出勤す、別に議なし

一　従三位伊達宗紀殿〔宇和島伊達家第七代当主〕寿百歳の染筆を頂く、直に長谷川へ相頼む

一　毛利御邸へ出頭す

一　欽麗院様本日御快気祝赤飯頂戴の御礼申上候事

一二月二七日

同月廿七日　晴

一　御息所御誕辰御祝として、酒饌料金三百匹幷赤飯添、家扶より書面添にて頂戴候事

一　宮内省集会定日に付参省す、浅田、米津の両家令也、別に議事無之退出す

一　毛利御邸へ出頭す、本日は欽麗院様御快気御祝、幷に年末の御宴に付、御案内に依て参席す

一　三位公より例年御謝儀頂戴す、外に御召古物御分配有之候事

一二月二八日

同月廿八日　晴

一　午前宮へ出勤す

一　毛利御邸へ出頭す

一　昨日色々頂戴物且昨夜御招の御礼申上候事

一二月二九日

同月廿九日　暁雪　少々

一　日曜休暇に付在宿す

一二月三〇日

同月三十日　晴

一　荘原氏来宿、豊永氏昨日出発の由也

一　午前

御所へ歳末参賀す、着服は通常服「フロツクコート」也

一　宮へ出勤す、夫より乃木、福原、品川、清水、賀田へ年末の賀として至る

一　午后梶山、荘原へ同断

一　同六時毛利御邸へ歳末の御祝詞申上候事

一　乃木、梶山、荘原一同会議す、左の件々也

一　三位公御進退一件協決

一　品川氏宅地売却一件は、荘原より直問の都合に談す

一二月三一日

同月卅一日　晴

一　午前宮へ歳末の御祝詞として参殿し、御二方様へ拝謁言上す

一　御用納の上、家扶従一統へ歳末を祝す

［監修者］
三吉治敬（みよし・はるたか）
長府藩士三吉慎蔵の曽孫。
一九三八年長野県生まれ。東京理科大学理学部卒業。一般財団法人三吉米熊顕彰会業務執行理事。米熊・慎蔵・龍馬会理事兼運営委員。著書に、『坂本龍馬関係写真集』（国書刊行会、二〇一四年、監修）がある。

［編者］
古城春樹（こじょう・はるき）
一九六八年山口県生まれ。島根大学法文学部卒業。現在、下関市立歴史博物館館長補佐／下関市立東行記念館館長。専攻、幕末史（政治史）。著書に、『龍馬とお龍の下関―海峡に遺した夢のあと』（瞬報社、二〇〇九年）、『山口県の不思議事典』（新人物往来社、二〇〇七年、共著）、『長府藩士三吉慎蔵　坂本龍馬非護衛説について』「九州文化図録撰書9　長州維新の道〔下〕」（のぶ工房、二〇一一年、共著）などがある。

中曽根孝一（なかそね・こういち）
一九五一年長野県生まれ。一般財団法人三吉米熊顕彰会業務執行理事。米熊・慎蔵・龍馬会運営委員兼事務局総務。日本感性工学会評議委員。「蚕都上田と三吉米熊」、「幕末三舟と上田」、「坂本龍馬なぜ上田に！」、「幕末の志士たちと上田」、「蚕業教育がなしえた蚕都上田の基盤」、信州大学繊維学部創立100周年記念特別展「蚕都上田の蚕業実業教育と蚕業高等教育を振り返る」、「近代産業の礎を築いた三吉米熊の軌跡」などの特別展・企画展を運営管理。

三吉慎蔵日記《みよししんぞうにっき》　上
2016年 9 月20日初版第 1 刷印刷
2016年 9 月30日初版第 1 刷発行
監修者　三吉治敬
編者　古城春樹・中曽根孝一
協力　一般財団法人三吉米熊顕彰会／米熊・慎蔵・龍馬会
発行者　佐藤今朝夫
発行所　株式会社国書刊行会
東京都板橋区志村1-13-15　〒174-0056
電話03-5970-7421
ファクシミリ03-5970-7427
URL : http://www.kokusho.co.jp
E-mail : sales@kokusho.co.jp
印刷所　三松堂株式会社
製本所　株式会社ブックアート
ISBN978-4-336-06040-2 C0021
乱丁・落丁本は送料小社負担でお取り替え致します。